"十二五"普通高等教育本科国家级规划教材

教育部普通高等教育精品教材

经济管理类课程教材

——金融系列

国际金融

第七版 精编版

陈雨露 主编

GUOJI JINRONG

FINANCE

中国人民大学出版社

·北京·

第七版前言

从 2019 年《国际金融》（第六版）（含精编版及学习指导书）出版到现在，转眼又过去了 6 年。根据国际上畅销教材的出版惯例，该是做新一版修订工作的时候了。在中国人民大学国际金融教学团队的共同努力和众多兄弟院校金融相关专业师生的鼎力支持下，新版教材终于成稿，很快就可以与广大热爱国际金融的读者们见面了。

全球化的客观进程，对于高等院校的教学活动也产生了巨大影响。国际金融不仅是世界一流大学经济学院或商学院普遍开设的重要课程，也经常被评选为最受学生欢迎的课程之一。但是，不同院系开设的国际金融课程以及各种版本的国际金融教材，在框架体系和具体内容上却是百花齐放、百家争鸣。

中国人民大学财政金融学院自改革开放初期开设国际金融课程以来，始终注重教材建设。一方面强调日常教学中的师生互动，及时总结经验；另一方面兼顾发挥自身优势与博采众家之长，积极进取提高。在把握国际金融课程的本质和精髓方面，这个团队拥有得天独厚的优势资源：国内金融学科奠基人、中国人民大学老校长黄达教授于 21 世纪初提出的“大金融”概念，为确定本教材的基本框架和核心内容提供了依据；诺贝尔经济学奖得主、学院兼职教授罗伯特·蒙代尔教授在最适货币区理论、开放经济财政政策与货币政策搭配等方面的研究成果，及其对中国金融开放与宏观金融政策问题的长期关注，在一定程度上保证了本教材与国际先进水平基本同步。

本教材为“十二五”普通高等教育本科国家级规划教材，是教育部普通高等教育精品教材，曾获全国优秀教材奖。作为一本畅销教材，《国际金融》之所以深受师生们的欢迎，关键在于其所拥有的一系列优秀品质。

● 本土性。立足中国视角来讲解国际金融基础知识和基本原理。整本教材坚持以“应用经济学视角”和“中国视角”贯穿始终，强调中国国情和国际金融基本原理的具体应用。行文中举例子、做练习、分析问题等尽可能地从中国现实出发，帮助学生既学习原理，也了解国情。引导学生思考实际中的问题，培养学生的分析能力和研究能力，探讨现实可行的解决办法。国际金融课程的讲授必须与时俱进，紧密结合国际金融领域新近发生的重大事件，以突出国际金融教学中调研分析的特色。这也是中国人民大学多年来从事国际金融教学的经验总结。

● 科学性。经过多年探索和反复论证，中国人民大学国际金融教学团队率先提出“国际金融市场—国际金融管理—内外均衡理论与政策”的课程体系，推出了国内高校中首本集微观和宏观于一体、内容完整、逻辑严密的《国际金融》教材，覆盖的核心知识点和基本原理力争全面、准确。该框架从 2005 年第二版教材开始采用，尽管几次修订中对个别章节进行了微调，但主体结构一直延续至今。为方便兄弟院校以及非金融专业的教学使用，我们从第二版开始同步编写了精编版教材，并在框架结构上与此保持一致。

● 可读性。行文简洁流畅，形式灵活友好。主要面向大三、大四年级本科生，以及专业硕士或同等学力研究生。既可以用于课堂教学，也可供学生自学使用。全书大量使用图表、例题、专栏等灵活形式，深入浅出地讲解国际金融原理、分析国际金融事件，加强学生对抽象概念的理解和对事物发展规律的把握。利用“学习目标”“本章导读”“本章小结”“核心概念”“课后习题”以及知识注解等多种栏目明确教学和复习重点。

● 时效性。反映理论和实践发展最前沿，讨论和思考国际金融领域当前和未来最重要的问题。国际金融具有“事件随时发生、业务每天更新、理论动态发展”的时效性特点。本教材不仅立足于系统介绍国际金融基本知识和基本原理，更注重激发学生对相关理论、实务和政策的研究兴趣，特别是其中的“中国故事”，历次修订均充分反映了这些考虑。穿插于各章正文中间的“专栏”可以在很大程度上帮助学生补充这方面的相关信息。通过二维码向学生提供拓展阅读，特别是一些受篇幅所限而未能出现在新版教材中的历史资料及精彩故事。

中国所面临的外部经济环境从 2019 年起更趋复杂严峻。中美贸易摩擦向“技术战”“货币战”发展，使中国的产业升级和贸易投资活动受到很大冲击。美国商务部陆续将一些中国企业和高校列入贸易管制黑名单，时任美国总统搬出《国际紧急经济权力法》来限制商业活动，美国政府联手西方盟友在全球范围内极限打压华为等中国企业。中美经贸团队边谈边打、边打边谈。尽管双方关系曾经短暂地有所缓和，但美国政府对华的极限施压丝毫没有放松，全面遏制中国崛起的行动更是不断升级，导致两个最大经济体之间的总体紧张态势至今没有明显改观。

在过去的几年里，新冠疫情席卷全球，成为第二次世界大战以来人类遭遇的最严重的公共卫生危机。病毒不仅威胁人们的健康与生命，更沉重打击了世界经济、国际贸易和全球金融市场，破坏性甚至超过 2008 年国际金融危机，各国政府不得不在疫情防控和经济重启等政策目标之间艰难抉择。然而，疫情冲击还没有结束，2022 年地缘政治冲突又骤然爆发，全球市场不稳定不确定因素急剧增加。乌克兰危机升级深刻改变了全球安全形势和世界政治经济格局，能源、粮食等大宗商品价格剧烈波动，国际金融市场大幅度调整，全球贸易投资发展严重受阻，经济复苏前景黯淡、增长乏力。主要发达国家在通货膨胀、债务、利率“三高”压力下自顾不暇，无力担当世界经贸巨轮的压舱石。更糟糕的是，与发展中国家普遍放宽投资限制、渴望更多融入全球市场的开放政策截然相反，美国等发达国家“基于国家安全标准”不断收紧贸易投资政策，并且将科技和经贸问题政治化、工具化、武器化，叫嚣怂恿“脱钩断链”，动辄实施金融制裁，不惜撕裂全球产业链价值链而拖累世界经济复苏步伐。

在此背景下，我国统筹疫情防控和经济社会发展，加快构建双循环新发展格局，以中国式现代化促进高质量发展，在全球经济动荡中发挥稳定器和增长引擎的关键作用。面对国际政治经济形势百年未有之大变局，中国选择加速金融开放，坚定地以庞大市场规模和巨大市场潜力吸引外国资本和外资金融机构进入，提高要素优化配置能力和经济效率。在贸易保护主义和新冷战零和思维抬头之际，我国高举多边主义旗帜，坚定推进高水平制度型开放，深度参与全球产业合作，全力推动多元稳定的国际经济格局和经贸合作关系发展。通过全球发展倡议、全球安全倡议、全球文明倡议，中国呼吁世界各国人民团结合作、共克时艰，身体力行地推动构建人类命运共同体。

2008年国际金融危机推动国际金融体系改革进入新阶段，位居其中核心层的国际货币格局正在发生调整。国际货币基金组织将人民币纳入特别提款权（Special Drawing Rights，SDR）货币篮子，权重为10.92%，于2016年10月1日正式生效。人民币成为主要国际货币中第一个新兴市场国家货币，这是中国融入全球金融体系的重要里程碑，对于国际货币格局变迁具有重大意义。2022年5月，国际货币基金组织公布SDR定值审查结果，将人民币的权重从10.92%上调到12.28%，表明人民币国际使用程度在过去几年中稳步提高。人民币国际化使得中国有机会实现基于本币的对外经济金融开放，为维护国家金融安全提供系统性解决方案；同时也使中国主动承担起供给全球公共产品的责任，为全球经济金融运行增添稳定性因素。在当前阶段，中国不再只是旁观者，很多时候我们是整个变化过程的亲历者，甚至是一些改革的直接推动者。有幸成为重大国际金融事件的见证者，这自然拉近了国际金融与我们的距离。

《国际金融》（第六版）（含精编版）的修订工作正是在前述背景下组织完成的。此次修订主要包括以下内容：

● "本章预习"替换为"本章导读"。该栏目内容全部是新增的。结合中国金融开放或参与全球金融治理的实践经验，或选取国际金融领域的重要问题，从而引出各章将要学习的基础知识和基本原理。

● 内容和数据更新。教材正文和专栏尽可能反映国际金融理论和实践的最新发展，自然融入了中国对外金融开放的国家战略，达到习术—明道—顺势的专业课程育人效果。大部分数据更新至2022年或更近的时间。新增专栏9个，包括"ESG与养老基金""大数据时代的对冲基金""数字货币桥项目""国际投行对国家风险评估的再思考""成本分摊协议——微软公司避税案例""汇率目标区适合中国吗?""全球'加息潮'、国际资本流动与新兴市场波动""硅谷银行破产事件""全球疫情冲击下欧盟的财政政策：相机抉择协调"等。改写或重写专栏13个，包括"远期汇率的报价和计算""中国外汇交易中心""外汇NDF交易与在岸和离岸人民币市场""人民币离岸金融市场""LIBOR被操纵?""石油美元环流会终结吗?""中国存托凭证""个人需要做汇率预测吗?""中国对外直接投资的发展阶段""2022年上半年中国国际收支总体情况""货币互换""东亚区域合作规划""控制国际资本流入的不利影响：国际经验"等。此外，对部分专栏、拓展阅读、案例学习等进行了删除或转换为二维码资料，相关调整共计30余处。

● 课后习题补充训练类和思考类题目。第七版教材的各章习题中至少包括1个训练类题目和1个思考类题目。训练类题目可以运用本章学习到的原理或方法，进行数据处理和计算，或是做分析解答，目的是提高学生的动手动脑能力，能够运用原理来分析和解释经济现实。思考类题目侧重引导学生结合兴趣进行自主探究，主要涉及一些现实对理论的挑战、历史长周期视角等开放性问题。有些问题未必有标准答案，但是独立思考和探究的过程都极具意义。我们鼓励对国际金融有研究兴趣的学有余力的学生对这类题目多加关注。

• 补充了基础知识自测。为方便学生检测学习效果，各章结尾处都附有二维码测试习题。通过扫码做题，学生可以在预习或复习后及时核验自己对相关基础知识的掌握情况，进而发现需要深入讨论或研究的问题。

• 其他修订。根据正文修订情况，对部分栏目名称和内容进行了调整，对参考文献进行了更新，对第六版教材存在的文字错误和表述歧义等问题进行了处理。

《国际金融》教材的编写和修订工作由中国人民大学国际金融教学团队集体完成。全书由陈雨露教授主编。

本教材的主体结构确立于 2005 年第二版。当时的主要撰写者有：陈雨露（导论、第 1 章），庞红（第 2～4 章、第 6 章），赵锡军、陈启清（第 5 章），涂永红（第 7～10 章），尹继红（第 11 章），王芳（第 12～16 章）。2011 年修订时，将第二版第 6 章“国际银行业”拆分调整至其他章节。2014 年底修订时，将第二版第 9、10 章整合，成为第五版第 8 章“跨国公司资产负债管理”，并新增了由涂永红教授撰写的第五版第 9 章“跨国银行业务与经营”。

精编版教材最初的撰写安排为：陈雨露（导论、第 1 章），庞红（第 2～4 章），陈启清（第 5、6、10 章），郑艳文（第 7～9 章），王芳（第 11～13 章）。此后涉及篇章结构的调整，均与全本教材保持同步。

陈雨露、王芳根据读者反馈和团队意见制订了第七版教材撰写计划。第七版的具体分工为：陈雨露（导论），王芳（第 1、8 章），芦东（第 2、5 章），何青（第 3、4 章），王景业（第 6 章），钱宗鑫（第 7、11 章），涂永红（第 9 章），王晨曦（第 10、12 章），马勇（第 13、14 章）。财政金融学院朱文宇、张静老师对本次修订亦有贡献。最后，陈雨露、王芳对第七版教材初稿进行了统纂。

第七版精编版教材对应章节的编写分工与全本教材相同。全书由陈雨露、王芳统纂。

本教材将探索使用更多数字化教学辅助资源，不再编写与教材配套的学习指导书。

在第七版教材编写过程中，梁馨誉、王偲竹、吕琳、何佳潞、付鹏璐、李粲、李妍、张梓颖、陈斌、李月池、时艺嘉、陈俊良等同志承担了大量数据搜集和文字整理方面的工作。在此一并致谢！

国际金融课程的时效性非常强，唯一保持不变的就是变化时时刻刻都在发生。一本优秀教材的本质属性就在于帮助教师和学生把握拨开云雾见真谛的道理和方法论。

感谢广大读者一直以来的支持与鼓励！感谢中国人民大学出版社经济分社编辑给予的帮助！欢迎大家对第七版教材予以批评指正！

陈雨露

目录

第2篇　国际金融管理

第3篇　内外均衡理论与政策

导论

0.1 全球化与国际金融学的地位

无论是政治领导人，还是属于不同门类不同学科的学者，抑或是普通民众，都共同目睹了人类文明在已经过去的 20 世纪中所取得的进步。美国经济学家鲁迪格·多恩布什（Rudiger Dornbusch）的评论恐怕是其中最具代表性的："这个世纪（20 世纪）比以往任何时候都要好。尽管有大萧条，尽管有两次世界大战，今天人类在经济上所取得的成就比以往任何时候都要多"，"站在今天的水平上进行比较，1900 年简直就是石器时代"。

然而，对于 20 世纪后 20 年中越来越明显的全球化趋势，人类社会却褒贬不一。"反对贸易保护，支持全球化"的呼声在此起彼伏的反全球化运动中力量越来越衰微，从西雅图到墨尔本、从蒙特利尔到坎昆，但凡有发达国家首脑与跨国公司总裁们开会的地方，总能看到高举反全球化旗帜的游行队伍。法国前总统雅克·希拉克（Jacques Chirac）在 1996 年 6 月国际劳工大会上，甚至对"全球化能够提高社会公众福利"这一曾被认为是千真万确的命题提出了质疑。一直到最近，英国在 2016 年举行脱欧公投并终于在 2020 年得到欧盟正式批准，美国在特朗普第一次执政后先是退出《跨太平洋伙伴贸易协定》（TPP）和全球气候大会《巴黎协定》，后又奉行单边主义和贸易保护主义向全球发起贸易战，逆全球化风潮大有愈演愈烈之势。

不过，即使对于全球化有着这样或那样的批评或抱怨，但任何一个国家都做不到冷眼旁观全球化的"惊涛骇浪"却还能独善其身。尤其是对于中国这样一个处于快速发展期的发展中国家而言，无论是否喜欢全球化，这都是我们必须面对的一个客观现实。

在 21 世纪以来的 20 多年里，中国似乎是全球化进程的受益者，贸易、对外直接投资与经济总量都保持高速增长，取得了举世瞩目的经济成就。然而，包括中国在内的广大发展中国家和新兴市场国家，由于在很多方面还存在着薄弱环节，特别是在国际规则制定上缺乏话语权，面对全球化的凶猛势头，可谓风险重重。在这样的背景下，中国怎样才能够乘全球化之势发展经济，同时又不被全球化的利刃所伤，依然是一个具有挑战性的问题。

在日益全球化的世界中，国际金融作为一门学科，重要性日益凸显。这不仅是针对中国等发展中国家而言的，即使是对美国等发达国家，亦是如此。在西方很多高等学府，国际金融都是最受欢迎的课程之一。然而，由于经济背景、历史习惯的差异，东西方对国际金融范畴的理解相去甚远。西方国际金融课程着眼于探讨跨国公司为实现股东价值最大化的目标，如何在一体化程度不断增强的国际市场上做出尽量正确的财务决策。而我国的国际金融课程传统上倾向于从货币金融角度，研究开放经济背景下内外均衡目标的实现问题。随着国内外经济与学术交流的日益频繁，国际金融学科体系进一步融合的要求越来越迫切。

本教材编写组认为，国际金融学科应以日新月异的国际金融市场为主线，研究所有市场参与者在全球化进程中的行为模式变化。因此，国际金融学应当是国际金融市场、国际金融管理和新开放经济宏观经济学的综合。

0.2 变革中的国际金融市场

第二次世界大战之后，国际金融市场最突出的变革无疑是离岸金融市场横空出世。最早的离岸金融市场——欧洲货币市场的产生源于特殊的历史环境（冷战时期东西方的对峙），但其飞速发展却应归功于在岸金融市场所存在的严格管制。美国“Q条例”规定了利率上限，结果导致欧洲美元市场的资金供给源源不断；1963年利息平衡税（美国人购买外国证券所得高于本国证券利息的差额，必须作为税款缴纳给国家）和1965年对外信用抑制计划（美联储限制美国银行对外国人的贷款金额），导致欧洲美元贷款需求极为旺盛。

在离岸金融市场发展初期，美国等主要工业国家将其看作对本国宏观经济管制和金融安全的威胁，因而采取了种种阻挠措施，但作用甚微。随着时间的推移，经济政策决策者对于离岸金融市场的态度更为理性，他们不再只想着如何消灭离岸金融市场，而是更加积极主动地与其展开正面竞争，或是促进在岸金融市场的自由化，或是构建竞争性市场［如美国于1981年批准设立国际银行业设施（international banking facility，IBF）］。然而，离岸金融市场规模仍然在快速扩大，这是否给各国货币政策和金融安全造成了不利影响？是否对全球金融市场稳定形成了冲击和挑战？金融自由化和金融全球化的持续推进，特别是国际金融危机引起的监管反思与跨国合作，使得在岸金融市场与离岸金融市场的监管差异逐渐缩小，这是否意味着离岸金融市场正在逐步丧失其独特优势，甚至最终会趋于消失呢？或者，除了监管因素外，是否还有其他约束条件影响在岸金融市场与离岸金融市场的竞争？尽管已经有一些经济学家尝试对这些问题做出探讨，但恐怕只有实践和时间才能告诉我们答案。

无论是离岸金融市场还是在岸金融市场，都经历了20世纪60年代初兴起的国际金融市场创新的冲击。这股浪潮是多种因素共同作用的结果。第一，国际信息传递领域的技术进步越来越广泛地应用于国际金融市场。通过计算机终端将各家银行联结起来所形成的国际银行计算机网络，已经成为银行间同业国际金融交易最重要的工具。国际互联网迅速发展，为国际金融活动提供了前所未有的便利机遇。数以千万亿计的资金可以在瞬间实现跨境、跨洲的转移。第二，国际金融活动面临着越来越突出的外汇风险与信用风险。国际金融市场上的交易者一般来自不同国家，使用不同币种，防范外汇风险成为最普遍的需求。尤其是20世纪70年代实行浮动汇率制以来，汇率变动频繁而剧烈，外汇风险更加突出。另外，国际金融市场尤其是离岸金融市场，缺乏国内金融市场上较为严格的管制，资金借贷更为便捷，这就加大了信用风险发生的概率。20世纪80年代以后，债务违约事件时有发生，规避和管理信用风险的要求越来越迫切。第三，各国金融管制放松的同时，对国际金融交易的规范性管理却在加强。第二次世界大战以后，越来越多的国家相继解除外汇管制，采取更加灵活的汇率安排，逐步取消对资本流动的限制。与此同时，以《巴塞尔资本协议》为代表的统一监管要求虽然旨在推动全球市场健康发展，却也使得越来越多的银行希望通过开发表外业务来寻求利润。

国际金融市场创新体现在新的金融工具、新的交易技术、新的组织机构与市场等各个方面。其中最为核心的无疑是金融工具创新。在股票、债券、基金等传统金融工具的基础上，一系列崭新的衍生工具不断问世。创新使得国际金融市场发生了深刻变革，在交易方式更加灵活、交易工具更加丰富的同时，市场也更加动荡不安。虽然衍生金融工具设计的初衷大多是为了进行风险管理，但由于这些交易的杠杆比率很高，可能的盈利与亏损程度都相当大，随着合同标的物价格变动，合约价值变动可能几十倍甚至几百倍于缴纳的保证金金额，于是，衍生金融交易无可辩驳地成为国际金融市场风险最大的交易。

20 世纪 90 年代以来，衍生金融工具已经引发了一系列金融动荡。1994 年 12 月，美国加利福尼亚州富有的奥兰治县政府，由于从事利率期货交易而亏损 17 亿美元，不得不申请破产。1998 年 9 月 23 日，美国长期资本管理公司（LTCM）濒临破产。这家聚集了华尔街债券投资高手梅里韦瑟（J. W. Meriwether）、因期权定价模型而荣膺诺贝尔经济学奖的金融学家斯科尔斯（M. S. Scholes）和默顿（R. C. Merton）等诸多精英的公司，曾在三年内创造了 300%的基金增长业绩。但由于公司交易的衍生工具合约金额高达 13 000 亿美元，远远高于其 48 亿美元的资本金，在俄罗斯金融危机意外事件冲击下该公司遭遇了严重的投资失败。当时由美林、摩根出资收购接管了 LTCM，但该公司最终在 2000 年倒闭清算。

在金融全球化程度日益增强的今天，金融衍生工具交易所产生的风险已经威胁到全球金融体系的稳定。2008 年 9 月 15 日，美国第四大投资银行雷曼兄弟公司申请破产，负债高达 6 130 亿美元，成为美国历史上最大破产案。1850 年创立的雷曼兄弟公司在美国抵押贷款债券业务上连续 40 年独占鳌头，曾被《商业周刊》《国际融资评论》等评为最佳投资银行。但在 2007 年美国次贷危机冲击下，公司持有的巨量与住房抵押贷款相关的“有毒资产”在短时间内价值暴跌，2008 年发生巨额亏损，股价跌去 90%，并在“拯救计划”失败后被迫申请破产。雷曼兄弟公司倒闭在全球金融市场引起了严重的连锁反应，标志着美国次贷危机扩大为全球系统性金融危机。

国际金融市场运行机制的变化影响到了从宏观决策者到微观机构的各个层次。因此，这些参与者的行为目标和最优化策略都应成为国际金融理论研究的对象。

0.3 更为复杂的国际金融管理

事实上，国际金融市场影响到的微观个体不仅仅是大型跨国公司。普通民众也有可能保有外币储蓄，或是要出国旅游、留学，或者出于其他动机而参与到国际金融市场中来。中小企业也可能与来自国外的上游供货商或是下游客户打交道，从而成为国际金融市场的参与者。但跨国公司无疑是它们中力量最强大的群体。根据联合国有关方面的统计，跨国公司组织的生产总值和总产量占全球的 40%，承担着全球 80%左右的国际贸易，控制了全球 80%左右的专利权、80%的世界工业研究、90%的专有生产技术。全球技术转移的

70%、发展中国家90%的对外直接投资（FDI）都是由跨国公司完成的。可以认为，跨国公司就是推动全球化的行为主体。因此，跨国公司财务管理成为国际金融学中一个十分重要的篇章。

与纯粹的国内公司相比，跨国公司的经营环境更为复杂，财务管理难度自然也更大。

由于跨国公司面向更为广阔的国际市场，因此可以在更大范围内配置资源。它的生产、投资与筹资活动不必局限于一国或一地，从一般意义上讲，跨国公司所面对的成本-收益曲线要比单纯的国内公司更为理想。尤其是在国际金融市场交易品种更为丰富、交易速度更为快捷的今天，跨国公司的业务发展空间得到了前所未有的拓展。例如，1996年4月9日《华尔街日报》报道称，通用电气公司（GE）仅用时15分钟就筹集到40亿法国法郎，并立刻通过国际互换市场兑换成美元，通用电气公司声称这笔交易将为其“在今后9年中每年节省40万美元”。

与此同时，与国内市场相比，国际市场的不完全性表现得更为突出。虽然无论是在发达国家还是在发展中国家，金融自由化都如火如荼地进行，但是，国外公司切入国内市场的藩篱仍然没有消除，商品、服务、劳动力与资本跨国流动的障碍仍然存在。这些障碍体现在具有歧视性的税收、运输政策及其他规章制度上，由此加大了跨国公司的交易成本。即使在发达国家，市场不完全的情况也相当普遍。

正是由于跨国公司业务类型、经营环境的复杂性，它们所面临的经营风险与国内公司也大不相同。一方面，跨国公司面对的市场风险比国内公司更加复杂。跨国公司的原材料供应、生产与销售活动处于不同的市场中，任何一个市场的利率和价格变动都会影响到跨国公司的收益与成本。并且，跨国公司由于收入、支出和统计的币种不一致，在各种货币相互转换的过程中还存在着外汇风险。另一方面，跨国公司还要面对由于东道国政府政策变动所引起的国家风险。由于主权国家在决定“游戏规则”上有很大的自主性，而跨国公司作为微观个体，缺少与之对抗的能力，因此经营面临着很大的不稳定性。即使没有战争、国有化等极端情况出现，国家风险也依然存在。即使在市场机制完善的发达国家，国家风险也难以避免。在2001年9月11日的恐怖袭击中，位于美国世贸大厦的50多个国家的跨国公司直接遭受了沉重打击。2020年8月6日，美国总统特朗普签署行政令，称TikTok和微信对美国国家安全构成威胁，将在45天后禁止任何美国个人或实体与TikTok、微信及其中国母公司进行任何交易。8天后特朗普再次签署行政令，要求字节跳动在90天之内出售或剥离该公司在美国的TikTok业务。

跨国银行是跨国公司中的一个特殊类别，同样也是国际金融市场上的活跃主体。跨国银行业务与经营不仅是金融全球化的重要机制，而且对国际货币格局变迁起到关键作用。中资企业和中资银行正在国际化道路上快速前进，中国经济发展与全球跨国公司的联系日益密切，该领域相关课题值得我们特别关注。

0.4 内外均衡研究的崭新视角

同时实现内部均衡（充分就业和物价稳定）与外部均衡（国际收支的平衡）无疑是一国宏观经济“掌舵者”希望达到的理想状态，因此也成为国际金融理论的重要组成部分。

内外均衡理论研究由来已久。例如英国哲学家、经济学家和历史学家大卫·休谟（David Hume）在18世纪提出的价格-现金流动机制理论，为国际金本位制条件下内外均衡的实现途径提供了系统的分析框架。内外均衡问题重要性的日益凸显与宏观经济逐步开放相伴相随。随着商品、资本、劳动力等要素国际流动的发展，一国经济与外部经济之间的相互依存度增大，外部均衡问题越来越突出。同时，开放的经济运行导致封闭条件下的内部均衡问题发生深刻变化，内部均衡与外部均衡相互冲突的现实越来越频繁地呈现在宏观决策者面前。当一国经济出现过热迹象时，政府或中央银行对本币升值的抑制会通过国际储备机制使通货膨胀问题变得更为尖锐；而在一国希望利用扩张性货币政策刺激经济发展时，为防范本币贬值而采取的措施很可能会抵消货币政策效力。于是，如何权衡内外均衡目标的相对重要性，就成为宏观决策者不得不思考的问题。继现代内外均衡理论的奠基人、荷兰经济学家简·丁伯根（Jan Tinbergen）于1969年成为第一位诺贝尔经济学奖得主之后，内外均衡理论大师詹姆斯·爱德华·米德（James Edward Meade）和罗伯特·蒙代尔（Robert Mundell）也相继获此殊荣，足以说明内外均衡问题在国际金融研究中的特殊地位。

"丁伯根法则"简而言之就是：要达到 n 个经济目标，至少需要 n 种独立政策工具。虽然这一法则对内外均衡之间的矛盾与协调方法没有做出深入探讨，但之后的米德、蒙代尔等经济学家提出的政策搭配理论均从不同角度证明了"一石不能二鸟"，因此丁伯根被视作内外均衡理论研究中具有里程碑意义的人物。20世纪50年代初期，英国经济学家米德在"丁伯根法则"的基础上，结合凯恩斯理论和新古典理论（特别是希克斯的一般均衡理论），建立了关于政策工具和政策目标之间相互关系的2×2模型，将国际收支平衡的概念从只包括贸易项目扩大到囊括了资本跨国运动的总平衡，这是现代意义上第一个较为系统的内外均衡理论框架。米德是一位具有远见卓识的经济学家，他敏锐地意识到要解决内外均衡之间的矛盾，必须借助于国际经济合作。米德认为，通过支出调整政策（直接影响国内产出和收入的政策）可以达到内部均衡，通过支出转换政策（调整汇率的政策）可以达到外部均衡。但事实上，当时占据优势地位的是固定汇率制，加之价格和工资刚性的存在，使得支出转换政策很难发挥作用，因此限制了米德模型的应用价值。

20世纪60年代提出的蒙代尔-弗莱明（Mundell-Flemming）模型，为解决"米德冲突"（支出转换政策受限）指出了崭新的思路，即：将支出调整政策细化为财政政策和货币政策，并主张以货币政策促进外部均衡，以财政政策促进内部均衡，而且对不同汇率体制和不同开放程度下的货币政策和财政政策效力做出分析，为内外均衡理论研究写下了浓墨重彩的一笔。1976年多恩布什在凯恩斯的分析框架内，对外部均衡和内部均衡之间的相互作用机制进行了考察。与前人不同的是，多恩布什强调了商品市场和金融市场在调整速度上的不对称性，当货币市场失衡引起汇率变动时，商品市场由于价格刚性调整速度慢，金融市场由于价格弹性大调整速度快。调整速度上的差异引起了汇率超调现象，汇率超调又导致了汇率易变性。

但随着全球化趋势的不断推进，MFD（Mundell-Fleming-Dornbusch）简单的分析结构与日益复杂的国际金融现实就显得愈发不相称了。1995年，茅瑞斯·奥伯斯法尔德（Maurice Obstfeld）和肯尼思·罗戈夫（Kenneth Rogoff）的论文《再论汇率动态变化》（Exchange Rate Dynamics Redux）的发表，开辟了"新开放经济宏观经济学"（new openeconomy macroeconomics，NOEM）的时代，成为国际金融理论研究一个新的发展领域和发展方向。这标志着以微观经济基础、名义价格刚性、理性预期和不完全竞争为约束条件的崭新分析框架将成为今后学术研究的工作母机模型（workhorse model）。目前，新开放经济宏观经济学的分析方法已经渗透到了多个领域，例如国际经济政策协调、汇率决定、汇率制度选择、金融危机预警等等。然而，内外均衡的政策搭配是一门带有很大艺术成分的科学，要深刻洞察其中的玄机，还有很长的路要走。

在全球化趋势下，内外均衡的实现已经突破了单一国家的范畴。日益增强的经济关联度使得一国独立实现内外均衡的努力受到了越来越多的挑战，国际政策协调已经发挥出其显著的优势。继1985年美国、联邦德国、日本、英国、法国联手干预外汇市场，抑制美元升值的行动奏效之后，七国财长会议（最初是五国财长会议）日渐规范化，讨论的问题也日益广泛和深入。最为典型的国际政策协调无疑体现为欧洲联盟（其前身为欧洲经济共同体）的货币一体化过程。欧元诞生是这一进程中具有里程碑意义的事件。区域内的固定汇率安排不仅为内外均衡矛盾的解决，也为汇率制度选择提供了一个可供借鉴的榜样。在欧洲示范作用的推动下，区域货币金融合作在亚洲（以东盟10＋3为突出代表）和非洲都有了突飞猛进的发展。2008年国际金融危机后，二十国集团日益成为推动全球性问题讨论和研究，以寻求合作并促进国际金融稳定和经济持续发展的重要国际协商机制，使得新兴市场和发展中国家在全球治理中有了发声的平台。对于这些新的发展趋势，原有的国际金融经典理论已经暴露出了力不从心的迹象，新的理论探索正在进行之中。

汇率制度选择是内外均衡同时实现的关键一环，也是国际金融领域一个经久不衰的话题。弗里德曼（M. Friedman）、约翰逊（H. Johnson）、哈伯勒（G. Haberler）等赞成浮动汇率的经济学家与纳克斯（Nurkse）、蒙代尔和金德尔伯格（C. Kindleberger）等固定汇率支持者一直就两种汇率的优劣进行争论。还有一些学者（如威廉森）另辟蹊径，提出了“中间解”，建议实行介于固定汇率制与浮动汇率制之间的中间汇率制度，如汇率目标区、爬行钉住或货币局等形式。20世纪末，加州大学伯克利分校的巴里·艾肯格林（Barry Eichengreen）与哈佛大学的豪斯曼（Hausmann）提出了更为惊人的见解，建议发展中国家索性放弃本国货币，使用美元等全球市场上的基准货币，以彻底摆脱汇率制度选择困境。虽然这场争论直到今天仍没有定论，但有关汇率制度选择的理论研究却正在走向规范化，即围绕以下四个基本问题展开分析：第一，汇率制度与通货膨胀状况有关吗？第二，固定汇率制和浮动汇率制哪一个更有助于增强纪律？第三，固定汇率制和浮动汇率制哪一个为实施独立货币政策提供的空间更大？第四，固定汇率制和浮动汇率制哪一个代表了更有效率的微观经济制度？①

全球化和国际金融市场创新进一步加剧了内外均衡之间的矛盾，甚至导致了金融危机。金融危机频繁爆发，且破坏性越来越强。虽然危机一次次动摇了国际金融体系的稳定，但也在客观上推动着国际金融理论研究的快速发展。随着金融危机理论模型从第一代发展到第三代，理论界对金融危机爆发的原因、机制等有了越来越深入的了解，危机管理技术也取得了很大突破。遗憾的是，虽然金融危机研究不断成熟，但总是体现在事后解释

---

① Dornbusch，R.，and A. Giovannini，“Monetary Policy in the Open Economy，” in M. Friedman and F. H. Hahn，*Handbook of Monetary Economics*，vol. 2，Elsevier Science Publisher B. V.，1990.

能力上，危机预测依然是一个薄弱环节，也还没有从理论上破解全球系统性金融危机的形成逻辑，更缺乏有效应对方案，这都是国际金融学者们今后努力的方向。

0.5 演进中的国际货币体系

全球化自然提出了国际交往中的货币问题：用什么货币来清偿国际债权债务？汇率如何决定以及一国汇率制度如何选择？怎样保障货币兑换和国际支付清算畅通无阻？关于这些问题，国与国之间在长期交往中自发形成约定，或是通过签署国际协定做出有约束力的安排。货币制度的这些国际性安排，既有全球性的也有区域性的，属于不同层次的国际货币体系。从历史经验看，主要经济体货币制度的国际性安排大体决定了不同阶段国际货币格局的基本特征。

在二战后建立的国际货币秩序当中，货币国际化是顺应和服务于经济全球化进程的，体现了各国人民以互通有无和优势互补促进经济发展的共同价值追求。国际货币的使命在于促进国与国之间的经贸往来和资本流动，但是各个国家自然禀赋的差异决定了并非任何一种主权信用货币都有条件成为被普遍接受、广泛使用的国际货币。所以，国际货币从诞生之日起就具有鲜明的全球公共产品的属性。

全球公共产品供给的目的在于满足公共需求、化解全球公共难题。国际货币作为全球公共产品，总的来看是存在供给缺口的，结构性错配问题日益突出。新兴市场和发展中经济体在世界经济和国际贸易中的地位不断提升，这些经济体在全球化过程当中对国际货币的需求增长明显超过了发达经济体的有效供给能力。国际货币格局调整落后于世界经济和贸易格局的变迁。

国际货币作为全球公共产品在中长期存在着优质品甚至合格品的稀缺问题。在国际金融危机之下更是表现出“美元是唯一安全资产”这种极端的也是不太正常的情形。在国别主权信用货币国际化的时代，国际货币的本质取决于国际社会对其投射的信心和信任。如果主权信用货币的发行主体对内不能很好地解决债务问题、通货膨胀问题、金融危机问题，对外不能有力地促进全球经济增长、跨国经贸合作和国际金融稳定，那么支撑货币国际化的信心和信任的长期可持续性必然存疑。

世纪疫情和地缘政治冲突导致了全球性挑战此起彼伏，当下的世界比以往任何时候都更加需要团结合作。在此紧要关头，把超级国际货币和全球金融基础设施政治化、工具化甚至武器化，有违提供全球公共产品的初心和使命，不符合和平与发展、公平与正义、民主与自由这些全人类的共同价值，完全无助于全人类共同携手解决全球公共难题。越是在动荡变乱的局势下，国际社会越期盼尽早恢复经济金融稳定和发展的力量，市场主体和官方机构对便捷的国际结算支付工具和安全可靠的国际储备资产的渴望愈发强烈，国际货币供给缺口的问题也进一步激化。

从 2009 年跨境人民币结算试点开始算起，人民币国际化在过去十几年里实现了从无到有、由低到高的历史性突破。目前，人民币已经跻身于主要国际货币行列，未来成长空间仍然值得期待。人民币作为国际货币被居民和非居民在全球范围内广泛使用，代表中国主动承担起提供全球公共产品的责任，这是中国作为全球最大的发展中国家、全球贸易和投资重要的国家、世界第二大经济体，努力弥补国际货币供给缺口的大国担当。客观上，人民币国际化为广大新兴市场和发展中经济体，以及其他有需要的国家或个人，提供了国际支付货币和国际储备货币的新增选项，并推动国际货币格局朝着多元竞争、相互制衡的多极化方向前进，从而更好地与世界经济和国际贸易格局贴近，为全球经济金融运行增加稳定性因素。

中国人民正在中国共产党的领导下，以中国式现代化全面推进国家建设和民族复兴，实现高质量发展，实现全体人民共同富裕，促进物质文明和精神文明相协调，促进人与自然和谐共生，走和平发展道路，创造人类文明新形态。中国式现代化的这些内在的本质要求，既符合全人类共同价值观，又赋予了人民币国际化鲜明的时代特征和中国属性，更有望支持人民币成为最具活力、最有潜力的优质全球公共产品。

人民币国际化的终极目标是追求与中国经济和贸易地位相匹配的货币地位。如果人民币在国际使用或影响力等方面能够比肩欧元和美元，则意味着国际货币格局朝着多极化方向发生了深刻变革。为此必须筑牢三大根基条件：第一，以实体经济为支撑的中国现代化产业体系建设取得重大成果，也就是要基本实现现代化；第二，我国金融市场深化发展和人民币国际化的基础设施建设取得长足进步，增强居民和非居民的人民币可获得性和使用便利性；第三，中国金融体系的制度性开放与风险控制体系之间实现高阶平衡，统筹好发展与安全。构建上述三个战略优势的理论和实践逻辑的关键在于，要有效地覆盖国际货币体系的格局性调整所面临的时间成本和沉没成本，否则无法抗拒货币转换黏性的阻力——这是历史的经验。我们更要清醒地认识到，国际货币竞争从来不是单纯的经济金融问题，因此，人民币国际化之路必然是漫长而曲折的。

国际金融学的发展进程表明，理论研究和实践探索相辅相成，伟大的历史成就和学术成果层出不穷。与此同时，随着国际金融形势风云变幻，未解之谜和现实挑战还在不断增加，激励着每一位国际金融学者继续攀登。

第 1 篇

国际金融市场

第1章 外汇与外汇汇率

学习目标

- 了解外汇、汇率等基本概念，掌握主要的汇率分类；
- 学会解读外汇行情表；
- 理解影响汇率变动的因素以及汇率变动对经济的影响；
- 认识人民币汇率制度及其改革进程。

本章导读

2015年12月11日开始，中国外汇交易中心（China Foreign Exchange Trade System，CFETS）在中国货币网（www. chinamoney. com. cn）正式发布CFETS人民币汇率指数，为市场转变观察人民币汇率的视角提供了量化指标。汇率指数是一种加权平均计算的多边汇率，也称有效汇率，用以综合计算一国货币对一篮子外国货币加权平均汇率的变动，能够更加全面地反映一国货币对外价值的变化。

长期以来，市场观察人民币汇率的视角主要是看人民币兑美元的双边汇率。这主要是由当时的国内外实际情况决定的：二战后美元在国际贸易与金融领域占据主要地位，美元也是我国对外贸易计价结算以及国际储备中的关键货币，人民币兑美元汇率成为与我国国际收支活动关系密切的基础汇率。同时人民币兑其他主要外币的汇率几乎都是根据基础汇率以及全球外汇市场行情套算得到的。

但随着我国对外经贸往来中更多使用双边货币计价结算，越来越多在CFETS挂牌的外汇与人民币直接交易形成价格。目前只有人民币兑港元汇率中间价套算确定，其他挂牌外汇的汇率中间价均由做市商报价形成。由于汇率浮动旨在调节多个贸易伙伴的贸易和投资，因此仅观察人民币兑美元双边汇率并不能全面反映贸易品的国际比价。

CFETS人民币汇率指数参考CFETS货币篮子，包括挂牌的各人民币对外汇交易币种，样本货币权重采用考虑转口贸易因素的贸易权重法计算而得。篮子货币取价是当日人民币外汇汇率中间价。指数基期是2014年12月31日，基期指数是100点。指数计算方法是几何平均法。此外，中国外汇交易中心也同时列出了参考BIS货币篮子、SDR货币篮子计算的人民币汇率指数，以便市场从不同角度观察人民币有效汇率变化情况。每年12月31日中国外汇交易中心都会发布公告来调整CFETS人民币汇率指数、SDR货币篮子人民币汇率指数的货币篮子权重。

经济中有哪些常用的汇率分类？观察外汇行情表或汇率走势图，我们能够得出哪些重要信息？现行人民币汇率制度是怎样形成的？本章将介绍汇率基础知识、汇率决定与变动的基本原理以及人民币汇率的市场化改革进程。

1.1 外 汇

1.1.1 如何定义外汇？

外汇（foreign exchange）是实现国际经济活动的基本手段，是国际金融的基本概念之一。

外汇的含义需要我们从两个方面来理解：其一，指一国货币兑换成另一国货币的实践过程，通过这种活动来清偿国家间的债权债务，是动态的外汇概念；其二，指国家间为清偿债权债务而进行的汇兑活动所凭借的手段和工具，或者说是用于国际汇兑活动的支付手段和工具，这是静态的外汇概念。全面解释什么是外汇，就应该既包括动态的外汇概念，又包括静态的外汇概念。实际上，静态的外汇概念是从动态的汇兑行为中衍生出来并广为运用的，我们在日常生活中所用到的外汇概念以及在本书中所涉及的外汇概念主要是静态的，即用于国际汇兑的手段或工具。

知识注解

动态的外汇即国际汇兑过程，静态的外汇是指国际汇兑过程中所使用的支付手段和工具。

外汇是以外币表示的，用以清偿国际债权债务的一种支付手段。外汇买卖是债权的转移，而外汇支付则是完成国际债权债务的清偿。因此，外汇的主要特征有：

（1）外汇是以外币表示的资产。任何以本国货币表示的信用工具、支付手段、有价证券等对本国人来说都不能被称为外汇。例如，美元资产是国际支付中最为常用的一种外汇资产，但这是针对美国以外的其他国家而言的。

（2）外汇具有普遍可接受性。因为在国际经济往来中可自由使用，外汇更容易被其他国家接受为清偿国际债权债务的工具。一般来说，外汇可以自由兑换成其他形式的或以其他货币表示的资产。如果某种资产在国家间的自由兑换受到限制，比如，有些货币当局实行严格外汇管制，禁止本币在境内外自由兑换成其他国家的货币，就会影响该币种作为跨国支付手段的可接受性。

根据外汇的定义可知，可兑换的外国通货（包括纸币、硬辅币等）是一种外汇资产。但这只是外汇资产中最基本的一种形式，也是最狭义的外汇形式。随着信用制度的发展，产生了许多其他形式的外汇资产，包括：外币有价证券，如政府债券、公司债券、股票等；外汇支付凭证，如外国汇票、本票、支票等；外币存款凭证，如银行存款凭证、邮政储蓄凭证等等。

在现代国际经济活动中，用于支付的手段绝大多数已是非通货形态的信用工具，外钞只在很窄的范围内使用。因此，不能把外汇简单地理解为外国通货；同时，也不能反过来把外国货币统统理解为外汇，因为只有那些在国际上可自由使用、被普遍接受的外国货币才可被称为外汇。

1.1.2　外汇的渊源

商品交易的需要产生了货币和货币流通，跨越国界的商品交易及其他经济往来活动带来了国际货币流通，只不过国际货币流通涉及不同国家货币之间的相互交换。例如，进出口商需要将本币兑换成外汇以偿还国外债务或将国外债权转换成本币用于消费，这样就产生了最初的国际汇兑，即外汇和外汇交易。为清偿由进出口贸易引起的债权债务关系是国际汇兑产生的主要原因。举个简单的例子说明：假设日本汽车出口商向法国出口，法国进口商对其支付 100 万欧元。这笔资金可以存放在日本商人在法国某银行的账户上，那么日本商人就拥有了一笔以欧元表示的外汇存款。如果同时日本一家香水进口商从法国进口香水，需要支付 100 万欧元，这家进口商就需要寻找将日元兑换成欧元的机会。他可以用一定数量的日元向本国汽车出口商购买 100 万欧元，同时要求法国银行将欧元支付给法国香水出口商，从而完成债务清偿（见图 1－1）。这样，日本出口商也就将原有的外汇债权转换成了本币，用于国内的消费或投资，这个转换过程就是外汇交易。在现代发达的银行制度下，商人之间的外汇买卖往往是通过有外汇业务的银行进行的。银行代理外汇买卖和债权债务清偿使得国际汇兑更加方便和迅速。

这个例子中自然会涉及一个问题：日本香水进口商以多少日元向汽车出口商兑换 100 万欧元呢？不同货币之间以什么样的比例相互兑换，这就是汇率问题。

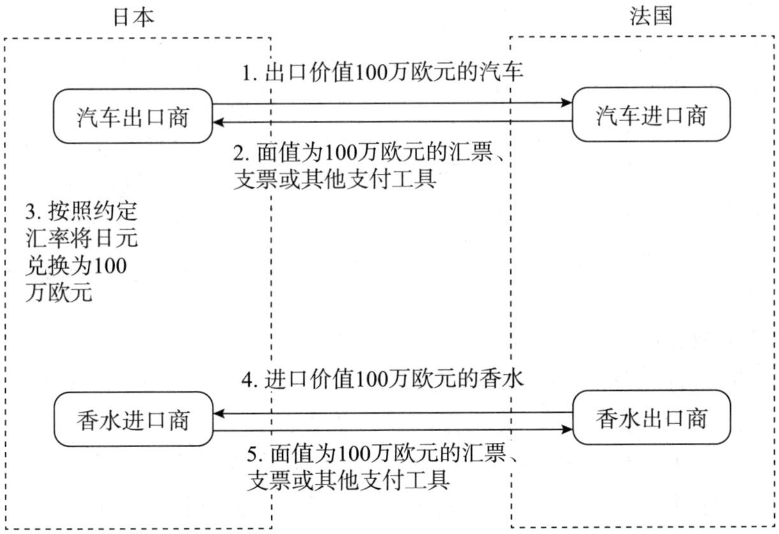

图 1－1　国际汇兑的过程

1.2　外汇汇率

1.2.1　汇率的定义

外汇汇率（foreign exchange rate）又称外汇汇价，是不同货币之间兑换的比率或比价，也可以说是以一种货币表示的另一种货币的价格。

外汇是可以在国际上自由兑换、自由买卖的资产，也是一种特殊商品，汇率就是这种特殊商品的“特殊价格”。一般商品的价格是用货币表示的，但人们不能反过来用商品表现货币的价格。在国际汇兑中，不同货币之间却可以相互表示对方的价格，因此，外汇汇率也就具有双向表示的特点：既可用本币表示外币价格，也可用外币表示本币价格。

1.2.2 汇率标价方法

由于两种不同的货币可以互相表示，所以本币与外币就有两种基本的汇率标价方法：一是直接标价法；二是间接标价法。20 世纪五六十年代以后，西方各国的跨国银行在全球外汇市场上普遍采用了“美元标价法”。

1. 直接标价法

直接标价法（direct quotation）是指以一定单位的外国货币为标准（比如 1、100、10 000等）来计算折合多少单位的本国货币。例如，2023 年 3 月 1 日，中国外汇交易中心挂牌的人民币兑美元汇率为 100 美元等于 694.00 元人民币，这就是直接标价法。这种标价法的特点是用本币给外币标价，外币数额固定不变，折合本币的数额变化。如果一定数额外币折合本币数额增加，说明外币升值、本币贬值；反之，如果一定数额外币折合本币数额减少，则说明外币贬值、本币升值。

2. 间接标价法

间接标价法（indirect quotation）是指以一定单位的本国货币为标准（比如 1、100、10 000 等）来计算折合多少单位的外国货币。例如，2023 年 3 月 1 日，伦敦外汇市场英镑兑美元汇率为 1 英镑等于 1.202 0 美元，即间接标价法。这种标价法的特点是用外币给本币标价，以本币为计价标准，折合外币的数额变化。如果一定数额本币折合外币数额增加，说明本币升值、外币贬值；反之，如果一定数额本币折合外币数额减少，则说明本币贬值、外币升值。

> **知识注解**
> 汇率的标价法可以分为直接标价法和间接标价法。前者是指以一定单位的外国货币为标准来计算折合多少单位的本国货币；后者是指以一定单位的本国货币为标准来计算折合若干单位的外国货币。

世界上采用间接标价法的国家主要是英国（以及英联邦国家）、美国和欧元区国家。英国是资本主义发展最早的国家，英镑曾经是世界贸易计价结算的中心货币，因此，长期以来伦敦外汇市场上的英镑采用间接标价法。第二次世界大战后，美国经济实力迅速增强，美元逐渐成为国际结算、国际储备的主要货币，为了便于计价结算，从 1978 年 9 月 1 日开始，纽约外汇市场也改用间接标价法，以美元为标准公布美元与其他货币之间的汇价，但美元对英镑和爱尔兰镑仍沿用直接标价法。欧元是历史上第一个区域共同货币，1999 年开始试运行，2002 年正式流通。除英镑外，欧元对其他货币都使用间接标价法。

直接标价法和间接标价法都是针对本国货币和外国货币之间的关系而言的。对于某个国家或某个外汇市场来说，本币以外其他各种货币之间的比价无法用直接或间接标价法来判断。实际上，非本国货币之间的汇价往往是以一种国际上的主要货币或关键货币（key currency）为标准的。例如，第二次世界大战后由于美元是世界货币体系的中心货币，各国外汇市场上均以美元为标准公布外汇牌价，这种情况可以称为“美元标价法”。美元标价法与本、外币之间的两种基本标价方法并不矛盾。银行汇价挂牌时，标出美元与其他各种货币之间的比价，如果需要在美元以外的两种货币之间进行交易，可以通过它们各自与美元的比价进行套算。

1.2.3 利用外汇行情表学习汇率及汇率种类

表1-1是伦敦外汇市场某日公布的汇率信息。

首先应当明确的是，行情表采用的是美元标价法。因此，除去第三列、英镑和欧元两行外，表中其余各行表示的信息都是1美元等于多少该种货币，可称为单位元法；而英镑和欧元两行的信息表示的是1英镑或1欧元等于多少美元，可称为单位镑法。

表1-1 外汇行情表

	Closing Mid-Point	Bid/Offer Spread	One Month Rate	Three Month Rate	One Year Rate
Russia (Rouble)	81.560 0	500～700	—	—	—
Switzerland (SFr)	0.887 7	875～877	0.884 5	0.878 9	0.858 5
UK (£)	1.243 4	431～437	1.242 3	1.236 1	1.227 2
Euro (€)	1.102 4	021～025	1.101 5	1.098 7	1.084 7
Canada (C$)	1.359 9	596～601	1.357 9	1.356 2	1.351 2
USA ($)	—	—	—	—	—
Australia (A$)	1.503 3	031～035	1.501 2	1.497 7	1.487 1
Hong Kong, China (HK$)	7.849 8	495～450	7.836 5	7.817 2	7.767 9
Japan (¥)	134.082	080～084	134.139	134.127	134.075
Singapore (S$)	1.336 5	363～367	1.334 8	1.331 8	1.318 2

外汇行情表的第一列表示各主要国家（或地区）及其货币符号。自上至下，这些货币符号依次是俄罗斯卢布（Rouble）、瑞士法郎（SFr）、英镑（£）、欧元（€）、加拿大元（简称“加元”，C$）、美元（$）、澳大利亚元（简称“澳元”，A$）、港元（HK$）、日元（¥）、新加坡元（S$）。

从外汇行情表的右边四列可以看出，汇率虽然被简单地概括为两种货币之间的兑换比率，但在实际应用中，汇率可以从不同角度划分为不同种类。

1. 从银行外汇买卖的角度划分

从银行外汇买卖的角度出发，汇率可以分为买入价、卖出价和中间价。

（1）买入价（buying rate），即买入汇率，是银行从客户或同业那里买入外汇时所使用的汇率。

（2）卖出价（selling rate），即卖出汇率，是银行向客户或同业卖出外汇时所使用的汇率。

（3）中间价（middle rate），即买入价与卖出价的平均价。常见于报纸杂志或经济分析之中。

> **知识注解**
> 买入价和卖出价是银行从客户或同业那里买入或卖出外汇时所使用的汇率。

买入价和卖出价都是从银行角度划分的，银行买入外汇的价格较低，卖出外汇的价格较高，低价买进与高价卖出之间的差价即银行的经营费用和利润来源，其大小要根据外汇市场行情、供求关系以及不同银行的经营策略而定。

在单位元法标价中，低价为银行的美元买入价，高价为美元卖出价。例如，客户与银行需要进行俄罗斯卢布兑美元交易。表1-1中，美元兑俄罗斯卢布的汇率为1美元等于81.550 0～81.570 0俄罗斯卢布。前者（81.550 0）是银行从客户手中买入1美元所需支付的俄罗斯卢布数额；后者（81.570 0）是银行卖出1美元时所收取的俄罗斯卢布数额，买入价与卖出价之间的差额为每美元0.020 0俄罗斯卢布。在外汇市场上，我们一般将0.000 1（日元为0.01）称为1基点，因此本例中的差价是200基点。即若客户手中持有100美元，则客户可与银行以81.550 0的汇率兑换俄罗斯卢布，获得100×81.550 00=8 155卢布。

而在单位镑法标价中，低价为银行的英镑（或欧元）买入价，也即美元卖出价，高价为英镑（或欧元）卖出价，也即美元买入价。例如客户与银行进行英镑兑美元交易，表1-1的外汇行情表中，英镑兑美元汇率的中间价为1.243 4，买卖报价为431～437，意即银行买入1英镑报价为1.243 1美元（或者，银行卖出1美元要求收取1/1.243 1英镑），银行卖出1英镑报价为1.243 7美元（或者，银行买入1美元同意支付1/1.243 7英镑）。即若客户手中持有100美元，则客户可以1.243 7的汇率向银行兑换英镑，获得100÷1.243 7=80.405 2英镑。

2. 按外汇买卖成交后交割时间长短划分

按外汇买卖成交后交割时间的长短不同，汇率可以分为即期汇率与远期汇率。

（1）即期汇率（spot exchange rate），也称现汇率，是交易双方达成外汇买卖协议后，在两个工作日以内办理交割的汇率。这一汇率一般就是现时外汇市场的汇率水平。

（2）远期汇率（forward exchange rate），也称期汇率，是交易双方达成外汇买卖协议，约定在未来某一时间进行外汇实际交割所使用的汇率。这一汇率是双方以即期汇率为基础约定的，但往往与即期汇率有一定差价，其差价称为升水或贴水。直接标价法下，当远期汇率高于即期汇率时我们称为外汇升水；当远期汇率低于即期汇率时我们称为外汇贴水。升贴水主要受利率差异、供求关系、汇率预期等因素影响。另外，远期汇率虽然是未来交割所使用的汇率，但与未来交割时的市场现汇率是不同的。前者是事先约定的远期汇率，后者是未来的即期汇率。

表1-1中，前两列为即期汇率，后三列则为交割期限分别为1个月、3个月与1年的远期汇率。

3. 按汇率制定的方法划分

按汇率制定的方法不同，汇率可分为基础汇率和套算汇率。

（1）基础汇率（basic rate）是一国所制定的本国货币与基准货币（往往是关键货币）之间的汇率。关键货币往往选择的是国际贸易、国际结算和国际储备中的主要货币，并且与本国国际收支活动关系密切，所以往往选择关键货币作为本国汇率的制定标准。第二次世界大战后美元在国际贸易与金融领域占据了主要地位，因此许多国家都将本币兑美元的汇率定为基础汇率。

（2）套算汇率（cross rate）是根据基础汇率套算得到的本币与非关键货币之间的汇率。

表1-1反映的是不同货币与美元的汇率，如果我们需要了解两种非美元货币之间的汇率，就应当通过计算得到，也就是套算汇率。

例如，要计算日元与新加坡元之间的汇率，由于日元、新加坡元的美元标价均采用单位元法，两者标价法相同，故使用除法计算套算汇率。由表 1－1 可知：

1 美元＝134.082 日元＝1.336 5 新加坡元

因此，

$$1\text{ 新加坡元}=\frac{134.082}{1.336\,5}=100.32\text{ 日元}$$

再如，要计算英镑与日元之间的汇率，由于在英镑、日元的美元标价中，前者采用单位镑法，后者采用单位元法，两者标价法不同，故使用乘法计算套算汇率。由表 1－1 可知：

1 英镑＝1.243 4 美元
1 美元＝134.082 日元

因此，

1 英镑＝1.243 4×134.082＝166.72 日元

当要套算出汇率买入价与卖出价时，情况就变得较为复杂。计算时要区分两种情况：一种情况是当两种货币的标价方法一致时，要将分隔符左右的相应数字交叉相除；另一种情况是当两种货币的标价方法不同时，应当将分隔符左右的相应数字同边相乘。

例如，如果要计算日元与新加坡元之间的汇率，因为两种货币的标价方法相同，所以应当交叉相除。由于：

1 美元＝134.080/134.084 日元
1 美元＝1.336 3/1.336 7 新加坡元

因此，

1 新加坡元＝(134.080÷1.336 7)/(134.084÷1.336 3)
＝100.31/100.34 日元

又如要计算英镑与日元之间的汇率，因为两种货币的标价方法不同，所以应当同边相乘。由于：

1 美元＝134.080/134.084 日元
1 英镑＝1.243 1/1.243 7 美元

因此，

1 英镑＝(134.080×1.243 1)/(134.084×1.243 7)
＝166.67/166.76 日元

专栏 1.1　远期汇率的报价和计算

远期汇率的报价方式通常有两种：

第一种是直接报出远期外汇的买价和卖价。例如某银行 3 个月美元与港元的报价为 7.810 0/7.824 4，就表示银行愿意以 7.810 0 港元的价格买入 3 个月远期美元，以 7.824 4

港元的价格卖出3个月远期美元。

第二种是不直接报远期汇率，而是报出即期汇率和升贴水点数。虽然即期汇率变动很大，但远期汇率和即期汇率之间的差价一般比较稳定，因此这种报价方式更为普遍。

直接标价法下，远期汇率＝即期汇率±外汇升贴水。

不过，如果标价中将买卖价格全部列出，并且远期汇率的点数也有两个，则无须考虑两种标价法的区别，只要按照下面的规则就可正确计算远期汇率。

（1）若远期汇率的报价大数在前、小数在后，则表示单位货币远期贴水，计算远期汇率时应用即期汇率减去远期点数。

例如，美元与新加坡元的即期汇率为1.336 3/1.336 7，若某银行3个月远期外汇报价为318-310，则表示该行愿意以1.304 5新加坡元（＝1.336 3－0.031 8）的价格买入3个月远期美元，以1.305 7新加坡元（＝1.336 7－0.031 0）的价格卖出3个月远期美元。

（2）若远期汇率的报价小数在前、大数在后，则表示单位货币远期升水，计算远期汇率时应用即期汇率加上远期点数。

例如，美元与新加坡元的即期汇率为1.336 3/1.336 7，若某银行3个月远期外汇报价为310-318，则表示该行愿意以1.367 3新加坡元（＝1.336 3＋0.031 0）的价格买入3个月远期美元，以1.368 5新加坡元（＝1.336 7＋0.031 8）的价格卖出3个月远期美元。

1.2.4 汇率的其他种类

1. 按外汇交易中支付方式划分

按外汇交易中支付方式的不同，汇率可分为电汇汇率、信汇汇率和票汇汇率。

> **知识注解**
> 电汇汇率、信汇汇率和票汇汇率是以电汇、信汇或票汇方式结算时所使用的汇率。

（1）电汇汇率（telegraphic transfer rate，T/T rate），也称电汇价，是以电汇方式支付外汇所使用的汇率。银行往往用电报、电传等通信方式通知国外分行支付款项，外汇付出迅速，银行占用利息减少，因而向对方收取的价格（汇率）也就较高。现代外汇市场上多用电汇方式付出外汇，因而电汇汇率成为一种具有代表性的汇率，也是较其他汇率高的一种汇率。

（2）信汇汇率（mail transfer rate，M/T rate），也称信汇价，是银行用信函方式通知给付外汇的汇率。银行卖出的外汇需要用信函通知国外分行支付，所用时间较长，因此需扣除在途利息占用，汇率也就较电汇汇率低。

（3）票汇汇率（demand draft rate，D/D rate），也称票汇率，是银行买卖即期汇票的汇率。买卖即期汇票所需时间较长，因而汇率较电汇汇率低。如果买卖的是远期汇票（如30天期、60天期），其汇率水平取决于远期期限长短和该种外汇升贬值的可能性。

2. 按外汇管制程度划分

按外汇管制程度不同，汇率分为官方汇率与市场汇率。

（1）官方汇率（official rate），也称法定汇率，是外汇管制较严格的国家授权其外汇管理当局制定并公布的本国货币与其他各种货币之间的外汇牌价。这些国家一般没有外汇市场，外汇交易必须按官方汇率进行。官方汇率一经制定往往不能频繁地变动，这虽然保证了汇率的稳定，但也使得汇率较缺乏弹性。

（2）市场汇率（market rate）是外汇管制较松的国家在自由外汇市场上进行外汇交易的汇率。它一般存在于市场机制较发达的国家，在这些国家的外汇市场上，市场汇率受外汇供求关系的影响，自发地、经常地变动。官方不能规定市场汇率，而只能通过参与外汇市场活动来干预汇率变化或者通过宏观政策间接影响汇率，以避免汇率出现过度频繁或大幅度的波动。

除外汇管制严的国家实行官方汇率、外汇管制松的国家实行市场汇率外，在一些逐步放松外汇管制、建立外汇市场的国家中，可能会出现官方汇率与市场汇率并存的状况，在官方规定的一定范围内使用官方汇率，而在外汇市场上使用由供求关系决定的市场汇率。

3. 按外汇使用范围划分

在实行复汇率的国家中，因外汇使用范围不同，汇率可以分为贸易汇率与金融汇率。

（1）贸易汇率（commercial exchange rate）是用于进出口贸易及其从属费用计价结算的汇率。官方制定与其他汇率不同的贸易汇率主要是为了促进出口、限制进口，改善本国贸易状况。

（2）金融汇率（financial exchange rate）是用于非贸易往来如劳务、资本移动等方面的汇率。官方制定金融汇率的目的往往是增加非贸易外汇收入以及限制资本流动。

4. 按国际汇率制度划分

按照国际汇率制度的不同，汇率可分为固定汇率与浮动汇率。

（1）固定汇率（fixed exchange rate）是在金本位制度下和布雷顿森林体系下通行的汇率。固定汇率制规定本国货币与其他国家货币之间维持一个固定比率，汇率波动只能限制在一定范围内，由官方干预来保证汇率的稳定。目前许多发展中国家仍然实行固定汇率制。

（2）浮动汇率（floating exchange rate）是本国货币与其他国家货币之间的汇率不由官方制定，而由外汇市场供求关系决定，可自由浮动，官方在汇率出现过度波动时才干预市场。浮动汇率制是布雷顿森林体系解体后西方国家普遍实行的汇率制度。由于各国具体情况不同，选择汇率浮动的方式也会不同，所以浮动汇率制又可以进一步分为自由浮动、管理浮动、联合浮动、钉住浮动等等。

5. 按信用货币制度下汇率是否经过通货膨胀调整划分

根据信用货币制度下汇率是否经过通货膨胀调整，汇率可分为名义汇率和实际汇率。

（1）名义汇率（nominal exchange rate）是没有剔除通货膨胀因素的汇率。信用货币制度下，各国都会发生通货膨胀，货币在国内的购买力因此也会有不同程度的下降，由此造成的货币对内贬值应该反映在货币的对外价值即汇率上，但名义汇率是没有消除过去一个时期两种货币通货膨胀差异的汇率。

（2）实际汇率（real exchange rate）是在名义汇率基础上剔除了通货膨胀因素后的汇率。从计算方法上看，它是在现期名义汇率的基础上用过去一个时期两种货币各自的通货膨胀率（物价指数上涨幅度）来加以校正，从而得出实际的而不是名义的汇率水平及汇率变化程度。

1.3 汇率的经济分析Ⅰ——汇率决定与变动

1.3.1 金本位制度下的汇率决定与变动

各国货币之间的比价，即汇率，从根本上讲是各种货币价值的体现。也就是说，货币具有的或代表的价值是决定汇率水平的基础，汇率在这一基础上受其他各种因素的影响而变动，形成现实的汇率水平。而在不同的货币制度下，各国货币所具有的或者所代表的价值是不同的，也就是说，汇率具有不同的决定因素，并且影响汇率水平变动的因素也不相同，我们首先来看金本位制度下汇率的决定与变动因素。

1. 汇率决定因素：铸币平价

1816年《金本位制度法案》颁布，标志着金本位制度最早在英国诞生。此后，德国等欧洲国家和美国也陆续实行金本位制度。金本位制度具体包括金铸币本位制、金块本位制和金汇兑本位制三种形式，其中金铸币本位制是典型的金本位制度，后两种是削弱了的、变形的金本位制度。

典型金本位制度的特点是：各国货币均以黄金铸成，金铸币有一定重量和成色，有法定含金量；金币可以自由流通、自由铸造、自由输出入，具有无限清偿能力；辅币和银行券可以按其票面价值自由兑换为金币。

在这种制度下，各国货币均以黄金作为统一的币材和统一的价值衡量标准，尽管它们在重量、成色等方面有不同的规定，但在国际结算和国际汇兑领域中都可以按各自的含金量加以对比，从而确定货币比价。因此，金本位制度下两种货币之间的含金量之比，即铸币平价（mint par），就成为决定两种货币汇率的基础。

下面用英国和美国这两个典型例子来说明：在1929年经济危机以前的金本位制度时期，英国规定1英镑含金量为113.00格令，美国规定1美元含金量为23.22格令。其中，含金量＝铸币重量×成色。具体计算如下：

	重量		成色	含金量
£1：	123.274 47格令	×	22/24	＝113.00格令
$1：	25.8格令	×	90/100	＝23.22格令

由此，英镑与美元的铸币平价即各自含金量之比等于4.866 5（＝113.00/23.22），即1英镑金币的含金量等于1美元金币含金量的4.866 5倍。这就是英镑与美元之间汇率的决定基础，它建立在两国法定的含金量基础上，而法定的含金量一经确定，一般是不会轻易改动的，因此，作为汇率基础的铸币平价是比较稳定的。

2. 汇率变动因素：供求关系及黄金输送点

铸币平价决定汇率，如果仅考虑货币的价值对比而舍弃其他因素的话，两者是相等的。但实际上，外汇市场上的汇率水平及其变化还要取决于许多其他因素，最为直接的就是外汇供求关系的变化。正如商品价格取决于商品的价值，而供求关系会使价格围绕价值上下波动一样，在外汇市场上，汇率也是以铸币平价为中心，受外汇供求影响上下波动的。当某种货币供不应求时，其汇价会上涨，超过铸币平价；当某种货币供大于求时，其汇价会下跌，低于铸币平价。

金本位制度下，外汇供求关系变化的主要原因在于国际债权债务关系的变化，尤其是由国际贸易引起的债权债务清偿。当一国在某个时期出口增加、进口减少，有大量贸易顺差时，外国对该国货币的需求旺盛，同时市场上的外汇供给增加，导致本币升值；反之，当一国在某个时期进口增加、出口减少，有大量贸易逆差时，该国市场上的本币供给增加，对外汇需求增大，从而导致本币贬值。

值得注意的是，金本位制度下由供求关系变化造成的汇率变动并不是无限制地上涨或下跌，而是被界定在铸币平价上下各一定界限内，这个界限就是黄金输送点（gold point）。

黄金输送点的存在，并作为汇率波动的界限，是由金本位制度的特点所决定的。金本位制度下黄金可以自由熔化、自由铸造和自由输出入，使得黄金可以代替货币、外汇汇票等支付手段用于国家间的债务清偿。具体地，一方面，当外汇汇率上涨达到或超过某一界限时，本国债务人用本币购买外汇的成本会超过直接输出黄金支付的成本，于是引起黄金输出，引起黄金输出的这一汇率界限就是“黄金输出点”。另一方面，当外汇汇率下跌，达到或低于某一界限时，本国拥有外汇债权者用外汇兑换本币所得会少于用外汇在国外购买黄金再输回国内所得，从而引起黄金输入，引起黄金输入的这一汇率界限就是“黄金输入点”。黄金输出点和黄金输入点共同构成了金本位制下汇率波动的上下限。

> **知识注解**
> 黄金输出点所处的汇率等于铸币平价加上两国之间运输黄金所需要的运输费、保险费、包装费以及改铸费等额外费用；黄金输入点所处的汇率等于铸币平价减去两国之间运输黄金所需要的运输费、保险费、包装费以及改铸费等额外费用。

仍然以英国和美国的实例说明。假如在金本位制度下，英国向美国出口商品多于美国向英国出口商品，英国对美国有贸易顺差，那么外汇市场上对英镑的需求增加，英镑兑美元汇率上涨，高出其铸币平价（4.866 5）。当外汇汇率进一步上涨，超过一定幅度时，便会使美国进口商直接采取向英国运送黄金的方法支付商品货款。当时，从美国向英国输出黄金的运输费、保险费、包装费以及改铸费等约合黄金价值的0.5%～0.7%。如果按0.6%计算，支付1英镑债务需附加费用0.029 2美元（=4.866 5×0.6%），那么，当英镑兑美元汇率超过4.895 7美元（即铸币平价4.866 5加黄金运费0.029 2）时，美国人输出黄金显然比在外汇市场上以高价购买英镑更便宜，外汇市场上就不再有对英镑的购买，而代之以直接用黄金支付。这样，1英镑=4.895 7美元就成为英镑上涨的上限，这一上限即美国的“黄金输出点”（英国的“黄金输入点”）。具体见图1-2。

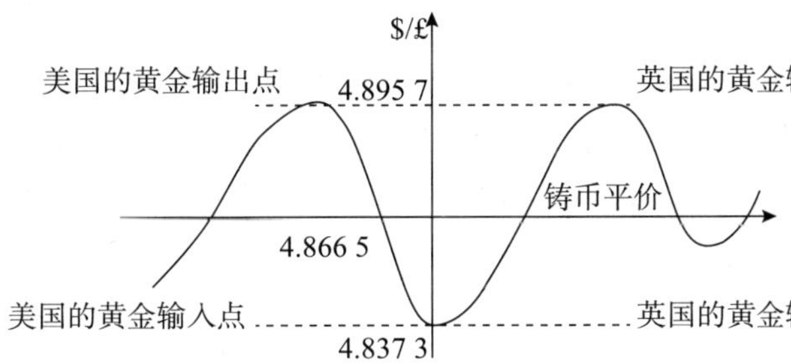

图1-2 金本位制度下的汇率变动

相反的情况，假如美国对英国有贸易顺差，英镑兑美元下跌，跌至 4.837 3 美元（即铸币平价 4.866 5 减黄金运费 0.029 2）以下，持有英镑的美国债权人也就不会再用贬值的英镑在外汇市场上兑换美元，而是将英镑在英国换成黄金运回国内。这样，外汇市场上不再有以高价购买美元的交易，而代之以购买黄金，1 英镑＝4.837 3 美元就成为英镑下跌的下限，这一下限也就是美国的“黄金输入点”（英国的“黄金输出点”）。

由此可见，金本位制度下，由于黄金输送点的制约，外汇市场上汇率波动总是被限制在一定范围内。因此，由供求关系导致的外汇市场汇率波动是有限度的，是典型的固定汇率安排。

1.3.2 信用货币制度下的汇率决定因素

信用货币制度在金本位制度崩溃之后出现，包括法定含金量时期和 1978 年 4 月 1 日以后的无法定含金量时期两个阶段。银行券等作为价值符号，是金属货币的替代物，在金属货币退出流通之后，执行流通手段和支付手段职能。这种职能是各国政府以法令形式赋予它并保证实施的。从信用货币制度产生之日起，各国政府就规定了本国货币所代表的（而不是具有的）含金量，即代表的一定价值。因此，在国际汇兑中，各国货币之间的汇率也就成了它们所代表的价值之比。

但是，信用货币所代表的含金量之比决定汇率，与金本位制度下铸币所具有的含金量之比决定汇率有着本质差别。后者是一种实实在在的价值之比，前者只是一种虚设的价值之比。作为汇率，应该是货币实际价值的对比。而在信用货币制度下，货币的实际价值并不一定等于其法定含金量，因为通货膨胀这种几乎不可避免的现象会使货币的实际价值偏离其代表的名义价值。一国通货膨胀程度越高，其货币的实际价值就越低；一国通货膨胀程度越低，其货币的实际价值就越高。

用通货膨胀程度衡量的货币的实际价值是货币对内价值，对内价值是决定对外价值（即汇率）的基础。对内价值具体体现为货币在国内的购买力高低，货币购买力用能表明通货膨胀程度的物价指数计算。当一国物价指数上涨程度较其他国家快时，表明该国通货膨胀水平提高，该国货币购买力就相应下降，它在国际市场的汇率也会相应下跌；反之，当一国物价指数上涨程度较其他国家慢时，表明该国通货膨胀水平较低，意味着该国货币购买力提高，它在国际市场的汇率也会相应上升。

进一步说，货币的对内价值，即购买力的变化取决于流通中的货币量。如果流通中的货币量与对货币的实际需要量相一致，则本国物价和货币购买力稳定，本币对内不发生贬值；如果流通中的货币量超过货币的实际需要量，则会发生通货膨胀，物价上涨，货币购买力下降，本币对内贬值。

信用货币制度下，两国货币之间的汇率取决于它们各自在国内所代表的实际价值，也就是说，货币的对内价值决定货币的对外价值；而货币的对内价值又是用购买力来衡量的。因此，货币的购买力对比就成为信用货币制度下汇率决定的基础。这种论点在第二次世界大战后的信用货币制度下被广泛接受和运用，它也是西方汇率理论中一个重要流派的思想。

1.3.3　信用货币制度下的汇率变动因素

信用货币制度下，国际汇率制度经历了布雷顿森林体系下的固定汇率和20世纪70年代以后的浮动汇率两个时期，与金本位制度下的汇率截然不同：一方面，信用货币制度下的汇率无论是固定的还是浮动的，都已失去了保持稳定的基础，这是与黄金脱钩后信用货币的特点造成的。另一方面，外汇市场上的汇率波动也不再具有黄金输送点的制约，波动就是无止境的，任何能够引起外汇供求关系变化的因素都会造成外汇行情的波动。

信用货币制度下影响汇率变动的因素主要有以下几个方面。

1. 国际收支差额

一国国际收支差额既受汇率变化的影响，又会影响到外汇供求关系和汇率变化。当一国存在较大的国际收支逆差时，说明本国外汇收入比外汇支出少，对外汇的需求大于外汇供给，外汇汇率上涨，本币对外贬值；反之，当一国处于国际收支顺差时，说明本国外汇供给大于支出，同时外国对本国货币需求增加，从而造成本币对外升值，外汇汇率下跌。

美元汇率变动的历史有力地说明了国际收支差额与汇率之间的密切关系。第二次世界大战后初期，美国巨额的贸易顺差促使美元供不应求，出现了“美元荒”，为美元成为中心货币奠定了基础；而20世纪60年代以后美国巨额的国际收支逆差又迫使美元在1971年和1973年两次大幅度贬值。80年代中期以后，美国对日本持续大量的贸易逆差也是导致美元对日元不断贬值、日元兑美元汇率步步攀升的主要原因。90年代中后期，日益普及的信息技术和互联网推动美国进入高经济增长率、高就业率、高科技和低通货膨胀率的新经济时代，大量国外投资的进入缓解了长期困扰美国的贸易赤字问题，美元汇率节节上扬，进入了强势美元的新时期。但2002年之后，美国的贸易逆差问题更为严重，外来投资流入速度放缓，国际收支缺口越来越大，与之伴随的是美元持续贬值。

2. 利率水平

利率也是货币资产的一种“特殊价格”，它是借贷资本的成本和利润。在开放经济和市场经济条件下，利率水平变化与汇率变化息息相关，主要表现在：当一国提高利率水平或本国利率高于外国利率时，可能引起资本流入，由此对本国货币需求增大，使本币升值、外汇贬值；反之，当一国降低利率水平或本国利率低于外国利率时，可能引起资本从本国流出，由此对外汇需求增大，使外汇升值、本币贬值。

一国提高利率水平多数情况下是为了紧缩国内银根，控制投资和经济过热，对外汇市场的作用就是使本币在短期内升值；而一国降低利率水平则主要是为了放松银根，刺激投资和经济增长，对外汇市场的作用是使本币在短期内贬值。这是货币政策工具之一的贴现率政策实施的结果。正是因为利率对汇率的这种作用，一国政府可以将调整贴现率作为干预资本流动和汇率变化的措施。当然，这种做法必然影响到国内经济状况，效果也是短期的。

利率对于汇率的另一个重要作用是导致远期汇率变化。外汇市场远期汇率升水、贴水的主要原因在于货币之间的利率差异。高利率货币会引起市场上对该货币的需求，以期获得一定期限的高利息收入，但为了防止将来到期时该种货币汇率下跌带来的风险和损失，人们在购进这种货币现汇时往往会采取掉期交易方式，即卖出这种货币的远期，从而使其远期贴水；同理，低利率的货币则存在远期升水。利率与远期汇率之间的这种关系可以在利率平价理论中得到进一步证明。

3. 通货膨胀因素

正如前面所讲的，信用货币制度下，货币所代表的实际价值（可以用货币购买力来体现）是汇率决定的基础。信用货币制度的特点决定了货币的实际价值是不稳定的，通货膨胀以及由此造成的货币实际价值与其名义价值的偏离，几乎在任何国家都不可避免，而这就必然引起汇率变化。具体地，一国通货膨胀率升高，货币购买力下降，货币对内贬值，进而对外贬值。进一步看，汇率是两国货币的比价，其变化受制于两国通货膨胀程度的比较。如果两国都发生通货膨胀，则高通货膨胀国家的货币会对低通货膨胀国家的货币贬值，而后者则对前者相对升值。

4. 财政、货币政策

一国政府的财政、货币政策对汇率变化的影响虽然是间接的，但也非常重要。一般来说，扩张性的宏观经济政策造成的巨额财政赤字和通货膨胀可能使本国货币对外贬值；紧缩性的宏观经济政策可能减少财政支出，稳定通货，从而使本国货币对外升值。可是对跨国资本自由流动的开放经济来说，如果财政、货币政策导致本国利率升高，可能吸引资本流入而使本币升值；如果财政、货币政策导致本国利率下降，则可能促使资本外流而使本币贬值。但上述影响是相对短期的，财政、货币政策对汇率的长期影响，则要视这些政策对经济实力和长期国际收支状况的影响而定：如果扩张性政策能最终增强本国经济实力，促使国际收支顺差，那么本币对外价值的长期走势必然会提高，即本币升值；如果紧缩性政策导致本国经济停滞不前，国际收支逆差扩大，那么本币对外价值必然逐渐削弱，即本币贬值。

5. 投机资本

随着浮动汇率制的出现，以及西方各国对外汇管制和国际资本流动管制的放松，外汇市场各种投机活动已十分普遍。因此，投机资本对市场供求关系和外汇行市的影响也就不容忽视。但投机资本对汇率的作用又是复杂多样且捉摸不定的。有时，投机风潮会使外汇汇率跌宕起伏，失去稳定；有时，投机交易则会抑制外汇行市的剧烈波动。例如，当国际金融市场上出现利率、汇率等价格的地区差或时间差，或者利率预期、汇率预期等发生变化时，必然会吸引大批国际游资（hot money）涌入外汇市场，这会增大外汇交易规模，加剧汇率波动。而当外汇市场汇率高涨或暴跌时，投机性的卖空、买空交易会抑制涨跌势头，起到平抑行市的作用。

6. 政府的市场干预

政府的市场干预是影响市场供求关系和汇率水平的重要因素。当外汇市场汇率波动对一国经济、贸易产生不良影响或政府需要通过汇率调节来达到一定政策目标时，货币当局便可以参与外汇买卖，在市场上大量买进或抛出本币或外汇，以改变外汇供求关系，促使汇率发生变化，这就是作为货币政策之一的“公开市场业务”。

为进行外汇市场干预，一国需要有充足的外汇储备，或者建立专门的基金，如外汇平准基金、外汇稳定基金等，保持一定数量，随时用于干预外汇市场。政府干预汇率往往是在特殊情况下（如市场汇率剧烈波动、本币大幅度升值或贬值等），或者为了特定的目标（如促进出口、改善贸易状况等）而进行的，它对汇率变化的作用一般是短期的。

7. **一国经济实力**

一国经济实力的强弱是奠定其货币汇率高低的基础，而经济实力强弱通过许多指标表现出来。稳定的经济增长率、低通货膨胀水平、平衡的国际收支状况、充足的外汇储备以及合理的经济结构、贸易结构等都标志着一国较强的经济实力，这不仅形成本币币值稳定和坚挺的物质基础，也会使外汇市场对该货币的信心增强。反之，经济增长缓慢甚至衰退、高通货膨胀率、国际收支巨额逆差、外汇储备短缺以及经济结构、贸易结构失衡，则标志着一国经济实力较弱，从而使本币失去稳定的物质基础，人们对其信心下降，对外不断贬值。

与其他因素相比较，一国经济实力强弱对汇率变化的影响是较长期的，即它影响汇率变化的长期趋势。

8. **其他因素**

在现代外汇市场上，汇率变化常常是十分敏感的，一些非经济因素、非市场因素的变化往往也会波及外汇市场。一国政局不稳定、有关国家领导人的更替、战争爆发、新冠疫情等等，都会导致汇率的暂时性或长期性变动。其原因在于，无论是政治因素、战争因素还是其他因素，一旦发生变化，都会不同程度地影响有关国家的经济政策、经济秩序和经济前景，从而造成外汇市场主体心理恐慌，人们或者寻求资金安全、保值，或者乘机进行投机、获利，都会进行迅速的外汇交易，引起市场行情的波动。

2002年底，伊拉克局势紧张，促使美元汇率下跌，从2002年11月到2003年2月，短短三个月时间，欧元兑美元汇率上涨了11%左右，日元、瑞士法郎、澳元和加元等货币也有大小不等的涨幅。而2003年3月20日开战前后，由于预期战争速战速决，美元汇率大幅反弹，但随着战事的推进，伊拉克的顽强抵抗和美英联军的不利消息渐渐破坏了市场对战争和美元的乐观气氛，于是，美元走势出现了大幅逆转。战争对汇率产生的影响由此可见一斑。

2020年3月，世界卫生组织宣布新冠疫情已经构成全球大流行，此时美元指数快速上升至103.01，创出三年内新高；但是在4—5月间美元指数跌到了100以下，到8月底已经跌到92.73。11月美国总统大选，多州选情处于胶着状态，结果延迟公布，计票争议不断，大大增添了不确定性。直到2021年1月7日，美国国会参众两院联席会议确认选举结果，美元指数在当天创下89.21低点后才开始缓慢复苏。

另外，诸如黄金市场、股票市场、石油市场等其他投资品市场价格发生变化也会引致外汇市场汇率联动。这是由于国际金融市场一体化，资金在国际的自由流动使得各个市场间的联系十分密切，价格的相互传递成为可能和必然。

1.4　汇率的经济分析Ⅱ——汇率变化的经济影响

1.4.1　货币升值与贬值

汇率的变化表现为货币的升值与贬值，作为两种货币之比价，汇率的上升或下降必然是一种货币的升值，同时也是另一种货币的贬值。

货币的升贬值在不同的货币制度和汇率制度下有着不同的方式。在金本位制度下，由于汇率取决于货币的含金量之比，因此，汇率的升贬值也就取决于各国货币法定含金量的变化。如果一种货币法定含金量减少，则它对黄金和其他货币贬值，其他货币对其升值。在第二次世界大战后的布雷顿森林体系下，实行的是金汇兑本位制，各国货币之间保持固定汇率，汇率水平以各种货币法定代表的黄金价值（即金平价）为标准来确定，所以汇率调整也就以官方确定的金平价高低为准。尽管在金本位制度和金汇兑本位制度下也存在外汇市场和市场汇率的波动，但货币升值和贬值主要是指法定升值（revaluation）和法定贬值（devaluation），这实际上就是政府对货币的价值调整。

在浮动汇率制下，西方国家货币汇率的变化主要是外汇市场上汇率的变化，它表现为汇率随市场上外汇供求关系的变化而随时上下波动。因此，在这些国家中货币的升贬值已不再是法定升贬值，而是指市场汇率的上浮（appreciation）、下浮（depreciation）。

当然，在浮动汇率制下，也有不少国家尤其是发展中国家仍然实行比较固定的汇率制度，货币的升贬值主要取决于货币当局法定的汇率调整。

不管在上述哪种制度下，货币升贬值都是一种货币相对于另一种货币而言的，升贬值的幅度可以通过变化前后的两个汇率计算出来。具体方法如下：

（1）在直接标价法下：

本币汇率的变化(%)=(旧汇率÷新汇率－1)×100%

外汇汇率的变化(%)=(新汇率÷旧汇率－1)×100%

（2）在间接标价法下：

本币汇率的变化(%)=(新汇率÷旧汇率－1)×100%

外汇汇率的变化(%)=(旧汇率÷新汇率－1)×100%

利用上述公式计算出来的结果如果是正数即表示本币或外汇升值，如果是负数即表示本币或外汇贬值。

举个例子来说明。2022 年 7 月 1 日，人民币兑俄罗斯卢布的汇率为 1 元等于 7.683 1 卢布，2022 年 12 月 30 日，人民币兑俄罗斯卢布的汇率为 1 元等于 10.690 6 卢布。在这一期间，人民币兑俄罗斯卢布汇率的变化幅度为：

(10.690 6÷7.683 1－1)×100%=39.14%

而俄罗斯卢布兑人民币的汇率变化幅度为：

(7.683 1÷10.690 6－1)×100%=－28.13%

即在这半年时间里，人民币对俄罗斯卢布升值 39.14%，同时俄罗斯卢布对人民币贬值 28.13%。

1.4.2 汇率变化的经济影响

汇率这种特殊价格是一国宏观经济中的重要变量，它与多种经济因素有着密切的关系。这种关系不仅表现为许多经济因素的变化导致汇率水平的变化，而且表现为汇率的变化对其他经济因素具有不同程度、不同形式的作用或影响，使其发生相应的变化。尤其是浮动汇率制下汇率变化频繁，对各国经济产生的冲击日益深刻。因此，汇率政策及汇率调整已成为各国经济政策的重要组成部分。

汇率变化对经济各方面产生的作用和影响是不同的，其中最为主要的是汇率对贸易收支、资本流动、外汇储备、价格水平、微观经济活动以及国际经济关系的影响。

1. 汇率变化对贸易收支的影响

（1）汇率变化对进出口的影响。汇率变化的一个最为直接也是最为重要的影响就是对贸易的影响，这种影响有着微观和宏观两个方面：从微观上讲，汇率变化会改变进出口企业成本和利润的核算；从宏观上讲，汇率变化对商品进出口产生的影响会使贸易收支差额以至国际收支差额发生变化。

汇率变化对贸易产生的影响一般表现为：一国货币对外贬值后，有利于本国商品的出口，不利于外国商品的进口；而一国货币对外升值后，则有利于外国商品的进口，不利于本国商品的出口，因而会减少贸易顺差或扩大贸易逆差。

以本币贬值为例。本币贬值后，对出口会产生两种结果：一是等值本币的出口商品在国际市场上会折合比以前（贬值前）更少的外币，使国外销售价格下降，竞争力增强，出口扩大；二是出口商品在国际市场上的外币价格保持不变，则本币贬值会使等值外币兑换成比以前（贬值前）更多的本币，国内出口商品的出口利润增加，从而促使国内出口商积极性提高，出口数量增加。

这就是说，本币贬值或者会使出口商品价格下降，或者会使出口商品利润提高，或者二者兼而有之，这都会使出口规模扩大。如果出口数量增加的幅度超过商品价格下降的程度，则本国出口外汇收入净增加。

本币贬值对进口产生的作用与出口正相反，贬值后，以外币计价的进口商品在国内销售时折合的本币价格比贬值前提高，进口商成本增加，利润减少，进口数量相应减少。如果维持原有的国内销售价，则需要压低进口商品的外币价格，这又会招致外国商人的反对，因此，本币贬值会自动地抑制商品的进口。

如果本币贬值有效地促进了出口、限制了进口，则会改善一国的贸易条件，扭转贸易收支的不平衡。

但是，本币贬值起到扩大出口、限制进口的作用不是在任何条件下都能实现的。因此，还需要进一步分析作为改善贸易状况手段的本币贬值及其有效条件。

（2）马歇尔-勒纳条件（Marshall-Lerner condition）。这是西方汇率理论中的一项重要内容，它表明，如果一国处于贸易逆差中，即 $V_x<V_m$，或 $V_x/V_m<1$（V_x 和 V_m 分别代表出口总值和进口总值），会引起本币贬值。本币贬值会改善贸易逆差，但需要的具体条件是进出口的需求弹性之和必须大于1，即 $(d_x+d_m)>1$（d_x 和 d_m 分别代表出口和进口的需求弹性）。

进出口的需求弹性是指由进口商品或出口商品价格的百分比变动引起的对进出口商品需求的百分比变动。需求弹性对价格的变化是负向的，即价格越高需求越小，价格越低需求越大。但具体到不同国家、不同商品的价格变化对需求产生的影响则是不同的，即需求弹性有一定程度的差异。

马歇尔-勒纳条件就是指满足进口和出口需求弹性之和大于1的条件，只有满足了该条件，货币贬值才会改善贸易逆差。当然，这一理论是以假定货币贬值时其他条件不变，而且所有有关产品的供给弹性极大为前提推导出来的。这一理论在现代西方汇率理论中被广为接受和采用，具有重要的理论价值。但在现实应用中，关于弹性的统计计算等具体问题还有一定的技术困难或缺陷（这一理论的具体内容见第3篇）。

（3）外汇倾销（exchange dumping）。许多国家以本币贬值作为促进出口、改善贸易状况的重要手段，这就是外汇倾销。具体地说，外汇倾销是指在有通货膨胀的国家中，货币当局通过促使本币对外贬值，且货币对外贬值的程度大于对内贬值的程度，借以用低于原来在国际市场上的销售价格倾销商品，从而达到提高商品的海外竞争力、扩大出口、增加外汇收入和最终改善贸易差额的目的。

在这里，外汇倾销的手段就是本币对外贬值，但需要具备的条件是本币对外贬值程度大于对内贬值程度。也就是说，因国内通货膨胀引起货币购买力下降、纸币对内贬值程度不能超过汇率下降幅度，这样才能达到实际的贬值，否则倾销便无效。

本币对外贬值程度是通过两种货币新旧汇率的比较计算出来的，而本币对内贬值程度则需用一定时期内的物价指数来计算，物价指数越高，意味着货币购买力越低，货币对内贬值程度越大。计算公式为：

$$\text{纸币贬值(对内)}=1-\text{货币购买力}=1-\frac{100}{\text{物价指数}}$$

式中，物价指数以100为基数。

只要存在通货膨胀，以100为基数的物价指数就总是大于100，那么现时货币购买力（与物价指数成反比）就会低于过去的水平，即小于1。其小于1的部分就是纸币在通货膨胀中失去的那部分价值，也就是对内贬值的幅度。

应明确的一点是：在通货膨胀条件下，货币购买力虽然总是小于1，但又总是大于0，因为即便通货膨胀水平再高，货币也不可能完全没有购买力，更不可能是负的购买力，所以用1减去货币购买力得出的纸币对内贬值程度也就总是小于1，即纸币对内贬值程度不可能超过100%。

但是，一国具备外汇倾销条件并实施倾销手段后，要达到预期目的还需要一个收效期，收效期为6～9个月。在这个收效期内外汇倾销还可能受到一些因素的干扰而失效，主要有两方面的因素：一方面是来自国内的干扰。如果国内物价持续上涨，使货币对内进一步贬值，且对内贬值程度赶上或超过对外贬值程度，则倾销的条件逐步消失，外汇倾销失效。因此，在收效期内需采取措施保持国内物价水平的稳定。另一方面是来自国外的干扰。外汇倾销会使本国产品冲击对方国家市场，并抢占其他国家在国外市场上的地位，因而很容易遭到倾销对象国和其他有关国家的反对，它们会相应地采取一些反倾销措施，从而使外汇倾销失效。

（4）J曲线效应（J-curve effect）。汇率变化导致进出口贸易的变化在理论上和实践中都可以得到证实。但在现实中，货币贬值导致贸易差额的最终改善需要一个收效期，收效快慢取决于供求反应程度高低，并且在汇率变化的收效期内会出现短期的国际收支恶化现象（详见第3篇）。

J曲线效应的收效期为9～12个月，即汇率变化之后要9个月以上的时间才能对贸易差额产生正效应。如果在这个期限内，马歇尔-勒纳条件能够满足，那么国际收支就能得到理想的调节；如果马歇尔-勒纳条件不能满足，或者在这个期限内国内物价上涨赶上甚至超过本币贬值程度，则国际收支非但不能改善，反而有可能进一步恶化，贬值出现负效应。

2. 汇率变化对资本流动的影响

汇率变化不仅受资本流动的影响，也是影响资本流动的直接因素。其作用表现在：本币对外贬值后，1单位外币折合更多的本币，会促使外国资本流入增加，国内资本流出减少；但是，本币对外价值将贬未贬时，也就是外汇汇价将升未升时，会引起本国资本外逃。本币对外升值后，1单位外币折合更少的本币，外国资本流入减少，资本流出增加；但是本币将升未升时，也就是外汇汇价将跌未跌时，会引起外国资本流入。

因汇率变化带来的资本流出入变化既可以通过资本投资，也可以通过旅游、商品采购等方式进行。这些变化最终体现在国际收支的不同项目上，其中主要体现在资本项目差额的变化上。汇率变化对资本流动的影响一方面表现在货币升贬值后带来的资本流出或流入增加，另一方面也表现在汇率预期变化即汇率将升未升或将跌未跌对资本流动的影响。当一国外汇市场上出现本国货币贬值的预期时，会造成大量抛售本币、抢购外汇的现象，资本加速外流（或外逃），这与贬值后资本流入增加的结果正相反；当一国外汇市场上出现本国货币升值预期时，则会形成大量抛售外汇、抢购本币的现象，使资本流入增加，这与本币升值后资本流出增加的结果正相反。

汇率变化对资本流动既有流向上的影响又有流量上的影响，影响程度有多大，或者说资本流动对汇率变化的敏感性如何则还要受其他因素的制约，其中最主要的因素是一国政府的资本管制。资本管制严的国家，汇率变化对资本流动影响较小，资本管制松的国家，汇率变化对资本流动影响较大。除此之外，资本投资的安全性也是一个重要因素。如果一国货币贬值使资本流入有利可图，但同时该国投资安全性差，那么资本流入也不会成为现实。

3. 汇率变化对外汇储备的影响

外汇储备是一国国际储备的主要内容，由本国对外贸易及结算中的主要货币组成。在第二次世界大战后的布雷顿森林体系下，美元是各国外汇储备的主要币种。20世纪70年代以后，各国外汇储备逐渐走向多元化，由美元、日元、英镑、联邦德国马克等西方主要货币组成，不论是以单一的币种为储备还是以多元化的币种为储备，储备货币汇率变化都会直接影响到一国外汇储备的价值。

在以美元为主要储备货币时期，外汇储备的稳定性和价值高低完全取决于美元汇率的变化。美元升值，一国外汇储备相应升值；美元贬值，一国外汇储备相应贬值。20世纪70年代初期，美元在国际市场上的一再贬值曾给许多国家尤其是发展中国家的外汇储备造成了不同程度的损失。

在多元化外汇储备时期，汇率变化的影响较为复杂，对此，需要从多方面进行分析。（1）明确构成一国外汇储备的币种。各国选择储备的币种是不同的，主要是与本国对外经济、贸易关系最为密切的国家的货币，这些货币在外汇市场上的汇率变化常常是不相同的，它们会分别对外汇储备总体产生影响。（2）需要将各储备货币分成升值的和贬值的两种，计算各自升值或贬值的幅度。（3）根据构成外汇储备币种的不同权重，结合各种货币升贬值的幅度，衡量出一定时期内储备币种汇率变化对一国外汇储备的综合影响。（4）还要考虑储备货币中软硬币的利息差异，与汇率涨跌相比，从而得出一定时期内不同货币汇率变化及利率变化对一国外汇储备总体影响的分析结论。

由于储备货币的多元化，汇率变化对外汇储备的影响也多样化了。有时外汇市场汇率波动较大，但因储备货币中升贬值货币的力量均等，外汇储备就不会受到影响；有时虽然多种货币汇率下跌，但所占比重较大的储备货币汇率上升，外汇储备总价值也能保持稳定或略有上升。

国际储备多元化加之汇率变化的复杂化，使国际储备管理的难度加大，因而各国货币当局应随时注意外汇市场行情的变化，相应地进行储备货币的调整，以避免汇率波动给外汇储备造成损失。

4. 汇率变化对价格水平的影响

汇率变化对价格水平的影响体现在两个方面：一是贸易品价格；二是非贸易品价格。前者包括出口品和进口品，后者是指那些由于成本等原因不能进入国际市场的商品。

汇率变化后直接影响贸易品价格的变化：本币贬值后，出口品和进口品的国内价格都会有所提高；出口品本币价格的提高主要体现在出口利润的增加上，对国内物价水平影响不大。相比而言，如果进口品没有受到有效控制，且进口品在商品总额中占有较大比重，则进口品价格提高会对物价上涨产生较大的压力。这种压力不仅表现在进口品价格水平的提高上，还表现在以进口品为中间产品的商品的生产成本的增加上。因此，货币贬值必须辅之以限制进口的措施，以保持国内价格的稳定。

本币对外升值产生的作用正相反，它会使出口品和进口品的国内价格下降，对出口起到限制作用，对进口起到扩大作用。扩大了的进口品价格较低，尽管会对国内市场产生冲击，但对总体物价水平不会产生上涨的压力。

汇率变化对价格影响的另一方面是对非贸易品价格的影响，与对贸易品价格的影响相比，它是间接的。如果一国商品可以自由贸易，资源要素在部门间转移不受限制，汇率变化带来的贸易品价格变化会传导到非贸易品价格上。我们把非贸易品划分为以下三种：Ⅰ类商品，即随价格变化随时转化为出口的国内商品；Ⅱ类商品，即随价格变化随时可以替代进口的国内商品；Ⅲ类商品，即完全不能进入国际市场或进行替代的国内商品。

仍以本币贬值为例，本币贬值后，贸易品价格提高，会导致以下结果：

（1）Ⅰ类商品从国内市场转到国际市场，由非贸易品转为贸易品，从而国内非贸易品供应减少，需求相应增加，价格上升。

（2）进口品中国内无法替代的商品或原材料价格提高后，引起国内相关的非贸易品和以进口产品为原料辅料的国内最终产品价格上涨。

（3）进口品中属于国内可以生产并加以替代的部分会因价格高涨而受到自动限制，由Ⅱ类商品的扩大来补充。这样，进口品价格上涨就不会全部转化为现实，Ⅱ类商品的增加在一定程度上抵消了进口品价格上升幅度，但一般来说也不会全部抵消，而且随着对Ⅱ类商品需求的增加，其价格也会有所上升。

（4）随着贸易品和部分相关产品价格的上升，以及出口商利润的提高，Ⅲ类商品生产商也会要求相同的利润水平，或者转移生产，或者提高销售价格，其结果也是促使价格总水平上升。

汇率与价格之间的关系是十分密切的，如前面已论及的，在信用货币制度下，用物价指数来计算的货币购买力是决定汇率的基本因素，而汇率变化又会反过来影响物价水平。现实中，一国发生通货膨胀会导致本币对外贬值，本币贬值又会产生物价上涨的压力。如果政府当局不能有效地加以控制，则会陷入“贬值→通货膨胀→贬值……”的恶性循环中。

5. 汇率变化对微观经济活动的影响

浮动汇率制下，汇率频繁变动使企业在进出口贸易或在对外债权债务中的风险增加。具体来说，进口商品计价货币升值，或应偿还借款货币升值，都意味着债务方实际支付的增加；出口商品计价货币贬值，或应收贷款货币贬值，都意味着债权方实际收入的减少。这就要求企业和商人能够对汇率变化有一个较为准确的预测，否则，汇率变化风险随时可能转化为现实的损失。

在过去的固定汇率制下，汇率相对稳定，波动幅度不大，对微观经济的影响可能不明显，但在浮动汇率制下，汇率每时每刻都处于波动之中，几天或者几个星期的汇率波动幅度往往是较大的，而且无规律可循，这就使进出口贸易和国际借贷活动随时面临汇率变化风险。因此，外汇风险的预测及防范已成为微观经济管理中不可缺少的内容。

6. 汇率变化对国际经济关系的影响

如果一国实行以促进出口、改善贸易逆差为主要目的的货币贬值，则会使对方国家货币相对升值，出口竞争力下降，尤其是以外汇倾销为目的的本币贬值必然引起对方国家和其他利益相关国家的反抗甚至报复，这些国家会采取针锋相对的措施，直接或隐蔽地抵制贬值国商品的侵入，“汇率战”由此而生。

货币竞相贬值促进各自国家的商品出口是国际上很普遍的现象，由此造成的不同国家之间的分歧和矛盾也层出不穷，这加深了国际经济关系的复杂化。

不仅如此，西方金融市场上某些货币汇率的持续坚挺也同样会引起国际经济矛盾的产生。例如，20 世纪 90 年代初德国马克凭借其强大的经济实力和高利率而步步升值，给整个欧洲货币体系造成了巨大压力，其他国家货币（如意大利里拉、法国法郎等）在其强势之下大幅度贬值，西欧联合浮动汇率机制终于支撑不住而扩大了浮动界限。这一切都使欧共体各国之间原有的经济矛盾进一步加深，欧洲经济货币同盟的一体化进程更加艰难。类似地，在欧元对美元长期升值过程中，以希腊为代表的一些欧元区成员国因货币对外升值而遭遇了经济打击（如国际旅游者锐减），欧元区内部矛盾也不断加大，最终多个国家陷入了主权债务危机。

1.5　人民币汇率

1.5.1　人民币汇率概览

人民币汇率是我国货币人民币对外币的比价，是其对外价值的体现。

表 1－2 列出的是人民币汇率牌价表。从中可以看出，人民币汇率采用直接标价法，以 100 单位外币为标准折合人民币若干元。

表 1－2　人民币汇率牌价表

2024 年 11 月 11 日 10:30:00　　单位：人民币元

货币名称	现汇买入价	现钞买入价	现汇卖出价	现钞卖出价	中行折算价
美元	717.2	717.2	720.06	720.06	717.86
欧元	767.9	767.9	773.28	773.28	769.16

续表

货币名称	现汇买入价	现钞买入价	现汇卖出价	现钞卖出价	中行折算价
日元	4.672 3	4.672 3	4.704 2	4.704 2	4.694 7
港元	92.24	92.24	92.59	92.59	92.32
英镑	925.11	925.11	931.4	931.4	927.03
澳大利亚元	471.69	471.69	474.9	474.9	472.69
新西兰元	427.26	427.26	430.26	430.26	428.28
新加坡元	539.27	539.27	543.05	543.05	540.82
瑞士法郎	817.21	817.21	822.95	822.95	819.14
加拿大元	514.55	514.55	518.05	518.05	516.08
印度尼西亚卢比	0.045 7	0.045 7	0.046 1	0.046 1	0.045 9
澳门元	89.58	89.58	89.94	89.94	89.59
菲律宾比索	12.15	12.15	12.39	12.39	12.29
新台币	—	21.38	—	23.42	22.32

资料来源：中国银行官方网站。

现行的人民币汇率制度是1994年外汇体制重大改革以来确立的，是以市场供求为基础、参考一篮子货币进行调节、有管理的浮动汇率制。其中，人民币兑美元、欧元、英镑等24种挂牌货币的汇率，可在中国外汇交易中心进行直接交易而形成；人民币与港元及其他未挂牌货币之间的汇率，通过人民币兑美元汇率中间价与国际外汇市场汇率套算形成。

人民币汇率每天通过中国经营外汇业务的银行挂牌公布，具体分为现汇买入价、现钞买入价、现汇卖出价、现钞卖出价与中间价。国家外汇管理局（简称“外管局”）每日会公布部分外币的中间价作为市场汇率的基准价格，而对于没有外管局公布的基准价的货币，中国银行会折算出中行折算价作为中间价的参考。银行买入外汇用现汇买入价。由于外币现钞买卖过程中包含运送费、保管费、保险费等费用，因此银行现钞买入价一般低于现汇买入价。对于部分币种，现钞卖出价与现汇卖出价是相等的。

1.5.2 人民币汇率改革历程

人民币汇率又称为人民币汇价，是人民币与外汇兑换价格的简称。人民币汇率自中华人民共和国成立起出现，经历了多次重大改革，形成了目前单一的、有管理的浮动汇率制。

现行人民币汇率制度自建立以来，按照主动性、可控性、渐近性的原则，朝着市场化目标持续推进改革与完善。人民币汇率改革坚持“以我为主，有序推进”，不断推动更好地发挥市场供求作用，增强人民币汇率弹性，保持其在合理均衡水平上的基本稳定。以下是1994年以来人民币汇率制度的几次重大改革。

1. 1994年汇率并轨改革

1994年1月1日，我国外汇管理体制进行了重大改革，实行了汇率并轨和银行结售汇制度，实现了人民币在经常项目下的有条件可兑换，建立了银行间外汇交易市场，改进了汇率形成机制。1996年12月，又实现了人民币经常项目下的完全可兑换。

新的外汇体制下，人民币汇率由过去的双轨制变为单一汇率，即由过去的官方汇率和外汇调剂市场汇率并存，改为以市场为基础的、有管理的单一浮动汇率，取消＄1＝￥5.80的官方汇率，实行＄1＝￥8.70为起点的浮动汇率。这一汇率制度的特点是：由国际收支状况决定的外汇市场供求关系将是决定汇率的主要依据，中国人民银行根据银行间外汇调剂市场前一天的汇价，决定人民币兑美元的基础汇率；并通过人民币兑美元汇率和国际市场各种可自由兑换货币的汇率，套算人民币兑其他各种可自由兑换货币的汇率。该汇率是当日各外汇指定银行之间以及外汇指定银行与客户之间进行外汇与人民币买卖的交易基准汇率。各外汇指定银行以交易基准汇率为依据，在中国人民银行规定的汇价浮动幅度内，自行制定现汇买卖价和现钞买卖价，对客户买卖外汇，并对外挂牌。1994年4月1日，中国人民银行规定：外汇指定银行之间每日买卖外汇的汇价，可在交易基准汇率上下0.3%的幅度内浮动；外汇指定银行与客户之间的外汇买入价和卖出价，可在交易基准价上下0.25%的幅度内浮动，外汇买入价与卖出价的差价率不得超过0.5%。对每笔金额超过100万美元的大额交易，银行与客户可在中国人民银行公布的交易基准价和规定的浮动幅度内面议汇率。汇价浮动幅度不是固定的，中国人民银行将根据国家各个时期的经济政策不定期地进行调整，各外汇指定银行在经营外汇业务中，应根据中国人民银行的调整而调整。同时，中国人民银行将主要运用货币政策、外汇政策等经济手段调节外汇供求，保持人民币汇率相对稳定。

2. 2005年汇率形成机制改革

为建立和完善我国社会主义市场经济体制，充分发挥市场在资源配置中的基础性作用，建立健全以市场供求为基础的、有管理的浮动汇率制，自2005年7月21日起，我国开始实行以市场供求为基础、参考一篮子货币进行调节、有管理的浮动汇率制。人民币汇率不再钉住单一美元，形成更富弹性的人民币汇率机制。中国人民银行于每个工作日闭市后公布当日银行间外汇市场美元等交易货币兑人民币汇率的收盘价，作为下一个工作日该货币兑换人民币交易的中间价。自2007年5月21日起，银行间即期外汇市场人民币兑美元交易价浮动幅度由3‰扩大至5‰，即每日银行间即期外汇市场人民币兑美元的交易价可在中国外汇交易中心对外公布的当日人民币兑美元汇率中间价上下5‰的幅度内浮动。

人民币汇率的调整有助于促进国际收支平衡，缓解某些经济领域投资过热的问题。更重要的是，中国开始实行以市场供求为基础、参考一篮子货币进行调节、有管理的浮动汇率制。中国“参考”而不是“钉住”一篮子货币确定人民币汇率，这种币种多元化的分散组合增强了汇率的弹性，符合中国当今的国情，是经济全球化和外贸多元化条件下的一种汇率制度上的重大创新。

此次改革后，人民币兑美元汇率的基本走势是在不断升值的。从升值幅度看，2005年7月—2006年5月，人民币兑美元汇率水平处在较为平稳的升值阶段，但一直维持在8以上。到了2006年6月中旬之后，人民币兑美元汇率进入“7时代”，而2006年7月—2008年，人民币兑美元汇率呈现出明显的加速升值态势。截至2008年4月，人民币兑美元汇率中间价为7.002，人民币兑美元累计升值已逾16%。

2008年国际金融危机爆发，世界主要货币的贬值情况普遍比较严重。为了应对当时的形势，我国在原定制度下收窄了人民币汇率的波动幅度，以期保持人民币汇率的基本稳定。

随着全球经济逐步复苏，我国对外经济形势得到改善。在这样的背景下，2010 年 6 月 19 日，中国人民银行表示，将“进一步推进人民币汇率形成机制改革，增强人民币汇率弹性”。进一步推进人民币汇率形成机制改革，重在坚持以市场供求为基础，参考一篮子货币进行调节。同时，继续按照已公布的外汇市场汇率浮动区间（5‰），对人民币汇率浮动进行动态管理和调节。2012 年 4 月 16 日起，人民币兑美元汇率日变动幅度扩大到中间价±1%；2014 年 3 月 17 日起进一步扩大到中间价±2%，汇率弹性不断增强。人民币兑美元汇率重新回到了人民币平稳升值的轨道，截至 2015 年 8 月，美元兑人民币汇率中间价接近 6.1 关口，累计升值率逾 35%。

2005—2015 年这一阶段的汇率制度改革，推动形成和完善了人民币汇率市场机制，有利于部分外向型企业的生产结构调整。但是也要注意到，在这个过程中，中国经济也正经历着史无前例的考验：2007 年初以来食品价格快速上涨，全球能源价格不断攀升，由人民币升值预期推动的流动性过剩逐渐显现，以及房地产市场价格高涨和股票市场的起伏变化，都对中国货币当局提出了新的挑战。

3. 2015 年“8·11”汇改

2015 年 8 月 11 日，中国人民银行宣布完善人民币汇率中间价形成机制。规定做市商在每日银行间外汇市场开盘前，参考上一日银行间外汇市场收盘汇率，综合考虑外汇供求情况以及国际主要货币汇率变化向中国外汇交易中心提供中间价报价，并且将当日中间价较上一交易日贬值约 2%，以缩小在岸交易价与离岸交易价差价。旧的中间价中政府干预程度大，而新的中间价基本由市场自发形成。此项改革有利于提高人民币汇率中间价的市场化程度及其基准性，中间价更透明、更接近市场汇率。8 月 11 日当天人民币汇率（CNY）收市上调 1.86%，开启了人民币兑美元贬值态势，直至 2016 年 12 月，人民币兑美元一路贬值，汇率突破 6.9 关口。

2015 年 12 月 11 日，中国外汇交易中心发布人民币汇率指数，加大了参考一篮子货币的力度，以更好地保持人民币兑一篮子货币汇率基本稳定，初步形成了“收盘价＋一篮子货币汇率变化”的人民币兑美元汇率中间价形成机制。2017 年 5 月 26 日，为了适度对冲市场情绪的顺周期波动，外汇市场自律机制核心成员基于市场化原则将人民币兑美元汇率中间价报价模型调整为“收盘价＋一篮子货币汇率变化＋逆周期因子”。中国人民银行在《2017 年第二季度货币政策执行报告》中进一步声明，逆周期因子的引入不会改变外汇供求的趋势和方向，只是适当对冲了外汇供求中的非理性因素，在尊重市场的前提下促进市场行为更加理性。2018 年 1 月，随着我国跨境资本流动和外汇供求趋于平衡，人民币兑美元汇率中间价报价行陆续将“逆周期因子”调整至中性。当年 8 月，受美元指数走强和中美贸易摩擦等因素影响，外汇市场出现了一些顺周期行为，于是报价行陆续重启“逆周期因子”，以适度对冲贬值方向的顺周期情绪。2020 年以来外汇市场运行平稳，国际收支趋于平衡，人民币汇率以市场供求为基础双向浮动、弹性增强；到 10 月底，部分报价行陆续将“逆周期因子”再次淡出使用。

值得注意的是，在这种情况下，由于不同经济体所处的经济周期存在差异，货币环境和贸易条件也不可能一致，只保持人民币兑单一货币汇率基本稳定意味着汇率可能出现扭曲，不能客观反映人民币对外价值变化。因此，尽管人民币兑美元汇率中间价仍然是我们的基础汇率，但是观察人民币汇率还是应当更多参考一篮子货币。正如“本章导读”所指出的，对这个新角度，市场主体、研究工作者和评论人士都要逐步去适应。

应当客观评价人民币汇率改革的成效，既要充分肯定人民币汇率市场化程度不断提高的发展趋势，也必须正视改革进程中暂时出现的“倒退”现象。比如，亚洲金融危机中钉住美元的汇率安排本是权宜之计，却持续存在多年，甚至在内外均衡形势发生重大调整的关键时期汇率改革反而缺位，使得汇率并轨改革所收获的制度红利几乎被完全耗尽。

此外，更要找准问题，对症下药。必须看到，银行间市场的汇率形成是否代表性不足、中央银行是否承担了过多汇率责任等问题尚未得到根本解决。彻底扭转外汇交易主体的单一性，逐步淡化中央银行的汇率责任，是汇率市场化改革亟须解决的关键问题。值得欣慰的是，随着人民币汇率市场化改革不断深入，这些方面都已有了明显改观。

本章小结

1. 外汇的确切含义需要我们从两个方面来理解：(1) 它是一国货币通过汇兑活动换成另一国货币的实践过程，通过这种活动来清偿国际债权债务，这是动态的外汇概念；(2) 它是国家间为清偿债权债务而进行的汇兑活动所凭借的手段和工具，或者说是用于国际汇兑活动的支付手段和工具，这是静态的外汇概念。全面解释什么是外汇就应该既包括动态的外汇概念，又包括静态的外汇概念。

2. 外汇汇率又称外汇汇价，是不同货币之间兑换的比率或比价，也可以说是以一种货币表示的另一种货币的价格。由于两种不同货币可以互相表示，本币和外币之间有两种基本的汇率标价方法：一是直接标价法；二是间接标价法。世界上采用间接标价法的国家主要是英国和美国。20世纪五六十年代以来，全球外汇市场上西方各国的跨国银行普遍采用了美元标价法。

3. 信用货币制度下，国际汇率体系经历了布雷顿森林体系下的固定汇率和20世纪70年代以后的浮动汇率两个时期。一方面，与金本位制度下的汇率截然不同，信用货币制度下的汇率无论是固定的还是浮动的，都已失去了保持稳定的基础。另一方面，外汇市场上的汇率波动也不再具有黄金输送点的制约，波动是无止境的，任何能够引起外汇供求关系变化的因素都会造成外汇行市的波动。信用货币制度下影响汇率变动的主要因素有：国际收支差额，利率水平，通货膨胀因素，财政、货币政策，投机资本，政府的市场干预，一国经济实力以及其他因素等。

4. 汇率变化对贸易产生的影响一般表现为：一国货币对外贬值后，有利于本国商品的出口，不利于外国商品的进口，而一国货币对外升值后，则有利于外国商品的进口，不利于本国商品的出口，因而会减少贸易顺差或扩大贸易逆差。

5. 汇率变化不仅受资本流动的影响，也是影响资本流动的直接因素。其作用表现在：(1) 本币对外贬值后，1单位外币折合更多的本币，会促使外国资本流入增加，国内资本流出减少；但是，本币对外价值将贬未贬时，也就是外汇汇价将升未升时，会引起本国资本外逃。(2) 本币对外升值后，1单位外币折合更少的本币，会促使外国资本流入减少，国内资本流出增加；但是本币将升未升时，也就是外汇汇价将跌未跌时，会引起外国资本流入。

6. 从 1994 年 1 月 1 日开始，我国外汇管理体制进行了重大改革，实行了汇率并轨和银行结售汇制度，建立了银行间外汇交易市场。2005 年改进了汇率形成机制。2015 年 8 月 11 日，人民币兑美元中间价形成机制进一步改革，提高了人民币汇率的市场化程度。现行人民币汇率制度是适应社会主义市场经济和人民币可兑换要求而建立的有管理的浮动汇率制。

核心概念

外汇	汇率	直接标价法	间接标价法
基础汇率	套算汇率	即期汇率	远期汇率
外汇升贴水	官方汇率	市场汇率	名义汇率
实际汇率	铸币平价	游资	外汇倾销
人民币汇率指数	逆周期因子	J 曲线效应	

课后习题

1. 请列举 20 世纪 90 年代的一些重大国际金融事件，说明汇率波动对经济的重大影响。

2. 1994 年人民币的通货膨胀率高达 24%，美元的通货膨胀率只有 6%，为什么 1995 年人民币对美元没有贬值反而升值了 1%？

3. 你是否搞清楚了直接标价法和间接标价法下的银行买入价和卖出价？

4. 假设你打电话向中国银行询问英镑/美元（英镑兑美元，斜线“/”表示“兑”）的汇率，中国银行答复道：“1.690 0/1.691 0”。请问：

（1）中国银行以什么汇率向你买进美元？

（2）你以什么汇率从中国银行买进英镑？

（3）如果你向中国银行卖出英镑，汇率是多少？

5. 假设某银行询问美元兑新加坡元的汇率，你答复道：“1.640 3/1.641 0”。请问：如果该银行想把美元卖给你，汇率是多少？

6. 假设你向中国银行询问美元/欧元的报价，中国银行答复道：“1.294 0/1.296 0”。请问：

（1）中国银行以什么汇率向你买入美元、卖出欧元？

（2）如果你要买进美元，中国银行给你什么汇率？

（3）如果你要买进欧元，汇率又是多少？

7. 假设你是银行，客户向你询问美元兑瑞士法郎的汇率，你答复道：“1.410 0/1.411 0”。请问：

（1）如果客户要把瑞士法郎卖给你，汇率是多少？

（2）你以什么汇率向客户卖出瑞士法郎？

（3）如果客户要卖出美元，汇率又是多少？

8. 假设你是银行，你向客户报出美元兑港元汇率为 7.805 7/7.806 7，客户要以港元向你买进 100 万美元。请问：

（1）你应给客户什么汇率？

(2) 假设客户以你的上述报价向你购买了500万美元，卖给你港元。随后，你打电话给一经纪人想买回美元平仓。几个经纪人的报价分别是：

经纪人A：7.805 8/ 7.806 5

经纪人B：7.806 2/ 7.807 0

经纪人C：7.805 4/ 7.806 0

经纪人D：7.805 3/ 7.806 3

你同哪一个经纪人交易对你最为有利？汇率是多少？

9. 中国外汇交易中心为什么要推出人民币汇率指数？

10. 试评价人民币汇率制度改革。

11. 请按要求查询数据并绘制相关汇率走势图：

(1) 登录中国货币网（www.chinamoney.com.cn）。绘制2015年12月至今的CFETS人民币汇率指数走势图。

(2) 查询2015年12月至今的人民币兑美元汇率中间价，并绘制走势图。

(3) 对 (2) 中的数据取倒数，即可得到单位人民币兑换美元的价格。请绘制人民币兑美元汇率走势图。

(4) 登录新浪财经（finance.sina.com.cn）或Wind数据库，查询美元指数。绘制2015年12月至今的美元指数走势图。

(5) 比较 (1) 和 (3) 两个汇率走势图，你有什么发现？

(6) 比较 (2) 和 (4) 两个汇率走势图，你有什么发现？

即学即测

附录　汇率决定理论

第2章

外汇市场

学习目标

- 了解外汇市场的起源、功能及发展状况；
- 熟悉外汇市场的环境与结构；
- 掌握外汇市场的交易活动和交易产品；
- 了解中国的外汇市场。

本章导读

21世纪以来，我国外汇市场的广度和深度持续扩展，发展格局总体稳定，发展特征更加成熟。首先，外汇交易产品日益丰富。由2005年前仅有即期和远期两类产品，扩大至即期、远期、外汇掉期、货币掉期和期权产品，具备了国际成熟市场的基础产品体系；交易币种也从人民币兑美元、欧元、日元和港元四种交易货币逐步增加至涵盖中国跨境收支的主要结算货币。其次，外汇交易主体不断扩大。2005年汇改后，作为市场核心的银行间外汇市场改变了银行单一参与者的结构，允许非银行金融机构和非金融企业入市交易；从2002年11月合格境外机构投资者（QFII）制度试点，到2019年9月取消合格境外机构投资者和人民币合格境外机构投资者（RQFII）投资额度限制，境外投资者也获得了更多机会。再次，外汇交易模式逐步完善。汇改前的银行间外汇市场一直采用竞价交易制度，为适应外汇市场发展，2006年引入询价交易及配套的做市商制度；2017年12月，中国外汇交易中心推出美元兑人民币即期撮合交易制度，撮合模式有效改善了市场流动性，进一步强化了境内外汇市场的价格发现机制。最后，人民币国际化再上新台阶。随着我国逐渐放宽人民币跨境流通使用区域限制，人民币的吸引力与影响力持续提升。国家外汇管理局统计数据显示，2023年1—12月，中国外汇市场累计成交252.58万亿元人民币（等值35.85万亿美元）。SWIFT数据显示，2024年8月，人民币在全球贸易融资中的占比为5.95%，是全球第二位贸易融资货币；2023年11月，人民币在国际支付货币中的份额为4.6%，超越日元成为全球第四大支付货币；2024年9月，人民币在全球外汇交易中的占比为3.61%，是全球第五大外汇交易货币。

什么是外汇市场？外汇市场上的交易又是如何进行的？为什么外汇市场上的投机交易会对一国的金融经济产生如此重大的影响？我国外汇市场发展及金融市场双向开放的进程如何？本章将对高度发达的非常专业化的成熟现代外汇市场进行整体概述。

2.1　外汇市场的起源、功能及特征

由于各国的货币制度存在差异，因此各国的货币币种不同，在国际债权债务清偿时，首先要解决各国货币之间的兑换问题，由此产生了外汇市场。外汇市场是专门从事外汇交易的市场，它包括金融机构之间的同业外汇市场（或称批发市场）和金融机构与客户之间的外汇零售市场。它可分为有形市场和无形市场。①

2.1.1　外汇市场的起源

外汇市场确定了一种货币（本币）以另一种货币（外币）表示的价格。一般说来，我们将每种货币与一个国家联系在一起，并且假设在国内交易中只有本国货币是可以接受的。这个惯例是外汇市场存在的必要而非充分条件。通常认为，国际贸易是外汇市场建立的最主要的原因。② 国际贸易中债权债务的清偿需要用一定数量的一种货币去兑换另一种货币，这个问题的解决则需要依靠外汇市场交易。

透过国际贸易需要跨国货币收付这种现象，我们可挖掘外汇市场起源的本质。可以看出，外汇市场真正的起源在于：(1) 主权货币的存在。(2) 非主权货币对境外资源的支配权和索取权的存在。(3) 金融风险的存在。对于与预期的外币负债有关的外汇风险，外币资产可能会起到直接的防范作用，而且即使没有计划任何外国购买行为，外国资产也可以降低一项投资组合回报（以本币计价）的整体变动性。(4) 投机获利动机的存在。本国居民也许仅仅是认为外币资产被低估，因此他们可能只是为了纯粹的投机目的而要求持有外汇，从而赚取更高额的回报。

2.1.2　外汇市场的功能

外汇市场作为国际经济联系的纽带，集中地反映了国际经济、国际金融的动态和各国汇率变化的趋势，外汇市场为促进国际贸易的发展、国际投资和各种国际经济往来的实现提供了便利条件。其功能主要表现在以下方面：

1. 反映和调节外汇供求

一国对外经济、贸易的收支以及资本金融项目的变化都最终反映到外汇市场供求状况上，政府、企业、个人通过外汇市场可以解决自己的外汇供求问题。

2. 形成外汇价格体系

银行接受客户买卖外汇的指令后，需在银行间市场进行调节，因而自然产生了外汇的供需，加上银行本身自发性的供需，在市场通过竞价过程便会产生汇率，随后，银行对客户交易的汇率再根据上述银行间成交汇率加以确定。

3. 实现购买力的国际转移

国际经济交易必然会产生国家之间的债权债务关系，需要进行国际支付，使货币购买

---

① 有固定交易场所的市场为有形市场，以电讯方式交易的市场为无形市场。

② 货币兑换的价格、时间、数量及交割都要在外汇市场上实现。

力从债务人所在国转移到债权人所在国。进行国际支付，债务人一般要通过外汇市场把本国货币兑换为债权人所在国货币，将其汇兑和支付给债权人，债权人获得一定数量的货币，从而获得一定的购买力，使国际经济交易得以进行下去。结清国际债权债务关系，实现货币购买力的国际转移，是外汇市场最基本的功能。

4. 提供外汇资金融通

外汇市场通信设施完备、经营手段先进、资金融通便捷，是理想的外汇资金集散中心，从而成为世界资本再分配的重要渠道，为银行外汇业务提供平衡头寸的蓄水池作用。由于闲置的外汇资金大量涌向外汇市场，为外汇需求者提供越来越多的可筹资金，还对推进国际贸易发展、促进投资的国际化起着不可忽视的作用。同时，外汇市场也为金融资本的输出、国际垄断资本的对外扩张和外汇投机等提供角逐场所。

5. 防范外汇风险

浮动汇率制下，汇率经常性的剧烈波动直接影响国际贸易和国际资本流动。外汇市场通过各种外汇交易活动（如远期外汇买卖、期货或期权交易等），可以减少或消除外汇风险，促进国际贸易的发展。

近年来，外汇市场出现了一些新的特征或趋向：全球外汇市场交易量加速增长；外汇交易主要集中于欧洲和美国；外汇市场上即期交易的重要性在下降；电子经纪的市场份额和影响在上升；外汇市场集中程度趋强。

2.1.3 全球外汇市场的特征

1. 由区域性发展到全球性，24 小时连续交易

由于时区的关系，世界上任何地方任何时间都伴有外汇交易的发生，可以认为外汇交易是 24 小时不间断进行的。

2. 交易规模加速增长，但市场集中程度趋强

从外汇交易的地理分布来看，大部分外汇交易发生在少数区域内。英国和美国市场上的交易超过全球外汇交易的一半。

3. 全球范围的市场汇率趋向一致

套汇交易的一个有价值的结果是使汇率回归到国际上普遍一致的水平，最终导致各个外汇市场的汇率趋同。但由于现实交易存在成本，所以不同市场间的汇率可以存在一定差额，但不足以抵补套汇的成本，同样不存在套汇机会。

4. 电子经纪的市场份额和影响提升

根据国际清算银行（BIS）公布的统计数据，近几十年来外汇市场交易的主要趋势之一就是“电子化”，即电子交易和交易自动执行对市场的渗透率在逐步深化。目前外汇交易“电子化”的进程已经稳定下来：2019—2022 年期间，外汇市场电子交易的相对份额没有明显变化，大约占交易总额的 60%。客户要求银行报价与收取的交易费等更加透明，从长远来看，外汇交易将更多转向电子化平台。

5. 交易日益复杂化，即期交易的重要性降低

1989—2022 年期间国际清算银行每 3 年一次的调查结果如图 2-1 所示，自 1992 年以来，衍生产品交易量一直高于即期交易量，并处于稳步上升之中；外汇衍生产品涵盖远期、掉期、期权等多个种类，交易量占全部外汇交易量的比重近十年呈现上升趋势，从

2013 年 4 月的 62%上升到 2022 年 4 月的 72%，其交易量已接近同期即期交易量的三倍。

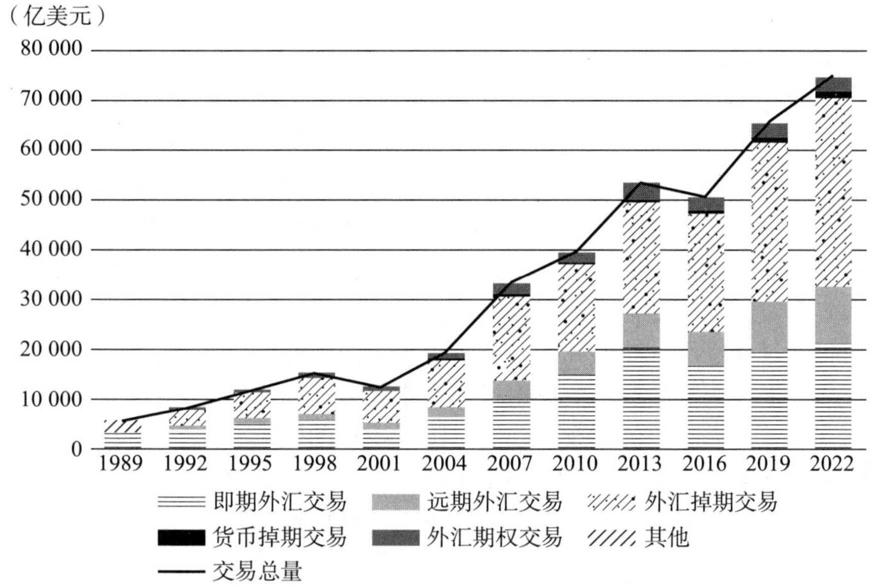

图 2－1　全球外汇市场交易规模

2.2　外汇市场环境与结构

2.2.1　外汇市场环境

现代外汇市场通常是一个分散的由经纪商、交易员、通信设备、电脑终端、电脑键盘以及坐落在世界各地的商业银行组成的 24 小时不间断的、非主权货币头寸交易活动发生的市场。

这些市场间的地理差异对应着重要的经济上的差异。在集中交易市场上，获知一种证券的价格相对来说比较容易。在一个地理位置比较分散的市场上，要想获知最佳外汇价格相对来说比较困难。一个交易商如何确信自己在众多的交易商之间获得了最有利的价格呢？每家银行的外汇报价往往是“仅供参考”，即实际交易有可能是按照这些价格进行，也有可能不按照这些价格进行。在这种分散的市场环境中，经纪人（代替买方或卖方调查市场的代理人，以降低搜寻的经济成本）的作用就显得十分重要了。因为存在着搜寻成本，所以可能产生一些价格上的差别，导致了外汇交易价格离散现象的存在。

由于市场的分离，同时发生的外汇市场交易也许是以不同的价格记录在案。这些交易中的另一方各不相同，对手风险也不同。当我们关注银行风险时，极为重要的一点就是要知道对方的身份及资信等级。因为所有做市商的资信品质可能并不相同，所以它们报价的质量也可能不同。这些因素也导致了价格的差别。

从另一个角度看，外汇市场的环境也使外汇交易具有很强的灵活性，能满足不同客户的需求。买方可以签订任意规模的即期合约和任意到期日的远期合约，也可以根据自己的实际情况选择不同报价进行交易。

2.2.2 外汇市场结构

1. 外汇市场的参与者

外汇市场的交易者、交易对象和交易方式构成了外汇市场的要素。外汇市场的主要参与者有：

（1）商业银行。各发达国家的商业银行通常都有外汇买卖以及承办外汇存款、汇兑、贴现等业务。在一些实行外汇管制的国家中，外汇业务是由各国中央银行指定或授权经营外汇业务的银行办理。这些银行通常是本国的商业银行、在本国的外国银行分支机构和一些金融机构。

商业银行不仅受进出口商的委托，办理进出口结汇业务，充当外汇买卖的中介人，还通过自行买卖外汇来获取利润。商业银行作为中间媒介进行外汇交易时，通常保持买卖平衡，即有出有进，从进出差价中获取利润，不冒积存的风险。如果它接受的进口商的委托多于出口商的委托，即它卖出的外汇多于买进的外汇，商业银行可以使用自身的外汇账户出售自己的外汇以满足超额外汇需求。它也可以和其他银行进行交易，以保持原有的外汇平衡。当然，在某种情况下，如商业银行预期外汇将升值的时候，它也可以继续保持自己外汇的不平衡地位，或者说留一个“敞口”。这样，如果外汇真如预期的那样升值，商业银行即可通过这一操作而获取利润。商业银行对各种必要的外汇均保持一定水平，并随时根据情况进行各种买卖外汇的活动。商业银行是经营外汇的重要场所。

（2）中央银行及政府主管外汇的机构。各国中央银行参与外汇市场的活动有两个目的：一是储备管理，二是汇率管理。一般来说，中央银行或直接拥有，或代理财政部门经营本国的官方外汇储备。中央银行这时在外汇市场的角色与一般参与者相同。另外，在外汇市场汇率急剧波动时，中央银行为稳定汇率，控制本国货币的供应量，实现货币政策，也经常通过参与市场交易进行干预，在外汇过多时买入或在外汇短缺时抛出。中央银行在外汇市场发挥的这种监督市场运行、干预汇率走势的作用表明，中央银行不仅是一般的外汇市场参与者，在一定程度上也可以说是外汇市场的实际操纵者。不过，中央银行并不直接参与外汇市场上的活动，而是通过经纪人和商业银行进行交易。

（3）外汇经纪商。这是专门从事介绍成交或代客买卖外汇，从中收取手续费的公司或汇兑商。外汇经纪商主要依靠其与外汇银行的密切联系及熟知外汇供求情况的优势，利用现代化的通信工具，接洽外汇交易，促使多种多样的市场参与者找到合适的交易价格和合适的交易对手成交。当然，由于外汇经纪商大都从事数额较大的外汇买卖，故它们与商业银行的交易往来最密切，商业银行一般通过经纪商调整其外汇存量。相比之下，外汇经纪商与实际外汇需求者和供给者接触不多。

经纪商分两种：凡是用自己的资金参与外汇买卖，并自己承担外汇买卖的损益者，是一般经纪商；仅以收取佣金为目的，代客买卖外汇者，称为跑街或掮客。

（4）外汇交易商。这是指专门从事外汇交易，经营外国票据业务的公司或个人。外汇交易商大多从事数额较大的外汇买卖，利用时间与空间的差异获取外汇买卖价格上的差额利润。

（5）外汇的实际供给者和需求者。从事进出口贸易的工商企业、旅行者、投资者、投机者、留学生、移民等都是外汇的实际需求者或供给者。他们通过外汇市场进行买卖，以获得或兑换外汇。个人需求者大多是通过外汇专业银行进行买卖。

(6) 外汇投机者。外汇投机者专门利用不同货币在不同时间、不同地点的外汇市场上汇率的变动，进行买空卖空、套汇套利的投机活动，以获取利润。当然，他们也要承担一定风险。

2. 外汇市场的层次

以上外汇市场的参与者构成了外汇市场的三个层次：银行与客户之间，银行同业间，商业银行与中央银行之间。这三个层次交易的功能是不同的。

(1) 银行与客户之间的外汇交易。客户出于各种各样的动机，需要向外汇银行买卖外汇。非投机性外汇买卖是与国际结算联系在一起的，因此主要是本币与外币之间的相互买卖。银行在与客户的交易中，一方面从客户手中买入外汇，另一方面又将外汇卖给客户。实际上它是在外汇的供给者与需求者之间起中介作用，赚取外汇的买卖差价。

> **知识注解**
> 银行同业间的外汇买卖差价一般要低于银行与客户之间的买卖差价。

(2) 银行同业间的外汇交易。商业银行在经营外汇业务时，不可避免地要出现买进与卖出外汇之间的不平衡情况。如果卖出多于买进，则为“空头”；如果买进多于卖出，则为“多头”。商业银行为避免因汇率波动造成的损失，在经营外汇业务时，常遵循“买卖平衡”的原则。这就是当一种外汇出现“多头”时，则将多余部分的外汇卖出；当出现“空头”时，则将短缺部分的外汇买进。当然，这并不意味着商业银行在买卖外汇以后立即进行平衡。它们根据各国的金融状况、本身的资金实力以及对汇率变动趋势的预测，或者决定立即平衡，或者决定推迟。银行在经营外汇业务中出现多头或空头，需要卖出或买进外汇进行平衡时，必须利用外汇市场。

此外，银行还出于投机、套利、套汇等目的从事同业的外汇交易。银行同业间的外汇交易构成了绝大部分外汇交易。同业交易额占外汇交易总额的90%以上。

(3) 商业银行与中央银行之间的外汇交易。中央银行干预外汇市场所进行的交易是在它与商业银行之间进行的。通过调节外汇市场上的货币供求量，中央银行可以使外汇的市场汇率相对地稳定在某一界限上。如果某种外币兑本币的汇率低于界限值，中央银行就会向外汇市场购入这种货币，增加市场对该外币的需求量，促使银行调高其汇率；反之，如果中央银行认为该外币的汇率偏高，就会向银行出售该外汇的储备，促使其汇率下降。

以上三个层次构成了外汇市场的市场结构。除此之外，外汇市场还有价格结构和交易模式结构。价格结构包括双向式报价和品种价格——即期和远期；交易模式结构包括直接询价、间接询价，柜台式交易、计算机集中撮合式交易。

2.3 外汇市场交易活动与交易产品

2.3.1 外汇市场交易活动

参与外汇市场交易活动的交易者，其交易动机是不同的，因此使外汇交易活动呈现出多样化。其中，中央银行或外汇管理当局是市场活动的领导者，它在外汇市场的价格出现异常变化时，或是朝一个方向连续几天剧烈波动时，往往会干预外汇市场，以试图缓解外汇行市的剧烈波动。所谓干预外汇市场，是指货币当局在外汇市场上进行外汇买卖，以影响本国货币的汇率。其途径可以是动用外汇储备、中央银行之间调拨或官方借贷等。其实，要真正认清中央银行干预外汇市场的性质和效果，还必须认清这种干预对该国货币供应及政策的影响。因此，央行对外汇市场的干预可以分为“消毒的干预”和“不消毒的干预”。

所谓“消毒的干预”，即不改变现有货币政策的干预。它是指中央银行认为外汇价格的剧烈波动或偏离长期均衡是一种短期现象，希望在不改变现有货币供应量的条件下改变现有的外汇价格。换言之，一般认为利率变化是汇率变化的关键，而中央银行试图不改变国内的利率而改变本国货币的汇率。中央银行在进行这种干预时可采取双管齐下的手段：一是在外汇市场上买进或卖出外汇，同时在国内债券市场上卖出或买进债券，从而使汇率变化而利率不变化。二是央行还可以在外汇市场上通过查询汇率变化情况、发表声明等做法影响汇率的变化，达到干预的效果。它被称为干预外汇市场的“信号效应”。中央银行这样做是希望外汇市场能得到这样的信号：央行的货币政策将发生变化，或者说预期中的汇率将有变化，等等。一般来说，外汇市场在初次接收这些信号时总会做出反应。但是，如果中央银行经常靠“信号效应”来干预市场，而这些信号又不全是真的，就会在市场上起到“狼来了”的效果，很可能不能达到干预市场的目的。

所谓“不消毒的干预”，就是改变货币政策的干预。它是指中央银行直接在外汇市场买卖外汇，而听任国内货币供应量和利率朝有利于达到干预目标的方向变化。这种干预方式一般来说非常有效，但其代价是国内既定的货币政策会受到影响。这种干预是在中央银行看到本国货币的汇率长期偏离均衡价格时才愿意采取的。

商业银行在外汇市场上的活动离不开其交易动机，它们根据不同的动机从事不同的交易活动，主要有套期保值、调剂头寸、融通资金等等。

2.3.2 外汇市场交易产品

外汇市场交易产品主要有以下几种传统类型。

1. 即期交易

所谓即期交易，是指在外汇买卖成交后，原则上在两个工作日内办理交割的外汇交易。实际上，一般是在成交后的第二个营业日进行。如果交割的那一天正逢银行节假日，就顺延。即期交易采用即期汇率，通常为经办外汇业务银行的当日挂牌牌价，或参考当地外汇市场主要货币之间的比价加一定的手续费。

例如，一家中国进口商从美国进口计算机。6 月 1 日货到验明后付款，在两日内也就是 6 月 3 日前按当日银行外汇牌价完成交割，就是即期交易。

即期交易方式可分为汇出汇款、汇入汇款、出口收汇和进口付汇四种类型。

（1）汇出汇款。需要对外国支付外币的客户，如有外币可向银行直接支付外币，如无外币则要支付本币兑换成外币，委托银行向国外的收款人汇出外汇。银行在接受了汇款人的委托后便请求收款人的往来银行从本行的外币结算账户中借记相当金额，支付给收款人。

（2）汇入汇款。汇入汇款是收款人在从国外收到以外币支付的款项后，可以存入自己的外币账户，也可将外汇收入结售给银行取得本币（我国现在规定：出口收入必须向外汇指定银行结汇）。通常，办理汇款的外国银行事先就将外币资金转入结售汇款银行的结算账户中。

以上两类是单纯而又基本的外汇交易方式，可以用于一切目的，如交易结算、资本投资、投机等。由于银行间汇款方法的不同，又可以分为电汇、信汇、票汇等。

（3）出口收汇。出口商将出口货物装船后，立即开立以双方商定的结算货币计价的汇票，并在汇票下面附上有关单证，请银行议付，以便收回出口货款。银行将汇票等单据寄往开证行，按照汇票即期支付的条件，接受以外币支付的款项，并让支付行将应付款记入自己的外币结算账户中。

（4）进口付汇。进口付汇是为进口商开出信用证的银行按照出口商开出的附有全部单证的即期汇票条件，将外币计价的进口货款通过外币结算账户垫付，然后向进口商提示汇票，请其按照即期付款条件支付。进口商以本币（或外币）向银行支付了进口货币，进口付汇就完成了。

2. 远期交易

远期交易与即期交易不同，交易货币的交割（收、付款）通常是在两个工作日以后进行的。外汇市场上的远期外汇交易最长可达一年，1～3个月的远期交易是最为常见的。远期买卖成交后，双方必须按约定的日期和约定的汇率进行交割。由于这种交易提前把将来的汇率确定下来，因此买方实际上把未来的外汇风险转嫁给了卖方。当然，对方银行也会调整自己的头寸，或者通过货币市场的借贷防范风险，或者干脆将风险再转嫁给别人。举例来说，泰国某进出口公司计划从中国进口一套设备，需在3个月后付款100万元人民币。为规避人民币升值、泰铢贬值所带来的汇率损失，该公司可向银行购买3个月的远期人民币。假定当时3个月人民币兑泰铢的远期汇率为4.95，那么该客户只需准备495万泰铢即可。这样不论未来汇率如何变化，客户的成本是锁定了的，因而既得的利润也可保留下来。如果不购买远期人民币，而人民币兑泰铢汇率又持续上涨，例如到付款时人民币兑泰铢即期汇率涨至5.05，该客户就需要多付出10万泰铢。

当然，也存在另一种可能，就是3个月后泰铢升值、人民币贬值，这样到付款时再购入人民币会比较便宜。但是汇率的变化总存在两种可能，预测汇率是非常困难的事。对于正常进行交易的公司、企业乃至个人来说应当从成本核算出发，从外汇保值的目的出发，排除侥幸心理，多考虑做远期买卖，特别是付款时间较长的情况更应该注意，因为时间越长越难以预测汇率。

远期外汇交易的汇率是以在即期汇率上加减升水和贴水的方法表示。某种货币的远期汇率大于即期汇率时，其差额就是升水；远期汇率小于即期汇率时，其差额就是贴水。甲种货币对乙种货币的远期汇率有升（贴）水，就是乙种货币对甲种货币的远期汇率有贴（升）水。归纳起来，公式如下：

$$远期汇率=即期汇率\pm升(贴)水$$

升水和贴水的大小，主要取决于两种货币利率差幅的大小和期限的长短。利率较高的货币在远期市场上表现为贴水；利率较低的货币在远期市场上表现为升水。

这个道理可以举例说明。假设美元3个月存款利率为10%，欧元3个月存款利率为5%，客户向银行购买3个月远期欧元（即卖出3个月远期美元）。银行如果用美元按即期汇率买入欧元，存放出去3个月以备交割时付给客户，那么，银行在这3个月中就要放弃美元的高利率而收取欧元的低利率，亏损5%的利差收益。银行把这个因素打进远期欧元的价格中，就要比即期欧元贵一些。所以欧元在远期市场上交易呈升水，也就是远期美元有贴水。如果不是这样，而是欧元按贴水卖出、美元按升水卖出，投资者就可按即期汇率卖出欧元、买入美元，然后在远期市场上卖出美元、换回欧元，获得利润。同时，投资者还能获得5%的利差收益。这种情况在自由竞争的外汇市场上是绝不可能出现的。

两种货币的利差是决定它们远期汇率的基础①，市场上的汇率是围绕它上下波动的。因此，货币市场上利率的变化会直接影响升水和贴水的大小。当甲、乙两种货币的相同期限利率水平无差异时，从理论上讲，升水和贴水就等于零，也就是远期汇率等于即期汇率，这种情况称为平价。当然，这是一种理论上的假设，在现代外汇市场上是很难出现的。

3. 掉期交易

掉期交易是在某一日期即期卖出甲货币、买进乙货币的同时，反方向地买进远期甲货币、卖出远期乙货币的交易，即把原来手中持有的甲货币做一个掉期交易。

例如，某公司向外国借入一笔瑞士法郎，想把它转为美元使用，或将暂时未用的部分转为美元存款。与此同时，为了防止瑞士法郎将来升值，蒙受大的汇率损失，造成还款上的被动，可以做一个掉期交易：卖出即期瑞士法郎，买进即期美元；买进远期瑞士法郎，卖出远期美元。到远期交割时，瑞士法郎金额不变，便防范了瑞士法郎兑换为美元后可能会发生的美元贬值损失。

所谓掉期交易实际上由两笔交易组成：一笔是即期交易；一笔是远期交易。以上述情况为例，瑞士法郎的金额相同，差别只是在于卖出即期瑞士法郎和买入远期瑞士法郎的汇率是不同的。假设美元利率高于瑞士法郎利率，远期买卖要扣除贴水，由此客户在买进即期美元、卖出即期瑞士法郎时，会损失美元高利息的收入。我们可以通过表2-1进行分析。

表2-1 掉期交易资金表

即期交易	金额	汇率	远期交易（半年）	金额	汇率
一瑞士法郎	1 502 000	1.501 0/20	＋瑞士法郎	1 502 000	1.467 6/86
＋美元	1 000 000		一美元	1 023 439.63	

说明：“一”表示卖出；“＋”表示买入。

由表2-1可以看出，瑞士法郎即期卖出、远期买入，没有外汇风险。但即期买入1 000 000美元，远期卖出时要多付款23 439.63美元。这个数目正是上述两种货币因半年期存款利率不同而产生的利差。

从上述介绍中可以看出，掉期交易实际上是由一笔即期交易和一笔远期交易组成。那么，为何不直接进行两笔交易而要用掉期呢？因为掉期交易只做一笔，比较简便，且买卖差价只损失一次。如果分两笔做，不仅更麻烦，而且在报价上损失的买卖差价更多。

在掉期交易中，报价时要注意掉期率和掉期的时间，其他与即期交易的报价基本相同。

---

① 利率和汇率关系密切，并且有联动效应。

总而言之，掉期交易的目的在于满足人们对不同资金的需求，即外汇保值和防范外汇风险。有的客户从国外得到贷款，例如瑞士法郎，既想把它套成利率高的货币，赚取比瑞士法郎更多的利息，又担心承担外汇风险，想做掉期保值。这种想法是不切实际的。因为掉期与赚取利息是不能兼而有之的，掉期必然会使货币的利差收益在远期贴水中失去[①]，因此在做掉期交易时首先要明确自己的目的。目前掉期作为防范外汇风险的有效工具在实践中的运用已越来越多。

专栏 2.1　外汇交易市场的有效性

有效市场理论适用于任何金融市场的理论分析和实际分析，对它的提法和研究首先出现在资本市场。有效市场的概念是由法马（Fama）在 1965 年提出的。他认为，有效市场是这样一个市场，它包含“大量相互竞争的、理性的追逐最大利润者，他们力图预测未来市场各种证券的价值，而且在该市场上所有参加者均可几乎完全自由地获悉所有当前重要的信息”。外汇市场有效性理论是“有效市场”理论在外汇市场中的应用。在一个有效的外汇市场中，价格作为资源配置的信号，必须准确地反映所有可利用的信息，因此市场就是信息源，它传递着决定汇率模式的外生变量，也传递物价、利率等基础条件和预期条件的信息。外汇市场有效性通常有三种类型：弱式、半强式和强式。

外汇市场的有效性可以采用数字方式定义如下：假设在时间 t，市场参与者拥有的信息集为 Ω_t'，忽略信息成本，另一个信息集 Ω_t 为包含价格形成中所有必要信息的集合。因此，市场有效就是 $\Omega_t'=\Omega_t$。由于在时间 $t-j(j=1, 2, \cdots)$ 的所有信息也包含在时间 t 的信息中，所以 $\Omega_{t-j}=\Omega_{t-j+1}=\cdots=\Omega_t$。有效市场的参与者不仅了解 Ω_t，而且完全理解 Ω_t 的含义。即 Ω_t 对市场的影响，$f'(P_{t+n} \mid \Omega_t')=f(P_{t+n} \mid \Omega_t)$。其中，$f$ 表示 Ω_t 作为自变量对于因变量未来价格 P_{t+n} 形成的函数关系，f' 表示 Ω_t' 作为自变量对于 P_{t+n} 形成的函数关系。上式成立，则意味着市场参与者了解正确的经济模型，并将所有相关信息用于预测，从而对未来价格运动形成理性预期。对于弱式、半强式、强式三种不同的有效性程度而言，Ω_t 的含义是不同的。弱式的 Ω_t 只包含过去价格中所包含的所有信息，半强式、强式的集合更大一些，具体内容可根据上述定义得出。

2.4　中国的外汇市场

2.4.1　现行外汇市场的基本框架

为顺应社会主义市场经济的发展需要，1994 年我国外汇管理体制进行了重大改革，建立了全国统一的银行间外汇市场。从此，我国外汇市场进入了新的发展阶段。从市场结构来看，我国外汇市场有两个层次。

第一个层次是客户与外汇指定银行之间的零售市场，又称银行结售汇市场。银行结售汇包括结汇、售汇和付汇。“结汇”是指企业和个人通过银行或其他交易中介卖出外汇换

---

① 世上没有免费的午餐，掉期所花费的成本要冲抵一部分利差收益。

取本币；“售汇”是指企业和个人通过银行或其他交易中介用本币买入外汇；“付汇”是指企业和个人通过金融机构对外支付外汇。在结售汇制度下，办理结售汇业务的银行是外汇指定银行。外汇指定银行根据中国人民银行公布的基准汇率，在规定的浮动幅度内制定挂牌汇率，办理对企业和个人的结售汇。后来，随着越来越多的外商投资企业进入银行结售汇体系，1998 年 12 月 1 日，原有的外汇调剂业务被正式取消，外资企业全部加入银行结售汇市场。

第二个层次是银行之间买卖外汇的同业市场，又称银行间外汇市场，包括银行与银行相互之间进行的外汇交易，以及外汇指定银行与中央银行之间进行的外汇交易。它主要为银行结售汇后的头寸平衡服务，其基本功能是形成人民币市场汇价，是汇率形成机制的核心。银行间外汇市场是建立在现代化技术基础上的、以银行和非银行金融机构为交易主体的外汇交易系统，其运作的操作系统是中国外汇交易中心。中国外汇交易中心总部设在上海，总中心通过计算机网络与全国各地的分中心实行联网交易。

中央银行既是外汇市场的调控者，又是银行间外汇市场的交易员，它在外汇交易中心设立公开市场操作室，参与银行间外汇市场交易，对人民币汇率进行适时和适度的宏观调控。

通常所称的外汇市场是指银行间外汇市场。外汇指定银行目前参与外汇市场的经营活动主要表现在代客买卖外汇和自营外汇买卖两方面。银行间外汇市场形成的人民币加权汇率是银行对客户进行结售汇的基准汇率，中央银行通过在银行间外汇市场进行公开市场操作来实现汇率政策目标。

2.4.2 中国外汇市场发展现状

中国的外汇市场经历多年的发展，截至 2024 年 11 月，市场上的挂牌交易币种已经有美元、港元、澳门元、欧元、日元、英镑、澳元、新西兰元、新加坡元、瑞士法郎、加元、马来西亚林吉特、俄罗斯卢布、南非兰特、韩元、阿联酋迪拉姆、沙特里亚尔、匈牙利福林、波兰兹罗提、丹麦克朗、瑞典克朗、挪威克朗、土耳其里拉、墨西哥比索和泰铢等 25 种，参与主体也扩大到取得相应资格的银行类金融机构、非银行金融机构和非金融企业。从 2014 年开始至 2021 年，中国陆续启动了人民币对哈萨克斯坦坚戈银行间市场区域交易、人民币对蒙古图格里克银行间市场区域交易、人民币对柬埔寨瑞尔银行间市场区域交易和人民币对印度尼西亚卢比银行间市场区域交易，并于 2018 年 1 月发布公告引入境外银行参与区域性银行间外汇市场，同年 8 月正式上线运行全国首个“中国（新疆）—丝路货币区域交易信息平台”。2022 年 1 月《区域全面经济伙伴关系协定》（RCEP）正式生效，中国将推进与更多国家的双边自贸协定谈判，促进高水平对外开放。银行间市场区域交易的发展将有力促进区域货币融通，有效帮助实体经济和企业降低融资成本和汇兑成本，缩减外汇风险对冲的流程和时间，为区域经济协同发展做出贡献。中国也将继续推进跨境人民币业务创新，扩大人民币、东南亚国家货币及 RCEP 国家货币在双边贸易、国际结算、直接投资、跨境融资中的使用。

随着汇率形成机制改革的持续推进，人民币汇率的市场化程度不断加深。长时间、单方向的汇率变动已经不大可能出现，取而代之的是幅度较小的双边波动。不过，狭窄的汇率波动范围制约了汇率的灵活性和弹性。由于市场差价过小，外汇指定银行不愿意在外汇市场过多地从事买卖活动，而仅仅将其视为平盘的场所，这也是造成中央银行不得不进行被动干预的重要原因。同时，过于稳定的汇率也可能导致市场价格偏离均衡水平的风险。从长远来看，人民币汇率的浮动幅度应适当扩大，让造市者能在规定幅度内竞价成交，并对汇率信号做出反应，使汇率更加合理，这对经济和外汇市场的发展都是有益的。

但是汇率市场化并非单纯的汇率波动数值的变化，“常态式”的外汇干预、资本项下的兑换限制以及市场参与主体代表性有限等，都阻碍着汇率市场化进程的深化。以下做法都将直接促进人民币汇率水平的合理化和人民币汇率机制的市场化进程：从强制结售汇转向意愿结售汇；最大限度地允许外汇指定银行自由参加外汇交易，成为真正的市场主体和造市者；发展短期货币市场，推进利率市场化进程。未来，我国将不断推进高水平对外开放，进一步深化外汇市场建设，着力构建开放多元、功能健全、竞争有序的外汇市场，更好服务实体经济高质量发展。

1. 增加外汇市场交易主体和交易工具

要使外汇市场发挥市场机制的作用，同时又使中央银行在市场法则下进行有效的调控，主要出路之一在于增大市场容量，强化市场的功能，让外汇供求全面反映国际收支的基本状况。除政策和外部经济环境的推动之外，更在于新业务、新工具的不断开拓。

第一，扩大外汇市场交易主体。我国外汇市场的交易主体虽然已经包括拥有结售汇资格的全体境内金融机构和取得相应资格的境外金融机构与非金融机构，但规模较小的非金融企业以及个人仍无法参与外汇市场交易。因此，应当逐步放松银行的结售汇周转头寸限制和个人资本项下的外汇管制，让更多符合条件的金融机构、非金融机构和个人能够参与到外汇市场的交易中来，实现汇率真正由市场决定，提高人民币汇率的市场化程度。

第二，规范和完善大额外汇代理买卖制度。我国目前的外汇代理业务需要进一步完善和发展。为与国际外汇市场接轨，在继续推广外汇代理交易的同时，可规定银行间外汇市场上的代理买卖应以大额为主，小额外汇买卖则可以通过银行结售汇业务来实现，从而使银行间外汇市场真正成为一个批发市场，提高交易效率。

第三，进一步发展多元化的外汇市场交易工具。我国外汇市场已经有了外汇即期交易、外汇远期交易、外汇掉期交易、货币掉期交易、外汇期权交易、外币拆借交易、外币利率互换等工具，但总体上交易工具的种类和这些交易工具支持直接交易的币种依然有限。随着人民币国际化进程的推进和资本流出入规模的扩大，有必要推出更多的外汇衍生工具品种，从而在满足交易主体避险需求的同时也有助于完善汇率形成机制和中央银行对外汇市场进行宏观调控。

2. 完善现代外汇交易平台

在外汇市场上，传统的外汇交易达成方式主要有竞价式和询价式两种。2017 年 12 月 4 日，中国外汇交易中心推出美元兑人民币即期撮合交易，撮合交易是银行间外汇市场交易模式的进一步丰富，是外汇市场基础设施的进一步完善。撮合模式可有效提升市场流动性，强化市场价格发现机制，提高境内外汇市场定价权，深化外汇市场对外开放。2007 年 4 月 9 日，中国外汇交易中心成功推出新一代外汇交易系统，人民币外汇即期、远期、掉期交易和外币对交易统一在该平台中进行。新一代外汇交易系统是中国外汇交易中心对自身行业的业务流程、管理、市场的深刻理解与国际先进开发方法和技术的结合，顺应了中国市场发展的要求。如今，中国外汇交易中心已经建成涵盖交易、交易后处理、信息、增值、监管等服务领域的82个系统，为外汇市场的参与者提供全方位的数字化服务。交易平台电子化水平的提升，有利于提高外汇市场的效率和活力，也与人民币的国际化进程相辅相成。

3. 开拓无形市场

尽管银行间外汇市场存在着两种形态——无形和有形的外汇市场，但国际外汇市场的主流还是无形化。无形市场依靠现代的通信手段进行交易，其覆盖面广，市场信息传递快，交易成本低，并适合进行多种工具的交易，更加有利于市场机制作用的发挥。总之，随着我国外汇市场的逐步健全和完善，它将逐渐与全球外汇市场接轨，将更加规范化。而我国外汇市场的不断发展，对于完善国内金融市场，推进金融外汇体制的进一步改革，促进国民经济持续、快速、健康发展都将发挥更为重要的作用。

专栏2.2 中国外汇交易中心

中国外汇交易中心暨全国银行间同业拆借中心（以下简称“交易中心”）于1994年4月18日成立，是全国银行间外汇市场、货币市场、债券市场以及汇率和利率衍生产品市场的具体组织者和运行者。

一、为全国银行间外汇市场提供电子交易平台

中国外汇交易中心受中国人民银行和国家外汇管理局委托，为银行间外汇市场提供统一、高效的电子交易系统，该系统提供竞价、询价和撮合等模式，支持人民币对29个外币（美元、欧元、日元、港元、英镑、澳元、新加坡元、加元、新西兰元、瑞士法郎、澳门元、林吉特、俄罗斯卢布、南非兰特、韩元、阿联酋迪拉姆、沙特里亚尔、匈牙利福林、波兰兹罗提、丹麦克朗、瑞典克朗、挪威克朗、土耳其里亚尔、墨西哥比索、泰铢、坚戈、蒙古图格里克、柬埔寨瑞尔、印尼卢比）的即期交易，支持人民币对26个外币（美元、欧元、日元、港元、英镑、澳元、新加坡元、加元、新西兰元、瑞士法郎、澳门元、林吉特、俄罗斯卢布、南非兰特、韩元、阿联酋迪拉姆、沙特里亚尔、匈牙利福林、波兰兹罗提、丹麦克朗、瑞典克朗、挪威克朗、土耳其里亚尔、墨西哥比索、泰铢、印尼卢比）的远期和掉期交易，提供人民币对7个外币（美元、欧元、日元、港元、英镑、澳元、印尼卢比）的货币掉期交易，提供人民币对9个外币（美元、欧元、日元、港元、英镑、澳元、新加坡元、加元、新西兰元）的期权交易，提供13组外币对（欧元/美元、澳元/美元、英镑/美元、美元/瑞士法郎、美元/港元、美元/加元、美元/日元、欧元/日元、美元/新加坡元、新西兰元/美元、欧元/英镑、美元/澳门元、港元/澳门元）的即期、远期和掉期交易，提供5个货币对（澳元/美元、欧元/美元、英镑/美元、美元/港元、美元/日元）的货币掉期交易，提供5个货币对（欧元/美元、美元/日元、英镑/美元、澳元/美元、美元/港元）的普通欧式期权和美式期权及其期权组合交易、亚式期权、欧式障碍期权与欧式数字期权，提供8个货币对（美元/韩元、美元/印度卢比、美元/巴西雷亚尔、美元/印尼卢比、欧元/韩元、欧元/印度卢比、欧元/巴西雷亚尔、欧元/印尼卢比）的差额交割远期交易，同时还提供交易分析、做市接口和即时通讯工具等系统服务。

二、形成并发布人民币汇率

2005年7月21日人民币汇率形成机制改革后，交易中心根据中国人民银行授权，每个工作日上午9时15分发布人民币兑美元等主要外汇币种汇率中间价。目前，人民币汇率中间价的形成机制为：

(1) 人民币兑美元汇率中间价的形成方式为：交易中心于每日银行间外汇市场开盘前向外汇市场做市商询价，并将全部做市商报价作为人民币兑美元汇率中间价的计算样本，去掉最高和最低报价后，将剩余做市商报价加权平均，得到当日人民币兑美元汇率中间价，权重由交易中心根据报价方在银行间外汇市场的交易量及报价情况等指标综合确定。

(2) 人民币兑港元汇率中间价由交易中心分别根据当日人民币兑美元汇率中间价与上午9时国际外汇市场港元兑美元汇率套算确定。

(3) 人民币兑其他挂牌货币汇率中间价的形成方式为：交易中心于每日银行间外汇市场开盘前向银行间外汇市场相应币种的做市商询价，去掉最高和最低报价后，将剩余做市商报价平均，得到当日人民币兑欧元、日元、英镑、澳元、新西兰元、新加坡元、瑞士法郎、加元、马来西亚林吉特、俄罗斯卢布、南非兰特、韩元、阿联酋迪拉姆、沙特里亚尔、匈牙利福林、波兰兹罗提、丹麦克朗、瑞典克朗、挪威克朗、土耳其里拉、墨西哥比索和泰铢汇率中间价。

三、清算服务

交易中心为银行间外汇市场人民币/外币、外币/外币即期竞价交易提供直接清算服务。人民币资金清算通过中国人民银行支付系统办理，外汇资金清算通过境外清算系统办理。交易中心为人民币外汇即期询价交易提供净额清算业务。该业务以多边净额清算为基础，并通过清算限额和保证金等风险管理措施严格防范风险，保证参与各方的合法权益。

资料来源：中国外汇交易中心网站。

本章小结

1. 外汇市场是专门从事外汇买卖的市场，包括金融机构之间相互交易的同业外汇买卖市场（或称批发市场）和金融机构与客户之间交易的外汇零售市场。

2. 外汇市场的功能有：反映和调节外汇供求、形成外汇价格体系、实现购买力的国际转移、提供外汇资金融通、防范外汇风险。

3. 近年来，外汇市场呈现如下特征：由区域性发展到全球性，24小时连续交易；交易规模加速增长，但市场主要集中于欧洲和美国；全球范围的市场汇率趋向一致；电子经纪的市场份额和影响提升；交易日益复杂化，即期交易的重要性降低。

4. 外汇市场的参与者主要有商业银行、中央银行及政府主管外汇的机构、外汇经纪商、外汇交易商、外汇的实际供给者和需求者、外汇投机者。

5. 外汇市场的交易产品主要有即期交易、远期交易、掉期交易。

6. 外汇市场有效性有以下几种类型：弱式有效市场、半强式有效市场、强式有效市场。

7. 中国的外汇市场经过多年的发展，交易主体和交易规模越来越大，交易的中介形式也越来越多样化。另外，外汇市场汇率形成机制的市场化程度也越来越高。

核心概念

多头　空头　敞口　即期交易　远期交易
弱式有效市场　半强式有效市场　强式有效市场

课后习题

1. 为什么存在全球外汇市场?
2. 外汇市场有哪些功能和特征?
3. 外汇市场的结构如何?
4. 政府在外汇市场上的主要作用是什么?
5. 人民币与哪些外币已经实现了直接交易? 人民币兑主要外币汇率中间价的形成方式有哪些?
6. 中国某进出口企业最近收到一笔50万美元的应收账款，预计3个月后需支付货款50万美元；同时最近该企业急需一笔3个月期的人民币流动资金300万元用于支付工人工资。该企业为固定成本、避免外汇风险而从事掉期业务套期保值。外汇市场上，USD/CNY的即期汇率为6.902 0/6.907 5，3个月远期外汇报价420－448。请问该企业应如何进行掉期交易? 假如3个月后美元币值确实上升，USD/CNY的即期汇率达到6.954 5/6.968 4，比较该企业做掉期交易和不做掉期交易的风险情况。
7. 思考题：目前中国外汇市场有远期、掉期、期权等多种外汇衍生产品，但是尚未推出外汇期货产品，试分析背后的原因以及未来推出该类产品的利与弊。

即学即测

第3章

外汇衍生产品市场

学习目标

- 熟悉外汇衍生产品的特征；
- 掌握远期、期货、期权、互换等主要外汇衍生产品的交易机制和交易方法；
- 了解外汇衍生产品市场的现状和未来。

本章导读

越来越多的非金融企业运用衍生产品来管理外汇风险，但金融衍生产品从来都是双刃剑。

中信泰富是恒生指数最大的成份股公司之一。2007年8月—2008年8月期间，中信泰富陆续与汇丰、花旗、摩根士丹利、德意志银行等13家金融机构签订了24份累计杠杆式外汇买卖合约KODA（即Knock-Out Discount Accumulator的首字母缩写），合约总金额最高可达94亿澳元。几个月后，正是这些复杂的外汇衍生产品给中信泰富造成了巨额亏损。

在中信泰富签订的多种外汇累计期权合约中，金额最大也是给公司带来最大损失的是每月结算的澳元累计目标可赎回远期合约（Accumulated Target Knock-Out Forward Contracts），于2010年10月到期。从合约内容看，大致相当于中信泰富买入了执行价格为0.87的1份澳元看涨期权并以同样的执行价格卖出了2.5份澳元看跌期权；签约时澳元市场汇率大约为0.97，但合约规定，有效期内若澳元汇率上升至1.016（可赎回目标价格，即敲出价）时，合约自动终止。由于不设期权费，所以交易双方在初始时没有资金交付，只需合约金额40%的资产抵押即可投资，带有明显的杠杆交易特征。

导致中信泰富发生巨额损失的直接原因是，从2008年下半年开始澳元兑美元持续贬值。因为按照累计期权合约的规定，作为看跌期权的出售方，当澳元汇率跌至0.87以下时，中信泰富必须以0.87的价格每月买入2.5倍合约数量的澳元，直至合约期满为止。只要澳元兑美元汇率不断贬值，中信泰富就不得不持续高价买入大量澳元。

2008年9月7日中信泰富察觉到上述合约可能引发的潜在风险后，终止了部分合约。但10月20日中信泰富发布公告称，截至10月17日，实际已发生亏损与合约未变现部分按公允价值计算的亏损二者合计金额达到155.07亿港元。次日中信泰富股价大跌55.1%，市值从318.4亿港元暴跌至不足143亿港元。

本章将系统介绍远期、期货、期权、互换等外汇衍生产品的交易机制，并一同了解中国外汇衍生产品市场的概况。

3.1 外汇衍生交易的特征

外汇衍生产品属于特殊的金融衍生产品，其特殊性表现在基础资产（或原生资产）即货币或外汇本身上。与金融衍生产品一样，外汇衍生产品的价值也与基础资产价值密切相关。衍生市场的复杂性和巨大的交易规模，已构成对金融机构风险管理的重要挑战。

3.1.1 外汇衍生产品的基本特征

1. 风险性

外汇衍生工具是在国际金融市场动荡不安的环境下，为实现交易保值和风险防范而产生的金融创新。其内在的杠杆作用和工具组合的复杂性、随意性以及高度投机性，同时也决定了金融衍生交易的高风险性。

外汇衍生产品通常采用保证金交易方式，即只要支付一定比例的保证金就可以进行全额交易，不需要实际上的本金转移，合约的终止一般也采用差价结算方式进行，只有在到期日以实物交割方式履行的合约才需要买方交足货款。财务杠杆作用使衍生产品成为一种威力巨大的武器。一旦启用，套期保值者（hedger）可以迅速地为庞大的金融资产找到避险的港湾，投机者（speculator）也可以在承担高风险的代价下迅速获取高收益。

> **知识注解**
>
> 金融衍生交易具有双刃剑作用。一方面，它能显著提高资金利用率和经济效益；另一方面，它也给参与者带来了新的、更为严重的金融风险，即金融衍生风险。

此外，外汇衍生产品市场是一个充满不确定性的市场，价格高低在很大程度上取决于买卖双方在各自掌握信息的基础上对未来价格形成的预期。因此，当一种金融产品价格进入上升周期时，价格越是上涨，就越是有人因为预期价格继续上涨而入市抢购，从而使得价格真的进一步上涨。这种自我实现机制显然又会增强价格上涨的市场预期。当这种正反馈过程得到足够的资金支撑时，就会导致金融衍生产品价格完全脱离实体经济基础而过度膨胀。

2. 灵活性

金融衍生产品由于种类繁多，其创造具有一定的灵活性，故较传统金融产品更能适应不同市场参与者的需要。① 一方面，对以场外交易方式进行的非标准化衍生产品合约来说，金融专家可以就时间、金额、杠杆比率、价格、风险级别等进行设计，以满足客户独特的

---

① 有些高级的衍生产品创新采用多种组合技术，经过第三次虚拟甚至第四次虚拟，使得衍生产品特性更为复杂。目前的创新金融产品多出于精通高深数学知识和熟练掌握电脑技术的金融专家之手，日趋艰涩精致。

非标准化要求，使之充分实现保值避险的目的。另一方面，那些在交易所挂牌交易的标准期货、期权等衍生产品合约，也能迅速适应时势，根据市场需求提供更加细分的衍生品种。从理论上讲，金融衍生产品可以有无数种不同形式。可以把不同时间、不同基础工具、不同现金流量的各种工具组合成不同的合约。这种组合而成的金融合约，在数学上表现为一种模型、公式或者图表。正因为如此，金融工程师们常常通过建立数学模型来装配或组合新的衍生产品。但无论如何组合、产品怎么复杂，其基本构成元素仍是若干个简单的基础工具和普通衍生产品。

在衍生交易的发展过程中，场外交易工具发展更为迅速，目前约有 2/3 的衍生交易是以场外交易方式进行的。客户主要通过金融机构作为中介参与衍生产品交易，金融机构代为寻找对手或干脆直接推荐自己为交易对手来达成交易。

3. 账外性

金融衍生工具独立于现实资本运动，能给金融衍生工具的持有者带来一定收入。具有虚拟性的衍生产品本身并没有什么价值，它只代表获得收入的权利，是一种所有权证书。而且，衍生产品的交易价值是按照利息资本化原则计算的。外汇金融衍生产品是对未来的交易。按照现有的财务规则，在交易结果发生之前，交易双方的资产负债表中都不会记录这类交易的情况。因此，其潜在的盈亏或风险无法在财务报表中体现。

3.1.2 外汇衍生交易的风险与回报

外汇衍生产品可以用于避险保值，也可以用于投机获利，可能降低风险，也可能加大风险。这种独特的双重性使衍生产品很难控制风险，所以外汇衍生产品具有高风险、高回报的特点。

1. 金融衍生交易的风险

人们通常认为，风险是遭受损失或出现坏结果的可能性。这种理解从一定角度讲虽然合乎常理，但并不全面。一个比较全面的定义是：风险是关于各种可能结果的任何不确定性。也就是说，出现好结果的可能性同样可以理解为风险。这种理解有助于我们形成全面的风险管理意识。

金融衍生交易之所以会有风险，是由金融衍生工具的特性决定的。金融衍生工具有着高度的灵活性和杠杆性。前者指可以根据客户需求任意创造出各种各样的金融产品，产品条件可以任意选定；后者指这类产品的德尔塔系数（Δ）往往很高，风险性很强。金融衍生工具的产生最初是为了降低现货市场中的风险。人们期望通过运用金融衍生工具来避险，但由于金融衍生工具交易保证金制度的高杠杆作用，使之同时也具有高风险性和高投机性，因而金融衍生工具就像一把双刃剑，既可用于规避风险，也有可能因此产生更大的风险。不仅如此，越来越多的市场参与者不是运用金融衍生工具来保值，而是利用其高杠杆比率以小博大，从事投机活动。更为严重的是，金融衍生交易规模不断扩大，同时交易越来越集中于少数大型金融机构及跨国集团，交易间的相互联系日益紧密，这使得交易的任何一方出现问题都会产生严重的连锁反应，带来比传统金融风险更大的危害。由此可见，金融衍生工具从诞生之日起就伴随着风险，而且风险程度呈现出明显的上升趋势。

2. 金融衍生交易的风险种类

（1）价格风险。即金融衍生工具价格变化产生的风险。金融衍生工具价格的波动幅度超过基础资产现货价格的波动幅度，为交易者带来极大的风险。

（2）信用风险。即因交易对手违约而蒙受损失的可能性，场外交易的违约风险相对更高。

（3）流动性风险。即某些金融衍生工具难以在二级市场流通转让的风险。

（4）操作风险。金融衍生交易的操作风险来自两个方面：一方面是由于金融衍生工具均采用先进的通信技术和计算机网络交易，因此存在着电子转账系统故障以及计算机犯罪等风险；另一方面是从事金融衍生交易的主体违规操作，从而给自身及交易对手带来的风险。

（5）法律风险。即由于金融衍生工具创新速度较快，可能游离于法律监管之外，从而存在某些金融合约得不到法律承认和保护的风险。

（6）管理风险。即金融衍生工具的复杂化可能给交易主体内部管理带来困难和失误，并导致监管机构难以实施统一监管的风险。

知识注解

外汇衍生交易的各种风险可以同时存在，又可以各自独立存在。

风险与收益永远正相关，外汇衍生交易虽然可能有理想的高预期收益，但交易主体必须同时承担潜在的高风险。

3. 高风险与高回报并存

在金融市场高速发展和新产品层出不穷的背景下，一方面，投资者的选择范围和投资渠道不断扩大；另一方面，普通投资者对创新品种的认识和了解不足。衍生工具通过对传统金融工具的风险进行分解和重新组合，为风险规避者提供新的风险管理手段。但它并没有消除风险，其自身仍包含多种风险。在高杠杆比率作用下，衍生交易的市场风险和信用风险加倍。即使微小的市场行情变化也可能给交易者带来致命的损失。对于这一点，投资者未必有充分的认识。在低利率和负利率环境中，投资者受高回报吸引，更多地参与高风险的衍生工具交易。推出新产品和经营新产品的金融机构迫于竞争压力，在介绍新产品时往往对其高风险特性宣传不足，这也是投资者超越本身风险承担能力进行交易的原因之一。鉴于此，监管机构规定中介机构有义务解释衍生产品，保证客户充分理解这一产品。通常的做法是：与客户签订协议时订立风险披露声明的条款。虽然这项声明向客户提供了法律保障，但是能否保证客户充分理解风险则值得怀疑。

3.2 外汇衍生产品的交易机制

外汇衍生产品最基本的四种类型是远期、期货、期权和互换。

3.2.1 外汇远期交易

外汇远期（foreign exchange forwards）本质上是一种预约买卖外汇的交易。即：买卖双方先行签订合同，约定买卖外汇的币种、数额、汇率和交割时间；到规定的交割日期或在约定的交割期内，按照合同规定条件完成交割。

外汇远期交易可分为固定交割日期的外汇远期交易和不固定交割日期的外汇远期交易。前一种情况又称为定期外汇远期交易，即典型远期交易，指买卖双方在成交的同时就确定了未来交割日期。简单地说，就是在成交日顺延相应远期期限后进行交割。后一种情况又称为择期外汇远期交易，简称择期交易，指在零售外汇市场上，银行在约定期限内给予客户交割日选择权的外汇远期交易。也就是说，从成交后的第三个营业日起至约定日期止，客户有权在其间的任何一个交易日要求按照预先约定的远期汇率完成外汇交割。

外汇远期合约在场外交易，也没有标准化的、具有透明性的条款。远期合约的交易双方经常面临信用风险，所以，合约的一方可能要求另一方提供一定的担保。远期合约到期前一般不可转让，合约签订时没有价值。

知识注解

外汇远期合约只是一种约定，在签订时不需要付款。因此，外汇远期合约既非资产也非负债。

1. 交易主体和期限

外汇市场上，外汇远期合约的需要者有进口商、短期外币债务人和对外汇远期看涨的投机者；外汇远期合约的提供者有出口商、持有即将到期的外币的债权人和对外汇远期看跌的投机者。商业银行等金融机构通常扮演中介角色，在外汇远期交易中发挥重要作用。

外汇远期业务的期限是按月来计算的，在外汇零售市场上，一般为1～6个月，也可以长达1年；3个月的远期交易比较常见。经过交易双方的协商，外汇远期交易也可延期。在发达国家的银行间外汇市场上，除了上述期限外，也可能存在长期外汇远期交易，期限最长可达10年。

2. 业务特点

(1) 外汇远期交易一般通过电话、电传等通信工具完成。

(2) 在外汇远期合约中，价格、货币币别、交易金额、清算日期、交易时间等项内容因时因地因对象而异，由买卖双方议定，无通用的标准和限制。外汇远期合约到期时大多采用现金交收。

(3) 外汇远期交易是无限制的公开活动，任何人都可以参加，买卖双方可以直接进行交易，也可以通过经纪商进行交易。如果不通过外汇经纪商，则无须支付手续费。

(4) 外汇远期交易主要在银行之间进行，个人和小公司参与买卖的机会很少。买卖价格由各银行自己报出，且交易中没有共同的清算机构，交易的盈亏在规定的清算日结算。

(5) 外汇远期交易除银行偶尔对小客户收一点保证金外，没有缴纳保证金的规定。绝大多数交易都是不用交保证金的。款项的交收全凭交易对手的信用，相对来说风险要大一些。

3. 报价方法

对于固定交割日期的典型外汇远期合约来说，报价方法主要有两种。

一种是远期汇率直接报价法（outright rate），即外汇银行直接报出远期外汇交易使用的汇率。瑞士和日本等国家采用这种方法。

另一种是远期差价（forward margin）报价法或掉期率（swap rate）报价法，即外汇银行只在即期汇率之外标出远期升贴水或掉期率[①]。客户必须先计算实际使用的远期汇率，然后才能进行外汇交易。英国、美国、法国和德国等均采用这种方法。

在远期差价报价法下，有升水（at premium）、贴水（at discount）和平价（at par）

① 远期升贴水是用一定货币单位来表示远期汇率与即期汇率的差额，掉期率是用基点来表示。二者只是表示方式不同。

三种情况。升水是指远期外汇比即期外汇昂贵，表示外汇汇率趋升；贴水是指远期外汇比即期外汇便宜，表示外汇汇率趋降；平价是指远期汇率与即期汇率相等，表示两种货币的相对价值不变。在多数情况下，升贴水是以一国货币单位的百分位来表示的。比如，美元的百分位是美分（penny，USD1＝100penny），瑞士法郎的百分位是生丁（centime，SFR1＝100centime）。在少数情况下，如果一国货币面值较小，则直接以货币单位作为升贴水的单位，比如日元。

> **知识注解**
> 在直接标价法下，如果远期外汇升水，远期汇率就等于即期汇率加上升水数字；如果远期外汇贴水，远期汇率就等于即期汇率减去贴水数字。平价时，汇率不变。在间接标价法下则情况相反。

例如，在多伦多外汇市场，某外汇银行公布的加拿大元与美元的即期汇率为USD1＝CAD1.353 7/1.354 3，3个月远期美元升水CAD 0.06/0.10，则3个月远期汇率分别为1.353 7＋0.06/100＝CAD1.354 3和1.354 3＋0.10/100＝CAD1.355 3。又如，在伦敦外汇市场，某外汇银行公布的即期汇率为GBP1＝USD1.244 2/1.244 4，3个月远期英镑贴水USD 0.09/0.07，则3个月远期汇率分别为1.244 2－0.09/100＝USD1.243 3和1.244 4－0.07/100＝USD1.243 7。

全球主要外汇市场上，除了报远期升贴水数，也可以采用报标准远期升贴水的做法。所谓标准远期升贴水，是指在计算远期升贴水率的基础上，分别进行年度化和百分化处理而得到的数字。计算公式为：

$$\text{标准远期升贴水}=\frac{F_N-S}{S}\times\frac{12}{N}\times 100\%$$

式中，S 为即期汇率，F_N 代表 N 个月远期汇率。值得注意的是，远期汇率表明一种货币远期升水时，必然同时意味着另一种货币远期贴水，但标准远期升贴水的数值并不相同。例如，若某日伦敦外汇市场报英镑兑美元即期汇率为1.245 8，已知6个月远期汇率为1.242 9，则容易计算出：6个月英镑的标准远期升贴水为 $\frac{1.2429-1.2458}{1.2458}\times\frac{12}{6}\times 100\%=-0.4656\%$（英镑有贬值趋势），6个月美元的标准远期升贴水为 $\frac{\frac{1}{1.2429}-\frac{1}{1.2458}}{\frac{1}{1.2458}}\times\frac{12}{6}\times 100\%=0.4667\%$（美元有升值趋势）。

掉期率报价法是银行间外汇市场上常见的远期汇率报价方法，通常用基点（basic point）表示。汇率数字中，小数点后第4位为一个基点。外汇银行为外汇远期交易报价时，一次性给出两个大小不等的基点。这时，计算远期汇率要根据掉期率的排列方式来决定：如果掉期率是前小后大排列，远期汇率应等于即期汇率加上相应的远期基点；如果掉期率是前大后小排列，远期汇率等于即期汇率减去相应的远期基点。无论是直接标价法还是间接标价法，均按此原则计算。

举例来说，若纽约外汇市场上某外汇银行公布的美元兑瑞士法郎汇率如下：

即期汇率	3个月掉期率
USD/CHF0.892 4 - 0.892 8	100 - 150

则美元兑瑞士法郎的3个月远期汇率为：

$$\begin{array}{r} 0.8924 \\ +0.0100 \\ \hline 0.9024 \end{array} \qquad \begin{array}{r} 0.8928 \\ +0.0150 \\ \hline 0.9078 \end{array}$$

尽管掉期率报价法比远期汇率直接报价法更加简便，但基点的经济含义仍然需要以升水、贴水的方式加以说明。这是因为，谈到远期汇率，主要目的还是要判断外汇走势。当基点按前小后大排列时，远期汇率等于即期汇率加上基点。此时，如果采用的是直接标价法，则基点表示外汇升水；反之，如果采用的是间接标价法，则基点表示外汇贴水。当基点按前大后小排列时，则基点的经济含义刚好相反。仍以上例说明，已知外汇银行所给基点是100－150，并且已知市场上采用间接标价法，从而很容易知道3个月远期的瑞士法郎对美元有贴水。

4. 择期远期汇率的确定

> **知识注解**
> 如果远期外汇有贴水，外汇价格曲线会向右下方倾斜。

择期远期汇率的确定，在原理上与固定交割日期的远期汇率的确定并无不同，所依据的都是利率平价定理（随后介绍）。但是，由于交割日期不确定，所以外汇银行在确定择期远期汇率时，要考虑在整个合同有效期内选择哪一时点的典型远期汇率作为择期合约的交割汇率。

我们用图3－1来说明。横轴t代表时间，纵轴代表本币金额，曲线代表用本币表示的外汇价格。如果远期外汇有升水，外汇价格曲线就会随着时间的推移而向右上方延长。银行与客户签订择期外汇交易合约时，由于无法确定客户要求交割的具体日期，客户处于有利地位，银行处于被动地位。为此，银行将在特定范围内选择一个对自己最有利的汇率水平作为择期远期交易的报价。

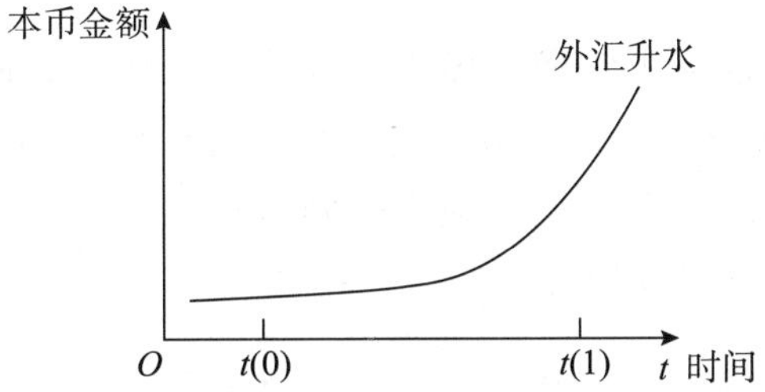

图3－1 远期外汇升水下的择期汇率确定

（1）远期外汇升水时的报价策略。当远期外汇升水时，银行选择最接近择期期初时点的远期汇率，也就是以$t(0)$时刻的汇率作为择期外汇买入汇率；这是择期有效期内外汇的相对最低价格。选择最接近择期期末时点的远期汇率，也就是$t(1)$时刻的汇率作为择期外汇卖出汇率；这是择期有效期内外汇的相对最高价格。

> **知识注解**
> 不难看出，银行选取$t(0)$时刻的汇率作为择期远期汇率，相当于银行买入升水择期远期外汇时不计升水；而在$t(1)$时刻卖出升水择期远期外汇时，向客户收取了最大幅度的升水。反之同理，在买入贴水的择期远期外汇时扣除最大的贴水，而在卖出贴水的择期远期外汇时不计贴水。

（2）远期外汇贴水时的报价策略。当远期外汇贴水时，银行选择最接近择期期末时点的远期汇率，也就是 $t(1)$ 时刻的汇率作为择期外汇买入汇率；这是择期有效期内外汇的相对最低价格。选择最接近择期期初时点的远期汇率，也就是 $t(0)$ 时刻的汇率作为择期外汇卖出汇率；这是择期有效期内外汇的相对最高价格。

5. 利率平价定理

利率对远期汇率的决定作用，主要表现为国际金融市场的套利活动使资金跨国移动，并推动不同国家相似金融工具的收益率趋向一致，通常被称作利率平价定理。究其本质，利率平价无非是“一价定律”在国际金融活动中的具体体现。但要实现这一机制，还需满足三个假设条件。首先，资金跨国移动没有障碍，资金在一国国内运动也无障碍；其次，两国收益率趋向一致，不是指名义收益率，而是指经过汇率调整的收益水平；最后，为简化分析，通常不考虑交易成本。

> **知识注解**
> 除了利率因素外，心理预期因素也会引起大范围的投机活动，从而影响远期汇率的确定。

简单地讲，如果两国同类金融工具的收益水平经过汇率调整后仍然表现出明显差异，就会引起大规模的国际金融套利活动。资金从收益率较低的国家流出，进入收益率较高的国家，从而即期外汇市场上产生汇率变动压力，汇率变动就会缩小两国收益率的差距。如果考虑到资金跨国流动改变了两国可贷资金市场的供求格局，则两国收益水平会相应调整，即：资金流出国的可贷资金供给减少，利率趋升；资金流入国的可贷资金供给增加，利率趋降。一方面，两国收益率对比由此发生逆转；另一方面，套利资金也有变现要求，势必再度影响跨国资金流向，从而提高了未来外汇市场汇率调整的可能性。要规避汇率变动风险，自然可以考虑购买外汇远期合约进行保值，从而迫使远期外汇市场供求变化，远期汇率水平相应调整。于是，两种货币的利率差异就与远期汇率决定建立起紧密联系。

假定本国居民可选择投资 1 年期人民币国债或美元国债；两种金融工具风险特征相同，票面利率分别为 $R_{¥}$ 和 $R_{\$}$；人民币兑美元即期汇率为 S，1 年期远期汇率为 F；为防范汇率变动风险，如果考虑投资美元国债，则同时购买 1 年期美元远期合约。在此情景下，两种投资策略的收益状况分别为：

投资人民币国债　　$1+R_{¥}$

投资美元国债　　$(1/S)(1+R_{\$})F$

根据利率平价定理，两种策略的投资收益应当相等，否则就会引起国际金融套利活动，直至两国金融市场的利差消除为止。整理后可得到利率平价公式：

$$\frac{F}{S}=\frac{1+R_h}{1+R_f} \tag{3.1}$$

式中，R_h 为本国利率（这里指人民币利率），R_f 为外国利率（这里指美元利率）。如果用

$$\frac{F}{S}=\frac{F+S-S}{S}=1+\frac{F-S}{S}$$

进一步改写公式（3.1），容易得到

$$R_h - R_f = \frac{F-S}{S} + \left(\frac{F-S}{S}\right)R_f$$

考虑到 R_f 和 $(F-S)/S$ 都是远小于 1 的分数，二者乘积接近于零，可以忽略不计。于是近似得到：

$$R_h - R_f = \frac{F-S}{S} \tag{3.2}$$

该式表明，两种货币的远期升贴水率近似等于两国金融资产利差。容易发现，利率较高的货币远期有贴水，利率较低的货币远期有升水。因为使用了外汇远期合约进行套期保值，公式（3.2）被称作抛补利率平价条件（covered interest parity condition）。其含义是：如果该条件式成立，则两国间不会发生引起资金跨国流动的国际金融套利活动；反之，市场行为将自行纠正利率与即期汇率、远期汇率之间的偏差，直至实现均衡。换言之，抛补利率平价条件应视为确定远期汇率的重要标准。

6. 外汇远期合约的应用

（1）套期保值（hedging）。

为了在货币折算或兑换过程中保障收益或锁定成本，通过外汇衍生交易规避汇率变动风险的做法称为套期保值。外汇远期合约是进行套期保值的最基本的金融衍生工具之一。其优点在于：当金融市场体系不完备、运行效率低下时，它是成本最低的套期保值方式。原因是交易程序相对简单，不需要保证金，涉及资金流动次数少，公司财务决策方式简明等。

例如：某英国进口商达成了一笔蔬菜交易，合同约定 3 个月后支付 300 万元人民币。为避免 3 个月后人民币兑英镑的即期汇率上升，使公司兑换成本增加，可与外汇银行签订一份人民币远期多头合约，即买入 3 个月远期人民币。这样，公司可以在贸易合同签订后立即固定英镑和人民币的换汇成本，将 3 个月后汇率变动的不确定性变为确定不变，从而无论到期日汇率如何变化，英国进口商需支付的英镑数量都完全固定。

运用远期合约进行套期保值不需要保证金。这意味着公司不需要初始投资资金，可以节省大量资金。如果签订贸易合同时，即期汇率为 GBP1＝RMB8.505 0。而公司以 GBP1＝RMB8.413 0 的汇率签订外汇远期合约，则公司锁定 3 个月后英镑和人民币的换汇成本，只需支付 3 000 000/8.413 0＝356 591 英镑。若 3 个月后的即期汇率为 GBP1＝USD8.403 0，则通过远期合约套期保值节约了 3 000 000/8.403 0－356 591＝424 英镑。但如果 3 个月后人民币反而贬值，则套期保值的效果可能比不进行套期保值更糟。这表明套期保值的目的是使最终结果更加确定，但它不一定能改进最终结果。

> **知识注解**
>
> 套期保值者是希望减少某项基础性资产价格变动的风险，并根据自己已存在的资产负债进行反向交易。投机者则在预测的基础上买进或卖出，并通过交易在市场中持有某个风险头寸，从而获得风险收益。

（2）投机（speculating）。

金融交易中，在没有基础性资产或负债的条件下，因为非常自信对重要经济指标的预测而进行衍生交易并从中牟取风险利润的情况，被称为投机性交易。[①] 利用外汇远期合约投机，就要在预期外汇远期汇率将要上升时，先买进后卖出同一交割日期的外汇远期合约；在预期外汇远期汇率将要下降时，先卖出后买进同一交割日期的外汇远期合约。

例如：9 月 18 日在伦敦外汇市场上，3 个月美元的远期汇率为 GBP1＝USD1.243 2，一投机者判断美元在今后 3 个月中将升值，美元远期汇率将下降，于是决定买入 100 万 3 个月远期美元，交割日为 12 月 20 日。如果美元果然升值，到 10 月 18 日时，2 个月美元的远期汇率为 GBP1＝USD1.241 5，则卖出 100 万 2 个月远期美元，交割日也为 12 月 20 日。到期日投机者共获利 1 101.44 英镑 [＝1 000 000×(1/1.241 5－1/1.243 2)]。但如果预测错误，利用远期合约投机也会产生损失。

(3) 套利 (arbitrage)。

套利者 (arbitrageur) 是金融衍生市场上第三类重要的参与者。套利性交易是指交易者在同一时点进入两个或多个市场做反方向的交易组合，以锁定一个无风险的收益；也可以利用两种货币即期、远期汇率差小于同一期限两种货币利差的情况进行套利。前者被称为瞬时套利，后者被称为掉期性抛补套利。

知识注解

这种套利机会不可能长期存在。随着套利者在纽约市场买入，供求关系将会使 3 个月远期的美元价格上升。与此同时，随着他们在伦敦市场出售英镑，英镑价格就会下降。很快就会使这两个价格达到均衡。由于套利者的存在，不同市场或报价系统中极少存在明显的无风险套利机会，偶尔出现也会瞬间消失。

①瞬时套利。如果套利者在询价中发现，两个市场的英镑兑美元 3 个月远期报价出现汇差：纽约某机构报价 GBP1＝USD1.242 9，而伦敦某机构报价 GBP1＝ USD1.243 5。于是该套利者在纽约市场上买进英镑，同时在伦敦市场上卖出英镑，不考虑交易成本，就可以获得无风险收益。每英镑可获利：

$$\text{USD}1.243\,5-\text{USD}1.242\,9=\text{USD}0.000\,6$$

交易成本会减少投资者的收益，但是大型机构的外汇交易金额巨大，交易成本很低。

②掉期性抛补套利。典型的操作策略为：借入利率较低的货币，在现汇市场上兑换为利率较高的另一种货币，并进行投资；同时签订一份外汇远期合约，在到期日按约定汇率卖出后一种货币的本利和以偿还借款。假设某投资者持有 1 000 万日元，日元年利率为 4%，美元年利率为 10%，即期汇率为 USD1＝JPY135，而且 3 个月远期汇率有两种状况：USD1＝JPY132.50 或者 USD1＝JPY138.50。不考虑其他因素，则不难计算两种远期汇率下采用掉期性抛补套利的收益情况（见表 3-1）。从而表明，若远期汇率不满足抛补利率平价条件，就必然存在套利机会。[②]

---

① 如果是两个市场，交易组合应该是一个市场买进、一个市场卖出的对冲交易，也称为两地套汇。如果是两个以上市场，通过组合交易抵消交易，最终仍是买卖对冲交易，也称为三角套汇。

② 现实中，有利可图的抛补套利机会很少。这是因为国际外汇市场上的远期汇率就是根据抛补利率平价条件确定的；而且一旦出现套利机会，大规模的套利、投机活动也将迅速使利润空间消失。

表3-1 两种远期汇率下的掉期套利收益比较

在日本投资的本利和（以日元计价）	在美国投资的本利和（以日元计价）
1 000×(1+4%×3/12)=1 010(万)	1 000/135×132.50×(1+10%×3/12)=1 006.02（万） 1 000/135×138.50×(1+10%×3/12)=1 051.57（万）

（4）外汇远期交易创新。

外汇远期合约在应用中不断创新，其中比较突出的当属范围外汇远期合约（range forward contracts）。

范围外汇远期合约，也称弹性远期合约，指交易双方在达成外汇远期交易时，对远期交割汇率做出一个弹性约定，设定汇率波动上下限，使合约购买者在外汇远期交割价格上可以有三种选择。

> **知识注解**
> 事实上，择期外汇远期交易和外汇掉期交易也是由典型的外汇远期交易衍生而来的。

例如：一家中国公司在90天后需要英镑，可以通过范围外汇远期合约规避外汇风险。假定银行报90天远期汇率为F，同时范围外汇远期合约另行规定两个汇率水平F_1和F_2，满足$F_1>F>F_2$。则90天后，如果现汇率低于F_2，选择F_2作为远期交割汇率；如果现汇率高于F_1，选择F_1作为远期交割汇率；如果未来现汇率介于二者之间，则公司可以按照即期汇率完成交割。

范围外汇远期合约与一般远期合约不同的是，合约购买者仍需承担一定的汇率波动风险，但风险程度是有限的。换言之，只有当汇率发生较大变动时，范围外汇远期合约才发挥作用。上例中，若英镑的范围远期价格F_2和F_1分别为RMB8.478 0和RMB8.311 0，那么：如果到期日的即期汇率低于8.311 0，公司按GBP1＝RMB8.311 0的汇率购买英镑；如果即期汇率在8.311 0和8.478 0之间，公司按当时的即期汇率购买英镑；如果即期汇率高于8.478 0，公司按GBP1＝RMB8.478 0的汇率购买英镑。

3.2.2 外汇期货交易

外汇期货（foreign exchange futures）交易，是指外汇买卖双方在有组织的交易场所内，以公开叫价方式确定价格（汇率），买入或卖出标准交割日期、标准交割数量的某种外汇。[①] 1972年5月16日，芝加哥商品交易所国际货币市场（International Money Market，IMM）率先开办了包括英镑、联邦德国马克、加元、日元、瑞士法郎、澳元等币种在内的外汇期货合约，创立了世界上第一个外汇期货交易市场。

1. 主要特征

外汇期货交易和外汇远期交易都是在未来日期按约定价格交割一定数量的标的物，但二者之间也存在许多重大区别，这主要是由期货市场运行规则决定的。外汇期货合约被视为标准化了的外汇远期合约，同时还有效规避了外汇远期合约交割日期不灵活和违约风险较高等缺点。

（1）交易合约标准化。外汇远期交易的合约金额和交割日期是交易双方协商决定的。

① 普通交易者不能直接进入期货交易所交易，需要通过限价指令委托有交易所会员资格的经纪公司完成交易。

而外汇期货合约的金额、期限、交割日等要素都是标准化的，由各期货交易所统一制定。所有交易者在此基础上选择交易。例如，在芝加哥商品交易所国际货币市场交易的货币期货，每份英镑合约价值 62 500 英镑，每份欧元合约价值 125 000 欧元，每份瑞士法郎合约价值 125 000 瑞士法郎，每份加元合约价值 100 000 加元，每份日元合约价值 12 500 000 日元。

（2）集中交易和结算。远期外汇市场是无形的分散市场，客户通过电信工具私下联络达成交易。期货交易则是在有形的交易所内进行，所有交易者通过会员公司在交易所场内集中、公开地进行交易。外汇远期交易的结算由交易双方通过银行转账完成。期货交易则由期货交易所专门设立的独立的清算机构为买卖双方分别结算。

知识注解

期货市场具有较强的价格发现功能。外汇期货价格对即期、远期外汇市场的价格都有重要参考价值。

（3）市场流动性高。外汇远期合约一般不能转让或直接对冲平仓，远期合约到期交割的比率在 90%以上。期货合约的市场流动性很高，交易人可以随时通过经纪公司买进或卖出特定的期货合约品种。绝大多数期货合约都在到期日之前通过对冲交易的方式平仓。

（4）价格形成和波动限制规范化。外汇远期交易所使用的远期汇率由外汇银行报出，交易额大的客户还可以与银行讨价还价，协商确定交割汇率。期货合约的价格形成遵循公开集中竞价制度，在交易所内统一挂牌交易。此外，期货交易所还为每个外汇期货品种规定合约价值的最小变动和单日最大变动限额（见表 3-2）。

表 3-2 IMM 外汇期货合约的价格变动规定 单位：美元

外汇品种	最小变动		单日最大变动	
	每一货币单位	每份期货合约	每一货币单位	每份期货合约
英镑	0.000 1	6.25	0.01	625
欧元	0.000 1	12.50	0.01	1 250
瑞士法郎	0.000 1	12.50	0.015	1 875
加元	0.000 1	10.00	0.007 5	750
日元	0.000 001	12.50	0.000 1	1 250

（5）履约有保证。相对而言，外汇远期交易的违约风险较大，所以银行对客户信用等级的要求比较严格，以此作为履约保证。期货交易所的清算机构要求场内经纪公司、经纪公司要求委托交易人分别开立保证金账户，作为履约的保证。期货交易所一般有初始保证金和维持保证金的规定。例如，IMM 规定，每交易一份英镑期货合约，应缴纳初始保证金 2 000 美元；并要求整个交易期内保证金账户余额不低于 1 500 美元。所有未平仓的外汇期货头寸都需根据每天的市场结算价计算账面盈亏，并相应调整保证金账户余额。当期货合约的保证金账户余额低于维持保证金要求时，必须追缴差额，否则将被强行平仓。因此，期货交易的保证金制度是维持期货市场安全性和流动性的重要保证。表 3-3 对外汇期货交易与外汇远期交易进行了比较。

表 3-3 外汇期货交易与外汇远期交易

	外汇期货交易	外汇远期交易
交割日期	将来	将来
合约特点	高度标准化	量身定做，满足多样化需求
交易地点	交易所内交易	场外交易
交易信息	公开、透明	通常不公开
保证金要求	有初始保证金和维持保证金	无
合约实现方式	提前对冲平仓或到期交割	到期交割
组织	清算所组织结算，为所有交易者提供保护	由双方信誉保证
价格确定	公开叫价，撮合成交	银行报价或双方协商
价格波动限制	有	无

（6）投机性强。保证金制度虽然使外汇期货交易有效防范了违约风险，但同时也刺激了投机性交易。与合约价值相比，外汇期货的保证金比率一般不超过10%。这说明期货交易具有较强的杠杆效应，对那些以小博大的投机者来说很有吸引力。投机性期货交易往往有很大的破坏力，被视为外汇期货交易风险的主要根源。但同时应当看到，投机交易的广泛存在也是市场高度流动性的有力保障。如果没有必要的投机性交易，那些出于套期保值目的进入外汇期货市场的交易者们就未必能够顺利完成交易。

2. 清算机制和保证金制度

（1）清算机制。

一项交易的发生，首先必须有买方和卖方。场外交易难以消除双方的履约风险，是因为买卖双方相互不了解，或者即使了解但相互之间缺少制约。期货交易可以通过独特的清算机制为买卖双方消除这种不便。清算所作为期货合约各方的交易对手出现：对于合约的买方来说，清算所是卖方；对于合约的卖方来说，清算所是买方。不论进行多少次交易，也不论交易何时进行，始终存在一个共同的交易对手方——清算所。因此，对于外汇期货买卖双方来说，根本无须考虑对方的身份，无论是从哪里买进还是卖向哪里，最终都要在清算所实现集中清算。显然，这种清算机制提高了市场的流动性，也使买卖各方再无履约风险的顾虑。

（2）保证金制度。

外汇期货交易的清算机制将交易所会员公司承担的交易风险转移到了清算所。为防止会员公司发生违约风险，清算所通过保证金制度来为自己提供保障。保证金的作用就是会员公司提供给清算所的财务保证。当然，会员公司也会对自己的客户提出相似的保证金要求。表3-4是IMM英镑期货的保证金账户。

表 3-4 IMM英镑期货的保证金账户流量

时间	市场报价（美元/英镑）	合约价格（美元）	保证金变动（美元）	追加（+）/减少（-）金额（美元）	保证金账户余额（美元）
T0	1.242 0	77 625.00	0	+2 000.00	2 000.00
T1	1.245 9	77 868.75	+243.75	0	2 243.75

续表

时间	市场报价（美元/英镑）	合约价格（美元）	保证金变动（美元）	追加（+）/减少（-）金额（美元）	保证金账户余额（美元）
T2	1.241 5	77 593.75	−275.00	0	1 968.75
T3	1.234 0	77 125.00	−468.75	+500.00	2 000.00
T4	1.243 0	77 687.50	+562.50	−562.50	2 000.00

①初始保证金。指在外汇期货建仓时缴纳的保证金。不同交易所对不同外汇期货合约有着不同的初始保证金规定，一般是固定金额，或是合约价值的5%～10%。

初始保证金的数额至少应该足以抵付交易所制定并公布的每日最大价格波动。初始保证金以现金支付，存在机会成本，所以美国的外汇期货交易所允许在部分现金支付以外，用生息的联邦政府债券或特许银行发行的信用证形式存入。不过，追加保证金仍必须以现金支付。平仓时，清算所要向会员公司返还初始保证金。

②追加保证金。除了初始保证金外，交易所一般还规定有追加保证金。这是因为，期货合约在持有期内，价值每天发生变动，潜在损失可能是巨大的。为了使保证金制度有效，一个不可缺少的步骤是采用每日"盯市"（marking-to-market）的办法。即：在每个交易日结束后，期货交易所将公布当天的"结算价格"或正式收盘价。所有未平仓合约都需按此价格计算账面盈亏。任何损失都会记入会员公司保证金账户的借方，并在第二天早上由会员公司将其损失补上；任何盈利都会记入会员公司保证金账户的贷方，从而使保证金账户余额增加。若会员公司未能及时补充保证金，交易所有权在市场上将其持有的外汇期货头寸变现，以弥补应追加的保证金，并将剩余资金返还给会员公司。

③维持保证金。指在保证金账户余额不低于这个水平时，则无须追加保证金。维持保证金通常规定为初始保证金的75%～80%。于是，会员公司在建仓时存入初始保证金；当保证金余额下降到维持保证金数额之下时，需要追加保证金，并将保证金余额恢复到初始保证金水平。所以，外汇期货合约持有期内，会员公司的保证金余额通常处于初始保证金和维持保证金之间。这就减少了会员公司追加保证金的频率和金额，特别是在期货价格波动比较剧烈时，更是为会员公司节约了账户管理成本，减轻了行政负担。

3. 外汇期货合约的应用

（1）套期保值。

［例3-1］ 3月20日，美国进口商与英国出口商签订合同，进口价值125万英镑的货物，约定6个月后以英镑付款提货。签订合约日现汇市场上的英镑汇率是GBP1＝USD1.250 0。为预防汇兑成本上升，美国进口商可以买进价格为GBP1＝USD1.260 0的英镑期货合约进行完全对冲。若外汇市场和期货市场上英镑汇率都上升，分别升至GBP1＝USD1.262 5和GBP1＝USD1.272 5，计算此时该进口商的损益。

因为英镑/美元期货合约规模为62 500英镑，进行完全对冲需要购买1 250 000÷62 500＝20份期货合约。期货合约成本为1.260 0×125万＝157.50万美元。即进口商需要支付157.50万美元。

6个月后外汇市场和期货市场上英镑汇率都上升，分别升至GBP1＝USD1.262 5和GBP1＝

知识注解

为简化分析，此处忽略了交易成本。

USD1.272 5。这时，进口商如果在现汇市场上购买英镑，需要花费 1.262 5×125 万=157.812 5 万美元，与 3 月份购买即期英镑相比，多付了 1.562 5 万美元（=157.812 5 万−1.250 0×125 万）。而在期货市场上，美国进口商如果卖出 20 份英镑期货合约，与初始头寸对冲，可以净盈利 1.272 5×125 万−157.50 万=1.562 5 万美元。于是，进口商在现汇市场上的损失由期货市场的盈利来弥补（见表 3-5）。

表 3-5　利用外汇期货套期交易

	时间	现货市场	期货市场
汇率	3 月 20 日	GBP1=USD1.250 0	GBP1=USD 1.260 0
	9 月 20 日	GBP1=USD 1.262 5	GBP1=USD 1.272 5
交易过程	3 月 20 日	不做任何交易	买进 20 份英镑期货合约
	9 月 20 日	买进 125 万英镑	卖出 20 份英镑期货合约
结果	现货市场上，与预期相比，损失 1.262 5×125−1.250 0×125=1.562 5 万美元； 期货市场上，通过对冲，获利 1.272 5×125−1.260 0×125=1.562 5 万美元； 亏损和盈利相互抵消，外汇风险得以转移。		

另一种情况恰恰相反，两个市场的英镑汇率同时下跌。则进口商在现汇市场上获利，同时在期货市场上亏损，两者同样可以相互抵消。显然，套期保值在转移风险的同时，一并将可能的盈利也转移出去，但是将不确定性转变成确定性，这正是套期保值的本质特征。

（2）投机。

因为预期汇率上升或下降，投资者就可以通过外汇期货交易进行投机。利用外汇期货投机获利有明显优势：第一，与现货市场相比，期货交易成本较低；第二，期货的保证金要求使其能够以小博大，发挥杠杆效应；第三，在期货市场上卖空比在现货市场上更加容易。

［例 3-2］　某投机者预计 3 个月后英镑会升值，可预先买进 10 份 IMM 英镑期货合约，价格为 GBP1=USD1.260 0。如果在现货市场上进行买卖，现汇市场上的英镑汇率是 GBP1=USD1.250 0，需要支付 1.250 0×62 500×10=781 250 美元，但购买期货合约只需要支付不到 20%的保证金（1.260 0×62 500×10×20%=157 500 美元），大大节约了资金。3 个月后，如果期货合约价格上升到 GBP1=USD1.272 5，则卖出 10 份期货合约。投机者可从中盈利（1.272 5−1.260 0）×62 500×10=7 812.5 美元。相反，如果预期错误，投机者就会发生亏损。如果届时英镑期货汇率跌至 GBP1=USD1.245 0，投机者就将亏损（1.260 0−1.245 0）×62 500×10=9 375 美元（见表 3-6）。与直接购买现货相比，利用外汇期货投机成本更低，杠杆率更高，相应的风险也更大。

表 3-6　利用外汇期货投机

		现货市场	期货市场
汇率	时间		
	3 月 20 日	GBP1=USD1.250 0	GBP1=USD 1.260 0
	9 月 20 日	GBP1=USD1.262 5	GBP1=USD 1.272 5

续表

		现货市场	期货市场
损益	成本	1.250×62 500×10=781 250 美元	1.260×62 500×10×20%=157 500 美元
	收益	(1.262 5−1.250)×62 500×10=7 812.5 美元	(1.272 5−1.260 0)×62 500×10=7 812.5 美元
收益率	现货市场投机收益率为 7 812.5/781 250×100%=1% 期货市场投机收益率为 7 812.5/157 500×100%=4.96%		

（3）套利。

如果发现两个期货市场的同种货币期货合约存在一定差价，而且超过交易成本，套利者就可以采取低买高卖的策略，赚取汇差利润。

［例 3-3］ 一美国套利者发现 IMM 和新加坡国际金融交易所（SIMEX）的 3 月期英镑期货价格分别为 GBP1=USD1.245 8 和 GBP1=USD1.245 0。于是在 SIMEX 大量买进英镑期货，同时在 IMM 大量卖出英镑期货。如果不考虑交易成本，则每份期货合约可为套利者实现 50 美元［=(1.245 8−1.245 0)×62 500］的无风险利润。

3.2.3 外汇期权交易

外汇期权（foreign exchange options），也称为货币期权（currency options），指合约购买方（holder or buyer）在向出售方（writer or seller）支付一定期权费后，所获得的在未来约定日期或一定时间内，按照规定汇率（也称执行汇率）是否买进或者卖出一定数量外汇资产的选择权。

> **知识注解**
> 外汇期权是在外汇期货交易基础上发展起来的一种金融衍生工具。

1. 合约种类

（1）按期权持有者的交易目的，期权可分为买入期权（call option，也称看涨期权）和卖出期权（put option，也称看跌期权）。

（2）按产生期权合约的原生金融产品，期权可分为现汇期权（options on spot exchange）和外汇期货期权（options on foreign currency futures）。现汇期权以外汇现货为期权合约的基础资产，外汇期货期权以货币期货合约为期权合约的基础资产。

（3）按期权持有者可行使交割权利的时间，期权可分为欧式（European style）期权和美式（American style）期权。欧式期权交易，指期权持有者只能在期权到期日当天纽约时间上午 9 时 30 分以前，决定执行或不执行期权合约。而美式期权交易，指期权持有者可以在期权到期日以前的任何一个工作日纽约时间上午 9 时 30 分以前，选择执行或不执行期权合约。美式期权较欧式期权更为灵活，故其期权费较高。

2. 交易特点

（1）期权费不能收回。期权购买者，也就是持有者，无论是执行还是放弃合约，他向外汇期权出售者所交付的期权费均不能收回。

（2）期权费的费率不固定。期权业务所交付的期权费反映了同期远期外汇升贴水水平，费率高低主要受到以下因素制约：

①货币期权供求关系：货币期权需求大于供给，则期权费趋高；货币期权供给大于需求，则期权费趋低。

②期权的执行汇率（exercise exchange rate）：执行汇率越高，则买入期权的期权费越低，而卖出期权的期权费越高；相反，执行汇率越低，则买入期权的期权费越高，卖出期权的期权费越低。

③期权的时间价值（time value）或期限（maturity）：期权合约期限越长，期权费越高；反之越低。

④预期的汇率波动性：一般来说，期权货币的汇率越稳定，则其期权费越低；期权货币的汇率波动越大，则其期权费越高。

3. 基本交易策略

（1）买入看涨期权。

如果市场对外汇汇率有牛市预期，为了在外汇汇率上升中寻求收益或避免损失，可以购买外汇看涨期权，从而将损失风险限制在期权费范围之内，同时享有无限的收益潜力。但是，市场的牛市预期越强，期权买方得到的执行价格就越高。

［例 3-4］ 某机构预期欧元会对美元升值，但又不想利用期货合约来锁定价格。于是以每欧元 0.06 美元的期权费买入一份执行价格为 EUR1＝USD1.18 的欧元看涨期权。由图 3-2 可知，欧元看涨期权购买方的盈亏平衡点为 B＝1.24 美元；具体收益情况见表 3-7。

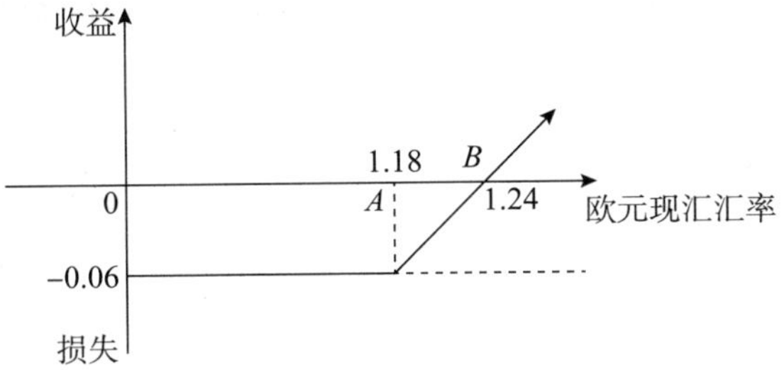

图 3-2　买入看涨期权的收益曲线

表 3-7　买入看涨期权的收益情况

欧元现汇汇率	收益情况
＞1.24	收益随欧元汇率上升而增加，潜力无限
＝1.24	盈亏平衡
(1.18，1.24)	损失随欧元汇率上升而减少
＜1.18	最大损失限定在期权费以内

（2）卖出看跌期权。

设某基金公司发现一段时间以来英镑对美元贬值幅度已经超过 10%。尽管仍有继续贬值的可能，但该基金公司认为短期内不会跌破 GBP1＝USD1.10，而且应该很快回升。为了在此判断基础上牟利，投机者可以卖出以该汇率水平为执行价格的英镑看跌期权，并收取每英镑 0.10 美元的期权费。上述投资策略比较适合预期外汇汇率稳定或略微上升的场合。英镑看跌期权出售者的收益情况见表 3-8，收益曲线见图 3-3。

表 3-8　卖出看跌期权的收益情况

英镑现汇汇率	收益情况
>1.10	最大收益等于期权费
(1.00，1.10)	收益随英镑汇率上升而增加
=1.00	盈亏平衡点
<1.00	损失随英镑汇率下降而增加

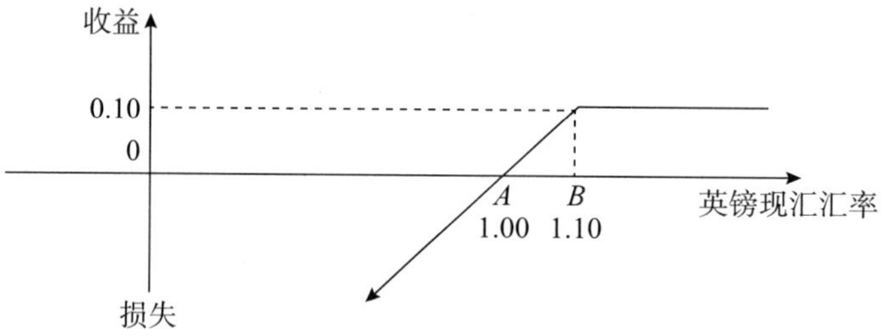

图 3-3　卖出看跌期权的收益曲线

（3）卖出看涨期权。

如果某商业银行认为未来几个月内加元兑美元汇率将保持稳定或略微下降，可以考虑卖出执行价格为 CAD1=USD0.75 的加元看涨期权，并收取每加元 0.05 美元的期权费。加元看涨期权出售者的收益情况见表 3-9，收益曲线见图 3-4。

表 3-9　卖出看涨期权的收益情况

加元现汇汇率	收益情况
>0.80	损失随加元汇率上升而增加
=0.80	盈亏平衡点
(0.75，0.80)	收益随加元汇率下降而增加
<0.75	最大收益等于期权费

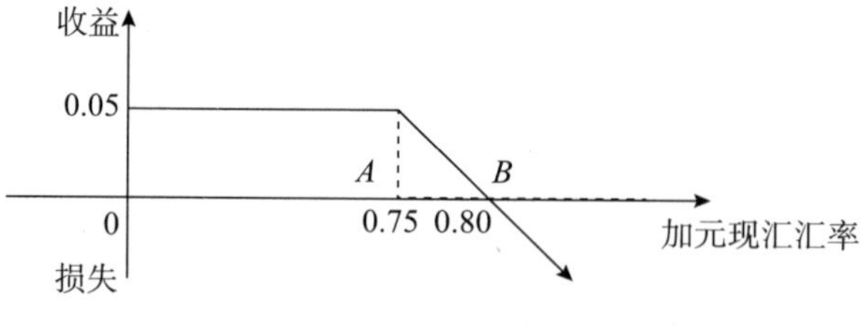

图 3-4　卖出看涨期权的收益曲线

（4）买入看跌期权。

假定某美国公司向一英国公司出口电脑，但货款将在 3 个月后用英镑支付。因为担心 3 个月后英镑汇率下降，美国出口商随即购买了一份执行价格为 GBP1=USD1.24 的英镑看跌期权，并支付了每英镑 0.03 美元的期权费。该出口商购买英镑看跌期权的具体收益情况见表 3-10，收益曲线见图 3-5。

表3－10　买入看跌期权的收益情况

英镑现汇汇率	收益情况
>1.24	最大损失等于期权费
(1.21，1.24)	损失随英镑汇率下跌而减少
=1.21	盈亏平衡点
<1.21	收益随英镑汇率下跌而增加

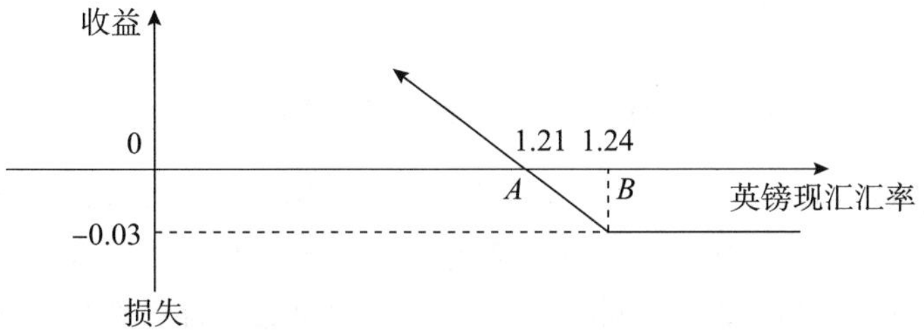

图3－5　买入看跌期权的收益曲线

4. 组合交易策略

(1) 跨式期权（straddle），指以相同的执行价格同时购买或卖出相同标的资产的看涨期权和看跌期权。它可以划分为多头跨式期权和空头跨式期权。

多头跨式期权交易策略，指以相同的执行价格同时买入看跌期权和看涨期权。原因是交易者预期市场价格会有显著波动，但方向还不明确。在这一交易策略下，如果市场价格上升，就执行看涨期权，收益具有无限潜力；若市场价格下降，就执行看跌期权，收益具有无限潜力。而多头跨式期权购买者的风险，则完全限制在交易者所支付的期权费范围之内。

［例3－5］　买入一份3月期执行汇率为EUR1＝USD1.10的欧元看涨期权，期权费为每欧元0.10美元，同时买入一份3月期执行汇率为EUR1＝USD1.10的看跌期权，期权费为每欧元0.10美元。于是，在欧元现汇汇率低于0.90美元或高于1.30美元时，多头跨式期权交易者都可以从中盈利（见图3－6）。

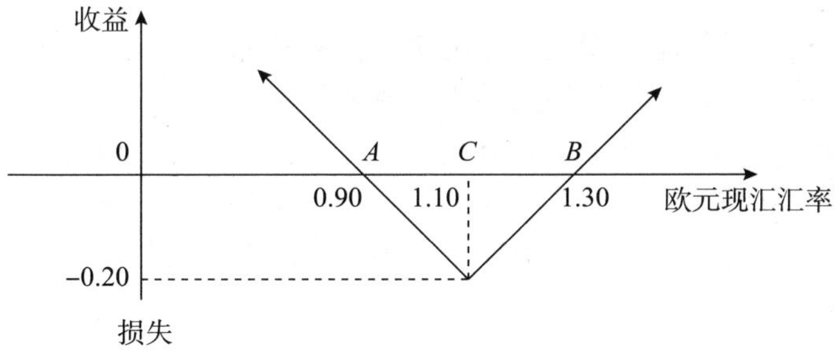

图3－6　多头跨式期权交易

空头跨式期权交易策略，指以相同的执行价格同时卖出看跌期权和看涨期权。原因是交易者预期市场价格变动不大或者保持不变。在这一交易策略下，如果市场价格大幅上涨或是下跌，空头跨式期权出售者的损失都有可能变得无限大；但如果交易者的预期实现，则可以稳稳赚取两项期权费收入。

［例3－6］　卖出一份3月期执行汇率为EUR1＝USD1.10的欧元看涨期权，期权费为每欧元0.10美元，同时卖出一份3月期执行汇率为EUR1＝USD1.10的欧元看跌期权，期权费为每欧元0.10美元。图3－7给出了空头跨式期权交易者的收益曲线。

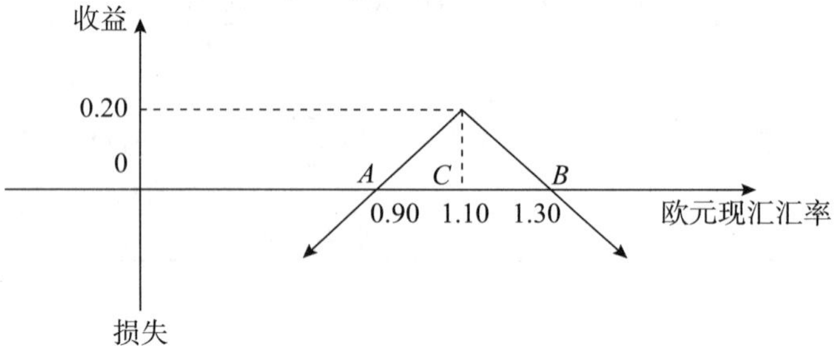

图 3-7　空头跨式期权交易

（2）宽跨式期权（strangle），指以不同的执行价格同时买入或卖出相同标的资产的看涨期权和看跌期权。它可以划分为多头宽跨式期权和空头宽跨式期权。

多头宽跨式期权交易策略，指同时买入执行价格较低的看跌期权和执行价格较高的看涨期权。原因是交易者预期市场价格将有大的变动，但方向还不明确。

［**例 3-7**］　买入一份 3 月期执行汇率为 GBP1＝USD1.25 的英镑看跌期权，期权费为每英镑 0.10 美元，同时买入一份 3 月期执行汇率为 GBP1＝USD1.40 的英镑看涨期权，期权费为每英镑 0.10 美元。图 3-8 给出了多头宽跨式期权交易者的收益曲线。

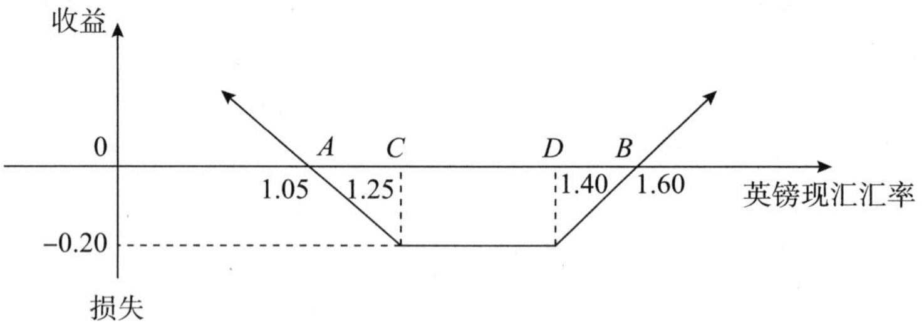

图 3-8　多头宽跨式期权交易

空头宽跨式期权交易策略，指同时卖出执行价格较低的看跌期权和执行价格较高的看涨期权。原因是交易者预期市场价格变动不大或者保持不变。

［**例 3-8**］　卖出一份 3 月期执行汇率为 GBP1＝USD1.25 的英镑看跌期权，期权费为每英镑 0.10 美元，同时卖出一份 3 月期执行汇率为 GBP1＝USD1.40 的英镑看涨期权，期权费为每英镑 0.10 美元。图 3-9 给出了空头宽跨式期权交易者的收益曲线。

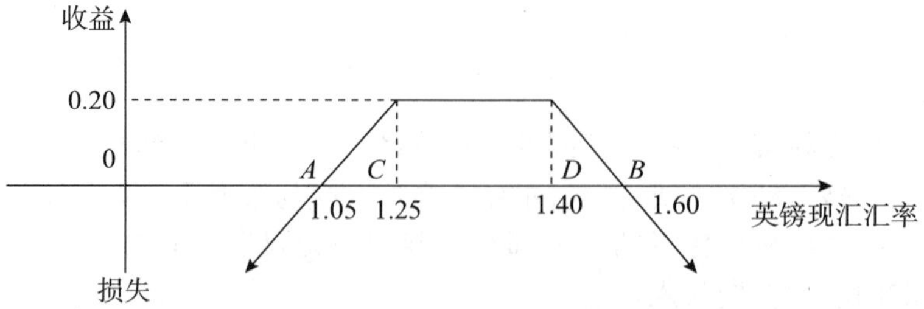

图 3-9　空头宽跨式期权交易

（3）差价期权（spread），指以不同的执行价格同时买入并卖出相同种类的期权。它可以划分为多头差价看涨期权和多头差价看跌期权。

多头差价看涨期权交易策略，指买入执行价格较低的看涨期权，同时卖出执行价格较高的看涨期权。原因是交易者预期市场价格将上涨到一定水平，从而希望从牛市中获利，并通过卖出看涨期权来降低期权费成本。在这一交易策略下，当市场价格上升时，因为卖出了看涨期权，所以收益潜力不再是无限的；当市场价格下降时，因为买入了看涨期权，所以损失潜力也不会是无限的。对多头差价看涨期权的交易者来说，风险限定在净期权费支付的范围内，收益限定在两个执行价格差减去支付期权费的范围内。

［例 3－9］ 买入一份 3 月期执行汇率为 GBP1＝USD1.15 的英镑看涨期权，期权费为每英镑 0.10 美元，同时卖出一份 3 月期执行汇率为 GBP1＝USD1.30 的看涨期权，期权费为每英镑 0.05 美元。于是，进行这一多头差价看涨期权交易的损益区间为［－0.05，0.10］美元/英镑，盈亏平衡点为 GBP1＝USD1.20（见图 3－10）。

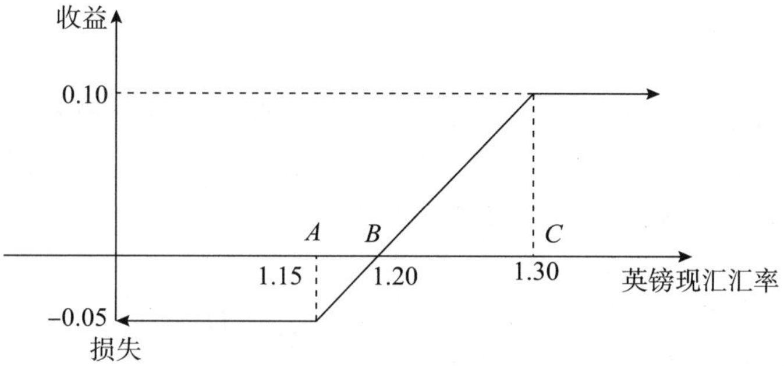

图 3－10 多头差价看涨期权

多头差价看跌期权交易策略，指买入执行价格较高的看跌期权，同时卖出执行价格较低的看跌期权。原因是交易者预期市场价格将下跌至一定水平，从而希望从熊市中获利，并通过卖出看跌期权来降低期权费成本。在这一交易策略下，当市场价格上升时，因为买入看跌期权，所以限制了损失潜力；当市场价格下降时，因为卖出看跌期权，所以也限制了收益潜力。对多头差价看跌期权的交易者来说，收益限定在期权费净支付的范围内，风险限定在两个执行价格差减去收取期权费的范围内。

［例 3－10］ 买入一份 3 月期执行汇率为 GBP1＝USD1.30 的看跌期权，期权费为每英镑 0.10 美元，同时卖出一份 3 月期执行汇率为 GBP1＝USD1.15 的看跌期权，期权费为每英镑 0.05 美元。于是，进行这一多头差价看跌期权交易的损益区间为［－0.05，0.10］美元/英镑，盈亏平衡点为 GBP1＝USD1.25（见图 3－11）。

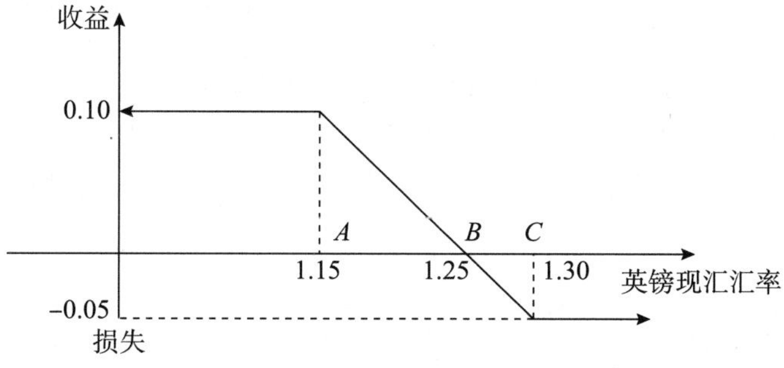

图 3－11 多头差价看跌期权

5. 外汇期权合约的应用

外汇期权相对于零成本的远期合约，通常是一种次优选择。但是，期权交易的不对称性和套期保值的灵活性使其备受企业财务经理和交易商青睐。外汇期权合约的期权费固定了期权买方在汇率行情不利时的风险，从而为外汇资产或头寸（如进出口企业延期收付外汇等情况）提供了有效保值。外汇期权买方无必须履约的义务，对可能发生但不一定实现的资产或收益（如进行国际投标时不能确定是否中标等情况）是最理想的保值方式。另外，外汇期权不必逐日清算，到期前无现金流产生，而且能够为客户提供一系列协定汇价。种种优点使得外汇期权成为实际运作中优于期汇和外汇期货的保值避险方式。

> **知识注解**
>
> 外汇期权合约既可以单独用于保值，也可同远期交易或期货交易结合起来达到综合保值及盈利的目的。

3.2.4 外汇互换交易

1. 基本原理

外汇互换（foreign exchange swap）交易，指交易双方相互交换不同币种但期限相同、金额相等的货币及利息的业务。其中可能既涉及利息支付的互换，又涉及本金支付的互换。交易双方根据合约规定，分期摊还本金并支付利息。

2. 运作方式

举例来说，A公司需要借入一笔浮动利率的美元款项，只是目前市场所报的利率较高。[①] 不过，该公司能够以3%的优惠固定利率筹措到7年期的欧元。与此同时，B公司能以SOFR的浮动利率筹措到7年期的美元，但只能以3.5%的利率筹措到所需要的长期欧元。双方可以通过外汇互换交易同时降低筹款成本，并得到各自所需的外汇。如果通过银行中介，则具体操作如下：

> **知识注解**
>
> SOFR是Secured Overnight Financing Rate的首字母缩写，指有担保隔夜融资利率，是由美国联邦储备银行计算并发布的利率指标。随着LIBOR（伦敦银行同业拆借利率）的逐步退出，SOFR成为全球金融市场中的一个关键利率指标。

（1）双方进行本金交换。A公司和B公司各自从其相应的资金市场筹集资金，A公司以3%的利率筹集到7年期固定利率的欧元资金，B公司则以SOFR的浮动利率筹集到7年期的美元资金。双方一般以即期汇率交换货币本金。[②]

> **知识注解**
>
> 如果A、B公司直接进行货币互换交易，则意味着在一笔即期外汇交易之外，同时为未来7年内的互换利息签下了一系列的外汇远期合约。

（2）双方交换利息支付。在互换期间，根据本金总量和各自的利率，双方交换利息支付。利息支付周期可以是1年，也可以是半年，通常由相关借款的利息支付周期决定。银行以欧元对美元的货币互换为交易双方提供各自所需货币：银行向提供欧元的A公司支付3.2%的固定利率，对需要欧元的B公司收取

① 双方既可以直接进行货币互换，也可以通过银行完成互换。

② 如果A、B公司直接进行货币互换交易，则意味着在一笔即期外汇交易之外，同时为未来7年内的互换利息签下了一系列外汇远期合约。

3.25%的固定利率。

（3）双方在期末再交换本金。在互换到期时，A 公司与 B 公司以最初的汇率再次交换本金。

互换的结果是：A 公司在国际金融市场借入欧元，通过货币互换将固定利率的欧元换成浮动利率的美元，净成本约为（SOFR−0.2%）。也就是说，对 A 公司而言，通过货币互换得到的美元与直接借入浮动利率的美元相比，可以节约 20 个基点的利息支付。同理，B 公司通过货币互换得到了欧元，与直接借入固定利率的欧元相比，可以节约 25 个基点的利息支付。

外汇互换的过程见图 3－12、图 3－13 和图 3－14。

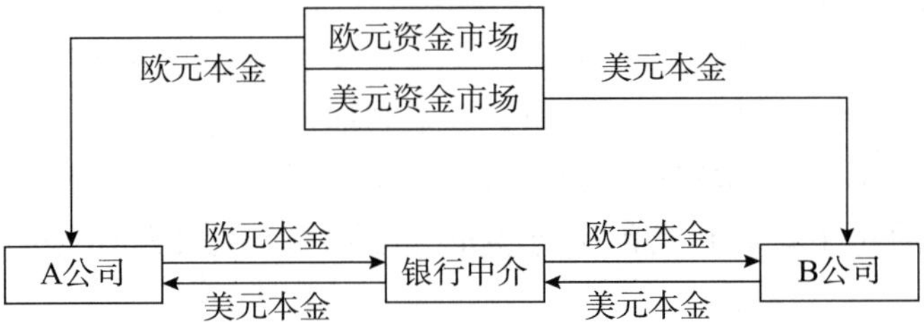

图 3－12　期初本金互换

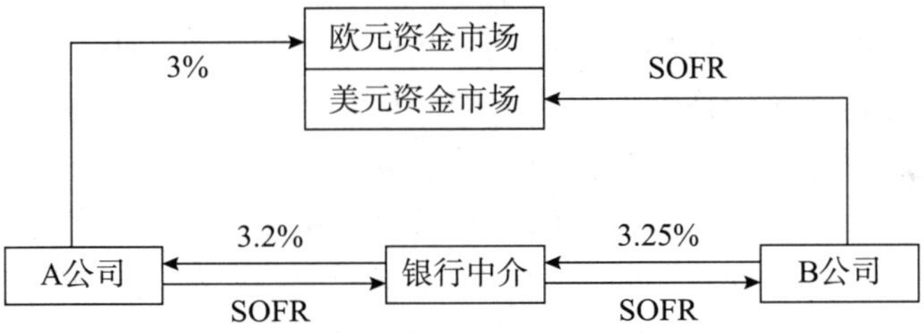

图 3－13　期中利率互换

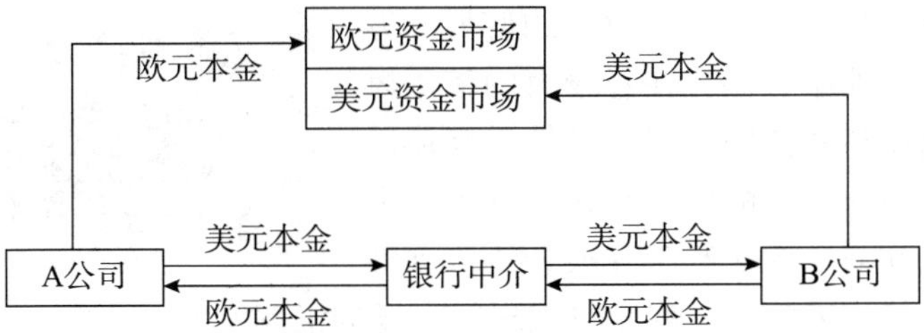

图 3－14　期末交换本金

3. 定价方式

对外汇互换合约的定价分析，要区分两个概念：一是合约的价格，二是交易双方互相支付的价格（表现为支付流量）。前一价格，对于双方在互换合约初始时期理论上是相等的（为零）；后一价格，对于双方在互换合约持续期间始终是不同的（如果相同，货币或利率互换就没有意义）。我们称前一价格为互换合约价格，后一价格为互换交易价格。前一价格是后一价格的基础。互换交易价格主要涉及利率价格和汇率价格。

目前流行的外汇互换报价方式是：本金互换采用即期汇率，即本金部分交换从期初到期末均使用即期汇率，而不采用远期汇率。货币互换中的利息交换则参考交叉货币利率互换报价。

4. 风险分析

事实上，只有当双方交易者都是套期保值者时，即为了使自己负债的利率风险敞口或外汇风险敞口对冲为零，且又充分利用各自的比较优势，才可能得出真正双赢的结果。如果不是对冲者，或者虽然是对冲者但并未真正实现风险头寸为零，那么互换的结果就可能不是“双赢”，而是单赢。

> **知识注解**
> 实践中的货币互换，也可以在期初交换本金时使用即期汇率，而在期末交换本金时使用远期汇率。

假定上例中的A公司并非对冲者，或者并未真正实现风险头寸为零；而互换合约规定以合同到期时的即期汇率互换本金。如果汇率波动一直向着不利于A公司的方向发展，即欧元对美元升值，那么在期末交换本金时，A公司需要支付更多的美元以换回原有本金，互换合约终止时将对B公司有利，A公司处于不利地位。反之，如果欧元对美元贬值，那么互换合约终止时将对A公司有利。如果合约规定在合同到期时以事先约定的远期汇率互换本金，那么在到期时的即期市场汇率与事先约定汇率发生较大背离时，也可能造成单赢的结果。

互换合约尽管是管理风险的工具，但交易自身也存在风险，主要是市场风险和信用风险。

以下三种情形都可能产生市场风险：(1) 互换交易的最终用户，在应该成交而来不及成交或者刚刚成交时，市场价格就发生了急剧变化。(2) 存在中介人的市场风险。由于竞争加剧，现在大多数中介人一般是与互换交易的某一最终用户先达成一个互换协议。当对冲交易尚未完成或者只做了一部分套期保值交易时，市场利率或汇率已经发生了变化，则该中介人必定会承受价格变动的风险。(3) 由于互换交易价格与基础参考价不匹配，或互换期限与自身存量资产、负债期限不匹配，市场价格波动可能给交易各方主体造成风险损失。

信用风险是指互换交易对手一方违约使另一方遭受损失的可能性。外汇互换存在着较大的信用风险，因为汇率波幅比利率波幅更大，且外汇互换需要交换本金，所以违约涉及的资金量比利率互换大得多。此外，外汇互换合约比利率互换合约流动性更低。外汇互换的信用风险损失程度将视现行市场的汇率水平而定。一般来说，外汇互换中支付贬值币种的交易者承担的风险较大。外汇互换除了承担外汇风险外，两种货币市场利率水平发生变化造成的风险损失程度同利率互换的信用风险程度相似。

> **知识注解**
> 在互换合约中，信用风险往往源于市场风险，也有单纯因为对手的非市场因素导致的违约。

3.3 外汇衍生产品市场的现状及发展

3.3.1 国际金融衍生产品市场的发展动向

国际金融衍生产品种类繁多，活跃的金融创新活动接连不断地推出新的衍生产品。这些衍生工具在金融原生工具基础上组合再组合、衍生再衍生，形成全球巨大的交易市场。

1. 主要国家金融衍生产品市场发展概览

自 1972 年美国芝加哥商品交易所国际货币市场推出包括英镑、联邦德国马克、日元、澳元、加元和瑞士法郎等在内的外汇期货合约以来，在短短的 50 多年时间里，国际金融市场上金融衍生工具得到空前发展，交易品种迅速增加。总体上，表现出以下几个特点：(1) 金融衍生工具是从简单到复杂的过程，新型工具力求在分解了原生金融工具基本特征的基础上增加新的因素。衍生工具组合的随机性很强，始终不同程度地存在着法律上的不确定因素，新型衍生工具的操作难度增大。(2) 新型衍生工具的投机性更强、风险更大。这是因为其中的新增因素在度量、预测和管理等方面的难度更大。除了利率和汇率变化、证券指数走势、产业前景、经济周期以外，甚至未来的政治格局变动、自然灾害等也相继发展成为影响合约价格的因素。而作为主要交易主体的金融机构，特别是一些投资基金，往往偏离稳健型分散风险的传统操作风格，热衷于追逐高风险的金融衍生交易。(3) 金融衍生工具变幻莫测，难以用现有的法规加以界定，也难以实施统一、有效的监管。

因此，金融衍生市场表现出极强的不稳定性。由于金融衍生交易的杠杆效应太大，原有的监管措施不能系统地对衍生交易中的负面影响加以疏导、制约和控制，结果导致金融衍生市场发生了一系列震动和危机。所以各国多以制度、法律约束为先导，由国家采取综合措施推动市场建立。这样，各国政府间接地成为金融衍生市场发展的竞争者，各国在监管方面呈现一致性与多样性并存的局面。

从主要国家金融衍生工具推出的顺序来看，有些共同规律可循。从基础资产来看，美国最先推出的金融衍生工具是外汇类合约，随后是国债类、利率类、股票类、互换类，最后是信用衍生工具。英国、加拿大、荷兰、澳大利亚等国也是首先推出外汇类衍生合约。法国最先推出的是国债类衍生合约。到 20 世纪 80 年代中后期，新兴工业化国家纷纷加入建立衍生工具市场的大潮中。与发达国家有明显区别的是，新兴工业化国家纷纷以股指期货作为首选的衍生工具上市。比如，新加坡率先推出了以他国股票指数为标的的股指期货交易。

> **知识注解**
>
> 根据金融工程的基本原理，各种金融原生工具与衍生工具的风险和收益要素都可以分解、组合、再分解、再组合，从而衍生再衍生，不断地创造出新的衍生产品。

从理论上分析，这是因为外汇衍生产品市场、利率衍生市场和商品衍生市场等一体化程度非常高。新兴工业化国家再建立此类市场，与已经存在的重要国际金融中心相比缺乏竞争力。而这些国家的有价证券市场，特别是股票市场，与国际证券市场有一定的分离，股价的运行具有相对独立性。在这种情况下，如果推出其他类型的衍生工具合约，新兴资本市场不具有“后发优势”；而推出股指类衍生合约，则是为市场避险者、投机者提供了新的工具，扩大了衍生市场的广度。之后，纽约、东京、香港、首尔等新老国际金融中心纷纷跟进。在新加坡 1986 年推出日经 225 股指期货交易后，美国陆续推出日经指数、欧洲股票价格指数和英国金融时报指数等新型衍生交易。采用他国股票指数作为本国股指衍生工具标的物的做法，已经成为各大国际金融中心竞争的焦点。目前，中国股指期货交易也成为许多国际金融中心的热点。

2. 国际社会对金融衍生产品市场的监督

广大跨国金融机构已充分认识到金融衍生产品市场所具有的巨大风险，加强金融衍生产品市场的监管力度及在监管方面的相互协调已经成为共识。针对金融衍生产品市场的重大问题，以国际清算银行为代表的国际金融组织频繁组织考察，从 1995 年开始每三年对场外衍生交易规模进行统计调查，并公开披露。巴塞尔银行监管委员会根据国际银行业务结构的改变和衍生产品市场交易风险对银行稳健性的要求，推出《新巴塞尔资本协议》，提出了最低资本金要求、监管当局对银行资本充足性的检查和市场约束等三个支柱。为增强三个支柱性措施的可操作性，巴塞尔银行监管委员会仍在进一步探索表外业务风险，特别是衍生交易风险的度量和监控。

3. 衍生产品市场国际监管中的主要问题

第一，对场外衍生产品市场监管乏力。国际货币基金组织认为，衍生产品市场在全球金融市场的运作中发挥核心作用。交易所交易的衍生产品和场外交易的衍生产品都大大改进了金融风险的定价与分配。在两者之间，场外衍生产品更具灵活性和创新性。从正面效应看，场外衍生产品市场在分配金融风险、提高金融市场效率方面更灵活、更有效，是场内衍生产品市场不能替代的。场外衍生产品交易的工具及交易这些工具的市场机构支撑着所有主要债券、股票、外汇市场的价格形成、交易、风险管理以及市场环境，而且场外衍生产品市场大部分是跨国交易。因此，场外衍生产品市场的稳定与否具有系统性意义。

但是，对场外交易基本没有有效的直接管制措施。一是由于缺乏信息，导致监管部门和金融机构自身缺乏对市场动态和风险的总体把握。二是由于缺乏有组织的清算系统，使交易对手的风险管理主要靠市场纪律约束。而市场纪律在很大程度上受人们对风险理解力的局限。在风险加剧时对外授信的机构和陷入麻烦的市场参与者往往心存侥幸，反而导致市场纪律放松。三是缺乏稳定的法律基础和监管措施，这与场外衍生产品交易的创新性、跨国性有关。

目前国际金融组织、金融行业协会、会计行业协会等组织正致力于完善法律法规，强化市场纪律约束，促进加强信息披露。在上述诸多环节中，信息披露的改善是关键。因为有了充分的信息，对动态风险的预测评价、对敞口风险的控制就有了基础。但信息披露又是难点。在金融领域，特别是衍生工具交易中，信息是经济租金的源泉。

第二，监管的覆盖面还不太够。由于存在巴塞尔资本协议框架，国际社会对商业银行的监管要比对证券机构和对冲基金的监管有力得多。目前，国际金融衍生产品市场的稳定性在很大程度上取决于场外衍生产品市场的稳定性，证券机构、对冲基金是场外衍生产品市场的主力机构，它们的风险控制主要来自市场纪律约束和机构的自我约束，而场外衍生产品市场的稳定要通过有效的金融机构监管和市场监督来实现。现在，这两个环节的监管都存在较大的缺陷。

第三，对风险的认识不够充分。在监管方面，主要表现为对风险的易变性把握不准，以及缺乏评价、预警风险的有效工具。所以，国际金融理论界和管理层甚至认为，人们对金融衍生产品市场内在不确定性的认识偏差，有可能在金融衍生产品市场的波动中起到推波助澜的作用。

3.3.2 中国外汇衍生交易的现在和未来

我国外汇衍生产品市场有了长足的发展，但市场规模与经济发展水平不相符，离岸人民币外汇衍生产品交易发展较为迅速。无论是从微观主体的套期保值需求角度还是从宏观监管层面的实现汇率市场化改革角度来看，丰富中国外汇衍生交易品种、完善外汇衍生交易市场都是必由之路。

1. 中国外汇衍生产品交易现状

（1）外汇互换业务。

外汇互换交易在我国的运用可以从两个方面来看：一是外币对人民币的互换交易，二是外币对外币的互换交易。由于目前人民币还不是可自由兑换的货币，所以，对于前者来说，国内还存在一些具体的限制。2018年5月2日，中国外汇交易中心基于新一代外汇交易平台CFETS FX2017推出人民币对美元、欧元、英镑、日元、港元、澳元共6个币种的利率互换交易，允许有资质的会员机构进行外币利率互换交易。对于后者，各大商业银行的国际业务部都曾经积极尝试开展，但结果并不理想。究其原因，主要在于：①经济主体缺乏多样化融资渠道。外汇互换交易是交易各方利用在不同市场上筹资的比较优势来实现利益共享，经济主体只有在面临直接、间接、国际、国内等多重筹资渠道的选择时，才有利于发挥自己的比较优势，才能创造出潜在的互换机会。可是，国内的银行和企业大多缺少外币融资渠道。②金融市场发展不够成熟完善。金融市场发展不仅为拓宽融资渠道创造出形式各异的债务工具和权益工具，而且可以为开展互换业务的金融机构提供套期保值和定价的场所。然而，目前我国的金融市场仍以现货市场为主，期货、远期、期权产品虽有所发展，但市场规模较小，活跃程度不足，这无疑是互换业务受阻的又一原因。③银行的金融信息活动能力欠缺。货币互换交易需要银行与大型机构有密切的关系，熟悉其财务状况、筹资能力及需求信息，同时还要精于分析，深谙金融行情，善于捕捉有利可图的交易机会。尽管我国商业银行长期与各大企业有密切联系，有望提出合意的互换方案，但是在国际金融市场上，与发达的商业银行相比，我国商业银行信息活动能力欠缺。

（2）外汇远期交易。

2005年8月，中国人民银行发布了《关于加快发展外汇市场有关问题的通知》，该通知允许符合条件的银行进行银行间人民币对外币的远期交易，人民币远期合约产品由此诞生。目前远期合约有人民币对美元、欧元、日元、港元、英镑、澳元、加元、新加坡元以及新西兰元等9种币种，交易量稳步增长。2023年人民币对外币的远期交易量为8 457.84亿元。远期结售汇业务已经扩大到所有具有即期结售汇资格的银行。交易期限从7天至12个月共分为14个档次，并允许择期交易和展期交易。远期结售汇的范围扩展至经常项目和部分资本项目，其中包括用于偿还自身的境外贷款和经国家外汇管理局登记的境外借款。远期结售汇业务的发展，对于拓宽国内经济单位的外汇风险管理手段、培育国内人民币对外币衍生产品市场、完善人民币汇率形成机制发挥了重要作用。

（3）外汇掉期业务。

2005年8月2日，中国人民银行发布的《关于扩大外汇指定银行对客户远期结售汇业务和开办人民币与外币掉期业务有关问题的通知》就已批准凡获准办理远期结售汇业务6个月以上的银行，在向国家外汇管理局备案后即可在商业银行对客户的柜台市场上办理不涉及利率互换的掉期业务，直到2006年4月24日人民币外汇掉期交易系统才正式推出。人民币外汇掉期业务凭借风险管理成本上的优势，交易量处于持续增加状态。2024年1—10月，当月掉期交易金额均超过10万亿元，2024年7月达到峰值17万亿元，掉期业务正逐步成为占据中国外汇衍生产品市场主导地位的合约。

（4）外汇期货交易。

早在 20 世纪 90 年代初期，我国曾就建立外汇期货市场进行了尝试。1992 年 6 月 1 日，上海外汇调剂中心试办人民币外汇期货交易成功，首次成交 620 万美元，标志着中国第一个外汇期货交易市场的成立。主要外汇期货品种有：美元期货、英镑期货、德国马克期货、日元期货、港元期货等。但由于当时中国外汇市场的种种缺陷，外汇期货交易从一诞生就先天不足。1996 年 3 月，《外汇期货业务管理试行办法》被废止，国内的外汇期货交易就此偃旗息鼓。尽管市场实践相对滞后，但是目前针对人民币外汇期货的相关研究正在加速推进，充分评估外汇期货对于宏观经济运行、货币政策操作等的影响，初步形成了人民币外汇期货的试点考虑。

相比之下，离岸人民币外汇期货发展较为迅速。2006 年 8 月，美国芝加哥商品交易所率先推出了以人民币汇率为基础资产的外汇期货合约后，离岸人民币外汇期货市场逐步发展起来。此后，境外交易所纷纷效仿：中国香港交易所推出了美元、欧元、日元、澳元对离岸人民币的多种期货产品；新加坡的三个交易所先后推出了美元对离岸人民币、在岸人民币对美元等期货品种；中国台湾期货交易所推出了美元对离岸人民币等期货和期权产品；巴西、南非、韩国、土耳其、俄罗斯和迪拜等交易所推出了离岸人民币对其本币的外汇期货产品。人民币外汇期货产品种类不断增多、交易规模持续扩大，丰富了全球投资者的外汇风险管理工具箱，也在一定程度上推动了人民币的国际使用。

（5）外汇期权交易。

由于在中国尚未形成规范的场内外汇衍生产品，交易所内的外汇期权交易更是无从谈起。但场外交易的外汇期权在中国却是由来已久，中国银行、中国建设银行等国有商业银行一向将外汇期权交易作为传统的代国内客户办理外汇买卖的重要方式。2011 年 2 月 14 日，国家外汇管理局发布《关于人民币对外汇期权交易有关问题的通知》，该通知自 2011 年 4 月 1 日起实行，表明在银行间外汇市场推出了人民币对外汇的期权产品。外汇期权，也称为货币期权，是指合约购买方在向出售方支付一定期权费后，所获得的在未来约定日期或一定时间内，按照规定汇率买进或者卖出一定数量外汇资产的选择权。它是期权的一种，分为“看涨期权”和“看跌期权”，以人民币作为期权费币种，客户行权应以约定的执行价格对期权合约本金全额交割，原则上不允许进行差额交割，客户以其经常项目外汇账户存款在开户银行做买入外汇看跌期权，可以进行全额或差额交割，但期权到期前，客户若支取该存款，须将对应金额的期权合约进行反向平仓。

专栏 3.1 外汇 NDF 交易与在岸和离岸人民币市场

无本金交割外汇远期（non-delivery forward，NDF）交易是一种由银行、金融机构充当中介，供求双方基于对汇率的看法（目的）不同，签订非交割远期交易合约，该合约确定远期汇率，合约到期时只需将该汇率与实际汇率差额进行交割清算，结算的货币是自由兑换货币（一般为美元），无须对 NDF 的本金（受限制货币）进行交割。其与外汇远期合约的最大区别在于：NDF 不需要交割本金，只需要交割到期日参考汇率与 NDF 成交日交易协定汇率的差额。

NDF 主要用于实行外汇管制的货币。传统人民币远期结售汇需要遵循实需原则，而人民币 NDF 交易不要求交易者有真实的贸易背景。当境外离岸金融市场上的人民币/美元的NDF合约到期时，由于人民币存在不可自由兑换的约束，无法交割本金，于是采用美元净额结算。从某种意义来说，NDF对于投资者而言是成本相对较低的、准入标准更为宽松的一种外汇衍生产品工具。

从历史上看，离岸人民币因为市场发展时间短、规模较小，同时受限也较少，受国际因素特别是海外金融局势的影响较大，能够更充分地反映市场对人民币的供给与需求。

在岸和离岸人民币汇率可以通过NDF市场互相影响。人民币NDF市场是中国境外的银行与客户间的远期市场，即离岸远期交易市场，主要目的是帮助未来有人民币支出或人民币收入的客户对冲风险。但是，到期时只计算差价，不真正交割。结算货币是美元。由于在岸和离岸金融机构都可以自由地在无本金交割外汇远期交易市场上进行操作，即在岸金融机构可以通过在岸人民币远期市场和NDF市场进行套汇，离岸金融机构可以通过离岸人民币远期市场和NDF市场进行套汇，所以二者的套汇行为都会使在岸和离岸人民币汇率趋同。

2. 中国外汇衍生交易的发展规划

金融衍生工具是金融体系高度发达的产物。如果不考虑其生存发展的基础，揠苗助长，或是生搬硬套国外的经验，就会招致客观经济规律的惩罚。一般而言，建立和发展金融衍生产品市场需要满足以下几个前提。

首先是市场基础。金融衍生工具具有转移和分散风险的功能，但要通过为风险合理定价来实现。这就要求基础资产市场在定价上是有效率的。如果非经济因素成为影响基础市场价格的重要因素，则无疑表明建立金融衍生产品市场的条件还不完备。

其次是交易制度和交易者。国内金融市场尚未引入做空机制，对交易主体的资格审核和行为约束也不够完善，导致市场定价机制的效率大打折扣。

最后是法律框架。法律体系的建立和完备是控制风险、促进交易、保障市场健康运行和提供有效监控手段的关键。在金融体系不够强大的国家，金融衍生产品市场的建立必须由政府主导、法律推动的观点已经得到了普遍认同。而由于立法具有滞后性特点，所以即使在市场建立以后，立法也必须随时跟进。

> **知识注解**
> 在建立外汇衍生产品市场方面，我国应当坚持趋利避害的主导思想和循序渐进的发展模式。

外汇期货的发展已经受到了较高的重视。特别是近年来，随着人民币国际化和市场化步伐的进一步加快，及时推出外汇期货有利于实体企业和金融机构管理外汇风险。2021年7月23日，国家外汇管理局新闻发言人表示，党中央、国务院正式出台文件，支持浦东新区开展高水平的改革开放，打造社会主义现代化建设引领区，提到了研究探索在中国外汇交易中心等开展人民币外汇期货交易试点，不断完善外汇市场“宏观审慎＋微观监管”两位一体管理框架，维护外汇市场秩序和国家经济金融安全。《中共中央 国务院关于支持浦东新区高水平改革开放打造社会主义现代化建设引领区的意见》提出，研究探索在中国外汇交易中心等开展人民币外汇期货交易试点。推动金融期货市场与股票、债券、外汇、保险等市场合作，共同开发适应投资者需求的金融市场产品和工具。

而从外汇期权交易的发展来看，需要在场外和场内两个方面同时付出努力。首先是完善现有柜台交易。目前柜台的外汇远期、掉期以及期权交易与大型跨国银行提供的外汇期权服务相比，仍有较大的局限性。主要表现在：(1) 币种较少。目前以人民币对美元、港元、日元、欧元、英镑、澳元、加元等品种为主。(2) 参与者需要资质认定。目前参与场外外汇衍生产品交易的机构需要满足一系列条件，才能够具有远期、掉期、期权等外汇衍生产品交易资格。(3) 交易品种单一。目前以典型的场外合约为主，缺少外汇期货和外汇期权等常见的场内交易合约品种。

其次是要加快外汇衍生产品创新。外汇期权与场外复杂的外汇衍生产品相比，属于标准化的、相对易懂的金融产品，如果推出外汇期权，不仅更能满足大多数人规避外汇风险的需要，而且可以使人民币变得更加国际化和全球化。党的十八届三中全会也提出了“鼓励金融创新，丰富金融市场层次和产品”的要求。所以，随着人民币汇率形成机制的不断改革，在合适的时机尽快推出人民币外汇期货合约对中国外汇衍生产品市场具有重大的现实意义和战略价值。

最后是要完善外汇衍生产品市场的监管体制。中国外汇衍生产品市场尚不成熟，实行多元监管是我国目前的最佳选择，政府在中国外汇市场监管体系中处于核心地位，因此，政府需要明确划分各部门的监管职责，设立统一的监管标准，并在完善我国多元监管体系的同时，将国外先进经验和我国国情结合起来，研究出一套符合我国特色的监管体系。

本章小结

1. 外汇衍生产品通常是指从原生资产派生出来的外汇交易工具。该交易的基本特征有：保证金交易，即只要支付一定比例的保证金就可以进行全额交易，不需要实际上的本金转移，合约的终结一般也采用差价结算的方式进行，只有在到期日以实物交割方式履行的合约才需要买方交足货款。因此金融衍生产品的交易具有杠杆效应：保证金越低，杠杆效应越大，风险也就越大。

2. 外汇远期交易，即预约买卖外汇的交易，亦即外汇买卖双方先行签订合同，约定买卖外汇的币种、数额、汇率和将来交割的时间，到规定的交割日期或在约定的交割期内，再按合同规定条件买卖双方办理交割的外汇交易。

3. 外汇期货交易，是指外汇买卖双方在有组织的交易场所内，以公开叫价的方式确定价格（汇率），在将来某日买入或卖出某一标准数量的某种外汇的交易活动。

4. 外汇期权交易，指期权合约的买方在向期权卖方（即立权人）支付一定的期权费后，所获得的在未来约定日期或一定时间内，按照规定汇率是否买进或卖出一定数量外汇资产的选择权。

5. 外汇互换交易，是交易双方相互交换不同币种但期限相同、金额相等的货币及利息的业务。外汇互换交易既涉及利息支付的互换，又涉及本金支付的互换。

6. 随着我国外汇市场不断发展和完善，外汇套期保值的需求也不断增大。目前，外汇期货的发展已经受到了较高的重视。特别是近年来，随着人民币国际化和市场化步伐的进一步加快，及时推出外汇期货有利于实体企业和金融机构管理外汇风险。

核心概念

杠杆效应　　外汇远期交易　　择期远期汇率　　掉期率报价法

标准远期升贴水	抛补利率平价条件	套期保值套利	两地套汇
三角套汇	外汇远期合约	初始保证金	维持保证金
盯市	外汇期货	外汇期权	期权费
执行汇率	跨式期权	宽跨式期权	差价期权
外汇互换交易			

课后习题

1. 金融衍生产品有哪些特点？

2. 比较外汇期货交易与外汇远期交易的异同。

3. 简述外汇期权的种类。

4. 根据交易目的和交易原理，试比较外汇互换与外汇掉期的异同。

5. 假定芝加哥 IMM 交易的 3 月期英镑期货价格为＄1.502 0/￡，某银行报同一交割日期的英镑远期合约价格为＄1.500 0/￡。

（1）如果不考虑交易成本，是否存在无风险套利机会？

（2）应当如何操作才能谋取收益？试计算最大可能收益率。

（3）套利活动对两个市场的英镑价格将产生何种影响？

（4）结合以上分析，试论证外汇期货市场与外汇远期市场之间是否存在联动性。

6. 美国芝加哥商品交易所表示，将于 4 月 3 日推出基于美元/离岸人民币期货的期权。假定一中国香港企业的美国分公司将在 9 月份收到 125 万美元的货款。为规避美元贬值风险，其购买了 20 张执行汇率为￥6.717 4/＄的欧式美元看跌期权，期权费为每美元 0.005 7 元人民币。

（1）请画出该公司购买美元看跌期权的收益曲线，标出盈亏平衡点汇率。

（2）若合约到期日的现汇汇率为￥6.711 6/＄，计算该公司的损益结果。

7. 外汇期货虽然在境外市场已经成为比较热门的交易品种，但目前在我国境内并未推出。目前新加坡证券交易所（简称“新交所”）、香港交易所（简称“港交所”）、芝加哥商品交易所等都已推出了人民币汇率期货，其中新交所和港交所的交易最为活跃，其标的都是离岸人民币。试分析使用港交所或新交所的人民币汇率期货避险会面临什么风险。

即学即测

第4章

离岸金融市场

学习目标

- 认识离岸金融市场；
- 掌握欧洲货币市场的产生、特点和影响；
- 了解欧洲债券市场。

本章导读

2014年2月，在香港银行开展人民币业务十周年前夕，香港金融管理局相关负责人在官网撰文对香港离岸人民币中心的发展进行回顾与展望。他表示，离岸人民币市场的发展，是人民币国际化的必然条件和结果。人民币跨境贸易和投资交易的扩大，必然会提升离岸人民币市场的资金量和流动性，进而提升离岸企业和金融机构采用人民币的意愿和空间。

凭借庞大的资金池、高效的金融基建以及多个跨境资金流通渠道，香港目前已成为全球最大和最重要的离岸人民币业务中心，提供全面的人民币计价金融服务，包括清算、结算、融资、资产管理和风险管理等。香港离岸人民币业务已实现四个“最大”。第一，香港是全球最大离岸人民币清算中心。环球银行金融电信协会（SWIFT）最新公布的2024年9月人民币追踪报告（RMB Tracker）中，香港的离岸人民币结算额占全球的81.08%。人民币跨境贸易结算决定着人民币“国际货币”功能的实现和提升，是其他人民币业务的重要基础。第二，香港是全球最大离岸人民币资金池。近年来香港离岸人民币存款余额呈稳步上升态势，2023年底，香港离岸人民币存款余额达到10 453亿元，同比增长6%。第三，香港是全球最大离岸人民币债券市场。香港离岸人民币债券在2023年的发行额按年增加18.2%，至7 858亿元人民币，其中，年内非存款证债务工具的发行额为3 981亿元人民币，较2022年增加35.4%；存款证发行额在2023年增加4.5%，达到3 876亿元人民币。第四，香港是全球最大离岸人民币外汇及衍生产品交易中心。香港的人民币外汇和衍生产品交易量在全球离岸金融市场居首位。国际结算银行报告显示，香港处理了41%的离岸人民币外汇交易，相比全球交易量分别排第二的伦敦（22%）及第三的新加坡（16%）大有优势。与此同时，近年来内地加快金融市场开放，人民币呈现主场驱动特征。香港拥有进出内地金融市场的独有渠道，包括“沪港通”、“深港通”、债券通、跨境理财通以及交易型开放式指数基金（ETF）互联互通等多种渠道，境外投资者可以通过这些渠道进入内地市场，而内地投资者也可以通过这些渠道投资香港及境外市场。

离岸金融市场有哪些独特之处？离岸金融市场发展壮大的原因和影响是什么？怎样理解全球范围内人民币离岸金融市场的快速成长？本章将聚焦于离岸金融市场的历史、现状和未来。

国际金融市场的核心部分是从事境外金融业务的离岸金融市场。[①] 离岸（offshore）金融市场不是指某一市场的地理位置，而是相对于在岸（onshore）金融市场（传统的国内市场）而言，以区分市场中交易货币的性质。20世纪50年代以后，国际金融领域出现重大变化，将特定货币的存放业务转移到货币发行国境外进行，从而摆脱了发行机构的管制和影响，人们将此类市场称作离岸金融市场。

目前，全球主要国际金融中心都经营离岸金融市场业务。通常，离岸金融市场业务与国内金融市场完全分开，不受所在国金融、外汇政策限制，可以自由筹措资金，进行外汇交易，实行自由利率，无须缴纳存款准备金。也有一些国际金融中心的离岸金融市场是与国内或地区内金融市场融合在一起的，比如香港等新兴国际金融中心干脆就以离岸金融业务为主。实际上，尽管离岸金融市场在业务规定、制度结构、利率决定以及资金借贷方式等方面都和国内金融市场有所差别，但仍然在信用工具、资金利用方面与之保持密切联系。资本在全球不同的金融市场之间往来运动，持续不断。

4.1 欧洲货币市场

欧洲[②]货币（Eurocurrency），指由货币发行国境外银行体系所创造的该种货币存贷款，而非特指欧洲某个国家的货币。因为最早的境外货币是出现在欧洲国际金融市场上的美元，于是就有了欧洲美元的说法。欧洲美元并不是一种特殊的美元，它与美国国内流通的美元是同质的，具有相同的流动性和购买力。所不同的是，欧洲美元不由美国境内金融机构经营，不受美联储相关银行法规、利率结构的约束。由于这种性质，欧洲美元业务增长很快，相继又出现了欧洲英镑、欧洲马克、欧洲瑞士法郎、欧洲法国法郎、欧洲日元等。因此，经营离岸金融业务的市场也称欧洲货币市场，或境外货币市场。

4.1.1 欧洲货币市场的形成与发展

20世纪50年代初期，朝鲜战争爆发。美国政府冻结了中国在美国存放的全部美元资产。苏联与其他东欧国家唯恐遭到同样的危险，纷纷将存放在美国的资产转移至英国伦敦的莫斯科人民银行（在我国又称莫斯科国民银行或莫斯科诺罗底银行）和法国巴黎的北欧商业银行的账户上。这些资产形成了最早的欧洲美元存款。[③] 由于数量不大，没有引起人

① 离岸金融市场最早形成于欧洲，故也称为欧洲货币市场，即在一国货币当局管辖之外的市场。

② 这里的“欧洲”，是指“非国内的”“境外的”“离岸的”，并非地理上的意义。

③ 欧洲货币存贷业务，既游离于货币发行机构的管辖权限之外，也丝毫不受经营机构所在国金融市场的规则约束，带有极强烈的“自由主义”倾向。

们的重视。当时欧洲国家之所以允许本国商业银行吸收美元存款，主要目的在于缓解布雷顿森林体系初期的美元短缺。

1956 年，英法不顾美国反对，联合以色列入侵埃及，重新控制苏伊士运河。美国于是采取报复行动，在国际外汇市场上大量抛售英镑，使英国的国际金融条件迅速恶化。为了控制外汇市场上的英镑供给，英格兰银行开始限制本国银行对外发放英镑贷款。出于维持客户关系的目的，同时也看到市场上对美元的需求旺盛，放贷利润相当可观，当时伦敦的一些商业银行便把自己吸收的境外美元存款贷出，从而出现了最早的欧洲美元贷款。到了 20 世纪 60 年代，欧洲货币贷款业务迅速发展起来。

随着经营欧洲美元业务的跨国银行机构遍布全球，欧洲美元的活动范围也逐步扩大。美国经过多年的探讨，最终于 1981 年 12 月批准在其境内建立国际银行业设施（IBF）。[①] 主要内容包括：（1）允许美国银行和在美国的外国银行吸收外国居民、银行、企业以及美国海外公司的存款；（2）免除存款准备金要求，不受存款利率上限的约束，同时免除联邦存款保险公司规定的保险总额和保险课税；（3）允许上述银行对外国居民、企业及美国的海外附属公司提供贷款，但贷款必须用于美国境外。以纽约为代表的 IBF 成为依靠政策主动培育境内金融业务与离岸金融业务严格分离的离岸金融市场类型。由于美国政府除了把在美国境内流通的外国货币视为欧洲货币外，又将在美国境内流通但不受美国金融当局管理的非居民美元存贷款定义为欧洲美元，所以欧洲货币的概念从此突破了特定地理区域限制，表现出鲜明的国际借贷机制的特点。

欧洲货币市场的迅速发展，有其内在原因和外在原因。

从内在原因来看，第二次世界大战后，资本主义国家经济加快复苏，各国间的经济联系越来越密切，西方国家的生产、市场日趋国际化，促进了货币市场和资本市场的国际化。这是因为，在资本循环的过程中，总有一些公司拥有暂时闲置的货币资本，这些资本需要生息、获利。而另外一些公司需要筹资，在生产和市场国际化条件下，相当一部分营业额是在国外实现的，从而要求有适合存放外币资金的货币市场。

从外在原因来看，则集中表现在以下四个方面：

（1）美国国际收支逆差。20 世纪 50 年代，美国海外军事开支庞大，海外投资增加，美元大量外流，国际收支出现巨额逆差。相应地，境外美元数量明显增加。

（2）美国政府金融政策的影响。为改善国际收支状况，美国从 20 世纪 60 年代起采取了一系列限制美元外流的措施。1963 年开始征收利息平衡税（interest equalization tax），规定美国人购买外国债券所得收益高出本国证券投资收益的差额部分，必须作为税款交给国家。结果，这一措施导致美国人纷纷转向境外筹资，海外企业也不愿把利润汇回国内，而是存入境外银行。这一时期，受美联储“Q 条例”的限制，美国商业银行支付的存款利率最高不能超过 6%。而西欧诸国商业银行的存款利率可自由变动，使美国国内存款利率常常低于西欧。于是，大批美元存款从美国国内转移到欧洲货币市场。1965 年，美国政府开始限制本国银行向外国人扩大借贷额度；1968 年，又禁止美国企业汇出美元到国外投资，导致美国银行纷纷到海外设点开展业务，以摆脱国内政策的限制。

---

① IBF 的成立使欧洲货币从“境外货币”演变为“治外货币”。即：欧洲货币是不受发行机构管辖的货币资金，不论这些资金及其相关业务是在发行国境内还是境外。

（3）其他国家的政策影响。1958年，西欧各国基本上取消了外汇管制，货币可自由兑换，资本流动自由，免交存款准备金。在西欧金融市场上，专门经营美元存放业务的银行不受所在国法令限制，存放自由，不必交存款准备金，存款利率高低也不受管制。宽松的环境成为欧洲货币市场发展的有利条件。另外，一些新兴工业化国家和苏联、东欧等国，为加快经济发展，也积极进入欧洲货币市场筹资，进一步扩大了欧洲货币市场的业务。

（4）美元币值降低。20世纪60年代以后，美元的霸主地位开始动摇。每当出现美元危机时，人们纷纷抛售美元，购买黄金和联邦德国马克、英镑、法国法郎等硬货币，加之有些国家对非本国居民存入本国货币施加种种限制，而对外国货币的存入不加限制或较少限制，这也使一部分资金转存到该种硬货币发行国国境以外的银行中，形成欧洲英镑、欧洲马克、欧洲法郎等，从而壮大了欧洲货币市场，使之成为国际金融市场的核心组成部分。

专栏4.1　人民币离岸金融市场

人民币离岸金融市场可以分为两类：一类是境外的离岸金融市场，如香港、新加坡、伦敦等；另一类可以是境内的离岸金融市场，如中国（上海）自由贸易试验区（简称“上海自贸区”）、中国（海南）自由贸易试验区（简称“海南自贸区”）、中国（广东）自由贸易试验区（简称“广东自贸区”）等。

离岸金融市场是对在岸金融市场的重要补充，在一国金融体系中发挥着重要作用。现今，离岸金融市场已成为大国实力的重要组成部分。同时，发展离岸金融市场也是构建“双循环”新发展格局不可或缺的一环。其一，建设离岸金融市场可以将跨境资金流动限制在一定范围内，使国内宏观经济和金融部门免受跨境资本流动冲击，让境内系统性金融风险比较可控。其二，在中国没有放开资本项目管制和外汇管制的背景下，离岸金融市场可以弥补国内金融市场的不足，为国内金融机构参与国际业务、国内企业“走出去”提供重要平台，使中国在一定程度上享受到跨境资本自由流动和金融市场完全开放的好处。也就是说，中国建设离岸金融市场可以实现风险和收益的相对有机平衡。

在过去的十多年里，中国已经着手构建人民币离岸金融市场，境外的离岸人民币市场覆盖香港、台湾、新加坡、伦敦等地，境内的离岸金融市场建设也已迈出重要步伐。在众多的离岸人民币市场中，香港已占据主要地位。据SWIFT统计，截至2024年9月，香港人民币国际支付交易全球占比达81.08%，是全球第二大离岸人民币中心伦敦的17倍。

人民币计价金融产品相继问世。离岸人民币产品创新早期以存贷款等离岸银行业务为主，主要包括人民币存款和贷款、大额存单、人民币债券、外汇交易等业务。近年来，跨境人民币产品创新逐步转移至资本项下的各个科目，以金融衍生产品、基金、合格境外机构投资者（QFII）、人民币合格境外机构投资者（RQFII）、“沪港通”等为代表的创新类离岸金融产品也逐渐进入市场。香港离岸人民币市场产品创新势头强劲，其在人民币房地产投资信托、人民币理财产品、人民币保险产品和人民币黄金等产品体系与创新方面具有独特的优势。

境外主体持有的人民币资产迅速增加。从境外主体持有的境内人民币金融资产总量和种类来看，其经历了总量的上升和种类的丰富。一方面，境外主体持有的境内人民币金融资产在迅速增加；另一方面，境外主体在离岸人民币市场上持有的人民币资产不断增加。截至2024年9月，境外主体持有的境内人民币债券和股票规模分别为3.13万亿元和4.44万亿元，超过了境外主体持有的境内人民币存款规模（1.82万亿元）和贷款规模（1万亿元）。

虽然人民币离岸金融市场的建设取得了许多成就，但是同样面临许多问题，这些问题制约着人民币离岸金融市场的进一步发展。离岸人民币资产的提供能力不足。目前离岸金融市场上人民币计价产品的类型依然比较单一，并且流动性较差，对于境外流通的人民币，缺乏充足且多样的渠道用于投资人民币资产。套利驱动仍为主导因素。离岸金融市场投资者持有人民币资产，主要是寻求汇率升值收益与利差收益，套利动机依然主要决定着离岸金融市场机构投资者对人民币的持有。相对而言，基于真实的中长期需求长期持有人民币资产，而且对短期汇率波动和利差波动不那么敏感的投资者比较少。这与中国利率和汇率市场化尚未完成有密切的关系，人民币离岸金融市场并未进入良性发展的轨道。

4.1.2 欧洲货币市场结构

1. 欧洲资金市场

欧洲资金市场是办理短期信贷业务的市场，主要进行1年以内的短期资金存放。

欧洲货币存款分两种：一种是通知存款，即隔夜至7天的存款，可随时发出通知提取；另一种是定期存款，分为7天、1个月、2个月、3个月、5个月等多种期限，通常以1个月和3个月的短期存款居多。其中，3个月的短期存款利率是衡量欧洲货币利率水平的标准。

知识注解

欧洲货币市场还可以通过发行可转让定期存单和欧洲商业票据等方式筹集资金。

欧洲货币市场短期资金拆放是产生最早、规模最大的业务。这种交易也称银行间同业拆放。期限最短为隔夜，多则3个月，最长不超过1年。这种拆放活动主要凭借信用，无须提供担保，也不需要签订合同，通过电话或者电传即可成交。在LIBOR（伦敦银行间同业拆借利率）退出后，新的利率基准多数采用无风险基准利率（RFRs），例如欧元区的ESTR（欧元短期利率）、英国的SONIA（英镑隔夜平均指数）以及瑞士的SARON（瑞士隔夜平均利率）。各主要银行的同业拆放利率报价不一，但差别并不显著。欧洲资金市场的存款利率一般高于国内，而贷款利率往往较低，欧洲银行存放款之间的利差很小。因此，欧洲资金市场对存款人和借款人都很有吸引力。

欧洲资金市场的主要特点包括：（1）它是“批发市场”，因为大部分借款人和存款人都是大客户，每笔交易金额很大，少则数万美元，多则可达数十亿美元。数目大，周转快，调拨迅速，反应灵敏。（2）它是银行间市场，银行同业交易占很大比重。由于有一系列银行的参与，最初贷款人的资金可以迅速到达最后贷款人那里。（3）这个市场没有一个中央管理机构，几乎不存在任何管制，经营比较自由。（4）它是高度竞争性的市场。市场限制很少，因而竞争激烈，效率很高。（5）它有独特的利率结构。由于不受管制又不需要保留存款准备金，所以利差可以保持在很小的水平（见图4-1）。

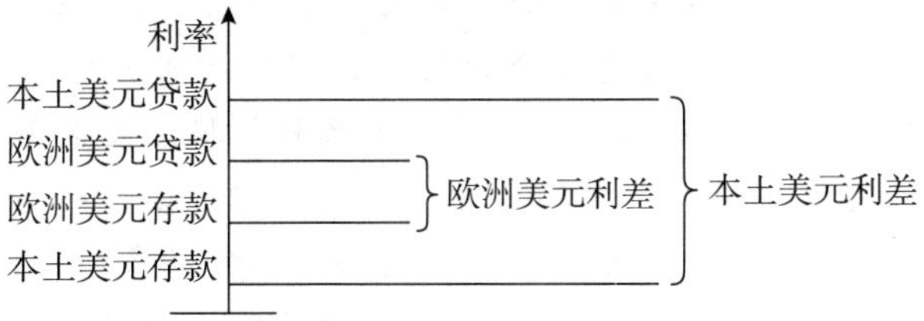

图 4-1　欧洲美元利率结构

专栏 4.2　LIBOR 被操纵？

LIBOR 作为全球利率市场的重要基准利率（benchmark rate），自 2009 年以来，巴克莱银行、德意志银行、荷兰合作银行以及瑞银、苏格兰皇家银行、法国兴业银行等数十家银行因 LIBOR 操纵案被处以高额赔偿金。LIBOR 操纵事件既暴露出基础利率形成机制的先天缺陷，也暴露出全球金融体系监管的巨大漏洞。

LIBOR 报价机制存在缺陷。按照 LIBOR 的定价机制，由指定的大型银行在每天伦敦时间上午 11 点向英国银行家协会提交借贷利率估值，英国银行家协会去除 25%的最高利率和最低利率的异常值后得出平均值。该定价机制明显存在两个问题：一是无法保证银行报价的准确性。银行提供的 LIBOR 报价并不是实际获取贷款时支付的交易利率。银行间市场是一个双边市场，只有交易双方在确定交易条款、交易信息后才能合理估计出实际交易利率。二是无法保证银行报价的真实性，易被操纵。由于各银行向英国银行家协会提供的并非真实交易数据，因此存在操纵造假的可能。根据该定价机制，如果几家银行串谋，持续压低或抬高报价，都可能对最终结果产生影响。

相关金融监管有所疏失。LIBOR 是一个每日公开的数据，但 LIBOR 的异常并没有及时引起关注，监管缺失在一定程度上纵容了各银行的操纵行为。2007 年，巴克莱就曾向英美金融机构反映 LIBOR 报价存在低估，国际清算银行也在 2008 年《国际银行业与金融市场发展》（*International Banking and Financial Market Developments*）报告中提到 LIBOR的可靠性存在问题，但监管当局并未及时做出反应和加强监管。

LIBOR 操纵丑闻爆出后，相关监管机构开始寻求对 LIBOR 进行改革。金融稳定委员会就改革基准利率提出了两条建议：一是对现有包括 LIBOR 在内的系统重要性基准利率进行改革，最大限度地使基准利率的形成基于实际交易数据，降低被操纵的可能；二是找到并发展近似无风险参考利率，替代 LIBOR。同时，各国均在寻找 LIBOR 的替代指标。例如，2017 年 8 月美国 ACCA 初步选定“担保隔夜融资利率”（SOFR）替代 LIBOR 作为美元衍生产品等金融市场基准利率。但由于金融危机后无担保拆借市场日益萎缩，改革后的 LIBOR 仍不能得到市场的广泛认可，其公信力和参考价值不断下降。2021 年 3 月 5 日，英国金融行为监管局（FCA）发布了关于 LIBOR 终止报价的公告：2021 年 12 月 31 日之后立即停止所有英镑、欧元、瑞士法郎、日元，以及 1 周和 2 个月期美元 LIBOR 报价。2023 年 6 月 30 日之后所有剩余期限美元利率终止报价。

LIBOR 的退出会带来一系列短期问题。在过去的几十年中，银行间同业拆放利率是全球金融体系的压舱石，为各种不同的金融协议的定价提供了参考，其中最重要的是 LIBOR。在 2018 年全球市场决定从 LIBOR 转向的时候，全球大概有 400 万亿美元价值的金融协议是与 LIBOR 挂钩的。以美国为例，如果将挂钩的 LIBOR 转换为 SOFR，将会带来两个短期问题：一是由于 LIBOR 金融合约修订，可能导致经济利益发生转移而引发的法律风险，这包括合同误释、点差调整、不同利率品种转换触发时间差异等引发的违约风险、信息不对称导致对客户不公平、市场监管套利、法律诉讼纠纷，甚至引发监管及合规风险。二是 LIBOR 替换导致存续衍生产品估值变动而引发的各种风险。这包括 LIBOR 转换前后衍生产品交易合约估值变化，还会连带造成交易风险限额发生变化，进而影响交易对手外币交易的保证金、授信占用金额等问题。

LIBOR 的退出给了我国很好的警示。一是加快完善我国货币市场基准利率。目前，Shibor（上海银行间同业拆放利率）用于货币、债券、衍生产品等各个层次的金融产品定价。由于 Shibor 的定价机制基本参照 LIBOR，因此 Shibor 与 LIBOR 存在共性缺陷。我国一方面应完善 Shibor 定价机制，加强对 Shibor 报价的监督管理；另一方面应加快将 DR（存款类金融机构间的债券回购利率）作为我国货币市场新基准利率来培育和发展。二是持续推进境内美元替代利率 CIROR。美元 LIBOR 的替代利率 SOFR 是美国本土市场美元的资金价格，不能很好地反映我国境内银行业平均美元融资成本。未来，我国应着重培育自身的美元基准利率，推动内部资金转移定价和贷款定价等以美元 CIROR 作为基准。三是积极应对资产负债管理面临的挑战。在 LIBOR 时代，我国商业银行的外币资产端、负债端大都以 LIBOR 为基准，大体能实现资产负债匹配。在后 LIBOR 时代，银行资产和负债的基准利率很可能不一致，资产负债错配风险加大。商业银行应加强对银行间同业拆放利率的分析和预测，降低后 LIBOR 时代资产负债错配的流动性风险和利率风险。

资料来源：华尔街见闻，海通证券研究报告，中国外汇网。

2. 欧洲中长期借贷市场

欧洲中长期借贷是欧洲货币市场放款的重要形式，用于政府或企业进口成套设备或大型工程项目的投资。期限一般在 1 年以上，大部分为 5～7 年。中长期借贷需签订合同，有时还需经借款国的官方机构或政府担保。

中长期借贷的特点主要不在于期限的长短，而在于利率的规定。贷款利率在伦敦银行间同业拆放利率基础上加一个附加利率，并根据市场利率变动情况定期调整，故中长期借贷亦称“浮动利率”借贷。借款人除支付利息外，还要承担与借款有关的各种费用。与短期信贷一样，长期信贷的用途也由借款人自行安排，贷款人不加限制。中长期信贷的资金来源绝大部分是短期存款，也有少数是长期存款。借款人有银行、公司、政府机构、国际机构等。对金额大、期限长的贷款，往往采用银团贷款方式，它构成欧洲中长期信贷的主要方式，银行发放中长期贷款的方式有独家银行贷款（sole bank loan）和银团贷款（syndicated loan）两种。

独家银行贷款亦称双边中期贷款，每笔贷款金额为几千万美元，最多达到 1 亿美元，贷款期限为 3～5 年。

银团贷款亦称辛迪加贷款。银团贷款金额巨大，一般为 5 亿～10 亿美元，且专款专用。贷款的对象多为各国的政府机构（包括中央银行）或跨

知识注解

银团贷款，指多家商业银行组成集团，由一家或几家商业银行牵头联合向借款人提供巨额资金的国际信贷方式。这种国际信贷方式最早出现在 1930 年，直至今天仍在使用。

国公司。通常，申请银团贷款要遵循以下程序：（1）选择牵头银行。可以固定一家国际银行；也可以为保持与多家国际大银行的良好关系而轮流选择；或采用招标方式，选择较为满意的银行做牵头银行。（2）谈判及组成经理集团。牵头银行确定后，可以针对贷款条件与借款人进行初步谈判，并同时联系其他银行参加经理集团。按照约定，经理集团对于借贷款项，可以承担完全责任、承担部分责任，或者只是代理筹集资金而不负任何法律责任。（3）准备和发布贷款备忘录。经理集团组成后，要着手准备贷款备忘录，其中包含有关借款人经营和财务状况、贷款用途、担保以及贷款条件等资料；完成后发布给各有意银行。不过，参加行往往还要单独对贷款进行风险分析。

目前，中资银行积极参与国际银团贷款业务。原因在于：一是对接国际业务，更熟悉银团市场通行规则和业务惯例，使得银团贷款产品线日益丰富；二是使银团的筹组方式更加灵活，满足客户多样化融资需求；三是银团筹组分销的过程中，使境内外银行间的联动不断加强。而且，在贷款额度降低、债务风险升高的大环境下，国际银团贷款无疑也为中资企业提供了新的融资选择。例如，银团贷款成了消费金融公司融资的香饽饽。据统计，仅2022年上半年，海尔消费金融、小米消费金融、锦程消费金融、平安消费金融等多家消费金融公司先后落地了由中外资银行共同完成的首单银团贷款，募资总额超30亿元。

3. 欧洲债券市场

欧洲债券市场与欧洲中长期借贷市场一起构成国际资本市场的主要部分。后文将做专门介绍。

4.1.3　欧洲货币市场的供求

1. 欧洲货币市场的资金来源

（1）商业银行。欧美商业银行为解决国内企业分布于世界各地的跨国公司对资金融通的需求或避开本国限制资金外流的措施，纷纷到海外设立分支机构，并拥有巨额资产，成为欧洲货币市场的重要资金来源。

（2）跨国公司及其他工商企业、个人及非银行金融机构。由于欧洲货币市场的存款利率较高，调拨灵活，手续简便，又可以不受某些金融法令、规章的限制，所以跨国公司及一些较大的工商企业都愿意把资金投入欧洲货币市场，达到增值的目的。

（3）各国政府和中央银行的外汇资金和外汇储备。为了谋取高额利息，对外贸易持续顺差的国家的中央银行往往把其持有的外汇直接投放到欧洲货币市场，或者间接通过本国商业银行或国际金融机构把美元资金投放到该市场。

（4）石油美元（petrodollars）存款。在第二次世界大战后以美元为中心的布雷顿森林体系下，美元是最重要的贸易、投资和储备货币。作为最大宗的贸易商品，绝大多数的石油进出口一直以美元计价和结算。自1973年主要石油输出国大幅度提高石油价格以来，历年的国际收支顺差积累了大量石油盈余资金，故称石油美元。除一部分用于国内建设和支援发展中国家以外，大部分石油美元投入国

> **知识注解**
>
> 石油美元之所以能够不断循环，主要依赖于欧洲货币市场的贷款申请人能够始终保持偿还能力。因此，在非产油的发展中国家也开始大量利用欧洲银行贷款却无法如期偿还时，国际债务危机就不可避免了。

际金融市场谋利，成为 20 世纪 70 年代欧洲货币市场重要的资金来源。

（5）银行发行的中、短期欧洲票据和欧洲货币存款单。银行凭此聚集了大量欧洲银行贷款资金。

2. 欧洲货币市场的资金运用

（1）跨国公司。跨国公司是影响欧洲货币市场和国际游资活动的一股庞大的力量。美国、西欧、日本的跨国公司在进行全球性的业务扩张和对大型项目进行投资的时候，需要大笔信贷资金，欧洲货币市场自然成为跨国公司所需资金的主要提供场所。

（2）非产油国家。石油输出国将大量石油美元存入西方国家的商业银行，使这些资金成为国际信贷的重要部分。由于石油进口国大量利用欧洲银行贷款来弥补因石油价格上涨造成的贸易收支逆差，石油美元在产油国和非产油国之间不断循环，这种现象被称为“石油美元环流”（recycling of petrodollars）。

（3）苏联、东欧集团。20 世纪 70 年代以来，它们采取从西方引进技术设备的政策，造成国际收支巨额贸易逆差。其巨额负债绝大部分是欧洲货币贷款。

（4）外汇投机者。自 1973 年浮动利率制实施以来，利用利率变动进行外汇投机买卖的交易增多了，从而扩大了对欧洲货币贷款的需求。

总之，这个市场的参与者非常广泛，它是银行间的市场，而政府筹措资金及大公司进行借贷活动时也纷纷进入这个市场。商业银行则是这个市场的核心。

专栏 4.3 石油美元环流会终结吗?

1973 年以后，第一次石油危机进一步加剧了美国赤字危机，并引发了严重的通货膨胀。美国亟须在不提高利率的情况下寻求进一步措施来控制赤字支出。1974 年，尼克松前往沙特进行秘密会谈。会谈收效很好，美国开始从石油巨头沙特购买原油，并向沙特提供军事援助。作为回报，沙特用数十亿美元的收入买进美国国债。后来这一措施不局限于沙特，扩展至中东其他国家。

这就是石油美元环流的开端。由于沙特等产油国的配合，用美元来对石油进行结算，再把得到的美元用于购买美国国债，这使得美元继续流回美国国内，由此构成一个完整的循环。由此，美元在与黄金脱钩之后，又和石油挂钩。石油是刚需，没有哪个国家离得开石油。在“美元—石油—美债”循环体系的助力下，世界经济贸易活动和全球货币金融运行对美元的依赖与日俱增。

但石油美元环流所产生的“美元霸权”也引发了很多不满。俄罗斯就是其中一例：有石油，但却没有定价权。为了和美国争夺定价权，早在 2008 年，俄罗斯就在圣彼得堡创立了“石油交易平台”、“天然气交易所”和“国际商品原料交易所”，对出口石油和天然气用卢布计价。2014 年乌克兰危机的时候，西方对俄罗斯展开全面制裁，还威胁要把俄罗斯踢出 SWIFT 系统，于是俄罗斯就建立了自己的支付系统和金融信息交换系统，为去美元化打下了金融基础。到了 2021 年，俄罗斯已经彻底清空了国家福利基金中的美元，还几乎彻底清除了美国长期国债。俄乌冲突爆发两天后，一部分俄罗斯银行被踢出了 SWIFT 系统。面对西方的制裁，俄罗斯列出“不友好国家名单”，宣布以后这些国家要买俄罗斯能源，就必须用卢布来结算。俄罗斯这次的去美元化，相当于强势挣脱了美国掐住自己脖子的那只手。从此以后，美国再也无法用石油定价权来打压俄罗斯了。

包括中国在内的很多其他国家也都希望降低对美元的依赖。2022 年 3 月 28 日，中国外交部部长王毅同阿联酋外长举行会谈，阿方表示未来石油交易将以人民币进行结算。与此同时，伊朗也宣布与中国达成协议，未来 25 年将持续向中国提供石油，同样以人民币进行结算。俄罗斯、委内瑞拉、尼日利亚、安哥拉、卡塔尔、沙特、伊拉克等石油输出国都已经加入了人民币结算的行列。

作为石油美元根基的美债，也正在失去市场份额。2023 年，外国持有的美国国债为 7.6 万亿美元，官方投资者持有的份额从 59%下降到 49%，作为美债海外国家前两位持有者的日本和中国在 2023 年分别减持 1 270 亿美元和 1 030 亿美元。德意志银行 2022 年 7 月 1 日报告数据显示，2022 年上半年美债跌幅超过 13%，是 1788 年以来的最大跌幅；全世界主要国家、机构和财富基金在过去 36 个月中有 27 个月在净抛售美债，其间总出售额高达 1.15 万亿美元。

运行长达半个世纪的石油美元环流体系会从此走向终结吗？

4.1.4　欧洲货币市场发展与信用膨胀

欧洲货币市场作为实现国际资本转移的场所，其加速国际贸易的发展、促进国际金融密切联系的作用是其他国际金融市场和转移渠道无法相比、无法替代的。这种作用的规模在资本主义的发展史上也是空前的、首屈一指的。

欧洲货币市场庞大的规模除了同其自身存放款业务有关之外，还同外汇交易紧密相关。我们知道，欧洲货币存款是非居民的外币存款，而外币可以在外汇市场上买到。其最直接的方法是买进即期外汇，随后存入该货币的欧洲市场。但通常人们在买进即期外汇的同时，还要卖出远期外汇以避免风险。这种一边买进即期外汇、一边卖出远期外汇的做法，叫作抵补或掉期。由于这个缘故，尽管欧洲货币市场是信用市场，但它仍同远期外汇市场存在着紧密的联系。事实上，在一些国际大银行中，欧洲货币交易往往就是通过其外汇业务部门而不是信贷部门进行的。

欧洲货币市场与外汇市场的联系机制还表现在：当人们需要远期外汇时有了新选择。除了从远期外汇市场上直接购买外，人们也可以购买该货币的即期，然后将其存入欧洲市场，到期后（如 3 个月）提出，进行支付。这样，通过结合使用即期交易和欧洲货币存款业务，也可以获得同传统的远期外汇交易一样的结果。

总之，欧洲货币市场与外汇市场的结合，给市场带来了更广阔的活动空间。与此同时，各国际金融中心除了信用评级机构和中央结算体系外，并没有任何正规的金融管理部门实施对欧洲货币市场上金融机构以及它们所进行的信贷业务活动的管理，在这种情况下，如何控制各个金融中心乃至全球的欧洲货币市场信贷规模是一个重要问题。会不会由于该市场不断膨胀而引起世界性的通货膨胀？人们对这个问题的回答已达成共识，即欧洲货币市场并不大量增加金融系统创造货币和信贷的能力。

例如，一家伦敦银行现持有一家纽约银行的活期存款，它不可能让这笔资金闲置起来。相反，这家伦敦银行将其贷放给一家公司或政府机构，或者将这笔资金“放”到欧洲美元银行同业市场。在前一种交易中，借款人取得在纽约银行的活期存款的所有权，已经发生了信贷扩张。在后一种交易中，另一家银行（如一家巴黎银行）在美国银行取得资金而没有最后的信贷扩张，这笔存款在到达最终借款人之前可能在许多银行之间周转。而对于这笔存款的最终出路，可能有以下几种情况：

（1）收款人收到欧洲美元存款后希望把这笔资金兑换成其本国货币，从而导致它从欧洲美元市场退出。

（2）欧洲银行将这笔资金贷给一家公司或政府机构，世界贷款增加。

（3）贷出的欧洲美元又存入欧洲美元市场，信贷多倍增加。

可见，第三种情况可以造成欧洲美元市场的信用膨胀，但这种情况的产生有一个前提，即各国（至少是各国际金融中心所在国）中央银行要允许欧洲美元兑换为它们的货币，再存入欧洲美元市场。而这一条件在大多数国家是不存在的。一般地，各国中央银行严格区分商业银行的境内业务和境外业务。这也是防止国际游资冲击本国市场的防护堤。

当然，这并不意味着欧洲货币市场没有信用膨胀。由于欧洲货币市场没有准备金规定，只受对借贷资本的需求和贷款机构本身谨慎态度的限制，信用膨胀的可能性也很大。

应该认为，一个经济社会越开放，越难进行贷款倍数分析。很难通过欧洲货币的准备金比率和再贷款率确定欧洲货币扩张的固定倍数，而且，欧洲货币市场的增长并未经历西方传统意义上的倍数扩张过程，它并不存在那种传统意义上的倍数扩张的“货币基础”，所以从欧洲货币的“基础”来确定欧洲货币体系扩张的倍数，也是不科学的。因此，关于欧洲货币市场的信用膨胀程度，目前尚难得出准确的定量结论。

4.1.5 欧洲货币市场发展与国际金融稳定

欧洲货币市场是一个国际性市场。它的活动量很大，又不受任何国家的法律约束，所以具有很大的竞争性、投机性和破坏性。

1. 经营欧洲货币业务的银行要承担更大的风险

欧洲货币的如下特点决定了它的高风险性：（1）借款人除了本国客户外，还有外国客户，或虽为本国客户，但又转手贷放给外国客户，所以它具有极复杂的国际连锁关系；（2）借款金额巨大，而又缺乏抵押担保；（3）有时借款人把资金转借出去，几经倒手后，甚至连最终用款人是谁也不能完全掌握。银行难以与实际客户取得紧密联系，对资金运用情况更难进行了解。另外，银行的资金来源多是居民或非居民的短期美元存款或同业拆放的款项，银行有义务随时偿付。而资金运用多为中长期信贷，这种存短放长的矛盾在经济出现衰退或信贷过度集中在一个国家或一个对象时，很容易诱发偿还危机。20 世纪 80 年代初，西方国家陷入严重的经济危机，美国又实行高利率政策，使一些借款人无力还债甚至无力付息，引发了一场严重的国际债务危机，西方大量规模很大的商业银行尤其是美国大商业银行遭受重大损失。

2. 证券市场动荡加剧

欧洲货币市场上的资金具有很强的流动性，每当主要货币间的汇率大幅波动或出现升贬值可能时，它的流动就进一步加剧。这些资金时而抢购黄金、时而抢购硬通货，还通过套汇兴风作浪进行投机，影响受冲击国家的货币稳定。同时，这些资金还投向证券市场抢购股票和其他有价证券，1987 年 10 月，从纽约市场引发的西方股市风暴，主要是由于欧洲货币市场的资金横冲直撞，到处兴风作浪。股市下跌后，这些资金时而冲向国债、时而套购硬通货，造成西方金融市场剧烈动荡。此外，硬通货国家则由于外币涌入，迫使本币升值，不利于商品出口，还加剧了国内的通货膨胀。

3. **影响各国金融政策的实施**

参与欧洲货币市场的国家如果对欧洲美元等资金运用过多、依赖过深，或这种资金流入流出过于频繁、数额过大，则在一定程度上将会影响到该国国内货币流通的状况。该国货币当局控制国内货币流通量和信贷额度更加困难，金融政策的作用越来越小。该国银行或大企业一旦在市场上遭受巨额倒账，很可能引起连锁反应，从而引起该国货币金融的紊乱，影响对外汇率的稳定，甚至威胁中央银行的黄金外汇储备。

欧洲货币市场的利率不受任何国家的法律限制，完全根据市场供求来决定。而各种货币的利率又是各国金融政策的主要工具，在这个意义上必然受各国经济发展状况的影响。各国为了刺激本国经济，鼓励固定资本投资，利率水平往往超低。反之，为了抑制通货膨胀，往往采取紧缩信贷、提高利率的措施。但这些措施往往受到欧洲市场利率的较大干扰，预期目标不易实现。

总之，欧洲货币市场拥有数以千亿计的资金，对国际经济金融局势的稳定是一个潜在的威胁，西方国家已在探讨对它加强管制的问题，但这种设想的提出和各种方案绝非短期所能实现。

> **知识注解**
> 可以认为，欧洲货币市场将有长时间存在和发挥作用的可能性和必要性。

欧洲货币市场是在国际经济关系发展不平衡的矛盾中产生与发展的，第二次世界大战后国际经济关系的恢复需要有国际支付工具和借贷的国际市场，而早在 20 世纪 60 年代初，美元和美国国内金融市场就已经不能充分满足这方面的需要了。欧洲货币市场的发展，包括交易规模的扩大、活动方式的多样化、货币种类的增加，无一不是上述矛盾发展的结果。

4.2　欧洲债券市场

4.2.1　欧洲债券的含义和种类

1. **欧洲债券的含义**

国际债券市场可以分为两大部分：外国债券（foreign bonds）和欧洲债券（Eurobonds）。

外国债券是指借款人在国外资本市场发行的以发行国货币标价的债券。外国债券的发行人是一个外国主体。最重要的外国债券市场包括苏黎世、纽约、东京、法兰克福、伦敦和阿姆斯特丹等。

外国债券市场的个别子市场被冠以有趣的名字。例如：在美国市场承销和发行的非美国公司的美元债券被称为扬基债券（Yankee bonds）；在日本市场承销和发行的非日本公司的日元债券被称为武士债券（Samurai bonds）；在英国市场承销和发行的非英国公司的英镑债券被称为猛犬债券（Bulldog bonds）；境外机构在中国发行的人民币计价债券被称为熊猫债券（Panda bonds）。

人民币债券市场逐步开放，熊猫债券迎来重大发展机遇。据统计，2016 年，共有 26

家境外发行机构在中国债券市场获得熊猫债券发行核准或注册，金额共计 2 337 亿元，当年发行规模达 928 亿元。发行主体涵盖了国际开发机构、境外金融和非金融企业、国际性商业银行、外国政府，发行主体日益丰富。受全球宏观环境以及存量发行主体再融资需求下降的影响，2022 年熊猫债券发行规模同比收窄，合计发行 52 只熊猫债券，规模达 850.7 亿元。随着人民币国际使用程度不断提高，熊猫债券作为非居民直接的人民币融资工具，未来有着巨大的发展空间。

欧洲债券是指借款人（债券发行人）在其他国家发行的以非发行国货币标价的债券。这种境外债券通常是由一些国家的银行和金融机构建立的国际承销辛迪加出售，并由有关国家向投资人提供担保，因此，这个市场作为本国资本市场和外国债券市场以外长期资金筹措的第三个来源，其特点是对借贷双方来说都具有国际性。

第一笔欧洲债券于 1961 年 2 月 1 日在卢森堡发行。市场建立的初期主要是发行美元债券，后来由于美元汇价动荡不定，美元债券的发行减少，而以联邦德国马克、法国法郎、卢森堡法郎、加元、澳元、丹麦克朗、荷兰盾等货币发行的债券相继出现。尽管初期欧洲债券的发展比较缓慢，但进入 20 世纪 80 年代以后，欧洲债券增长迅猛，发行额远远超过外国债券。各类机构在香港离岸金融市场上发行的人民币债券也属于欧洲债券。由于规模较小，经常获超额认购而被抢购一空，所以这类人民币债券也被称为点心债（Dimsum bonds）。渣打银行数据显示，2023 年离岸人民币债券的总发行量同比增长 44%，达到 5 990 亿元，净发行量同比增长 68%，达到 3 250 亿元。

2. 欧洲债券的种类

（1）按发行期限长短，可分为短期债券（一般是 2 年）、中期债券（2～5 年）和长期债券（5 年以上）。

（2）按利率规定情况，可分为固定利率债券、浮动利率债券和混合利率债券。混合利率债券即把债券的偿还期限分为两段，一般前一段债券的计息按浮动利率，后一段债券的计息按固定利率。

（3）按出售方式，可分为公募债券和私募债券。前者指公开发行，在证券交易所挂牌出售，并可在市场上自由买卖或转让的债券；后者是指不公开发行，不在市场上自由买卖或转让的债券。

（4）按清偿要求，可分为到期清偿本息或每半年、一年付息一次，到期偿还本金的债券；或者把债券的清偿与股票相联系的债券。另外，还有与另一种货币挂钩的债券，这种债券的面值货币与另一种货币挂钩，发行时规定两种货币的比价。购买债券和还本付息使用面值货币，但要以挂钩货币计算，其目的在于使投资者避免因面值货币贬值而蒙受损失。近年来，随着金融证券化的发展，各种形式的证券已出现在欧洲债券市场上，如浮动利率与固定利率互换、不同货币互换等。

> **知识注解**
>
> 欧洲债券市场容量大，完全可以满足各国政府、跨国公司和国际组织的巨额筹款需要。

4.2.2 欧洲债券市场的特点

欧洲债券相对于外国债券来说具有较大的优势，这也决定了欧洲债券市场的快速发展。欧洲债券的特点可以从筹资者和投资者两个方面加以考察。

对于筹资者来说：第一，发行欧洲债券进行融资的成本更低。比如，欧洲美元债券比在美国发行的美元债券成本低大约 0.2%。第二，由于是境外市场，不需要向有关国家申请批准，不受各国金融法令的约束。债券发行自由，手续比较简便、灵活，而且在审批手续、资料提供、评级条件掌握等方面都比较宽松。第三，可以自由选择货币面值，通常以 1 000 美元或与 1 000 美元等值的其他欧洲货币为面值发行。第四，可以用一种货币发行，也可以用两三种货币发行，到期由贷款人选择使用对自己最为有利的货币还本付息。此外，由于债券可以转让，金额分散，地理范围广大，一般又有政府担保，所以欧洲债券市场比一般债券市场的容量大，可以筹集到大额资金，并且利率低，期限长。以前，欧洲债券期限多为 5～12 年，现在延长到 20～30 年，甚至还出现了无偿还期的永久性债券。

知识注解

欧洲债券市场对筹资者和投资者都有很大吸引力，从而发展前景比较乐观。

发行欧洲债券，通常要由几家大型国际银行牵头组成国际辛迪加，并承销大部分债券；在承销辛迪加的基础上还要组织一个更大的认购集团，一般由 50 家以上的代理机构组成。债券发行时，首先在认购集团内部分配，再由认购机构转到二级市场销售。前一阶段是不公开的，只有进入二级市场后才对外宣传，以增强投资者对发行人和债券的了解。宣传方式主要是在发行量较大的国际金融报刊上刊登广告。

对于投资者来说，由于发行人一般是各国政府、国际金融机构和信誉卓越的公司，所以投资比较安全；而且，债券利息收入在多数国家免税，可以获得较多的收益。

本章小结

1. 国际金融市场的核心部分是从事境外金融业务的境外市场，也称离岸金融市场。离岸金融市场不是指某一市场的地理位置，而是相对于在岸金融市场（传统的国内市场）而言，以区分市场中交易货币的性质。

2. 人民币离岸金融市场是在中国境外经营人民币业务的境外市场。由于人民币在境外市场的积累，香港、新加坡、台湾、伦敦等人民币离岸金融市场业务快速发展，境外人民币可以通过离岸金融市场交易流通、保值增值。人民币离岸金融市场对人民币国际化具有重要意义。

3. 欧洲货币是指由某种货币发行国国境以外的银行体系所创造的该种货币存贷款，它并非指欧洲某个国家的货币。欧洲货币市场发端于欧洲美元市场，即美国境外的美元存款或者美元贷款。

4. 按照借贷期限的长短，可以把欧洲货币市场分为欧洲资金市场、欧洲中长期借贷市场和欧洲债券市场三部分。

5. 外国债券与国内债券都是以发行国货币为面值，在该国国内市场报价出售，区别在于外国债券的发行人是一个外国主体。欧洲债券是指借款人（债券发行人）在其他国家发行的以非发行国货币标价的债券。

核心概念

离岸金融市场　在岸金融市场　欧洲货币　欧洲美元
IBF　利息平衡税　石油美元　石油美元环流
外国债券　扬基债券　武士债券　猛犬债券
欧洲债券　熊猫债券　点心债

课后习题

1. 什么是欧洲美元？
2. 欧洲美元市场的出现会影响美联储的货币政策吗？
3. 欧洲货币市场的运行是否存在信用膨胀问题？欧洲货币市场规模不断扩大是否会威胁国际金融稳定？
4. 试比较欧洲债券与外国债券的异同。
5. 观察香港市场离岸人民币汇率与上海外汇交易中心在岸人民币汇率的走势，说说你有什么发现。

即学即测

第5章
国际资产组合投资

学习目标

- 掌握国际资产组合投资的原理和渠道；
- 了解国际金融市场一体化的衡量标准以及收益和风险；
- 熟悉国际金融市场上的机构投资者。

本章导读

“沪港通”和“深港通”的开通是中国证券市场走向国际的重要事件。“沪港通”于2014年11月17日开通，“深港通”于2016年12月5日开通。如今，“沪港通”和“深港通”已成为中国证券市场与国际证券市场紧密相连的重要途径。截至2024年11月，互联互通机制启动已达10年，“沪港通”累计成交金额达70万亿元人民币，“深港通”累计成交金额达93万亿元人民币。“沪港通”和“深港通”的开通，不仅为中国证券市场引入了更多国际投资者，也为中国机构投资者提供了进入香港证券市场的途径，进而提高了中国证券市场的国际影响力和吸引力，使中国证券市场逐渐成为国际金融市场的一部分，对中国国际资产组合投资具有深远影响。

为深化金融改革，国家外汇管理局出台了一系列支持合格境外机构投资者（QFII）的政策。如：降低QFII投资门槛，将单个QFII申请投资额度从5 000万美元下调到2 000万美元；提高QFII投资额度，将QFII总额度从1 500亿美元增至3 000亿美元；取消QFII资金汇出比例限制和本金锁定期要求，简化申请流程等。这些政策一方面有助于吸引更多外资流入中国市场，提高我国市场的流动性和活跃度，促进国内资本市场的发展和壮大，提高中国金融市场的发展水平；另一方面，体现了中国推进金融市场改革和开放的决心和信心，为中国金融市场在国际资产组合投资领域获得更高认可度打下了坚实的基础。

中国在国际资产组合投资中的重要性逐渐显现，这得益于中国和国际金融市场双向开放的战略部署，彰显了中国国际化发展成果和中国市场的吸引力。随着中国金融市场与国际金融市场的日益融合，中国在国际资产组合投资领域将迎来更广阔的发展空间。

作为国际资产组合投资市场的重要参与者，我们需要学习各种关于国际资产组合投资的知识和技能。这样才能更好地适应国际金融市场的变化和发展，以实现长期的利益和稳定的回报，推动中国在国际资产组合投资领域持续发展。

5.1 国际资产组合投资概览

20世纪70年代以来，由发达国家率先掀起的金融自由化大大消除了资本跨国流动的壁垒，使得跨国投资[①]活动成为可能。而通信技术和计算机技术的发展也大大降低了跨境交易的成本，推动国际金融市场上的跨国投资更快发展。国际资产组合投资使得投资者可在全球范围内配置资金，从而更好地分散风险。

5.1.1 国际资产组合投资的发展状况

现代组合投资理论最早是由美国著名经济学家哈里·马科维茨于1952年系统提出的。1952年3月，他在《金融杂志》上发表了题为《资产组合选择：投资的有效分散化》一文，该文堪称现代金融理论史上的里程碑，标志着现代组合投资理论的开端。而国际资产组合投资理论与实践的发展在一定程度上可以理解为第二次世界大战后，各国经济联系日益加强的必然结果。

1945年随着第二次世界大战结束，世界经济进入战后恢复阶段，美国成为资本主义世界的头号强国。伴随着战后重建的逐渐深入，资本主义经济体又迎来了发展的“黄金时期”。实体经济的发展和国际关系的缓和推动了各国的经济交往。与此同时，1945年以美国为主导建立了布雷顿森林体系，各国均严格遵守固定汇率制，保持汇率的稳定，这一稳定的国际货币体系又大大地推动了国际贸易的发展。据统计，1948—1971年，资本主义世界的出口贸易平均年增长8%，大大高于第一次世界大战期间的0.8%。经济和贸易的发展也极大地推进了国际资本流动，但是由于这一时期西方国家对国内金融市场实行严格监管，对国际资本流动实行控制，当时的国际投资以直接投资为主，组合性的证券投资规模较小。

从20世纪80年代开始，国际资产组合投资进入了高速发展阶段。表5-1简要列示了国际资产组合投资的概况。从表中我们可以看到，到2023年，各个国家拥有的国际证券资产达80万亿美元，其中股票类资产超过46万亿美元，规模相当大。

表5-1 截至2023年国际资产组合投资规模前十大经济体概况 单位：百万美元

经济体	股票	长期债券	短期债券	合计
美国	11 359 405.21	3 397 141.92	453 896.99	15 210 444.13
卢森堡	3 043 674.03	2 384 919.00	436 390.82	5 864 983.86
开曼群岛	3 141 179.28	2 213 313.77	335 380.81	5 689 873.86
爱尔兰	2 328 450.56	1 926 276.84	666 470.78	4 921 198.18
日本	2 033 223.47	2 290 655.69	26 325.63	4 350 204.78
德国	2 084 529.50	2 168 286.22	56 448.93	4 309 264.65

① 跨国投资可以分为直接投资和证券投资，本节将详细介绍国际证券投资活动。

续表

经济体	股票	长期债券	短期债券	合计
英国	2 678 001.76	1 364 564.25	160 066.13	4 202 632.13
法国	1 148 711.99	1 937 991.27	283 319.73	3 370 022.99
加拿大	1 925 549.92	640 945.82	11 645.80	2 578 141.53
荷兰	1 259 989.50	929 962.46	59 053.41	2 249 005.37
其他国家	13 514 038.02	11 832 068.68	2 199 825.78	27 545 932.48
合计	44 516 753.24	31 086 125.92	4 688 824.81	80 291 703.96

资料来源：IMF，*The Coordinated Portfolio Investment Survey*，2024.

美国是当今世界上最发达的国家，拥有全球最发达的金融市场。通过考察美国金融市场上投资者的国际化投资，也可以窥视国际资产组合投资的发展状况。首先来看国外投资者对美国证券市场的投资。20 世纪 50 年代以来，外国投资者对美国证券市场的投资比例总的趋势是上升的。尤其是随着美国在 20 世纪 70 年代末逐渐取消资本流动的限制，外国投资者所拥有的美国证券类资产的比例迅速增大。根据美国财政部数据可知，由外国投资者持有的美国国债所占比例到 2022 年 10 月已高达 29%。美国证券市场吸引了大量的国外资金，众多外国投资者把美国证券加入自己的组合投资当中。同时，美国也把大量的资金投向国外市场，构筑自己的国际资产组合投资，在 2021 年达到最高值 12 万亿美元。到 2023 年，美国对外国股票的投资达 11.36 万亿美元，美国投资者把外国股票作为自己组合投资中的重要资产，外国股票在美国组合投资中的比例高达 74.68%（见图 5-1）。

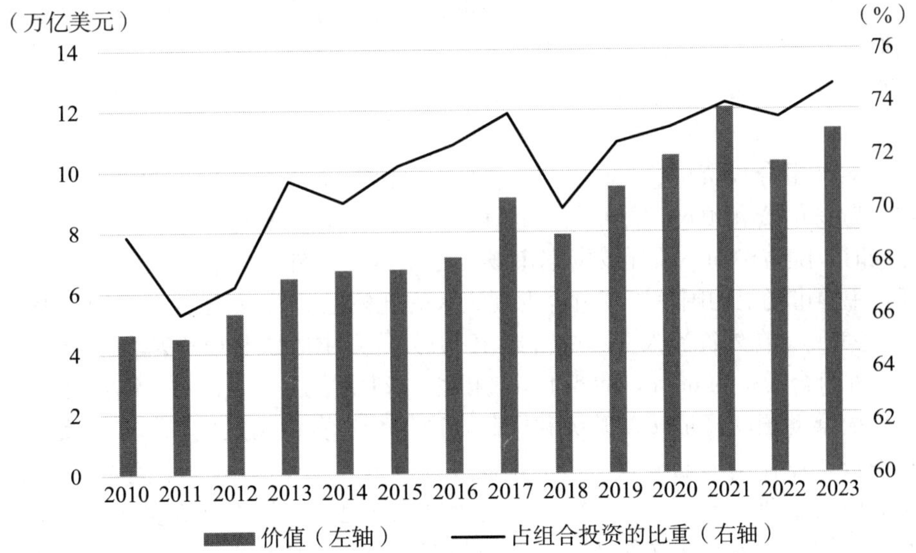

图 5-1　美国对外国股票的投资统计

资料来源：Federal Reserve Bank，Financial Accounts of the United States Flow of Funds，Balance Sheets，and Integrated Macroeconomic Accounts，2024.

在当前的国际资产组合投资中，发达国家的证券仍然是投资的主要流向，但是新兴市场正在日益成为国际资产组合投资的一个重要投向。同世界发达的证券市场相比，新兴证券市场具有如下两个基本特征：其一是主要位于新兴工业化经济体和发展中经济体。根据国际金融公司编制的“新兴市场可投资综合指数”，目前全球共有 36 个证券市场被列入新兴证券市场，其中拉美有 12 个，亚洲有 11 个，非洲有 8 个，欧洲有 3 个，中东有 2 个。其二是这些市场以国内迅猛的经济增长为背景，规模扩张极为迅速，投资收益率也相对较高。新兴市场提供的高收益率以及风险分散化优势使得国际资产组合投资加速进入新兴市场。

国外投资者主要通过基金进入新兴证券市场。例如，直到 20 世纪 80 年代末，在美国注册的墨西哥基金一直是美国投资者投资墨西哥的唯一途径。又如，尽管韩国 1991 年才启动证券市场自由化进程，但早在 1984 年，在纽约证券交易所上市的韩国基金就已经进入韩国市场。目前，发达国家的绝大多数个人和一半以上的养老基金都通过共同基金投资新兴市场。据世界银行的一项调查，1997 年养老基金对新兴市场的投资占其总资产的 1.5%～2%，为 500 亿～700 亿美元。据新兴市场基金研究公司和国际金融公司的统计，全世界新兴市场基金的股票投资达到较高的水平，1996 年底对部分亚洲经济体的投资达 772 亿美元，占其股市总市值的 5%；1997 年底对拉美部分经济体的投资达 397 亿美元，占其股市总市值的 7%。20 世纪 90 年代以来，美国的基金大幅度增加了对新兴市场的投资。1991—1998 年，美国专门针对新兴市场的基金从 3 只增至 165 只，同期基金净资产从 1.42 亿美元增加到 135 亿美元。1997 年基金净资产最高时曾达到 170 亿美元，但亚洲金融危机之后有所回落。进入 21 世纪，随着新兴市场国家从危机中走出来，新兴市场高速增长的经济和较高的投资收益又吸引了大量资本涌入。

作为国际金融市场的重要经济体，中国为发展国际资产组合投资已经采取了多项措施，如推广 QDII 和 RQFII、简化资本流动审批程序、建设互联互通金融基础设施、提高金融市场监管水平等，使得境内机构对境外资产配置的需求日益增加，国际资产组合投资规模不断扩大。根据 IMF 发布的数据，截至 2022 年第三季度，中国对外组合投资规模达 2.59 万亿美元，较 2019 年年初增加 0.27 万亿美元，其中股票和投资基金规模达 1.54 万亿美元，占对外组合投资的 59.5%，债务工具（包括特别提款权、货币和存款、债务证券、贷款、贸易信贷和预付款等）规模达 1.04 万亿美元，占对外组合投资的 41.4%。

与此同时，随着中国不断开放资本市场，越来越多的外资流入中国市场。截至 2022 年第三季度，中国市场上的国际资产组合投资流入的规模达 2.09 万亿美元，较 2019 年年初增加 0.14 万亿美元，在外资流入资本中占比 19.37%，其中股票和投资基金规模达 1.38 万亿美元，占对外组合投资的 66%，债务工具规模达 0.71 万亿美元，占对外组合投资的 34%。

中国积极推动国内经济转型升级和国际资产组合投资市场发展，但自中美贸易摩擦爆发以来，中资企业在美国上市和退市的情况发生了很大变化。由于中美贸易关系的紧张，美国政府对中资企业实施了一系列审查和监管措施，这对中资企业在美国上市和运营带来了不少不确定性和风险。在这种情况下，一些中资企业选择从美国退市，回到港股市场或者 A 股市场上市。2019 年以来，有多家中资企业陆续从美国退市，其中包括网易、58 同城、搜狗等。

5.1.2 国际资产组合投资的动机

国际证券投资理论认为，投资于多个国家的证券市场比仅投资于一国证券市场更能有效地分散风险，并保持收益水平不变。各国经济波动周期的差异以及国际证券市场一体化程度不高、相关系数较低，为投资者在不同时期、不同国家分散风险提供了必不可少的条件。通过国外投资，可部分地消除证券组合中来自本国商业循环周期波动的影响，这既能在较大程度上消除各种风险，又能使投资者持续获得局限于一地所无法保持的长期收益。所以，投资者进行国际资产组合投资的动机主要为以下两个方面：

1. 获取更高的收益

前面我们已经提到，投资的收益率用预期收益来反映，组合的收益等于各项资产收益的加权平均结果。现在我们假设投资A国股票的收益率为15%，投资B国股票的收益率为20%。如果A国投资者仅投资于A国市场，那么他仅能获得15%的投资收益率。若A国投资者构筑了一个国际资产组合，在其组合投资当中加入B国的股票，而且各占50%的比例，那么根据前面组合收益率的计算公式可知，这时A国投资者的收益率将是17.5%，比仅投资于A国市场提高了2.5%。也就是说，投资者可以通过在组合当中加入收益率更高的外国证券来提高整个组合的收益率。

各个国家经济发展周期不同，资本的丰裕程度不同，产业发达程度不同，这些差异决定了各国证券市场的收益率也各不相同。例如，图5-2是典型国家和地区1989—2015年股票市场的年均收益率比较。从图5-2中我们可以看到，在这27年间，瑞典、中国香港、比利时、德国等国家和地区股票市场的年均收益率均高于美国市场。对于美国投资者而言，只要将这些市场纳入其投资组合当中，便可以提高其组合的收益率。

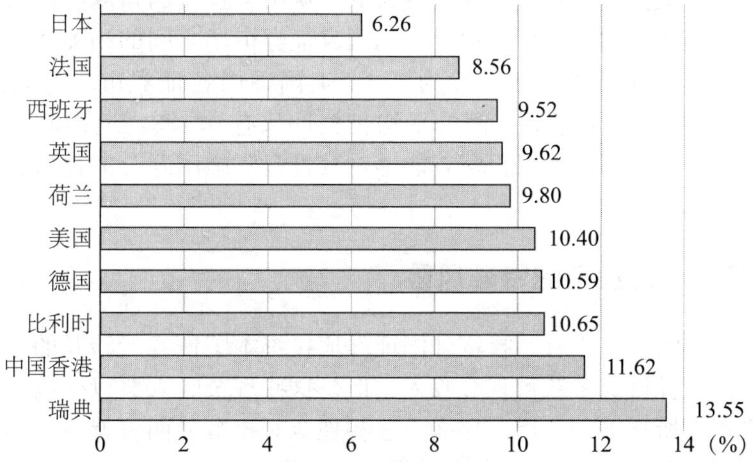

图5-2 1989—2015年典型国家和地区股票市场年均收益率比较

资料来源：Standard & Poor's Micropal，Morgan Stanley Capital International，Global Financial Development Database.

国际资产组合投资所带来的收益增值主要来自两个渠道。第一，如果外国证券市场无效，那么外国证券的价格就不能反映全部信息。准确把握交易时机的投资者可以获得超额利润。第二，外国证券市场与本国证券市场分隔，这意味着外国市场的投资者承担证券投资风险而获得的报酬与本国市场上的投资者不同。例如，假定一个资本缺乏的小国必须向股权投资者提供4%的实际收益率，而资本充裕的大国对于具有相似风险的项目只需提供2%的实际收益率。如果这些市场始终被各种壁垒所分隔，那么这些收益率差异就会持续下去。投资者始终可以通过国际资产组合投资来获得增值收益。不过，对于瑞典的投资者而言，由于瑞典市场的收益率是最高的，其对外国证券市场的投资似乎并不能获得收益的增长。那么现实中他们为什么还进行跨国投资呢？这就涉及国际资产组合投资的第二个动机。

2. 获取风险分散化收益

投资是有风险的，按照风险能否分散，风险可以划分为系统性风险与非系统性风险。系统性风险是由那些影响整个金融市场的风险因素所引起的，这些因素包括经济周期、国家宏观经济政策的变动等。这一部分风险影响所有金融变量的可能值，因此不能通过分散投资相互抵消或削弱，又被称为不可分散风险。换言之，即使投资者持有的是充分分散化的组合投资，也要承受这一部分风险。非系统性风险是一种与特定公司或行业相关的风险，它与经济、政治以及其他影响所有金融变量的因素无关，也就是与整个市场无关，所以分散投资能够降低非系统性风险，而且如果分散是充分有效的，这种风险还能被消除，因此，又被称为可分散风险。资产组合投资理论证明，资产组合的风险随着组合所包含的证券数量的增加而降低，资产间相关度极低的多元化资产组合可以有效地降低非系统性风险。全球化进程的日益推进使我们能够利用国外的证券，将其作为一种可行的更大范围内的分散化途径。

一国国内证券组合投资一般只能分散本国市场上的非系统性风险，而国际证券组合投资不仅可以降低非系统性风险，还可以起到降低相对于一国而言的系统性风险的作用。对于分散化风险而言，构筑国际证券组合比国内证券组合要理想得多。但是，这一结论成立的前提是：各国之间证券投资收益的相关性较低。从组合投资的角度看，与国内证券之间或国内不同证券市场之间的相关性相比，不同国家证券市场之间的相关性要小得多。研究表明，美国国内证券之间的平均相关性为 0.4，美国国内各证券市场之间的相关性则在 0.9 以上，而各发达国家证券市场之间的平均相关性只有 0.133，远远低于美国国内证券市场之间的相关性。这表明，如果投资者能够对其投资实施国际分散化措施，那么就能大大降低风险。

5.1.3 国际资产组合投资的特殊风险

从投资个别证券的角度来看，投资外国证券比投资本国证券所涉及的风险要多。投资者期望未来从外国证券投资中获得现金收入，但是这些现金收入会以外国货币计值，如果不把它兑换成投资者所在国的货币，那么，这些现金对投资者而言就一文不值。而在将以外国货币计值的现金兑换成本国货币的过程中，投资者还面临着各种不确定性。也就是说，与投资本国证券相比，投资者投资外国证券还必须面临额外的风险，主要包括国家风险和外汇风险。

所谓国家风险，是指东道国特定的国家层面事件通过直接或者间接的方式，导致国际经济活动偏离预期结果，给外国企业或者投资者造成的经济损失和可能性。具体地说，外国政府可能限制甚至完全禁止货币间的兑换，或者对货币兑换征收各种各样的税负或费用，从而加大货币兑换的成本；或者是该国经济环境突然发生了变化导致投资者遭受损失。国家风险的一个典型例子就是 2011 年爆发的利比亚战争，当时在利比亚境内的投资者损失惨重。

所谓外汇风险，指的是货币兑换比率的不确定性，即投资者在投资购买外国证券时，其未来的以外国货币计值的投资在兑换成本币时面临着不确定性。为了说明这一点，我们考察一个例子。假设一位美国投资者期初投资 20 000 美元，购买无风险的英国国债，该国债年收益率为 10%。假设现在的汇率是 1 英镑兑换 2 美元，那么美国投资者的期初投资额就相当于 10 000 英镑，一年以后能获得 11 000 英镑的本利和。如果在这一年当中英镑兑美元的汇率发生了变动，比方说年末汇率变成 1 英镑兑换 1.8 美元，英镑贬值。那么 11 000 英镑只能兑换 19 800 美元（＝11 000 英镑×1.80 美元/英镑），相对于期初的 20 000 美元，反而损失了 200 美元。于是，尽管以英镑为计算单位的收益率为正的 10%，但是由于汇率变动，导致以美元计算的收益率变成了负的 1%。

要想彻底消除国际资产组合投资所带来的额外风险几乎是不可能的。国家风险可以通过国际投资保护协定、税收饶让协定来解决，但不可能做到完全消除。外汇风险可以通过在远期外汇市场和外汇衍生产品市场上进行相应的操作来规避，但也无法完全消除。

5.1.4　国际资产组合投资渠道

投资者可以通过多种渠道进行国际投资，每一种渠道都有其自身的优点和缺点。下面我们简单地介绍三种主要的投资渠道。

1. 在外国证券市场上直接购买外国证券

随着各国资本流动控制政策的取消和各国证券市场的对外开放，越来越多的投资者通过直接购买外国证券市场上的证券来实现国际资产组合投资。直接购买外国证券的好处是投资者可以完整地实现自己的投资意图，贯彻自己的投资政策。但对于投资者而言，这样一种投资在技术层面可能存在一些障碍，例如跨境交易成本过高、外汇兑换成本加大、对外国证券的信息掌握不充分等。因此，对于个人投资者来讲，直接购买外国证券是一个综合成本较高的国际资产组合投资形式，却是较大规模的投资机构在国际投资中首选的一种方式。例如，目前就有许多机构投资者通过 QFII 直接投资于中国证券市场。

2. 在本国市场上购买外国证券

现在，有很多公司的股票不仅在国内上市，还同时在其他国家的多个证券市场上做异地上市。这就为投资者在本国市场上购买外国证券提供了可能。目前，大多数公司的海外发行采取了存托凭证的形式，因此购买存托凭证也成为一国投资者构筑国际资产组合的重要渠道。

存托凭证（depository receipt，DR），又称预托凭证，是指在一国证券市场流通的代表境外公司有价证券的可转让凭证，属于公司融资业务范畴的金融衍生工具。存托凭证实际上是境外公司存托股票（depository share）的替代证券。存托凭证发行后，与其他证券一样，可以在外国证券交易所或柜台市场自由交易。以股票为例，存托凭证的产生过程如下：经纪人在其国内证券市场购买一定数额的股票，并交付当地的托管银行（也称受托银行）保管，然后由托管银行通知外国的存托银行在当地发行代表该股份的存托凭证。图 5－3 是美国存托凭证示意图。

从投资者的角度看，存托凭证是由存托银行所发行的几种可转让股票凭证，证明一定数额的某外国公司股票已寄存在该银行在外国的保管机构，而存托凭证的持有人实际上是寄存股票的所有人，其所拥有的权利与原股票持有人相同。以美国存托凭证为例，国内公司可以通过发行该种存托凭证快速筹集到大量外汇资金，拓宽公司的股东基础，提高其长

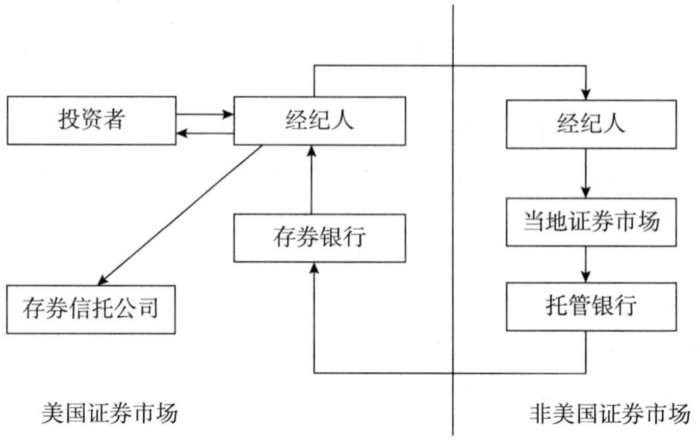

图 5-3　美国存托凭证示意图

期筹资能力，增强公司证券的流动性并分散风险。而且，发行存托凭证可以规避直接发行股票与债券的法律要求，手续简单，发行成本低。对于美国居民而言，投资中国公司在美国发行的存托凭证，可以分散投资，以实现组合投资的多元化，而且以美元交易，非常方便。存托凭证一般代表公司股票，但有时也代表债券。存托凭证的当事人，在本地有证券发行公司、保管机构，在国外有存托银行、证券承销商及投资人。按其发行或交易地点不同，存托凭证被冠以不同的名称，如美国存托凭证（American depository receipt，ADR）、欧洲存托凭证（European depository receipt，EDR）、全球存托凭证（global depository receipt，GDR）、中国存托凭证（Chinese depository receipt，CDR）等。从世界范围来看，目前存托凭证交易最为活跃的地区以欧美为主，美国存托凭证的发行量一直遥遥领先。美国存托凭证通过减少或消除诸如交割延误、高额交易成本以及其他与跨国交易有关的不便之处，为美国投资者购买非美国证券以及为非美国公司的股票在美国交易提供变通的渠道。从清算、交割、过户和所有权的角度来看，存托凭证都可以如同美国证券一样进行交易。

专栏 5.1　中国存托凭证

中国存托凭证（CDR）是在中国证券市场流通的代表境外公司基础股票的可转让凭证，实际上是以境外上市公司的股权为基础、在境内筹资的一种手段。中国存托凭证的发行对促进资本项目开放、完善我国证券市场、提高我国证券交易所的国际地位有着重要意义。

首先，中国存托凭证的发行有助于实现我国人民币资本账户可兑换的目标。中国存托凭证可以成为我国资本账户可兑换的一个重要突破口和标志；同时，中国存托凭证的引入为中国资本市场的对外开放过程提供了一种对国内投资者相对有效的保护手段。

其次，发行中国存托凭证对我国证券市场的开放具有促进作用，有利于缓解不对称的单边开放格局。

最后，中国存托凭证的引入有助于提升我国证券交易所的国际地位。促进境外公司发行中国存托凭证符合我国证券交易所的国际化发展战略，不仅为中国的投资者提供了海外投资机会，促进了证券市场投资品种的多样化，也为我国交易所更快、更有效地融入国际金融市场提供了良好契机。

2018 年 3 月 22 日，国务院办公厅转发了中国证监会《关于开展创新企业境内发行股票或存托凭证试点的若干意见》。2020 年 10 月，九号有限公司成为第一家通过发行 CDR 的形式登陆科创板的红筹企业。

然而，中国存托凭证的发展还面临四大障碍。

一、市场监管障碍

由于 CDR 的发行公司主要是按照境外证券市场的规定运行和披露信息，不一定符合境内的监管要求和惯例，客观上增加了境内监管部门的监管难度。

二、外汇体制障碍

我国目前的外汇制度尚未允许人民币在资本项目下自由兑换，可能导致基础股票与 CDR 之间的转换出现困难，甚至出现同股不同价的情形，使 CDR 失去原有的性质。

三、法律及制度障碍

CDR 业务的运作涉及投资者、存托银行、托管银行、存券信托公司以及经纪人等不同的利益主体，需要有较为完善的法律制度作为保障。不仅需要证监会和证券交易所出台 CDR 业务的配套规则，也需要立法机构尽早完善对 CDR 的专门法律制度以及其他相关的法律规定。

四、存托机构障碍

在存托凭证发行中，存托机构的作用举足轻重。相对于国际大型金融集团而言，我国银行业水平整体还较弱，缺乏存托凭证业务的相关经验和机制。

---

3. 投资共同基金

投资者也可以通过购买投资于外国证券市场的共同基金来实现国际资产组合投资，这也是个人投资者最好的选择。这些投资于外国证券市场的共同基金可以分为五类：

（1）全球基金。全球基金有时也被称为世界基金，这种基金广泛投资于全球证券市场，包括美国等发达国家的证券市场和亚洲、拉美、欧洲的新兴市场。但全球基金并不一定意味着在全球范围内的广泛投资，这些全球基金可能会集中投资于几个证券市场。例如，Idex 全球股票基金将 26％的资产投资于美国，11％投资于英国，8％投资于法国，日本和德国各投资 6％。

（2）国际基金。国际基金也叫外国基金，这种基金广泛投资于除本国市场以外的其他国家的证券市场。国际基金和全球基金的差异就在于是否对基金注册所在国市场进行投资。同全球基金一样，国际基金可以有各不相同的投资重点和投资战略。例如，忠诚国际分散基金将其资产投资于 44 个不同的国家，而 Oakmark 国际中小市场基金则将其资产投资于世界上几个快速增长的市场：泰国、韩国、中国香港和土耳其。

（3）区域基金。区域基金是投资于世界上某一特定地理区域的证券市场的基金。例如，区域基金可以将其资产集中投资于欧洲、拉美或亚太地区。

（4）国家基金。国家基金在本国市场外的单一国家市场进行投资，例如中国基金、日本基金、韩国基金等。

（5）新兴市场基金。新兴市场基金是专门投资于新兴市场的基金。新兴市场基金近年来在国际市场上发展很快。

5.2 国际资产组合投资与金融市场一体化

金融市场一体化消除了跨境投资的壁垒，使得国际资产组合投资成为可能。但金融市场的一体化也逐渐加大了各国金融市场之间的相关性，使得各国证券资产的相关性也逐渐加大。从前面的介绍中我们知道，如果某类资产和组合投资中一类资产高度正相关，那么在组合投资中加入该类资产所带来的风险分散化的效应就非常弱。因此，金融市场一体化程度的不断加深将大大减少国际资产组合投资的分散化收益，给国际资产组合投资带来挑战。

5.2.1 金融市场一体化的概念

所谓金融市场一体化，是指国内和国外金融市场之间日益紧密的联系和协调，它们相互影响、相互促进，逐步走向统一金融市场的状态和趋势。正如罗里·C. 史密斯（Rory C. Smith）和英格·沃尔特（Ingo Walter）所指出的，金融市场一体化包含三层含义：第一，各国银行和金融机构的跨国经营形成了各国金融市场的关联链；第二，各国金融市场之间关联链的形成，极大地促进了各国金融市场之间金融交易量的增长；第三，基于以上两个方面，各国金融市场的利率决定机制相互影响，具体表现为相同金融工具在不同金融市场上的价格趋于一致。

一般来说，实现金融市场一体化有两条主要路径，二者之间彼此促进、相互伴随。(1) 金融活动一体化。指国际金融领域中的各种壁垒及障碍需要尽可能消除，在业务活动中各种交易工具、交易市场、交易规则、资金价格、结算汇兑、货币种类等趋于一致或具有较大的趋同性，主要表现在金融市场、机构、工具乃至货币的一体化上。(2) 金融制度一体化。指通过契约法律条文和一定的组织形式将金融活动一体化固定下来，形成多个必须遵守的制度。这是较高级的层次，带有一定的主观性。这一路径要曲折和复杂得多，会涉及国家利益的放弃、政治经济主权的削弱与让渡，因此主权国家对此都极为慎重。

5.2.2 金融市场一体化的衡量标准

经济学家们已经建立了多种标准来衡量金融市场一体化的程度。目前比较常见的衡量标准有三类：基于价格、基于数量和基于金融市场利率的衡量标准。

1. 基于价格的衡量标准

这类衡量标准主要是通过各国之间资产价格的关系来判断金融市场一体化的程度，本质上是对一价定律（Law of One Price）的检验。一价定律指出，在没有贸易摩擦（如运输成本和关税），并且市场是自由竞争的且价格灵活的条件下（没有个别卖家或买家有能力操纵价格，价格可以自由调整），在不同地点销售的相同商品在用同一种货币表示价格时，必须以相同价格出售。若国家间金融市场完全一体化，一价定律必然成立。基于这样的思想，诞生出了一系列可用于衡量金融市场一体化的基准，如抛补利率平价、非抛补利率平价、实际利率平价等。①

（1）抛补利率平价。

在完全理想的条件下，如果在两个国家同一种金融工具或两种相似的金融工具的预期收益率不同，储蓄者会将资金从一个国家转移到另一个国家。只有预期收益率相等时，这种转移才会停止，市场达到均衡。也就是说，在国际金融市场上应该存在一个利率平价，在利率平价下，各国的利率相同，确保资金不发生流动。抛补利率平价就是根据这一思想推导出来的。

> **知识注解**
>
> 抛补利率平价要求国家风险溢价为零，偏离抛补利率平价意味着存在金融市场一体化的障碍。

抛补利率平价指的是这样一种条件：国内金融资产的利率与国外金融资产的利率之差应该等于两国远期汇率的升水或贴水。用公式表示就是：

$$R-R^{*}=(F-S)/S \tag{5.1}$$

式中，R 代表本国利率，R^{*} 代表外国利率，F 为远期汇率，S 为即期汇率。公式的右边代表外汇的远期溢价。

如果抛补利率平价不成立，就存在抛补利率套利机会，人们会将资金从一个国家转移到另一个国家。

（2）非抛补利率平价。

> **知识注解**
>
> 相对于抛补利率平价，非抛补利率平价不仅要求国家风险溢价为零，还要求外汇风险溢价为零。

非抛补利率平价是一个比抛补利率平价更加宽泛的定义。非抛补利率平价说明，其他所有特征都相同的两国金融工具的利率差异，应该等于两国货币即期汇率的预期变动率。其一般表达式为：

$$R-R^{*}=(S_{+1}^{e}-S)/S \tag{5.2}$$

式中，S_{+1}^{e}代表预期的未来即期汇率。

在非抛补利率平价公式的条件下，不可能存在国家风险溢价或者是外汇风险溢价。

（3）实际利率平价。

实际利率平价是根据费雪方程式、相对购买力平价和非抛补利率平价推导出来的。根据相对购买力平价，可以得到：

$$\pi^{e}-\pi^{*e}=(S_{+1}^{e}-S)/S \tag{5.3}$$

式中，π^{e} 代表本国预期通货膨胀率，π^{*e}代表外国预期通货膨胀率。

结合前面讲到的非抛补利率平价，我们可以推导出：

$$\pi^{e}-\pi^{*e}=R-R^{*} \tag{5.4}$$

稍加整理，可得到：

$$R-\pi^{e}=R^{*}-\pi^{*e} \tag{5.5}$$

---

① 在这三种利率平价中，非抛补利率平价最为常用。弗兰克尔（Frankel）和罗斯（Rose）曾专门撰文指出："非抛补利率平价是国际金融的经典主题，它是许多理论模型的基石。"

根据费雪方程式，实际利率 $r=R-\pi^e$，于是得到 $r=r^*$①。这个等式就是实际利率平价条件。它表示在均衡状态下，在其他特征都一样的情况下，两国的金融工具剔除了通货膨胀因素的实际利率水平是相等的。

如果实际利率平价成立，就意味着各国之间的实际利率不存在任何差异，一价定律成立，国际金融市场高度一体化。

2. 基于数量的衡量标准

基于数量的衡量标准是从资产存量和流量的角度去衡量金融市场一体化程度。基于数量的衡量标准可以大致分为两种：一种是判断一国资金的流入和流出是否平衡，如储蓄与投资模型；另一种是从资本账户视角去测算金融市场跨境资本流动是否存在摩擦。

（1）储蓄与投资模型。

国际收支平衡表（balance of payments）是一个国家或地区与世界上其他国家或地区之间因资金转移而发生的国际资金收支行为。它总结了一个国家的个人、公司和政府机构在一段时间（一个季度或一年）与国外的个人、公司和政府机构完成的所有交易，包括货物、服务和资本的进出口，以及诸如外援和汇款等转移支付。国际收支平衡表分为三个主账户：经常账户、资本账户和金融账户。有些学者会在讨论国际收支平衡时将资本账户和金融账户统称为广义的资本账户。

储蓄与投资模型就是一种建立在国际收支平衡表之上的基于数量的衡量标准，它是由哈佛大学的经济学家马丁·费尔德斯坦（Martin Feldstein）和查尔斯·霍里奥卡（Charles Horioka）于 1980 年提出的。他们认为，由于一国总储蓄和（或）总投资的变化会引起经常账户变动，于是经常账户余额就等于国民储蓄减去国内投资。金融市场达到完全一体化时，经常账户的赤字（盈余）就会被资本账户②的流入（流出）所平衡，个人和企业可以在全球范围内寻找投资所需的资金，这样一国的储蓄决策将独立于投资，储蓄和投资就变得不相关了。通过检验国家间储蓄和投资的相关性，可以判断金融市场一体化的程度。

费尔德斯坦和霍里奥卡的储蓄与投资模型所指的一体化标准较为严格，而且模型是建立在一系列严格的假设条件基础之上，在现实中难以完全满足。因此，运用储蓄与投资的相关性来衡量金融市场一体化，仍然存在较大争议。③ 根据弗兰克斯·朗金和索尔尼克的研究，在 1960—1990 年，美国和其他 6 个国家之间的相关性平均提高了约 0.36。其他一系列实证研究也表明，美国市场与其他市场之间的相关性在不断提高。

（2）基于金融市场摩擦和跨境资本流动的衡量标准。

这种分析方法由欧洲央行 Baele 等（2004）提出，其核心思想是：金融市场摩擦对不同国家的跨境资本流动影响越小，市场跨境资金量的增加受阻越小，金融市场一体化的程度就越大。如对信贷市场的分析，可以着眼于观察各国非银行的跨境贷款和银行间贷款的数量。若这些数量有所增加，表明外国人更容易进入该国的信贷市场。对于债券市场，一国的非国内债券持有份额的增加是金融市场一体化程度提升的标志。这源于对金融市场一

---

① r 为本国实际利率，r^* 为外国实际利率。

② 这里提到的资本账户是指广义的资本账户。

③ 费尔德斯坦和霍里奥卡以 16 个 OECD 国家 1960—1974 年的储蓄和投资数据为基础，依据提出的储蓄与投资模型进行实证检验，结果发现这些国家的储蓄与投资相关系数达到了 88.7%，标准误差为 0.074。这说明发达国家间的金融市场一体化程度较低。

体化的定义，即当市场金融一体化程度增强时，各国金融市场之间交易量增长，经济主体能够更容易地获得非国内的金融产品。

国家资本管制是金融市场跨境资本流动的重要摩擦因素。一国对跨境资本流动管制程度越低、资本账户开放程度越高，跨境资本流动摩擦就越小，金融市场一体化程度就越高。很多经济学家从国家资本账户开放程度视角对金融市场一体化程度构建了具体的测算指标，其中被学者们广泛使用的是由 Chinn 和 Ito（2002，2006，2008）提出的 Chinn-Ito 指数（也被称为 KAOPEN 指数）。Chinn 和 Ito 使用国际货币基金组织（IMF）每年发布的《汇率安排和外汇限制年报》（Annual Report on Exchange Arrangements and Exchange Restriction，AREAER）数据构建了关于跨境资本流动量的 KAOPEN 指数。在指标的具体设计上，两位学者尝试克服了传统的对资本项目开放或管制测量方法的缺陷，在计算时将时间变量纳入其中，还考虑到其他因素对资本流动的影响，从而更加全面地衡量了各国资本账户开放的广度和强度。

Chinn-Ito 指数主要包含关于对外账户管制的四类虚拟变量，然后通过主成分分析法得出最后的指数数值。这四类虚拟变量分别为：（1）表示存在多重汇率的变量；（2）表示对经常账户交易管制的变量；（3）表示对资本账户交易管制的变量；（4）表示对出口收益具有上缴要求的变量。由于 IMF 在 1996 年对 AREAER 的分类方法进行了改进，于是 Chinn 和 Ito（2008）借鉴 Mody 和 Murshid（2005）的研究方法，将构建 Chinn-Ito 指数的四个类别进行了进一步细分，以更好地反映资本管制政策的复杂性。① 截至 2022 年，KAOPEN 数据库包含了 182 个国家 1970—2020 年的资本账户开放和监管水平的定量数据。

除了 Chinn 和 Ito 外，还有很多学者对资本账户开放程度或资本管制强度的测算方法进行了研究。如 Schindler（2009）构建了覆盖多个金融市场的指标体系，具体包含股份或股票、债券或其他债务证券、货币市场工具、集体投资②、金融信贷和直接投资③六大方面的资金流入和流出，并对 1995—2005 年 91 个国家的资本账户开放程度进行了测算。Fernández 等（2016）对 Schindler（2009）构建的数据库中覆盖的国家类别、时间区间和资产种类进行了扩展，并在此基础上计算了 1995—2013 年 100 个国家的 10 类资产流入和流出及资本管制情况。此外，Fernández 等还对如何更好地将单独类别的资产管制指标汇总为更广泛的指标进行了分析和研究。

3. 基于金融市场利率的衡量标准

除了基于价格和基于数量的衡量标准外，金融市场一体化的衡量也可以从金融市场一体化的内涵出发，即各国金融市场的利率决定机制的相互影响程度加强，利率相关性提升，说明各国金融市场一体化程度有所加深。表 5 - 2 和表 5 - 3 反映了两个时期亚洲各国或地区股票市场收益率的相关系数。通过对比我们可以发现，与 20 世纪 90 年代相比，21 世纪第二个十年亚洲各国或地区股票市场收益率的相关性增强，表明了亚洲各国或地区间股票市场一体化程度的提升。

---

① 更详细的指标测算方法可以参见 Chinn, M. D. and H. Ito, "A New Measure of Financial Openness," *Journal of Comparative Policy Analysis*, 2008, 10 (3), 309 - 322.

② 集体投资计划通常被称为"投资基金""共同基金"，或简称为"基金"。

③ 由于目的是测算全球金融市场一体化程度，所以除了国际资产组合投资，还需要对直接投资的相关指标进行测算。

表 5-2　1991—2000 年亚洲各国或地区股市收益率相关系数矩阵

	中国香港	韩国	马来西亚	泰国	日本	新加坡	菲律宾
中国香港	1.000						
韩国	0.813	1.000					
马来西亚	0.654	0.701	1.000				
泰国	0.278	0.111	0.240	1.000			
日本	0.403	0.541	0.725	−0.040	1.000		
新加坡	0.599	0.583	0.302	0.200	0.431	1.000	
菲律宾	0.705	0.785	0.416	0.441	−0.202	0.524	1.000

资料来源：Global Financial Development Database.

表 5-3　2011—2020 年亚洲各国或地区股市收益率相关系数矩阵

	中国香港	韩国	马来西亚	泰国	日本	新加坡	菲律宾
中国香港	1.000						
韩国	0.549	1.000					
马来西亚	0.247	0.824	1.000				
泰国	0.276	0.335	0.426	1.000			
日本	0.507	0.015	−0.129	0.676	1.000		
新加坡	0.500	0.523	0.419	0.531	0.798	1.000	
菲律宾	0.015	−0.321	−0.318	0.530	0.728	0.615	1.000

资料来源：Global Financial Development Database.

5.2.3　机构投资者与金融市场一体化

随着各国金融市场的开放和金融市场一体化程度的加深，机构投资者也开始走出国门，进行国际性的投资。同时，机构投资者的这一行为也进一步加深了金融市场一体化。

机构投资者可以从广义和狭义两个角度来理解。从广义上讲，用自有资金或者从分散的公众手中筹集资金专门进行投资活动的法人机构都可以被称为机构投资者，包括商业银行、证券公司、投资公司、保险公司、基金等。从狭义上讲，机构投资者可以定义为一类特殊的金融机构，即通过自己的经营活动从投资者手中募集资金，代表小投资者管理他们的资产，在可接受的风险范围内，利用这些资产进行投资，获得最大收益。在国际金融市场上活跃的机构投资者主要有商业银行、证券公司、保险公司、养老基金和投资基金等。

1. 商业银行

商业银行作为机构投资者在国际金融市场上的投资，主要表现为对有价证券的投资。各个国家对商业银行能否从事投资业务的规定并不一致。在采取德国式的全能银行体制的国家，银行的证券投资可以包括企业的普通股股票。日本允许银行和企业之间交叉持股，因此，日本的银行拥有大量的股权性投资资产。在美国，1999 年以前银行主要投资于在一定期限内支付固定利息的债券；1999 年的《金融服务现代化法案》废除了银行、证券分业经营的限制，银行也可以投资于股票。而在中国，由于实行严格的分业经营、分业管理体制，商业银行不得投资于股票，只能持有法律许可的一些固定收益债券。

银行的证券投资是银行资产管理的重要组成部分。通过证券投资，银行既可以满足不可预见的流动性需要，同时又能获得较高的投资收入，从而起到了银行资产负债管理“缓冲区”的作用。

2. 证券公司

证券公司是指依法设立的可在证券市场上经营证券业务的金融机构，它不仅是沟通证券市场主体的重要桥梁，也是证券市场上的主要参与者。证券公司的主要业务包括证券发行与承销、证券自营买卖、证券经纪业务、资产管理及企业财务顾问等。

证券公司同时也是国际金融市场上重要的机构投资者，它广泛投资于证券市场上的多种金融工具。作为一个机构投资者，证券公司的资金主要来自自有资金和受托管理资产。在成熟国家，自有资金在证券公司投资中所占的比重一般很小，大部分资金均来自受托管理的资产，即证券公司的资产管理业务。证券公司的资产管理是指证券公司作为受托投资管理人，根据有关法律、法规和投资委托人的投资意愿，与委托人签订受托投资管理合同，用委托人委托的资产在证券市场上从事股票、债券等金融工具的组合投资，以实现委托资产收益最优化的行为。通过资产管理业务，证券公司把分散于个人投资者的资金集中起来，按照事先约定的规则或自己的意愿进行投资。资产管理使得证券公司成为国际金融市场上重要的机构投资者。

3. 保险公司

投资是保险行业的核心业务，没有投资就等于没有保险业。保险存在的主要目标是风险的转移，保费是风险转移的价格，但由于存在市场竞争，这个价格往往不够支付转移的成本。所以，如果没有保险投资，保险公司的经营是很难维持下去的。从保险公司的利润来源来看，由于保险公司之间在承保业务上的过度竞争，保险公司的承保利润日益下滑，甚至出现承保亏损，保险投资正在成为保险公司经营的生命线。保险公司对投资的重视使其逐渐成为国际金融市场上重要的机构投资者。

> **知识注解**
>
> 根据国际劳工组织提供的资料，允许社会保险基金投资的国家，其保险基金投资比例一般为：公司股票60%、公司债券17%、政府债券6%、短期贷款3%、抵押贷款11%、房地产3%。

根据福布斯全球2024年数据，若以资产规模作为标准，截至2023年，全球前十大保险公司的资产规模和净利润情况如表5-4所示。从中能看到，目前规模较大的保险机构主要设立在中国和美国，其中中国平安以资产规模1.654 8万亿美元排名第一，其次是德国安联集团和中国人寿，这两家保险机构资产规模分别为1.056 84万亿美元和0.818 09万亿美元。

表5-4　全球前十大保险公司资产规模和盈利情况　　单位：十亿美元

排名	公司名称	所在国家（地区）	资产规模	净利润
1	中国平安保险（集团）股份有限公司	中国	1 654.80	11.78
2	安联集团	德国	1 056.84	9.74
3	中国人寿保险（集团）公司	中国	818.09	6.61
4	安盛集团	法国	684.04	7.57

续表

排名	公司名称	所在国家（地区）	资产规模	净利润
5	美国大都会人寿保险公司	美国	677.58	2.37
6	印度人寿保险公司	印度	561.41	4.88
7	忠利保险有限公司	意大利	555.27	4.05
8	美国国际集团	美国	475.56	4.83
9	苏黎世保险公司	瑞士	339.44	4.36
10	联合健康集团有限公司	美国	284.21	15.36

资料来源：Forbes Global 2024.

4. 养老基金

养老基金是指通过发行基金股份或受益凭证，募集社会上的养老保险资金，委托专业基金管理机构用于产业投资、证券投资或其他项目的投资，以实现保值增值的一种投资基金。前瞻思维研习社统计显示，2023 年全球 22 个主要养老金市场资产规模达到 55.7 万亿美元。美国的养老基金占全球总额的 64%，日本的养老基金位居第二，英国的养老基金位居第三，其他欧洲国家的养老基金在全球所占的比例均很小。亚洲养老基金的规模目前大约相当于美国的 1/4。在亚洲国家中，养老基金市场增长最快的是中国、印度尼西亚、菲律宾、印度和马来西亚。据世界银行估计，到 2030 年，中国的养老基金市场将达到 8 万亿美元。

从国际经验来看，各国近年来纷纷放松对养老基金投资组合的限制，养老基金国外证券投资的比重有增大的趋势。表 5－5 展示了主要国家（地区）的养老基金资产管理规模情况。截至 2023 年，全球养老基金管理资产规模最大的 5 个国家分别为美国、日本、英国、加拿大和澳大利亚。其中作为养老基金的主要市场，美国养老基金资产管理规模达 35.6 万亿美元，占全球养老基金资产规模的比重超过六成，是排名第二的日本养老基金资产规模（3.385 万亿美元）的 10.5 倍。而从养老基金资产规模占本国国内生产总值（GDP）比重的角度来看，比重最大的 3 个国家分别为荷兰、瑞士和加拿大，占比分别为 159.0%、150.3%和 146.6%。

表 5－5　2023 年各国（地区）养老基金资产管理规模情况

国家（地区）	资产规模（十亿美元）	资产规模/GDP（%）	国家（地区）	资产规模（十亿美元）	资产规模/GDP（%）
美国	35 600	132.1	德国	596	13.5
日本	3 385	80.0	中国	423	2.4
英国	3 206	96.2	墨西哥	381	21.0
加拿大	3 105	146.6	芬兰	284	93.0
澳大利亚	2 448	145.0	马来西亚	278	64.5
荷兰	1 737	159.0	巴西	272	12.8
瑞士	1 361	150.3	南非	243	63.7
韩国	1 102	64.5	意大利	243	11.1

续表

国家（地区）	资产规模（十亿美元）	资产规模/GDP（%）	国家（地区）	资产规模（十亿美元）	资产规模/GDP（%）
印度	241	6.5	爱尔兰	172	29.2
中国香港	216	56.0	法国	155	5.1
智利	199	57.8			

资料来源：Thinking Ahead Institute：*Global Pension Assets Study*，2024.

专栏 5.2　ESG 与养老基金

ESG 投资是近十几年才兴起的词汇，基本内涵可以概括为：投资者在投资决策中通过观测企业在环境保护、社会责任、公司治理方面的绩效而非财务绩效，来评估自身的投资行为以及投资对象在履行社会职责、遵循可持续发展等方面所做出的贡献。ESG 的核心三要素为环境（environment）、社会（social）和公司治理（governance）。

ESG 投资理念自产生之日起，就成为养老基金受托人在投资运营中广泛采用的一种投资策略和理念。这是由于，与一般机构投资者相比，养老基金拥有的独特的属性和特征与 ESG 投资理念存在着高度的契合：

（1）养老基金具有较强的公共属性，养老基金投资追求的是其外部的正溢价效应，投资决策应避免产生重大的社会、环境负面影响。而 ESG 投资的负面筛选可以有效规避此类不正当投资行为，从而 ESG 等非财务信息在机构投资者特别是养老基金等大型机构投资者的投资决策中发挥着越来越重要的作用。

（2）养老基金在进行投资决策时，必须考虑长期的环境和社会经济因素。一般投资管理机构的业绩评价普遍趋于短期化，而 ESG 投资并不会因为短期逐利而进行一些非理性投资，从而可以在识别公司非财务因素绩效方面发挥重要作用，以剔除可能存在长期系统性环境和社会风险的投资对象，确保长期的稳定收益。

在国外实践中，国际组织和政府机构相继出台法律法规要求养老基金在投资决策中考虑企业的 ESG 披露。加拿大、日本等国家的投资实践也表明，ESG 投资与养老基金长期收益存在正相关。在这种国际环境下，我国的主流投资者也逐步引入 ESG 投资理念，基金业、银行业、保险业等都在探索 ESG 投资策略、制订 ESG 评价标准、发布 ESG 产品等。未来，ESG 投资有望成为我国达成“双碳”目标和实现养老基金可持续发展的新契机。

资料来源：郑秉文，李辰，庞茜. 养老基金 ESG 投资的理论、实践与趋势. 经济研究参考，2022（3）：17－38.

5. 投资基金

投资基金是一种利益共享、风险共担的集合投资制度。它是通过发行基金证券，集中具有共同目的的不特定多数投资者的资金，委托专业的金融投资机构进行管理和运用，在分散投资风险的同时满足投资者对资产保值增值要求的一种投资制度或方式。它是一种投资者通过购买基金进行投资的间接方式，投资对象包括各类有价证券、金融衍生产品及房地产、贵金属等。在我国目前货币市场和其他各类金融交易市场尚未发育的条件下，投资基金的投资范围主要集中于资本市场，以契约型证券投资基金为主。

目前，投资基金已经成为国际金融领域的一支重要力量，尤其是在美国等一些国家与地区，甚至已经成为普通大众的日常理财方式。最近几年内，投资基金在世界各国得到了迅速发展。美国投资公司协会（ICI）数据显示，截至2023年底，全球受监管的开放式基金总规模达68.9万亿美元。其中，美国受监管的开放式基金总规模达33.6万亿美元，欧洲受监管的开放式基金总规模达21.5万亿美元，亚太地区受监管的开放式基金总规模达9.7万亿美元。

在投资基金的发展中，对冲基金引人关注。对冲基金是私人投资库，通常定居于离岸金融中心，以便利用税收和监管上的优越条件。数据显示，2003年以来，全球对冲基金发展迅猛，到2022年第一季度基金总数已超过15 000个，管理的总资产达到创纪录的5.13万亿美元。对冲基金已迅速成为金融市场中非常受欢迎的投资新手段。截至2023年6月30日，美国公司桥水基金（Bridgewater Associates）以972亿美元的资产管理规模继续保持全球最大对冲基金管理公司的地位。然而，桥水基金在2022—2023年中的资产规模下降了23.1%。

专栏5.3 大数据时代的对冲基金

对冲基金是金融创新的产物，是投资者为了规避市场风险，将期权与期货等金融衍生工具相结合，以对冲、换位、套头、套期为交易手段，因此也被称为避险基金。对冲基金高杠杆的特点迅速吸引了市场上大批的风险偏好投资者，经过数年的发展，对冲基金已然成为金融市场重要的投资工具。

对冲基金作为私募基金的分支，具有如下传统特征：一是复合性。对冲基金是由各种复杂的金融衍生工具组合而成的。二是高杠杆。以期权、期货为基础的对冲基金往往能利用较低的保证金借入高额的交易金。三是隐蔽性和灵活性。对冲基金采取私募的组织方式，在交易方式上具有灵活性和隐蔽性的特点。四是设立门槛低。对冲基金的设立门槛相比于其他种类的基金较低。五是专业性。由于对冲基金的复杂性和实时性，对冲基金由专业的团队管理，因此对冲基金的管理费也较高。

在大数据时代，对冲基金具有如下新特点：

第一，对冲基金与私募基金融合。首先，现在的对冲基金不同于以往，开始注重长期投资，运用杠杆和夹层债券收购上市公司股份，以获得公司的控制权，赚取利润。其次，对冲基金的投资池逐渐多元化，股票、债券、房地产基金等不断丰富，以满足高净值投资客户的风险偏好和需求。

第二，封闭期延长。由于对冲基金现在较为注重长期投资，而投资池中往往含有流动性较低的产品，为了规避流动性风险，对冲基金会选择延长封闭期，同时减少信息披露。

第三，收费方式转变。对冲基金的操盘者不再按年收费，而是将分红与项目利润挂钩，以业绩为指标。

第四，投资策略调整。投资市场的不断开拓使得某些对冲基金也开始开拓面向散户投资的共同基金领域。

资料来源：闵泓喻，迟腾，张广鑫. 大数据时代对冲基金的发展现状和监管策略建议. 商业经济，2022（2）：188-190.

专栏 5.4　主权财富基金

主权财富，是通过特定税收与预算分配、国际收支盈余和自然资源收入等方式积累形成的，由政府控制与支配的，通常以外币形式持有的公共财富。近年来，随着规模的迅速增大，主权财富管理成为一个日趋重要的议题。主权财富基金在此背景下应运而生。

主权财富基金（sovereign wealth fund）是指一种国家拥有的由股票、债券或其他金融资产组成的基金，因其经营实体主要是主权国家的中央银行、政府投资公司、国家公共养老基金等机构而得名。其资金来源主要有：一是外汇储备盈余，主要以近年来外汇储备增长迅速的亚洲地区尤其是中国为代表。二是自然资源出口的外汇盈余，主要以盛产石油、天然气、铜和钻石等自然资源的中东、拉美地区国家为代表。三是国际援助，主要以乌干达的贫困援助基金为代表。

全球主权财富基金的规模从 1990 年的 5 亿美元迅速增长。从资金规模上来看，主权财富基金已经超过对冲基金和私募基金。根据主权财富基金研究所（SWFI）数据，截至 2024 年 9 月，排名前 100 位的全球主权财富基金资产管理规模已超过 12.9 万亿美元，远超对冲基金和私募基金，成为仅次于养老基金的投资来源。其中全球规模前三的主权财富基金分别为挪威政府全球养老基金（Norway Government Pension Fund Global）、中国投资有限责任公司、中国华安投资有限公司，资产规模分别为 1.80 万亿美元、1.33 万亿美元、1.09 万亿美元。

同时，主权财富基金的资产分布不再集中于定息债券类工具，而是着眼于包括股票和其他风险性资产在内的全球性多元化资产组合，甚至扩展到了外国房地产、私人股权投资、商品期货、对冲基金等非传统类投资类别。

主权财富基金的市场影响力不断增强，已成为国际金融市场的一个日益活跃且重要的参与者。

我国的主权财富基金是中国投资有限责任公司（简称“中投公司”）。它于 2007 年 9 月 29 日成立，下设中投国际有限责任公司、中投海外直接投资有限责任公司和中央汇金投资有限责任公司三个子公司。中投公司业务涉及公开市场股票、固定收益、另类资产以及现金产品。

在过去的几十年中，主要国家的机构投资者得到了长足发展。这不仅体现在机构投资者本身绝对资产规模的扩大上，也体现在机构投资者持有的资产相对于 GDP 比例的上升上。表 5－6 列示了成熟市场上机构投资者的资产情况。

表 5－6　成熟市场上机构投资者的资产　　单位：十亿美元

	2015 年	2016 年	2017 年	2018 年	2019 年	2020 年	2021 年
总资产	208 745	217 621	250 890	241 886	273 326	306 427	306 180
金融资产	206 452	215 275	248 304	239 344	270 434	303 388	303 056
现金和存款	7 429	6 478	7 381	7 294	7 535	8 191	6 231
债券	68 491	71 812	79 856	80 117	88 873	99 965	88 845

续表

	2015 年	2016 年	2017 年	2018 年	2019 年	2020 年	2021 年
股票和投资基金	91 084	96 234	118 050	108 159	128 327	147 989	158 019
金融衍生产品和员工股票期权	1 584	1 649	1 789	1 631	1 872	2 401	1 456
养老保险和标准化担保	19 074	19 098	18 506	19 591	18 453	17 914	16 512
贷款	8 043	8 435	9 938	9 867	10 551	10 523	15 298
其他应收账款	10 747	11 569	12 784	12 685	14 823	16 405	16 695
非金融资产	2 293	2 346	2 586	2 542	2 892	3 039	3 124

注：成熟市场国家包括所有的 OECD 成员国。

资料来源：OECD.

风险是任何经济主体都必须考虑的一个经济因素。理论研究表明，风险可以通过资产的多元化来分散。资产的多元化在国内表现为持有多种形式的资产，在国际上则表现为持有多个国家的资产。机构投资者一方面希望通过多元化来分散风险，另一方面又希望通过对一些新兴市场的投资来增加收益，这就产生了国际化投资，机构投资者开始在全球范围内配置收益和风险。

机构投资者在国际市场上的投资一方面促进了各国金融市场和国际金融市场的发展，另一方面也给国际金融市场带来了风险。在金融市场开放后，机构投资者的进入或退出可能造成或加剧本国金融市场价格波动的风险。如果本国市场的规模本来就不大，市场的流动性也不充分，那么一定规模的外资流入或流出都会十分明显地影响本国市场的价格走势，加剧市场的波动。此外，一旦一国发生金融危机，共同基金持有人或基金经理由于对其他类似国家的心理预期变化和投资信心危机造成的情绪变化而抛售其所持有的这些国家的资产，从而可能产生金融危机的溢出和传染。例如，墨西哥金融危机发生后，基金经理们可能决定大量卖出持有的巴西金融资产，引起危机传染。又如，泰铢贬值后，共同基金的持有人可能决定卖出其他亚洲货币资产，从而引发金融危机在整个东南亚蔓延。

机构投资者是国际金融市场上最重要的投资主体，它们的投资行为对国际金融市场的走势影响重大。机构投资者在国际市场上的投资行为促进了国际金融市场的一体化。那么，金融市场能否完全实现一体化呢？金融市场一体化后还有没有所谓的国际资产组合投资？这些问题都有待我们好好思索。

5.2.4 金融基础设施与金融市场一体化

金融基础设施是能够使金融中介更有效运行的一套系统，包括支付系统、征信系统、结算系统以及法律和监管框架等。完善的金融基础设施可以促进金融发展，提升金融业务的效率，促进金融市场的一体化。

在全球经济一体化的过程中，随着跨境金融活动的增加，跨境货币清算体系的作用尤为凸显。随着人民币国际化进程的不断推进，人民币的使用范围不断扩大。为了满足日益增长的人民币跨境业务需要，有必要在国际范围内建立起配套的金融基础设施。人民币跨境支付系统（cross-border interbank payment system，CIPS）就是在这样的背景下建立起来的。人民币跨境支付系统可以提供人民币业务的跨境清算和结算，实现国内支付和国际支付的统筹。

人民币跨境支付系统于 2012 年启动，一期系统于 2015 年 10 月 8 日成功上线运行，二期系统于 2018 年 5 月 2 日全面投产，实现对全球各时区金融市场的全覆盖。人民币跨境支付系统的建立提升了人民币的跨境支付效率，完善了人民币全球清算服务体系，对于提升人民币的国际地位、促进人民币的国际化具有重要意义。人民币跨境支付系统投入使用后运行平稳，参与国家和机构的数量不断增加。截至 2024 年 10 月末，CIPS 共有参与者 1 573 家，其中直接参与者 160 家，间接参与者 1 413 家（见图 5 - 4），业务范围覆盖全球 185 个国家和地区的 4 700 多家法人银行机构。图 5 - 5 给出了 CIPS 间接参与者的地区分布。

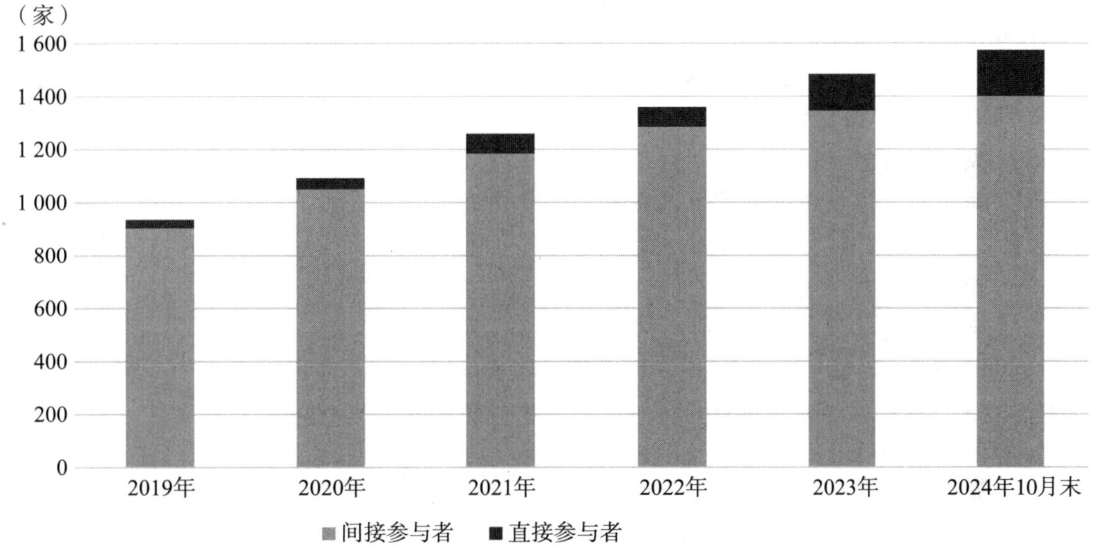

图 5 - 4　CIPS 参与者数量

资料来源：CIPS.

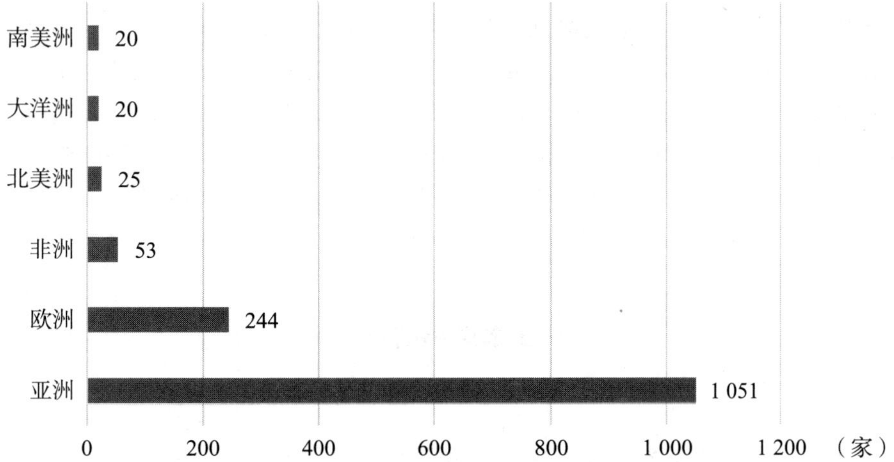

图 5 - 5　CIPS 间接参与者的地区分布情况（截至 2024 年 10 月）

资料来源：CIPS.

专栏5.5 数字货币桥项目

数字货币桥项目（mBridge）是一个跨境支付实验项目，由国际清算银行（香港）创新中心联合香港金融管理局、泰国中央银行、阿联酋中央银行以及中国人民银行数字货币研究所合作开展。

数字货币桥的主张是：一个高效、低成本和通用的多币种区块链平台可以提供一个中央银行和商业参与者直接连接的网络，能够大大增加国际贸易的流动性和整个跨境业务的发展潜力。项目利用一个基于分布式记账（DLT）、智能合约以及电子钱包等技术的定制通用平台进行跨境支付实验，多个中央银行可以在该平台上发行和兑换各自的中央银行数字货币（multi-CBDCs），平台设计时会特别关注模块化功能及其可扩展性，并遵守特定管辖区的政策和法律要求。

总体而言，mBridge系统能够解决传统跨境结算生态的部分技术瓶颈，提高交易效率，其主要具有以下几大优势：

（1）实时额度监控；

（2）减少对于贸易中介和代理的需求；

（3）定制化服务；

（4）全天候实时跨境结算；

（5）大幅提升跨境结算效率。

2022年8月15日—9月23日，数字货币桥围绕国际贸易案例，进行了真实价值交易的试点测试。项目施行方在测试前进行了一系列的重要基础工作，包括中央银行内部以及与商业银行的广泛协调，起草了有针对性的法律协议，并在正式测试前进行了模拟彩排，最终试点圆满结束。在正式测试的6周内，来自中国、泰国、阿联酋等国的20家商业银行在这个平台上发行各自国家的央行数字货币（CBDC），并利用这个试点平台进行了支付以及外汇（FX）同步交收（PvP）交易，平台CBDC发行量共计1 200万余美元，为超过160笔支付和外汇同步交收交易提供便利服务，总价值超过2 200万美元。

目前数字货币桥的项目试点和前期经验表明，为解决当今跨境支付系统的局限性而定制多边央行数字货币平台是一个现实且可实现的目标。通过建立共享平台，在保证央行资金安全的前提下，参与者可以在多个司法管辖区内直接进行点对点的支付。mBridge试点和相关分析证实，multi-CBDCs平台可以提高跨境支付速度和效率，降低结算风险，并支持在国际支付中使用当地货币。并且数字货币桥的建立是在仔细考虑到任何潜在的政策、宏观经济、监管和法律影响的情况下完成的，具有一定的现实推广意义。

资料来源：BIS Report. Project mBridge：Connecting economies through CBDC，2022.

本章小结

1. 国际化投资使得原来局限于国内投资时不可分散的国家风险可以通过对不同国家金融资产的投资得以分散。但是随着金融市场国际化、一体化程度的提高，各国金融市场之间的相关性越来越强，风险在全球范围内的分散增加了难度。

2. 通过国外投资，可部分地消除证券组合中来自本国商业循环周期波动的影响，既能在较大程度上消除各种风险，又能使投资者持续获得局限于一地所无法保持的长期收益。因此，国际资产组合投资的两个动机便在于获取更高的投资收益和风险分散化收益。

3. 国际资产组合投资将使投资者面临国内投资所没有的特殊风险，主要包括外汇风险和国家风险。

4. 投资者可以通过多种渠道实现国际资产组合投资，典型的有：在外国证券市场上直接购买外国证券、在本国市场上购买外国证券、投资共同基金。

5. 金融市场一体化是指国内和国外金融市场之间日益紧密的联系、协调，它们相互影响、相互促进，逐步走向统一金融市场的状态和趋势。金融市场一体化包含三层含义：第一，各国银行和金融机构的跨国经营形成了各国金融市场的关联链；第二，各国金融市场之间关联链的形成，极大地促进了各国金融市场之间金融交易量的增长；第三，基于以上两个方面，各国金融市场的利率决定机制相互影响，具体表现为相同金融工具在不同金融市场上的价格趋于一致。

6. 在国际宏观经济学领域，经济学家们已经建立了多种标准来衡量金融市场一体化的程度。目前被经济学家们广泛用来衡量金融一体化程度的主要有三类标准：基于价格、基于数量和基于金融市场利率的衡量标准。基于价格的衡量标准主要有抛补利率平价、非抛补利率平价、实际利率平价等。基于数量的衡量标准主要计算国内资金流向（储蓄与投资模型）和金融市场的跨境资金流量（Chinn-Ito 指数等）。

7. 任何事物都可能存在两面效应，金融市场一体化同样如此。一方面，它可以促进经济的持续增长，促进各国金融机构之间的合作并提高效率，促进投资活跃和新市场的兴起，有利于跨国金融监管体系的形成。另一方面，各国政府对本国金融市场的控制能力削弱，一国很难坚持自主的货币政策，并且金融体系特有的风险传递“多米诺骨牌效应”会表现得更为明显，导致金融风险加剧且快速蔓延，从而产生更大的破坏力。

8. 从类型上看，国际金融市场上的机构投资者主要包括商业银行、证券公司、保险公司、养老基金和投资基金等。不同机构投资者的资金来源是不一样的，资金的性质也不同，这就决定了其在国际金融市场上的投资行为也会有所差异。

9. 人民币跨境支付系统是我国重要的金融基础设施，对于人民币国际化具有重要意义。目前人民币跨境支付系统的参与人数不断增多，覆盖国家和地区数量不断增加，业务总量不断上升，功能也在不断完善。

核心概念

投资组合理论	金融市场一体化	Chinn-Ito 指数	抛补利率平价
非抛补利率平价	实际利率平价	储蓄与投资模型	美国存托凭证
中国存托凭证	QFII	机构投资者	对冲基金
主权财富基金	人民币跨境支付系统		

课后习题

1. 假设某美国投资者持有 1 万美元，日元兑美元的即期汇率是 1 美元＝100 日元，1

年期的远期汇率是 1 美元＝110 日元。如果日本无风险利率为 0.03%，美国无风险利率为 1.3%，在不考虑其他因素的前提下，投资者应该在美国还是日本进行投资？

2. 有 A、B 两组国家，A 组国家的储蓄与投资相关系数为 0.15，B 组国家的储蓄与投资相关系数为 0.75，哪组国家的金融市场开放程度更高？

3. 分散化投资对风险有什么影响？

4. 抛补利率平价和非抛补利率平价之间有什么联系？

5. 讨论金融市场一体化和国际资产组合投资之间的关系。

6. 试分析国际金融市场上不同种类的机构投资者的投资行为特征。

7. 中国的主权财富基金叫什么名字？主要涉及哪些业务？投资效益如何？

8. 随着中国经济的快速发展，中国企业在国际市场的投资越来越广泛，中国政府也开放了国内投资者参与国际资产组合投资的门槛。请问：

（1）中国如何通过国际资产组合投资有效管理资金，以保证资金安全和收益？

（2）中国在国际资产组合投资中如何避免投资风险，特别是在跨国投资中的法律风险？

（3）中国企业在国际资产组合投资中如何避免地缘政治风险？如何在国际金融危机中进行有效的风险管理？

即学即测

第 2 篇

国际金融管理

第6章

外汇风险管理

学习目标

- 熟悉企业面临的外汇风险种类及其成因；
- 了解汇率预测的实用模型和方法；
- 掌握评估交易风险、经济风险和折算风险的操作技术与步骤；
- 学习常用的外汇风险管理方法。

本章导读

我国航空公司通常以美元贷款或租赁方式获得飞机，而其收入大都为人民币。理所当然地，人民币兑美元汇率波动对航空公司的利润有很大影响。例如，2019年、2022年因人民币对美元贬值，中国国航的汇兑损失分别为12.11亿元、40.89亿元。相反，2020年、2021年因人民币对美元升值，中国国航的汇兑收益分别为36.04亿元、12.35亿元。

实际上，跨国公司、进出口企业的国际经营活动大都涉及货币兑换，其经营业绩很容易受到汇率波动的影响。外汇风险管理在其经营管理中往往占据重要地位。可以说，这个结论与我们的直觉完全相符。不那么容易理解的是，一些企业既不参与跨国贸易或投融资，也完全不发生货币兑换活动，但是却必须时时关注汇率波动可能给自己造成的麻烦，并采取必要的外汇风险管理措施。

外汇风险都有哪些成因？汇率可以预测吗？外汇风险应该如何量化？有哪些常用的风险管理工具和技术可供企业使用？我们将在本章系统地回答这些问题。

6.1 外汇风险概述

跨国经营的一大特点是业务涉及多种货币，需要货币兑换才能实现国际贸易、跨国投融资和红利分配等。汇率波动造成的外汇风险，增加了企业现金流的不确定性，不利于企业的价值稳定。改革开放40多年以来，中国通过积极参与国际分工全面融入国际经济，已经发展成为开放型经济大国。在宏观层面，2023年，我国外贸依存度为33.12%，较上一年度低1.88个百分点[①]；在企业层面，随着中国加入WTO后贸易壁垒大大减少，也涌

① 根据海关统计数据计算。

现出中石油、中国工商银行、华为、格力、联想等一批国际著名跨国公司。相应地，外汇风险逐渐成为跨国公司经营管理的重点。

6.1.1 外汇风险的含义

外汇风险（foreign exchange risk），又称汇率风险，是指在不同货币的相互兑换或折算中，因汇率在一定时间内发生始料未及的变动，致使有关国家金融主体实际收益与预期收益或实际成本与预期成本发生背离，从而蒙受经济损失的可能性。在理解外汇风险的概念时，要弄清楚两个问题：外汇风险对象和风险构成要素。

1. 外汇风险对象

并非所有的外币资产和负债都要承担外汇风险①，只有其中一部分，即“受险部分”、“敞口”（exposure）或“风险头寸”（exposure position）才承担风险。具体地讲，在外汇买卖中，风险头寸表现为外汇持有额中“超买”（overbought）或者“超卖”（oversold）的部分。在企业经营中则表现为其外币资产与外币负债不相匹配的部分，如外币资产大于或小于外币负债，或者外币资产与外币负债在金额上相等，但是期限不一致。

2. 风险构成要素

通常，企业的国际业务涉及本币和外币兑换，外币可以是一种或者多种。进口或对外投资需要用本币（或者某种外币）向银行购买特定的外汇；出口或引进外资需要通过银行结汇换成本币（或者另一种外币）。由于国际贸易信贷的发展及外汇结算方式的特点，外汇收支结算需要或长或短的一段时间，即使是即期交易，从成交到交割完成也有两天的时间间隔。而在这段时间里，汇率完全可能发生变化，给企业造成风险损失。[图 6-1 列出了美元兑日元、欧元、人民币的汇率变化（较上一年）走势。我们可以看到，年度汇率变化有时会超过20%。事实上，汇率时时刻刻都在发生变化，每一秒的价格都可能不同。] 因此，风险头寸、两种以上的货币兑换或折算、成交与资金清算之间的时间间隔、汇率波动共同构成外汇风险因素。

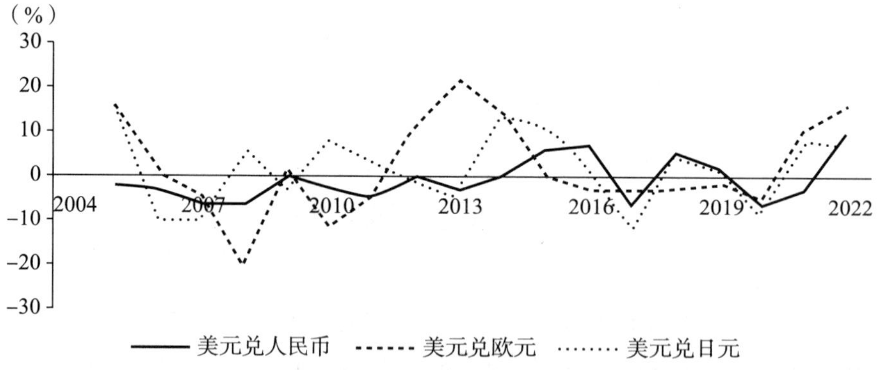

图 6-1 美元兑人民币、欧元、日元的汇率变化走势

资料来源：International Monetary Fund.

例如，某中国企业与某巴基斯坦企业开展进出口业务，如果只用人民币计价并结算，

① 外汇风险由风险头寸、货币兑换或折算、受险时间、风险事故（指汇率变动）和风险结果（指经济损失）等要素构成。

不涉及货币兑换，就没有外汇风险。或者，该企业因进出口业务需要，同一天收入 100 万美元并支出 100 万美元，尽管发生了人民币与美元的兑换，但没有风险头寸和受险时间，同样没有外汇风险。

6.1.2　外汇风险的种类

根据外汇风险的作用对象、表现形式，可以将外汇风险划分为三种类型，即：外汇交易风险、外汇折算风险、外汇经济风险。

1. 外汇交易风险

外汇交易风险，是指企业或个人在交割、清算对外债权债务时因汇率变动而导致经济损失的可能性。这些债权、债务在汇率变动前已经发生，但在汇率变动后才清算。交易风险是一种常见的外汇风险，存在于应收款项和所有货币负债项目中。由于进行本国货币与外币的交换或者不同外币之间的交换才会产生外汇风险，开办外汇买卖业务的商业银行因此面临大量的外汇交易风险；工商企业在以外币进行贸易结算、贷款或借款以及伴随外币贷款、借款而进行外汇交易时，也要发生同样的交易风险；个人买卖外汇也不例外。此外，一些表外业务中也包含着外汇交易风险，如买入和卖出外汇远期合约、期货合约、期权合约及互换合约等外汇工具，还有购买尚未清算的、价格早已确定的涉外商业合同等。

2. 外汇折算风险

涉外企业在进行会计处理以及进行外币债权、债务决算的时候，经常会碰到如何以本国货币评价这些对外经济活动的价值和效益问题。比如在办理财务决算时，由于汇率一直处于变化之中，经济活动发生日与财务决算日的汇率已经不一样了，选用不同时点的汇率评价外币债权债务，往往会产生差异很大的账面损益，我们称汇率波动造成的会计账面损益为“评价风险”或“外汇折算风险”。企业在一国注册，根据主权原则，会计报表应该使用注册国货币作为记账货币，这就要求本国企业将实际发生的外汇收支项目按某一汇率折算为本国货币。此外，本国企业设在国外的分公司，按合并报表原则也应该折算为本国货币。由于汇率在不断变动，按不同汇率折算的财务状况也大不相同，企业的折算风险在会计上暴露无遗，因而外汇折算风险是涉外企业最明显的一种外汇风险。

3. 外汇经济风险

外汇经济风险，是指由于外汇汇率变动使企业在将来特定时期的收益发生变化的可能性，即企业未来现金流量折现值的损失程度。收益变化的幅度主要取决于汇率变动对企业生产、价格和成本的影响程度。例如，当一国货币贬值时，出口品的外币价格下降，有可能刺激出口品需求及出口收入增加；如果出口品为加工贸易，原材料主要为进口品，因本币表示的进口品价格上涨，出口品的生产成本上涨，结果导致出口企业的未来收入可能增加，也可能减少，进而影响其市场份额、竞争能力、生存与发展潜力，此种风险就属于外汇经济风险。

6.2　汇率预测技术

所谓汇率预测，是指对货币间比价关系的波动范围及变化趋势做出判断与推测。汇率波动是造成外汇风险的决定性因素，准确预测汇率波动方向和幅度是确定风险大小、风险危害程度的首要工作，也是企业外汇风险计量及企业战略调整的基础。

影响汇率波动的最基本因素有相对利率、相对通货膨胀率、相对收入水平、政府管制以及人们的心理预期等，此外还有投机活动和政治经济等各种突发因素。其中既包括经济因素，又包括政治因素、国际因素和心理因素等。同一个因素在不同的国家、不同的时间所起的作用也不尽相同。汇率预测涉及领域的广泛性远超过任何一个人的知识结构广度，同时这些基础因素之间往往存在相关性，使汇率预测的难度进一步提高。迄今为止，如何进行准确的汇率预测仍然是国际金融研究中悬而未决的核心问题。

当然，近年来，随着科技发展和研究探索的持续，借助金融科技、统计等学科的最新成果，汇率预测方法正得到不断完善。

专栏 6.1 个人需要做汇率预测吗？

（1）汇率波动会影响个人的国外旅游。张伟先生一家都是英国足球超级联赛球迷，他们经过漫长的筹备，终于下定决心，制订了耗资 8 000 英镑的全家英国深度游计划，旅行日期定在 9 月份。为此，按照年初 1 英镑＝7.5 元人民币的汇率，张伟准备了 60 000 元人民币。但是到了 9 月份，英镑汇率发生了变化：1 英镑＝8.5 元人民币。如果要继续英国之行，张伟需要追加 8 000 元人民币。受到资金不足的限制，张伟很可能取消预订的旅行计划。即使张伟能够携带 8 000 英镑现金或旅行支票赴英国旅游，按原计划还要到法国旅行几天，但英镑兑欧元下跌了 15%，这表明张伟手头的英镑兑换成欧元后，也无法保障全家在法国的开支，所以恐怕不得不取消法国之行。

（2）汇率波动会影响个人对国外商品与劳务的消费。李玉先生通过互联网向北京的一家书店订购了一套日本出版的图书，并注意到书店的公告中有下列注意事项：“标价均是当前的人民币价格，由于进口图书时汇率波动等原因，可能会变更人民币价格，特此预先通知。”向外国订购书刊，通常需要一段时间，由于其间日元币值急剧上升，等李玉先生拿到这套日本书籍时，所需支付的书款竟然比当初的预定金额高出 50%。

上面的例子表明，外汇风险对个人财务安排、个人的生活都会产生影响，与普通人的生活息息相关。当然，与企业相比，由于个人所持有的外汇规模有限，面临的外汇风险较小，因而个人对汇率预测的精确性要求不高。

6.2.1 基础因素分析预测法

预测汇率最常用的方法是基础因素分析预测法，即根据影响汇率变化的主要经济变量的变动来预测汇率未来波动。基础因素分析预测法的主要步骤是：确定影响汇率的经济变量及其关系；建立具体的汇率预测模型；汇率预测模拟；建立多元预测模型。

1. 确定影响汇率的经济变量及其关系

主流汇率理论——利率平价理论、购买力平价理论、国际费雪效应、资产组合平衡理论、汇率超调理论、合理预期理论——是汇率预测的理论基础。这些理论从不同的角度出发，探讨了汇率波动与利率、通货膨胀率、货币数量、金融资产等经济变量变动之间的相互关系，为我们确定了预测汇率应该选择的经济变量，以及如何构建汇率与经济变量之间关系的基本框架。

专栏 6.2 根据国际费雪效应选择经济变量

国际费雪效应（international Fisher effect）根据国际经济、金融的发展情况，吸收了利率平价与购买力平价的合理内涵，用利率、预期通货膨胀率变动来解释即期汇率的变动。国际费雪效应认为两种货币的利率差异实际上反映的是它们预期通货膨胀率的差异，由于资本市场的超调作用，用利率代替通货膨胀率来解释短期汇率波动更为准确。预期通货膨胀率高的货币，即名义利率较高的货币将贬值；相反，预期通货膨胀率低的货币，即名义利率较低的货币将升值。其公式表示如下：

$$\rho=\frac{i_{t+1}-i_{t+1}^{*}}{1+i_{t+1}^{*}}$$

式中，ρ 表示外汇即期汇率变动率；i_{t+1}、i_{t+1}^{*} 分别表示本国和外国的名义利率。根据国际费雪效应，我们应选择两国的名义利率作为预测汇率的经济变量。

需要注意的是，国际费雪效应综合运用了利率平价和购买力平价的思想，因此其适用的条件也是这两个理论的综合。即：要求相关的两种货币发行国之间的贸易、资本流动没有任何障碍；贸易收支和资本收支的规模都比较大，或者资本收支的规模更大；市场机制健全；有充分的套利活动。如果这些条件不满足，运用国际费雪效应进行汇率预测就会出现较大的预测误差。

2. 建立具体的汇率预测模型

确定经济变量后，我们以回归分析法为例建立模型。我们可以通过对历史数据的回归分析，建立外汇汇率与其影响因素之间的数量关系，进而对汇率进行预测。根据不同国家货币汇率波动的具体情况，回归方程可以是一元的，也可以是多元的；可以是线性的，也可以是非线性的。

在获得汇率的回归方程之后，我们还需要对所获得的参数和方程进行显著性以及变量的自相关性检验。不能通过检验的参数就不能用来进行预测，该模型也不能成立。具体包括：（1）对回归参数的显著性检验（通常以5%为标准）。（2）对回归方程的检验——R^2 检验和 F 检验。在多元回归模型中，用 R^2 度量模型的拟合优度，并比较含有不同解释变量的回归模型结果的有效性。R^2 越接近1，表明模型的预测值与实际值的差异越小，模型的有效性就越高。如果 R^2 非常小，意味着模型的拟合优度很低，模型就不能通过检验，也就不能使用。

鉴于本章旨在对汇率预测方法进行简单介绍，我们略去回归分析的具体细节和理论基础等内容。在实际操作层面，大部分统计软件，例如Stata、SPSS和R等，可以方便地进行回归分析并进行相关检验。

3. 汇率预测模拟

以下我们运用国际费雪效应，结合美元兑人民币的历史汇率数据，模拟基础预测方法。

（1）根据国际费雪效应建立数学模型：

$$\rho=\frac{i_{t+1}-i_{t+1}^{*}}{1+i_{t+1}^{*}}$$

式中，i_{t+1}、i^*_{t+1}分别表示第 $t+1$ 期本国和外国的利率，ρ 表示预期的第 $t+1$ 期即期汇率的变动率。也就是说，如果用 S_t 表示 t 期的汇率，$\rho=\frac{S_{t+1}-S_t}{S_t}$。根据这个模型，我们得知汇率的变动率应与名义利率有关。通过在等式两边加 1，我们得到：

$$\frac{S_{t+1}}{S_t}=\frac{1+i_{t+1}}{1+i^*_{t+1}}$$

我们通常使用线性回归模型，因此进一步在等式两边取自然对数并移项，得到汇率和利率之间的线性关系①：

$$s_{t+1}\approx i_{t+1}-i^*_{t+1}+s_t$$

式中，$s_t=\ln S_t$。

（2）选择模型的自变量和因变量。

根据选定的数学模型，未来的汇率取决于国家之间的利率差和当期汇率。因此，选定下一期汇率 s_{t+1} 为因变量（即试图预测的变量）、两国之间的无风险利率为自变量并做如下回归：

$$s_{t+1}=\alpha+\beta(i_{t+1}-i^*_{t+1}+s_t)+\epsilon_{t+1}$$

式中，α 和 β 为待确定的参数，ϵ_{t+1} 为随机误差。

以 OECD 编制的 OECD Database 作为数据源，因变量选择 2005—2022 年间的美元汇率。由于模拟的是短期汇率预测，因此时间间隔为 1 个月，即选择月度数据，共 212 个（有少许数据缺失）。自变量选取人民币和美元的短期利率（根据 OECD Database 的定义）。②

（3）进行回归分析，确定参数。

$$\alpha=0.440，\beta=0.777$$

（4）对方程式进行检验，F 检验结果如下：

回归统计		F
R^2	0.983	787
观察值个数	212	

F 值为 787，远远大于 5%的显著性所要求的 4.08 的临界值，通过了显著性检验。该模型通过了 F 检验，可以用它来预测下一期美元汇率的变动，其 R^2 为 0.983，表明模型的拟合优度也比较高。这说明我们的模型可以较好地预测美元汇率。③

（5）运用模型进行汇率预测。

运用已建立的汇率预测模型，可以据此来预测下一期的汇率。

---

① 在这里，我们运用了自然对数的如下性质：当 x 较小时，$x\approx\ln(1+x)$。

② 这里的回归分析仅用作课程举例。在实际操作中，往往有多种不同利率（例如不同期限的国债），需根据具体情况选择合适的利率。

③ 事实上，在这个模型中，对于预测影响最大的是当期汇率 s_t，利率的作用反而有限。汇率预测是一个极其复杂的课题，本章的所有示例仅作为学习案例。在实践中，寻找能有效预测汇率的经济变量是非常困难的。

假设 2026 年 1 月 31 日外汇市场美元的即期汇率为 1 美元＝6.795 元人民币，中国短期利率为 2.80%，美国同期短期利率为 4.61%。根据前面的预测模型，可以得到：

$$s_{t+1}=0.440+0.777\times[(0.0280-0.0461)+\ln 6.795]=1.915$$

因此，2026 年 2 月 28 日人民币兑美元的汇率预测值为 1 美元＝$\exp(s_{t+1})$＝6.786 元人民币。

4. **建立多元预测模型**

根据主流汇率理论，利率、通货膨胀率、国民收入、货币数量、外汇储备都是影响汇率的重要因素。往往需要考虑多个要素对汇率的共同影响，建立包括两个或两个以上决定因素的多元预测模型。例如：

$$ES_{t+1}=aF_{t+1}+b(y-y^*)$$

式中，F_{t+1}表示远期汇率，y、y^* 分别表示第 t 期本国和外国的 GDP 增长率，a、b 是参数。

在这个二元预测模型中，参数 a、b 的具体含义是什么呢？如果两个自变量之间不相关，那么参数 a 度量的是在两国 GDP 增长率差额（$y-y^*$）不变的情况下远期汇率（F_{t+1}）变化一个单位造成的未来即期汇率（S_{t+1}）的变化量；参数 b 度量的是在远期汇率（F_{t+1}）不变时，两国的 GDP 增长率差额（$y-y^*$）变化一个单位造成的 S_{t+1}的变化量。

假设 2026 年 1 月 30 日美元兑日元的汇率为 103.22，两种货币的 1 年期远期汇率为 110.56。根据预测，2023 年美国的 GDP 增长率为 3%，日本为 1%，由以往的数据得出模型中的参数：$a=0.96$，$b=1.61$。那么，由此可以预测 2027 年 1 月 30 日美元兑日元的汇率将为 106.17。即：

$$ES_{t+1}=0.96\times 110.56+1.61\times(3\%-1\%)=106.17$$

6.2.2 市场预测法

市场预测法即直接根据市场中的汇率价格预测未来汇率。事实上，市场中的汇率价格本身也是重要的经济变量，因此市场预测法可以视为基础因素分析预测法的特例。在数据中，汇率（尤其是短期汇率）往往可以近似地被看作一个随机游走（random walk）过程，因此使用汇率本身来进行预测不仅方便，若汇率波动较小，还能保证不错的精度。市场预测法包括两种：即期汇率预测法和远期汇率预测法。

1. **即期汇率预测法**

如果某种货币的汇率波动比较小，外汇市场比较平稳，根据汇率随机游走模型，在预测该货币的短期汇率时，可以认为当期的即期汇率就是下一期的即期汇率的期望。即：

$$ES_{t+1}=S_t$$

式中，S_t 为第 t 期的即期汇率。

例如，2026 年 2 月 23 日人民币兑美元的汇率为 USD1＝RMB6.90，鉴于人民币在国际收支基本均衡下的相对稳定，可以预测 2023 年 2 月 24 日人民币兑美元的汇率也应该是 6.90 左右。

即期汇率预测法适用于市场较为稳定的情况，也就是各国经济波动相对平稳、没有重大的政策改变等。当然，在多数情况下，即便各个因素相对稳定，汇率仍会出现小幅波动。为提高精度，可以考虑加入有可能影响汇率的其他因素。

2. 远期汇率预测法

主要国际货币通常都有发达的远期外汇市场或者期货市场。远期汇率反映了当前市场对货币的未来即期汇率的一致看法。在国际金融市场套利机制的作用下，远期汇率应该是未来即期汇率的无偏估计，即：

$$ES_{t+1}=F_t$$

式中，F_t 表示第 t 期市场标示的第 $t+1$ 期的远期汇率。

据此，我们可以直接用远期汇率来预测未来的即期汇率。表 6-1 是中国银行提供结售汇业务时的报价。其中，3 个月人民币兑美元远期汇率为 USD100 ＝RMB679.81。我们可以预测：人民币兑美元 3 个月后的即期汇率可能为 USD100＝RMB679.81。

表 6-1　3 个月远期外汇报价（2026 年 2 月 16 日） 单位：人民币元/100 外币

货币名称	买入价	卖出价
英镑	816.61	836.24
港元	86.74	88.67
美元	679.81	691.77
瑞士法郎	741.30	757.07
澳元	468.33	480.68
加元	506.00	518.13
日元	5.12	5.24
欧元	728.15	745.70

资料来源：中国银行。

根据美国一些投资机构的实证研究，远期汇率在预测未来汇率时的有效性相当高，在数十种货币中预测的准确性大约在 85%，且使用起来非常简单。但是远期汇率除了受经济本身的影响之外，也取决于市场买卖双方的力量对比。如果外汇市场上需求量比较大，远期汇率会高于实际汇率；反之，如果市场上抛售的力量较为强大，则远期汇率可能被低估。

6.2.3　汇率预测评估与预测调整

1. 为什么要进行汇率预测检验？

无论是运用基础因素分析预测法还是市场预测法，由于这些方法自身的局限性，得到的预测结果总会在一定程度上偏离实际值。偏差越大，意味着预测的准确性越差，预测结果的有效性越低。为了确保预测的准确性，以便为外汇风险管理提供科学依据，我们必须对所采用的汇率预测方法或者预测

> **知识注解**
> 系统纠偏，指在通过模型获得预测值的基础上进行适当的调整，从而使预测值更加接近真实值，提高汇率预测的准确性。

模型进行检验，选择偏差最小的预测方法，采用预测效果最佳的模型。一旦了解和把握了预测模型的系统偏差，我们就能够进行系统纠偏。

2. 模型检验方法

可以采用预测值与实际值的散点图进行模型检验。如果模型的预测值等于实际值，图上各点都会落在 45°线上。各点越接近 45°线，说明预测的准确度越高。例如，图 6－2 反映了用两种不同预测模型得出的预测值与实际值的散点图。很明显，图 6－2（a）中各点的位置比图 6－2（b）更接近 45°线，该模型的预测准确度更高。而且，图 6－2（a）表明模型存在系统地低估日元汇率的情况，因为多数点都落在 45°线下方；图 6－2（b）则相反，多数点落在 45°线上方，说明模型系统地高估了日元汇率。

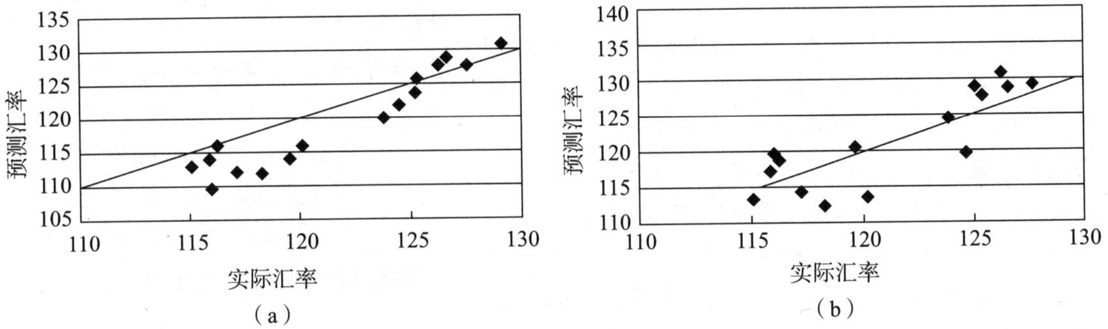

图 6－2　日元汇率预测准确性检验

3. 测量模型的预测准确度

不同的模型预测误差大小往往不尽相同。除了运用散点图直观地、粗略地判断预测模型外，我们还可以通过计算误差的方法来度量、比较模型的预测误差。

在诸多汇率预测模型中，对同一货币在同一期间的预测误差越小，模型的预测精度就越好。对两种货币预测的结果及预测误差检验如下：

货币	预测值（1）	实际值（2）	误差额(3)=|(1)—(2)|	误差率(3)/(2)
英镑	$1.30	$1.45	$0.15	10.3%
人民币	$0.15	$0.13	$0.02	15.4%

英镑的预测误差绝对值为：

$$|\$1.30-\$1.45|=\$0.15$$

英镑的预测误差率是：

$$\frac{|\$1.30-\$1.45|}{\$1.45}=\frac{\$0.15}{\$1.45}=10.3\%$$

相应地，人民币的预测误差绝对值是：

$$|\$0.15-\$0.13|=\$0.02$$

人民币的预测误差率是：

$$\frac{|\$0.15-\$0.13|}{\$0.13}=\frac{\$0.02}{\$0.13}=15.4\%$$

如果我们仅仅比较误差绝对值，就会得出英镑预测准确性低于人民币的结论。但是，一旦比较预测误差率，我们会发现，英镑的预测误差率为 10.3%，而人民币的预测误差率为 15.4%，所以英镑的预测准确性更高。

在建立多个预测模型的情况下，需要对每一个模型的预测误差率进行计算，选择预测误差率最小的模型作为最终的预测模型。当然，我们还可以同时运用 2～3 个模型进行预测。根据各经济变量的重要性，对不同的模型赋予不同的权重，以这些模型预测值的加权平均值作为最终的预测值。

4. 预测值调整

通过预测误差检验获得模型系统偏差，可对预测值进行相应的调整。例如，如果在上述日元预测模型［图 6-2（a)］的误差检验中得知，该预测模型系统地平均低估了日元汇率 8%，那么我们就可以进行预测值调整：预测值＝模型预测值×(1＋8%)。相反，如果上述日元预测模型［图 6-2（b)］的预测值系统地平均高估了日元汇率 10%，我们就可以从预测值中减去 10%，即预测值＝模型预测值×(1－10%)，从而修正预测结果，使之更接近实际值，提高汇率预测的精度。

知识注解

汇率预测值调整的步骤为：第一，用预测模型求得一组预测值；第二，计算预测值与实际值的相关系数，并进行参数检验；第三，计算具体的系统偏差；第四，根据预测的系统偏差进行预测值调整。

例如，根据某一选定的预测模型对英镑汇率预测值（$\hat{S}$）与实际值（S）进行回归分析，得到方程：

$$S=0.88\hat{S}$$

检验方程的 P 值为 7.2%，方程统计显著。所以，运用该模型得到的英镑预测值比实际值高。二者的相关系数表明，实际值只为预测值的 0.88 倍。在运用模型进行英镑汇率预测时，需要对预测值进行修正，即预测值＝模型预测值×0.88，就可得到更加准确的英镑预测值。如果模型计算出来的英镑预测汇率为 GBP1＝USD1.764 2，那么调整后的预测值应该为 GBP1＝USD1.552 5(＝1.764 2×0.88)。

6.3 外汇风险计量

6.3.1 交易风险计量

交易风险是企业最常见的外汇风险，因此也是外汇风险管理的重点。

计量交易风险需要两个步骤：首先是确定各外币预计的流入量或流出量净额；其次是确定这些货币的总体风险。

1. “净”现金流量带来的交易风险

企业某一时点的“净”现金流量才是计算交易风险的对象。因为同一种货币的应收款和应付款二者方向相反，汇率波动对应收款有利时，必然以同样的幅度不利于应付款，反之亦然。如果企业某种货币的应收款恰好等于或基本等于应付款，该种货币的汇率波动不会给企业带来任何交易风险。只有应收款和应付款相互抵消后的净额，才是企业真正会受到汇率波动影响的部分，即风险头寸。

"净"现金流量＝现金流入量－现金流出量

正值代表净流入，负值代表净流出。

（1）计算"净"现金流量的要求。

跨国公司的每一家子公司均要对其业务中涉及的每一种外币分别计算净现金流量。因为几乎没有哪两种货币的波动方向、波动幅度完全相同，因此，每一种货币的"净"现金流量都有不同的交易风险。

将各子公司"净"现金流量进行汇总，编制合并的现金流量表，就得到跨国公司总的"净"现金流量。

（2）计算交易风险的具体方法。

［例 6-1］ 我国一家跨国公司 A 在年初的时候，根据两家子公司 M 和 N 的经营计划，估计它们在年度末的现金流量（见表 6-2 和表 6-3）。

表 6-2　子公司 M 的预期现金流量

货币	流入量	流出量	净流入或净流出
加元	C$1 000 000	C$3 000 000	－C$2 000 000
欧元	€6 000 000	€10 000 000	－€4 000 000

表 6-3　子公司 N 的预期现金流量

货币	流入量	流出量	净流入或净流出
加元	C$3 000 000	C$5 000 000	－C$2 000 000
欧元	€14 000 000	€6 000 000	€8 000 000
瑞士法郎	SF1 000 000	SF7 000 000	－SF6 000 000

为了把握公司总的货币头寸，跨国公司 A 将两家子公司的预期现金流量进行了合并，得到关于各种货币总的净现金头寸。如果给出相应的预期汇率，跨国公司 A 就可能比较容易地估计出年末以人民币表示的现金流量（见表 6-4）。

表 6-4　跨国公司 A 以人民币表示的合并净现金流量

货币	总流入量	总流出量	净流入或净流出	预期汇率（¥）	净流入或净流出（¥）
加元	C$4 000 000	C$8 000 000	－C$4 000 000	6.6	－26 400 000
欧元	€20 000 000	€16 000 000	€4 000 000	7.7	30 800 000
瑞士法郎	SF1 000 000	SF7 000 000	－SF6 000 000	5.0	－30 000 000
合计	—	—	—	—	－25 600 000

2. 币值波动性带来的交易风险

不同货币具有不同的内在稳定性。沿用 A 公司的例子，如果预测的汇率不是一个点值，而是一个狭窄的带状区间值，企业的交易风险则具有更大的不确定性。由表 6－5 可知，预期净流出 400 万加元，预期年末汇率范围为：CAD1＝RMB6.5～RMB6.7，因此，预期的净现金流出量为人民币［26 000 000，26 800 000］，不确定性金额（即交易风险）为人民币 80 万元。此外，不同货币的汇率波动范围有差异。例如，在本例中，瑞士法郎的波动范围明显大于加元。因此，在满足对瑞士法郎的现金支出上，跨国公司 A 的不确定性金额为人民币 360 万元，远远高于在加元方面人民币支出的不确定性。通过这样的简单比较，我们可以得出结论：任何外币的交易风险不仅取决于该货币的净现金流量，也取决于该货币预期汇率的波动范围，即币值波动程度。

表 6－5　跨国公司 A 的估计净现金流量范围及交易风险

货币	净流入或净流出	期末汇率范围（¥）	预期净流入或净流出范围（¥）	不确定的现金流（¥）
加元	－C$4 000 000	6.5～6.7	－26 800 000～－26 000 000	－800 000
欧元	€4 000 000	7.6～7.8	30 400 000～31 200 000	800 000
瑞士法郎	－SF6 000 000	4.7～5.3	－31 800 000～－28 200 000	－3 600 000

跨国公司一般通过计算外币的波动性，可以大致得到某种货币的汇率波动范围，从而大致估计出现金流量的波动范围，即交易风险的大小。

（1）计算币值波动性。

方差或者标准差是计算币值波动性的常用工具。货币的标准差越小，意味着在某一时期内货币围绕其均值上下波动的幅度越小；货币的标准差越大，意味着其波动性越大。下面我们将通过例子说明如何用标准差来预测汇率波动性。

［例 6－2］　一家中国跨国公司根据其净现金流量风险管理的需要，要估计英镑、加元、日元和瑞士法郎的波动性，从而确定这些货币未来的汇率范围。该公司选择 2005—2022 年的历史汇率数据，并根据国际货币领域的重大变化，分 2005—2010 年、2011—2015 年、2016—2022 年三个阶段计算了这四种货币的年度标准差（见表 6－6）。可以看到，不同货币呈现出不同的波动性。

表 6－6　汇率波动的标准差（%）

年份	2005—2010 年	2011—2015 年	2016—2022 年
英镑	26.73	4.23	5.33
加元	20.20	6.12	6.93
日元	8.90	13.17	7.54
瑞士法郎	2.20	6.53	4.54

（2）币值波动性是变化的。

随着时间的推移，货币汇率的波动性也会发生变化。表 6－6 就反映了这样的实际情况。在 2005—2010 年这段时间，由于国际金融危机，英镑、加元对人民币的波动性显然高于此后的两个时期。在预测汇率时需要特别注意这一问题。跨国公司在其经营过程中，如果能够更多地使用波动性比较小、币值比较稳定的货币，就能在一定程度上控制外汇交易风险。

3. 货币相关性带来的交易风险[①]

表 6－5 说明，跨国公司 A 在加元、欧元、瑞士法郎上有净头寸，要承担这些货币波动带来的交易风险。然而，跨国公司 A 真正承受的交易风险，并非表中所显示的那么大，因为欧元与加元、瑞士法郎之间有一定的负相关性，它们之间可以相互冲销一部分交易风险。

（1）货币相关性对净现金流量的影响。

在运用净现金流量方法计量交易风险时，如果没有充分考虑各货币之间的相关性，就会夸大或者缩小跨国公司的交易风险。例如，我国的两家跨国公司——A 和 B，已经合并了所有子公司预测的各种外币净现金流量。假定公司 A 面对的是大量加元流入，而公司 B 面对的是大量的、金额几乎相等的澳元流入和瑞士法郎流出，那么，哪一家跨国公司面临更大的交易风险？单从表面现象看，人们很容易认为公司 B 面临较大的交易风险，因为该公司面对的两种货币对人民币的波动幅度较大；而公司 A 似乎面临的风险较小，因为加元相当稳健。

然而这样的答案却是错误的，因为上述推理忽略了货币相关性这一重要概念。一旦两种货币高度相关，在经济表现上就很像是同一种货币：一种货币流入的交易风险和另一种货币流出的交易风险将相互抵消。

只要两种货币在一定程度上是同方向波动的，跨国公司在拥有一种货币流入净头寸而另一种货币流出净头寸时，这两种货币的净头寸就可以部分地相互抵消，汇率波动带来的交易风险总额将有所减少。

跨国公司可以将这些净流入或者净流出当作投资组合，构成组合的货币的相关性越低，现金流入或者流出组合的总体变化或波动性也就越小，意味着跨国公司的交易风险会变小。

相关性低或者负相关的货币组合，由于各种货币不会同时以同样的幅度向同一方向波动，彼此存在抵消效应，因此有利于减少组合整体现金流量的波动性，使得长期组合的总体波动趋于稳定。

（2）货币相关关系的计量。

相关系数表示两种货币变动的相关程度，可以用来计量货币波动之间的相关性。如果两种货币完全正相关，相关系数等于＋1；若完全负相关，说明变动方向截然相反，相关系数等于－1；若相关系数等于零，则二者之间完全不相关。表 6－7 列出了英镑、加元、日元、瑞士法郎在三个不同期间兑人民币汇率变动的相关系数，从中不难得出如下结论：

①不同货币之间的相关性有很大的差异，一些货币组的相关性比其他货币组高得多。例如，在 2011—2015 年期间，英镑与瑞士法郎的相关性高达 0.878 7，几乎是完全正相关，而与日元之间的相关系数只有 0.431 5，意味着二者间的相关性要小得多。

---

① 评估交易风险的步骤是：第一，确定各种货币头寸的大小；第二，确定各种货币头寸如何影响企业的未来现金流量。这一切可通过估计货币的标准差和相关系数来完成。即使某一货币有汇率变动风险，但如果该货币头寸较小，也不会对企业经营的稳定性产生严重影响。

表 6-7 汇率波动的相关性

		英镑	加元	日元	瑞士法郎
英镑	A	1	0.7417	−0.928 3	−0.558 3
	B	1	0.617 0	0.431 5	0.878 7
	C	1	0.633 1	0.766 6	−0.076 2
加元	A		1	−0.559 9	−0.037 4
	B		1	0.811 0	0.569 8
	C		1	0.319 2	0.045 4
日元	A			1	0.669 0
	B			1	0.675 3
	C			1	−0.115 9
瑞士法郎	A				1
	B				1
	C				1

注：A 表示 2005—2010 年，B 表示 2011—2015 年，C 表示 2016—2022 年。

②货币之间的相关性不是一成不变的，经常随时间的推移而发生变化。例如，2005—2010 年期间，英镑与瑞士法郎的相关系数为−0.558 3，呈负相关；在 2011—2015 年期间，二者之间的相关系数为 0.878 7，变成了高度正相关；而在随后的 2016—2022 年，又变成了几乎不相关。

③自 2005 年以来，英镑、瑞士法郎、加元、日元等主要货币兑人民币汇率波动之间的相关系数多表现为正相关，表明各种货币兑人民币的汇率呈现出同升同降的局面，货币波动多为同向运动。

6.3.2 经济风险计量

跨国公司的业务种类不同，有些业务的现金流量有较大的经济风险，而有些业务的现金流量几乎没有什么经济风险，所以首先要界定公司的哪些业务会面对经济风险。表 6-8 列出了跨国公司可能受外汇经济风险影响的业务活动，以及汇率波动对这些业务活动的影响。

表 6-8 汇率波动的经济风险

影响公司本币流入量的交易	本币升值对交易的影响	本币贬值对交易的影响
本国销售（与在本国市场上的外国竞争者相比）	减少	增加
以本币标价的出口	减少	增加
以外币标价的出口	减少	增加
对外投资的利息收入	减少	增加
影响公司本币流出量的交易	本币升值对交易的影响	本币贬值对交易的影响
以本币标价的进口	无变化	无变化
以外币标价的进口	减少	增加
应付外债的利息	减少	增加

1. 本币升值的经济风险

（1）对跨国公司本币流入类业务的影响。

本国货币升值，可能导致跨国公司在本国（指公司所在国）的销售收入减少。

若本币升值，则以本币标价的出口现金流入量可能减少。理由是外国进口商兑换计价货币的成本上升，致使它们减少或者推迟进口。跨国公司以本币标价的出口收入的减少程度取决于外国进口商的进口需求弹性。该弹性越大，以本币标价的出口收入的经济风险就越大。

以外币标价的出口也有可能因本国货币升值而出现现金流入量减少。与以本币标价的出口相比，经济风险方向相同，原因却有所不同。外国进口商对该跨国公司产品的需求不会改变，它们可以直接用本国的货币进行购买，不会受到跨国公司本币升值的影响。然而，当跨国公司收到外币出口款项时，本国货币已经升值，外币流入额只能兑换较少的本国货币。

对外投资的利息或股利因本币走强而只能兑换较少的本币，造成本币现金流入量减少，也是经济风险的一种表现。

（2）对跨国公司本币流出类业务的影响。

本币升值给跨国公司的现金流出类业务带来的经济风险，基于同样的原因分析，正好与现金流入类业务相反，因此不再赘述。需要注意的是，跨国公司以本币标价的进口，其成本将不会受到汇率波动的直接影响。然而，如果本国货币升值，公司以外币标价的进口品的本币支付成本就会减少。此外，在本国货币升值的情况下，按本国货币计算的应付外债利息将减少。

本币升值会同时导致跨国公司现金流入量和流出量的减少，因此，很难判断其未来的净现金流量究竟是增加还是减少。评估本币升值对跨国公司的经济风险程度时，关键在于弄清楚是现金流入类业务受到的影响更大，还是现金流出类业务受到的影响更大。

2. 本币贬值的经济风险

（1）对跨国公司本币流入类业务的影响。

由于本币贬值，从外国进口的商品的本币价格上升，使跨国公司在本国市场的竞争力增强。若跨国公司的国内销售额上升，则未来本币流入量将增加。

跨国公司以本币标价的出口现金流入量将增加。因为本币贬值后，出口品对外国进口商而言相对便宜，有利于扩大对外出口数量，从而增加跨国公司的本币流入量。

以外币标价的出口也会增加本币现金流入量，因为得自出口的外币收入可以兑换更多的本币。

对外投资获得的利息和股利也可以兑换更多本币，从而使本币流入量增加。

（2）对跨国公司本币流出类业务的影响。

以本币标价的进口的现金流出量不会直接受到汇率变动的影响。然而，以外币标价的进口成本会增加，因为需要较多的本国货币来兑换必要的外币金额。同理，外币融资利息支出的本币成本也会增加。

总体而言，本币贬值导致现金流入量和流出量同时增加。由于二者之间存在部分抵消效应，由本国货币贬值来推断跨国公司的净现金流量是增加还是减少是困难的。最终结果取决于现金流入量是否比流出量受到更大的影响。当然，那些以出口作为主业，而且从本国取得原材料和资金的跨国公司，会更多地受益于本币贬值。

3. 间接经济风险

本币对外价值波动往往对一些业务的现金流量并不产生直接的影响，但是它会通过一些渠道对跨国公司的现金流入类和流出类业务产生间接的影响，导致这些业务的现金流量偏离预期水平。例如，中国一家企业从俄罗斯进口木材。假设进口的木材以人民币计价，如果人民币对卢布贬值，则该企业的进口货款不会增加，因为该企业用人民币付款，不涉及用人民币兑换卢布的问题。然而，俄罗斯出口商在收到人民币货款后，需要将其兑换成卢布，以实现利润。由于人民币已贬值，俄罗斯出口商以卢布表示的出口收入将减少。为了抵消人民币贬值给其收入带来的风险，俄罗斯出口商很可能会提高木材的销售价格，从而会增加该中国企业的进口成本，增加以人民币计价的进口的现金流出量。此时，本币贬值的影响，通过外国交易对手的提价行为，间接地影响了跨国公司进口所支付的现金流量。

纯粹的国内企业也会受到本币价值波动带来的经济风险的影响。例如，我国市场上有大量的进口钢材，还有中外合资的钢铁制造商，一旦人民币升值，纯粹的国内钢材企业原来的购买者就可能因价格优势而转向购买进口钢铁产品，或者购买以外国原材料为主的合资钢铁企业的产品，结果该国内企业的钢铁销量可能下降，净现金流入量减少。换言之，纯粹的国内企业不存在交易风险，却存在经济风险。

4. 主要计量方法

通常可从两个方面来计量跨国公司的经济风险：一是利润对汇率的敏感度，二是现金流量对汇率的敏感度。

（1）利润对汇率的敏感度。

按照利润表各个项目，分别考察汇率波动造成的现金流量变动情况。首先确定一个基准汇率预测值，在此基础上获得每个损益科目的预测值。通过对比分析这些预测值如何随汇率波动而改变，跨国公司就可以确定汇率波动对其利润及现金流量的影响。

[例 6-3] 一家中国跨国公司 D 在本国和加拿大同时开展业务。该公司在中国的销售收入以人民币计价，在加拿大的销售收入以加元计价。财务部门对下一年度的利润水平进行了预测，并在 CAD1＝RMB5.7 的汇率预测基础上得出预测利润表（见表 6-9）。

表 6-9 跨国公司 D 的预测收入与费用 单位：百万

	中国业务	加拿大业务
销售收入	￥3 040	C$4
销售成本	￥500	C$200
毛利	￥2 540	−C$196
营业费用		
固定费用	￥300	—
变动费用	￥307.2	—
合计	￥607.2	—
息税前利润	￥1 932.8	−C$196
利息费用	￥30	C$10
税前利润	￥1 902.8	−C$206

由于种种迹象表明人民币汇率的波动幅度可能会扩大，所以财务经理希望了解：在CAD1＝RMB5.2和CAD1＝RMB6.2时，公司利润会发生什么变化；利润表中各项目的数值会如何做出反应。表6－10列出了汇率波动对国内销售收入的影响。

表6－10　汇率波动对跨国公司D国内销售收入的影响

加元的可能汇率（元/加元）	预计的国内销售收入（百万元）
5.2	3 000
5.7	3 040
6.2	3 070

对表6－11进行分析，可以清楚地看出汇率波动对跨国公司D利润表中各项目的影响。

表6－11　汇率波动对跨国公司D利润的影响　　单位：百万

	汇率情形		
	CAD1＝RMB5.2	CAD1＝RMB5.7	CAD1＝RMB6.2
销售收入			
（1）中国	￥3 000	￥3 040	￥3 070
（2）加拿大	C＄4＝￥20.8	C＄4＝￥22.8	C＄4＝￥24.8
（3）合计	￥3 020.8	￥3 062.8	￥3 094.8
销售成本			
（4）中国	￥500	￥500	￥500
（5）加拿大	C＄200＝￥1 040	C＄200＝￥1 140	C＄200＝￥1 240
（6）合计	￥1 540	￥1 640	￥1 740
（7）毛利	￥1 480.8	￥1 422.8	￥1 354.8
营业费用			
（8）中国：固定费用	￥300	￥300	￥300
（9）中国：变动费用（销售收入的10%）	￥302.08	￥306.28	￥309.48
（10）合计	￥602.08	￥606.28	￥609.48
（11）息税前利润（EBIT）	￥878.72	￥816.52	￥745.32
利息费用			
（12）中国	￥30	￥30	￥30
（13）加拿大	C＄10＝￥52	C＄10＝￥57	C＄10＝￥62
（14）合计	￥82	￥87	￥92
（15）税前利润（EBT）	￥796.72	￥729.52	￥653.32

尽管加元走强（CAD1＝RMB6.2）时，公司的人民币销售收入增加了3 000万元，加元销售收入增加了200万元（24.8－22.8＝2），但是由于公司的加元销售成本（2亿加元）大大高于销售收入（400万加元），加元走强对公司的人民币毛利具有负面影响，表现为

毛利金额减少6 800万元（1 354.8－1 422.8＝－68）。此外，当加元走强时，用于付息的人民币支出也增加了500万元（62－57＝5）。总之，跨国公司D会因为本币贬值而导致预期利润下降，税前利润下降了7 620万元（653.32－729.52＝－76.2）。

加元走弱（CAD1＝RMB5.2）时，公司的人民币销售收入下降了4 000万元，加元销售收入也下降了200万元（20.8－22.8＝－2）。但是，公司的销售成本下降更多，人民币支出减少了1亿元（1 040－1 140＝－100），人民币利息支出下降了500万元（52－57＝－5）。因此，公司预期利润在加元走弱时受到正面影响，税前利润可以增加6 720万元人民币（796.72－729.52＝67.2）。

（2）现金流量对汇率的敏感度。

我们也可以采用计量经济学的方法，利用历史数据进行回归分析，建立模型，计算并确定跨国公司的现金流量对特定货币汇率的敏感性。该方法的基本模型可表示如下：

$$PCF_t=\alpha_0+\alpha_1 e_t+u_t \tag{6.1}$$

式中，PCF_t 表示第 t 期以企业本币计量的、扣除通货膨胀后的现金变动率；e_t 表示第 t 期外币汇率变动率；u_t 表示随机误差，并且有 $Eu_t=0$。α_0 为截距，是不受汇率影响的现金流变动部分；α_1 为斜率，是汇率波动与企业现金流量波动之间的相关系数。

由回归分析得出回归系数 α_1，也就得到了 PCF_t 对 e_t 的敏感度。如果企业在未来一段时间不会发生经营结构的重大调整，那么用历史数据进行回归分析，得出的现金流量对汇率的敏感度就不会改变，因此可以用来估算跨国公司未来的经济风险。

［例6-4］ 跨国公司根据历史数据，直接计算其预期税前利润（EBT）对汇率波动的敏感度，从而计量公司所面对的经济风险程度。如果回归分析表明，过去3年中该公司EBT对加元汇率波动的敏感度为－1.12，同时，2022年的EBT为8.6亿元人民币，那么在不同的加元汇率波动下，该公司EBT的相应变化见表6-12。

表6-12 汇率波动对公司预期税前利润的影响

汇率波动率	－2%	1%	5%
EBT变动率	2.24%	－1.12%	－5.6%
EBT金额（亿元）	8.792 64	8.503 68	8.118 4

实际上，跨国公司的经营涉及多种外币，而不是一种外币。而要计算多种外币汇率变化对跨国公司现金流量的影响，必须对公式（6.1）进行修正，建立多元回归模型［见公式（6.2）］。将影响企业现金流量的每种货币都作为解释变量，则每一种货币对企业现金流量的影响都将由各自的回归系数估计值来计量。

$$PCF_t=\alpha_0+\sum_{i=1}^{n}\alpha_{1i}e_{it}+u_t \tag{6.2}$$

式中，n 表示影响跨国公司现金流量的外币数量；i 表示 n 种货币中的第 i 种货币。

（3）计量经济风险的其他方法。

一些上市跨国公司更关心汇率对其股市价格的影响。汇率波动造成的经济风险会直接反映为股市价值的涨落，因此，我们可以用公司的股市价格代表企业的现金价值，来计量股价如何随货币汇率波动而变化。可以同样采用回归分析来计量企业的经济风险。实际上，我们只需对企业现金流量的汇率敏感度分析模型做以下调整即可，即用股价变动率取代现金流量变动率 PCF_t。如果我们将股票回报率作为因变量，而将货币汇率波动率作为解释变量，回归分析得到的系数就能够表明企业价值对汇率波动的敏感度。

6.3.3　折算风险计量

跨国公司的折算风险取决于三个因素，即在国外经营的程度、国外子公司所在地和所使用的会计方法。

（1）在国外经营的程度。

跨国公司的国外子公司在业务总收入中所占比重越大，其财务报表项目的折算风险也就越大。例如，一些跨国公司主要以出口的形式进行涉外经营，国外子公司开展的业务所占比重很小，它们的业务没有多少是由国外子公司进行的，这些跨国公司的合并报表将不会因汇率波动而受到较大的影响。这些公司很可能出现较高的交易风险和经济风险，但是没有折算风险。

（2）国外子公司所在地。

由于每个主权国家都要求在其境内的公司使用该国的法定货币进行财务核算，因此跨国公司的子公司需要使用所在地本国的货币编制财务报表。由于不同货币在不同的历史阶段呈现出迥然不同的波动性，因此，子公司的所在地会影响折算风险的程度。例如，一家中国的跨国公司在美国设有子公司，美国子公司的资产、负债、利润等以美元计量，而该跨国公司按照我国会计准则的要求，必须编制季度合并报表，把子公司的财务状况折算成人民币加以反映。2022 年上半年美元兑人民币汇率升值幅度接近两位数，该公司的合并报表出现了较大的折算风险。相反，另一家在加拿大设有子公司的跨国公司，由于加元兑人民币汇率相对稳定，就没有多少折算风险。

（3）所使用的会计方法。

在合并财务报表数据时，货币折算所使用的会计制度、会计方法会极大地影响跨国公司的折算风险。例如，美国的跨国公司需要根据 1981 年 12 月公布的《财务会计准则公告第 52 号》（FASB－52）编制它们的合并报表。FASB－52 中的一些规定成为跨国公司折算风险的重要来源：①国外子公司使用的记账货币是其经营活动所在地的货币；②按照报告日的市场汇率把国外子公司的资产和负债从记账货币折算为报告货币；③使用一定期间内的加权平均汇率把国外子公司的收入、费用、盈利和损失等从记账货币折算为报告货币；④因外币价值变动形成的折算利得或损失不在本期净收入中计列，而报告为股东权益的第二要素，位于高通货膨胀国家的国外子公司不适用本条；⑤因外汇交易而实现的利得或损失，计入本期净收益，也有例外情况。

我国财政部颁布的《企业会计准则第 19 号——外币折算》要求企业对境外经营的财务报表进行折算时，应当遵循下列规定：

> （一）资产负债表中的资产和负债项目，采用资产负债表日的即期汇率折算，所有者权益项目除“未分配利润”项目外，其他项目采用发生时的即期汇率折算。
>
> （二）利润表中的收入和费用项目，采用交易发生日的即期汇率折算；也可以采

用按照系统合理的方法确定的、与交易发生日即期汇率近似的汇率折算。

按照上述（一）、（二）折算产生的外币财务报表折算差额，在资产负债表中所有者权益项目下单独列示。

同时在《〈企业会计准则第19号——外币折算〉应用指南》中规定："即期汇率，通常是指中国人民银行公布的当日人民币外汇牌价的中间价。企业发生的外币兑换业务或涉及外币兑换的交易事项，应当按照交易实际采用的汇率（即银行买入价或卖出价）折算。"在目前汇率波动不断加大，继续采用单一的中间价作为折算汇率可能导致会计信息失真的情况下，也可以考虑变更即期汇率的数据来源，如与本企业发生最多业务往来的商业银行给出的买入价或卖出价，或者外币资产按买入价折算、外币负债按卖出价折算等。但这种变更应作为会计估计变更处理，履行必要的决策程序，且不得连续、频繁变更。

［例6-5］ 美国一家跨国公司在英国的子公司两年时间里每年盈利1 000万英镑。当这部分利润与其他子公司利润合并会计报表时，需要按当年的加权平均汇率折算。假设第一年的加权平均汇率为GBP1=USD1.30，第二年为GBP1=USD1.20，则跨国公司在前后两个报告期将英镑收益折算成美元时，表现出较大差异（见表6-13）。依据FASB-52的相关规定，美国跨国公司的合并利润对国外子公司记账货币的加权平均汇率的敏感度较高。

表6-13 跨国公司的折算风险

报告期	英国子公司的收益	报告期英镑的加权平均汇率	折算后英国子公司的美元收益
第一年	£10 000 000	$1.30	$13 000 000
第二年	£10 000 000	$1.20	$12 000 000

尽管英国子公司第一年和第二年的英镑利润额相同，但是第二年英国子公司折算的合并美元利润还是减少了100万美元。造成该跨国公司折算风险的原因在于，第二年英镑加权平均汇率下跌了7.69%。财务分析人士、投资者有可能因为第二年子公司的美元利润减少而给予该跨国公司较低评价。然而，利润下降并不是英国子公司经营方面出了问题，而是走弱的英镑使得第二年利润的账面美元金额变小了。

如果该跨国公司的其他子公司都设在欧洲，由于这些子公司使用的记账货币相关性较高，一旦遇到美元坚挺，这些子公司记账货币对美元的贬值幅度几乎完全相同，跨国公司合并后的报告利润将会产生较大损失。相反，如果跨国公司的子公司在世界各地比较分散，它们的记账货币相关性较低，报表的合并利润可能对汇率波动敏感度较低，因为这些货币兑美元汇率的变动方向可能相反，相互之间有一定的抵消效应。

6.4 外汇风险管理技术

外汇风险是涉外经济中不可避免的一种市场风险，在外汇风险管理中应该遵循一些共同的指导思想和原则，如全面重视原则、管理多样化原则和收益最大化原则。

全面重视原则即要求发生涉外经济业务的政府部门、企业或个人对自身外汇风险高度重视；管理多样化原则即要求涉外企业或跨国公司灵活多样地进行外汇风险管理；收益最大化原则即要求涉外企业或跨国公司精确核算外汇风险管理的成本和收益。在这些原则的指导下运用风险管理技术，进行外汇风险管理，能更好地达到控制或消除外汇风险不利影响的目标。

6.4.1 外汇风险管理程序

企业确定了外汇风险管理的总体目标、原则、战术后，接下来就需要制定外汇风险管理程序，对每一程序安排相应的任务，实施具体的管理方法。

（1）风险识别，即识别各种可能减少企业价值的外汇风险。外汇风险包括交易风险、经济风险和折算风险，不同的企业面临着不同种类的风险，企业必须根据自己的业务活动判别可能面临的风险状况，以便对症下药。

（2）风险衡量，即衡量外汇风险带来潜在损失的概率和损失程度。前面已经介绍了汇率预测以及计量和评价外汇风险的基本方法。通过外汇风险衡量，企业可以比较准确地知道外汇风险带来损失的概率和损失程度，从而为企业下一步选择风险管理方法奠定基础。

（3）风险管理方法选择，即选择适当的风险管理方法，最有效地实现企业预定的外汇风险管理目标。每一种外汇风险管理方法都有自身的优势和劣势，需要企业根据自己所处的风险状况进行甄别和筛选。不同的外汇风险管理战略在一定程度上决定了不同的风险管理方法。

（4）风险管理实施，即通过具体的安排，落实所选定的外汇风险管理方法。企业需要进行内部的业务调整、资金调整、币种调整，以及在外部寻找合作伙伴和交易对手、签订外汇交易合同等，具体实施风险转移和控制。

（5）监督与调整，即对外汇风险管理方法实施后的效果进行监督与评估，每种方法都有评估的依据，如根据成本收益准则做出判断，选择收益最大化的方法。另外，外汇市场时时风云变幻，没有哪种方法可以拿来便一劳永逸。企业必须持续地对自身风险管理方法和风险管理战略的实施情况和适用性进行监督，根据市场和自身的情况，对自己的战略战术进行监控管理，适时做出调整。

6.4.2 外汇风险管理手段

外汇风险管理手段从总体上可以分为三类：外汇风险控制手段、外汇风险融资手段和内部外汇风险抑制手段。风险控制和内部风险抑制通常包括为了提高企业价值而进行的各种投资（或放弃投资）决策，风险融资是指为弥补损失而进行的各种融资决策。

> **知识注解**
>
> 外汇风险管理方法实际上与企业的投资与融资管理方法在本质上是一致的。它们与公司在其他方面的投资决策和融资决策具有相同的概念，类似于是否购买新厂房的决策，或者是通过借债还是发行股票来购买新厂房的决策。

1. 外汇风险控制手段

外汇风险控制手段是指通过降低风险损失概率以及风险损失程度（规模）来减小风险成本的各种行为。通常把主要为了降低损失概率的行为称为风险防范手段，而把主要为了降低损失程度的行为称为风险降低手段。

外汇风险控制通常可以从两个方面做出努力：

（1）减少外汇风险业务。涉外企业或跨国公司可以通过减少风险业务数量来降低风险，例如减少使用外币的种类，或者根本不持有任何外币净头寸。对风险行为的数量加以控制，主要是为了降低风险发生的概率。最极端的情况是将风险行为降到零，也就是公司不从事任何与外币沾边的活动，或者无论进出口、投融资活动都要求使用本币计价结算，这种极端的方法称为风险规避。这种做法的最大缺陷在于，虽然更多地考虑和回避了风险业务的损失，却因此丧失了风险业务可能带来的收益。而且在经济开放条件下，即使根本不与货币兑换或折算打交道，也无法彻底规避汇率变动产生的经济风险的影响。

（2）提高外汇风险预防能力。企业根据市场需要和业务发展计划开拓海外业务，不必害怕风险业务数量，而是增强这些业务的风险预防能力，提高外汇风险业务的安全性，从而降低风险的损失概率和损失程度。具体讲，就是要增强企业外汇风险防范与管理的能力，提高汇率预测的准确度及风险管理办法的有效性。

2. 外汇风险融资手段

外汇风险融资手段也称为损失融资（loss financing）手段，是指获取资金、用来支付或抵偿外汇风险损失的各种手段。根据风险补偿的资金来源，外汇风险融资手段可以分为三种：自留、购买保险和套期保值。这些手段并不是完全相互独立的，企业根据风险补偿的实际需要，经常将它们结合在一起使用。

（1）自留。它是指企业自己承担部分或全部的外汇风险损失。自留往往被称为自我保险。许多大型跨国公司在其财务与资金管理中都有一个正式的损失融资计划，例如，有的公司建立外汇风险防范基金，有的公司每年按照销售额或者外汇风险VAR的一定比例提取外汇风险准备金。

> **知识注解**
> 有的公司虽然没有自留资金计划，也可以用自己的资本金弥补经营中的外汇风险损失。

在自留融资方法下，企业可以用内部资源和外部资源来弥补损失。内部资源包括：正常生产活动的现金流、自由运营资金、专门为风险融资而进行的流动资产投资，以及通过变卖其他资产获取的资金。外部资源包括：对外借债以及发行新股。但在遭受了重大损失后，外部资源的筹资成本通常比较高。

（2）购买保险。通过购买保险，企业可以把外汇风险损失转嫁给保险公司。国际上有许多保险公司提供与外汇风险有关的保险险种，例如种类繁多的汇率波动险和利率波动险等。购买相关的保险，对涉外企业而言是一种省时省力的好办法。但是，在我国和许多发展中国家，保险市场不发达，还没有开发出分担企业外汇风险的相关险种，因此还无法大量通过购买保险的方法来弥补企业的外汇风险损失。

（3）套期保值。本书第1篇曾经详细介绍了外汇交易中使用的金融衍生工具，它们都是典型的外汇风险管理工具。外汇衍生产品能够在一定程度上消除汇率的不确定性，企业只承担约定汇率与当前即期汇率之间的差价风险，而由交易对手承担约定汇率与未来即期汇率之间的差价风险，从而在企业与套期保值对手之间实现了外汇风险的分摊。

3. 内部外汇风险抑制手段

内部外汇风险抑制手段是指企业通过内部业务的管理调整来降低外汇风险的各种手段。

（1）分散化。企业的经营活动使用多种货币，特别是利用货币的相关性实现外汇风险对冲，合理安排外币风险头寸组合，从内部来降低风险。

> **知识注解**
> 这种分散化是广义的，不仅包括国别币种的多样化，还要考虑不同币种各自的波动性和彼此的相关性，甚至应当涉及业务的多样化。

（2）信息投资。充分占有信息，拥有较强的处理、分析信息的能力，是企业提高外汇风险管理水平的前提条件。由于国际业务的复杂性和汇率波动的无序性，需要专业的投资公司或咨询公司进行信息收集、处理和分析。涉外企业大多没有如此专业的人才，因此应进行必要的信息投资，购买决策所需信息甚至购买外汇风险管理方案，提高外汇风险管理效率。

6.4.3 运用衍生工具管理外汇风险

套期保值是企业最常用的交易风险管理手段。在做出任何相关的套期保值决策前，企业都需要逐个测定每种货币的净交易流量，估计和评价各币种的交易风险和企业总的交易风险，并对套期保值的必要性进行判断。决定企业是否进行套期保值的因素主要有两个：一是企业管理层的风险偏好，比较保守的公司倾向于更多的套期保值。二是汇率预测，如果汇率预测显示企业将受到汇率波动的不利影响，企业就会乐意进行套期保值；相反，如果汇率波动带来的将是好处，企业就不会进行套期保值。

许多跨国公司，比如百得（Black & Decker）、柯达、默克、华为、中兴、Zenith Electronics 等公司，一般不会对所有的外币净头寸做套期保值，而只有在预期的汇率变动程度将使套期保值有利的情况下才采取实际行动。当然，也有一些跨国公司倾向于对大部分或全部的外币净头寸做套期保值，从而避免汇率变化对其业绩产生重大影响。

> **知识注解**
> 利用期货合约、远期合约或货币期权合约进行套期保值，是企业常见的外汇风险管理方法。

1. 期货合约套期保值

买进货币期货合约的企业，可以在特定时间以特定价格取得一定数量的特定货币。未来有应付外币账款的企业，可以买入期货合约进行套期保值；而未来有应收外币账款的企业，可以出售期货合约进行套期保值。通过持有期货合约，企业锁定了应收或应付账款的本币金额。

尽管购买外汇期货能降低交易风险，但有时也会发生意外。因为锁定的外汇期货价格有可能偏离未来即期汇率，进而导致买入或卖出期货合约的套期保值行为，反而使企业受损。如果公司事先预料到这种情况，就不应该通过期货合约进行套期保值。

2. 远期合约套期保值

远期合约与期货合约类似，也是双方约定未来的交易价格。大企业普遍运用远期合约进行套期保值。例如，我国一家企业需要在 30 天后向瑞士企业支付 100 万瑞士法郎，要求同银行签订远期合约来锁定这一未来支付款的人民币金额。相反，如果企业在未来将收到一笔瑞士法郎，就可以通过出售远期合约来为未来的外币长头寸套期保值。

是否使用远期合约规避外币头寸风险，可以通过比较套期保值前后的现金流量或者套期保值的实际成本来做决定。假定 90 天后我国一家企业需要支付进口款 10 万美元，现在的 90 天远期汇率为 USD1＝CNY6.65，该公司可以在预计未来美元即期汇率概率分布的基础上，计算套期保值的实际成本：

$$RCH = NCH - NC \qquad (6.3)$$

式中，RCH 代表套期保值的实际成本，NCH 代表进行套期保值的名义成本，NC 代表不进行套期保值的名义成本。

从公式（6.3）可知，如果 $RCH>0$，意味着套期保值的成本高于不进行套期保值的成本，进行套期保值反而对企业不利；如果 $RCH<0$，意味着套期保值的成本低于不进行套期保值的成本，套期保值具有经济价值。表 6－14 最右侧一栏反映了 RCH 的估计值。由于 NC 取决于未来即期汇率，是不确定的，导致 RCH 也不确定，只能采用历史数据和概率进行估计。

表 6－14　套期保值实际成本估计

可能情形	90 天后美元兑人民币即期汇率（元/美元）(1)	概率（%）(2)	套期保值 10 万美元的名义成本（元）(3)＝6.65×100 000	不套期保值所需要的成本（元）(4)＝(1)×100 000	套期保值 10 万美元的实际成本（元）(5)＝(3)－(4)
1	6.60	10	665 000	660 000	5 000
2	6.62	25	665 000	662 000	3 000
3	6.65	30	665 000	665 000	0
4	6.67	25	665 000	667 000	－2 000
5	6.70	10	665 000	670 000	－5 000

尽管企业难以事先确定 RCH，但是企业可以估算 RCH 的期望值，判断套期保值是否有经济价值，然后做出是否进行套期保值的决定。RCH 的期望值计算如下：

$$E(RCH)=\sum P_i\times RCH_i \tag{6.4}$$

式中，$E(RCH)$ 代表 RCH 的期望值，P_i 代表第 i 个 RCH 估计值发生的概率，RCH_i 代表第 i 个 RCH 的估计值。

结合表 6－14 的相关信息，将 P_i、RCH_i 代入公式（6.4），得到该企业对美元应付款进行套期保值的实际成本期望值：

$$\begin{aligned}E(RCH)&=\sum P_i\times RCH_i\\&=10\%\times 5\,000+25\%\times 3\,000+30\%\times 0+25\%\\&\quad\times(-2\,000)+10\%\times(-5\,000)\\&=250\end{aligned}$$

由于 $E(RCH)=250>0$，表明企业如果进行美元的套期保值将受到不利影响。所以，在这个例子中，企业的最佳选择是不进行套期保值。

尽管 RCH 的期望值对企业做出是否进行套期保值的决策很有用，但它无法清楚地说明 RCH 的概率分布情况。因此在企业做出不进行套期保值的决定之前，还要对表 6－14 做进一步分析。容易知道，$RCH<0$ 的可能性为 35%。对此，一些比较保守的企业可能愿意对美元进行套期保值。而对那些特别注重自由现金流数量的企业或者比较进取的企业来说，在不进行套期保值成本低于套期保值成本的概率达到 65%的情况下，它们是不会对美元净头寸进行套期保值的。

如果远期汇率能够准确反映未来即期汇率，或者可以作为未来即期汇率的无偏估计，则 *RCH* 的期望值就应该等于零，因为远期汇率同未来各种可能的即期汇率之间的差异会相互抵消。如果企业认定远期汇率就是未来即期汇率的无偏预测值，那么就应该对所有的外币净头寸进行套期保值。因为 *RCH* 的期望值为零，企业不仅没有为套期保值多支付成本，而且可以消除所有的外汇交易风险。

3. 货币期权套期保值

以上两种套期保值方法只有在汇率波动不利于企业的时候才能发挥积极作用，否则可能造成企业额外的成本支出，还不如不进行套期保值。理想的外汇风险管理应该既能使企业摆脱不利的汇率波动，又能使企业从有利的汇率波动中受益。货币期权就是能够满足这种需要的常用工具。根据期权合约的特性，企业可以通过买入看涨期权为应付账款套期保值：当有效期满外币升值时，可以行使期权合约，按约定价格买入外汇；否则就放弃这一权利，按当时的即期汇率买入外汇。同理，企业可以通过买入看跌期权为应收账款套期保值。运用货币期权进行套期保值，名义套期保值成本是已知的，即企业在购买期权之初支付的期权费。我们也可以计算期权套期保值的实际成本，从而判断该套期保值策略是否具有经济价值。

4. 交易风险套期保值方法比较

企业为短期外汇净头寸套期保值时，可以运用期货、远期、期权等多种方法。每一种方法都有各自的特点，需要支付不同的实际成本，因此企业在选择套期保值策略时还需要进行权衡比较。

[例 6-6] 一家国内公司 180 天后会发生 200 000 美元的对外支出。考虑到这笔美元净头寸的外汇风险问题，公司需要在以下套期保值策略中做出选择：(1) 远期合约套期保值；(2) 看涨期权套期保值；(3) 不进行套期保值。

相关市场信息包括：当前美元兑人民币的即期汇率为 USD1＝CNY6.63，银行报 180 天美元兑人民币远期汇率为 USD1＝CNY6.675 0，执行汇率为 USD1＝CNY6.68 的 180 天美元看涨期权的期权费为每美元 0.03 元人民币，执行汇率为 USD1＝CNY6.69 的 180 天美元看跌期权的期权费为每美元 0.02 元人民币。

以下是该公司对 180 天后美元兑人民币即期汇率的预测结果。

可能结果（元/美元）	概率（%）
6.55	20
6.65	70
6.75	10

根据上述信息，我们对几种策略进行分析如下：

(1) 远期合约套期保值。公司买入 180 天远期美元，到期需要支付 1 335 000 元人民币（＝200 000×6.675 0）。

(2) 看涨期权套期保值。公司购买美元看涨期权，成本与收益结果见表 6-15。

表 6-15　购买美元看涨期权的成本与收益

180天后可能的美元兑人民币即期汇率（元/美元）	单位美元期权费（元）	是否执行期权合约	单位美元成本（含期权费）（元）	美元支出总成本（元）	概率（%）
6.55	0.03	否	6.58	1 316 000	20
6.65	0.03	否	6.68	1 336 000	70
6.75	0.03	是	6.71	1 342 000	10

（3）不进行套期保值。180 天后公司在即期外汇市场买入 200 000 美元，根据对未来即期汇率的预测，公司需要支付的美元成本见表 6-16。

表 6-16　不进行套期保值需支付的美元成本

预期180天后美元兑人民币即期汇率（元/美元）	购买美元支付的人民币成本（元）	概率（%）
6.55	1 310 000	20
6.65	1 330 000	70
6.75	1 350 000	10

（4）结论。对上述几种套期保值策略的名义人民币成本进行分析，不难发现哪一种策略相对有利。远期合约套期保值的成本一目了然，看涨期权套期保值和不进行套期保值策略的成本则要取决于 180 天后的市场即期汇率。

由图 6-3 可知，远期合约套期保值成本低于看涨期权套期保值成本的概率达到 80%，因此，远期合约套期保值优于看涨期权套期保值；不进行套期保值的成本低于远期合约套期保值成本的概率达到 90%，因此，公司不进行套期保值时支付的美元成本最低。如果公司决定进行套期保值，那么应该选择远期合约套期保值方法。

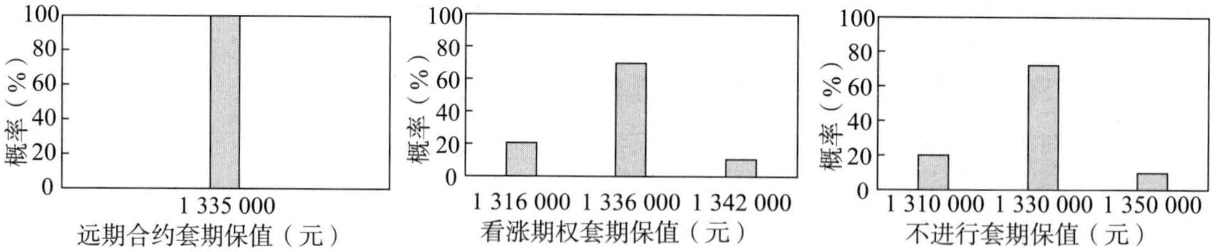

图 6-3　美元应付账款的名义人民币成本

当然，做出不进行套期保值的决定是基于对 180 天后未来即期汇率波动的预测。由于预测有可能不准确，容易导致公司的决策失误，因此，公司最好定期重新评价套期保值策略。例如，每隔 60 天进行一次上述分析，并根据评价结果对下一期应该使用的套期保值方法重新进行选择。公司所进行的套期保值交易时间越长，越需要这种动态调整。

知识注解

使用类似的方法也可以对应收账款的外汇风险管理方法进行经济分析，从而选择是否进行套期保值，或者判断哪一种套期保值方法更为有利。

5. **利用外部资源进行外汇风险管理**

绝大多数企业都专注于自己的商品与服务的生产与销售，管理层对外汇风险管理的程序、技术以及工具非常不熟悉，往往导致一些本来可以很容易就规避的外汇风险演变成为实实在在的损失。例如，许多有美元外债的国内企业在 2015—2016 年期间都因美元升值而蒙受了 7%左右的额外成本支出。其实，中国银行和其他三大国有商业银行都提供远期外汇业务，外汇管理当局也鼓励企业加强外汇风险管理，但还是有不少企业因为无知而遭受损失。在银行经营市场化过程中，特别是在我国金融市场日益开放的过程中，国内各家银行都以客户为中心建立了客户经理制度，提供越来越多的金融产品，基本上能够满足企业进行外汇风险管理的需要。银行的国际业务部、资金交易部、投行业务部均能够提供个性化的贴身服务。例如，中国银行每两天就提供一期《国际金融快讯》，披露主要国际金融市场的价格信息、影响这些价格的经济因素以及主要国家的经济金融政策。一些著名的跨国银行，如美国的花旗银行、英国的汇丰银行等，能够提供更多优质的外汇风险管理方案。所以，加强企业与银行的沟通，关注银行的金融产品与服务，货比三家，充分利用外部资源，企业就可以更加有效地控制国际业务中的外汇风险。

6.4.4 其他外汇风险管理方法

有些企业由于不了解衍生工具或者因保值的实际成本不确定，不愿意运用衍生工具对交易风险进行管理；有些企业的外汇风险头寸相对较小，因此不愿意专门花费人力和财力来管理风险。在这种情况下，企业可以直接将保值措施融入日常的业务活动，特别是直接体现于商品销售的定价政策中。价格策略也是一种有效降低潜在外汇风险的方法。

运用定价政策管理外汇风险的效果，取决于企业对长期汇率趋势的预测准确性，以及商品市场对销售价格变化的接受程度。企业可以将价格策略贯穿于日常的涉外业务活动中，以达到防范交易风险的目的。

> **知识注解**
>
> 价格策略中常见的具体措施有四种：调整销售价格、调整计价货币、转让定价和对冲风险。

1. **调整销售价格**

货币贬值国企业可以通过经常调整产品销售价格的方式降低外汇风险。例如，一家美国公司在德国的子公司一直以欧元作为交易货币。如果预测未来 3 个月内欧元对美元将贬值 5%，则尽管不会给德国子公司带来损失，但还是会影响企业整体的美元价值。所以，美国公司可以指令德国子公司提高其欧元销售价格。当然，提高销售价格可能相当困难。因为价格的提高可能伴有销售量的下降，可能使该子公司产品在当地市场暂时失去竞争力。

一般来说，企业对销售价格的调整不可能与汇率变动保持同一幅度和同一频率。通常的做法是：交易双方经过协商，为了达成商品与服务的交易，各自分担一部分外汇交易风险，以避免其中一方承担过多的风险。这种方法被称为外汇风险分担法。交易各方通常在合同中订立“价格调整条款”，通过调整基本价格来反映汇率的变动。双方在合同中确定了一个汇率波动区间，作为双方不分担风险的“中立区”。一旦汇率波动超出了这个“中立区”，双方将调整价格，共同分担外汇交易风险。

[例 6-7] 通用电气公司向德国汉莎航空公司出售飞机发动机叶片，合同总价值 2 000万欧元；假定以美元作为结算货币。双方确定的汇率“中立区”为 EUR1＝

USD1.13～1.15；基本汇率为 EUR1＝USD1.14。这意味着通用电气公司报出的合同基本价格为 2 280 万美元（＝2 000×1.14）；在欧元汇率跌至 EUR1＝USD1.13 或升至 EUR1＝USD1.15 之前，合同价格保持不变。

（1）在“中立区”内，汉莎航空公司必须按合同基本价格向通用电气公司支付 2 280 万美元。因而，汉莎航空公司的成本可能处于 1 983 万欧元（＝2 280÷1.15）至 2 018 万欧元（＝2 280÷1.13）之间。

（2）如果欧元贬值至 EUR1＝USD1.09，超出“中立区”下限 0.04 美元（＝1.13－1.09），这部分变动金额就由双方共同分担。因此，合同的基本汇率调整为 EUR1＝USD1.12（＝1.14－0.04÷2）。相应地，发动机叶片的合同新价格调整为 2 240 万美元（＝2 000×1.12），这意味着汉莎航空公司的成本为 2 055 万欧元（＝2 240÷1.09）。如果没有这个风险分担协议，汉莎航空公司的成本将上升至 2 092 万欧元（＝2 280÷1.09）。合同美元价格的调整使通用电气公司的收入减少了 40 万美元（＝2 280－2 240），却为汉莎航空公司节省了 37 万欧元（＝2 092－2 055）的支出。

（3）如果欧元升值至 EUR1＝USD1.19，超过“中立区”上限 0.04 美元（＝1.19－1.15），这部分变动金额也要由双方共同分担。合同的基本汇率调整为 EUR1＝USD1.16（＝1.14＋0.04÷2）。相应地，发动机叶片的合同新价格调整为 2 320 万美元（＝2 000×1.16），这意味着汉莎航空公司的成本为 1 950 万欧元（＝2 320÷1.19）。如果没有这个风险分担协议，汉莎航空公司的成本可下降至 1 916万欧元（＝2 280÷1.19），则通用电气公司实现的美元收入的欧元价值降低了 84 万欧元（＝2 000－1 916）。合同美元价格的调整使通用电气公司的收入增加了 40 万美元（＝2 320－2 280），而汉莎航空公司则放弃了 34 万欧元（＝1 950－1 916）的支出节约。

> **知识注解**
>
> 调整销售价格，实质上是将汇率损失变相地转嫁给交易对方。这样的行为容易造成交易对方取消交易、损失市场份额的不良后果。通常，只有那些在市场上具有很强竞争力的企业才能够以规避外汇风险为目的调整销售价格。

2. 调整计价货币

企业还可以通过调整计价货币①来降低交易风险。如果预计计价货币将长期贬值，企业不应该通过调整销售价格来避险，而是彻底改变计价货币本身。例如，2008 年国际金融危机爆发后，市场预期在很长一个时期内美元将贬值。因此，中国出口企业在签订出口协议时纷纷要求使用人民币而非美元。结果，到 2013 年美元兑人民币价值下降了约 20%，中国出口企业也因此避免了较大的交易风险损失。

为了在企业经营、会计处理和营销决策等方面保持一致，企业不应该经常更换计价货币。因此，只有当财务人员预测某种货币将长期贬值时，企业才可能采用这一战略。

（1）本币计价法。即在任何对外经济交往中，只接受本企业所在国货币计价。例如，中国企业向泰国企业出口商品时，愿意接受人民币计价。对于中国出口商来说，此举避免了外汇交易风险，但实际上采用人民币计价是将风险转嫁给了泰国进口商。采用人民币计价后，泰国进口商面临着人民币升值的风险。如果同样预期人民币将会升值，则泰国进口

① 调整计价货币并未消除外汇风险，而是将外汇风险转嫁给了对方。所以，这一方法又被称为风险转移法。

商很可能拒绝使用人民币计价。

(2) 选择币值趋硬的货币作为出口交易的计价货币、选择币值趋软的货币作为进口交易的计价货币。[①] 这种风险转移方法损人利己的动机更为明显。由于进口商和出口商都想将风险完全转嫁给对方，它们选择计价货币的标准恰恰相反。因此，双方的利益冲突使这种避险方法在国际业务中更难运用。

(3) 进出口货款一半用硬货币、一半用软货币计价。这种方法既考虑了交易双方的利益，也中和了汇率的波动，容易被各方主体接受，是一种规避外汇交易风险的简便方法。

值得注意的是，调整计价货币是一种比较明显的损人利己行为。除非跨国公司在交易中占据绝对的主导地位，否则，如此行动很难收到预期效果。

3. 转让定价

如果跨国公司在货币贬值国家或发展中国家拥有分支机构，那么在将利润从子公司汇回母公司时可能会遇到麻烦。一方面，持有软币资产在折算成母公司所在国货币时会产生损失；另一方面，这些国家往往实行外汇管制，限制资本流出。对于这样一个严峻的问题，跨国公司通常运用转让定价来减少相关损失。

转让定价是为了在公司内部转移收入而提高或降低内部销售价格。转让定价与其说是一种保值策略，倒不如说是一种现金管理工具。跨国公司通过转让定价在将资金从受限制的国家转出时，希望达到两个主要目标：第一，将收入从软货币国家转移到硬货币国家；第二，将税前收入从高税率国家转移到低税率国家（详见第8章）。

假定由于外汇管制方面的原因，一个制造商无法将自己在货币贬值国子公司的利润汇回国内。如果该制造商与其子公司之间进行大量的交易，就可以考虑将销往子公司的商品价格抬高一些；同时，将从子公司购买的商品价格压低一些。结果，由于子公司内部经营成本的提高以及销售收入的减少，子公司的收入会因此而减少。子公司所失去的收入通过公司内部销售收入的提高和营业成本的降低转移给了母公司。同样的操作方法可以实现公司收入向税收更加优惠的国家转移。

转让定价政策需要对公司内部的资金流动进行细致的、集中的管理。它特别适用于拥有大量内部交易的公司。但是，应该特别注意的是，各国外汇管理当局和税收管理当局对这类活动非常敏感，往往采取各种措施加以制止。因此，企业的转让定价政策不能随汇率波动而频繁调整，应该具有连贯性。

4. 对冲风险

充分利用汇率衍生产品，将外汇风险进行外部对冲。此方式更加符合现代金融市场的运行逻辑，将专业的事交给专业的人来做。汇率市场是全球金融市场中流动性最好的市场之一。根据国际清算银行2022年的统计，外汇市场每个交易日的成交规模为7.5万亿美元。同时，汇率衍生产品市场也相当发达，市场上主流的汇率衍生产品如外汇远期、外汇掉期、外汇期权、外汇期货等，市场价格透明，产品成交活跃，完全可以满足公司的外汇风险管理需求。而且操作上也较为简便，可以通过商业银行或者交易所进行交易，市场准入门槛较低、交易费用较为合理、市场差价较窄、流程标准化程度较高。商业银行还可以

① 虽然交易一方获得的安全感是建立在另一方独立承担风险的基础之上，但这种风险转移方法在国际经济交往中仍然被普遍采用。

针对不同的客户需求设计相应的场外交易产品，满足各种外汇风险对冲需求。

案例学习

下面是中兴通讯的两个真实案例。请认真阅读，并理解其中的国际金融术语。

案例一

中兴通讯股份有限公司创立于1985年，是中国最大的通信设备上市公司，并在深圳证券交易所和香港证券交易所成功上市。公司集“设计、开发、生产、销售、服务”等于一体，聚焦于运营商网络接入服务、政企客户大数据服务、消费者数据终端服务，为客户提供ICT产品及解决方案，是中国电信市场的主导通信设备供应商之一，其各大类产品已经成功进入国际电信市场。目前，公司已向全球160多个国家和地区的电信服务运营商和政企客户提供创新技术与产品解决方案，语音、数据、多媒体、无线宽带、有线宽带等全方位沟通的服务已覆盖世界各地。

作为国际领先的通讯解决方案提供商，中兴通讯的业务遍及世界各地，海外业务占总收入的一半左右，是一家名副其实的跨国公司。根据中兴通讯股份有限公司2017年年报，2017年，中兴通讯实现营业总收入1 088.153亿元人民币，其中国际市场实现营业收入468.567亿元人民币，占比43.06%。如表6-17所示，2015—2017年，中兴通讯境外业务收入占比分别为46.99%、42.16%和43.06%，可见中兴通讯的营业收入在很大程度上依赖国际市场，公司面对较大的外汇风险敞口。

表6-17　2015—2017年中兴通讯营业收入及海外收入占比

年份	2017年		2016年		2015年	
报告期	年报		年报		年报	
报表类型	合并报表		合并报表		合并报表	
营业收入（万元）	10 881 530.00		10 123 318.20		10 018 640.00	
	绝对值（万元）	占比	绝对值（万元）	占比	绝对值（万元）	占比
境内	6 195 860.00	56.94%	5 855 005.60	57.84%	5 310 850.00	53.01%
境外	4 685 670.00	43.06%	4 268 312.60	42.16%	4 707 790.00	46.99%
其他业务（地区）	−2.70	0	0	0	−1.10	0

资料来源：中兴通讯股份有限公司2015—2017年年报。

跨国企业于全球建厂、就地销售是规避经营风险、外汇风险的良策。如表6-18所示，2013—2017年间中兴通讯的非流动资产中境外占比一直在20%以下，与50%的境外收入相比，该比重相对较低。这表明中兴通讯经营对冲使用程度较低，无法有效规避汇率波动产生的风险。

表6-18　2013—2017年中兴通讯境内外非流动资产比较

年份	2017年		2016年		2015年		2014年		2013年	
	绝对值（万元）	占比	绝对值（万元）	占比	绝对值（万元）	占比	绝对值（万元）	占比	绝对值（万元）	占比
境内	1 594 067	84.48%	1 447 458	85.06%	1 270 869	82.56%	1 181 231	81.37%	1 148 618	83.71%
境外	292 926	15.52%	254 252	14.94%	268 472	17.44%	270 480	18.63%	223 581	16.29%

资料来源：中兴通讯股份有限公司2013—2017年年报。

由于中兴通讯股份有限公司经常采用外币的方式支付海外子公司的相关费用支出，公司流入的现金也是种类多样的外币，导致中兴通讯股份有限公司的交易敞口巨大，在计算合并报表时都包含金额较大的折算差异，导致中兴通讯面临较大的外汇风险（见表 6－19）。尤其是新兴市场国家的货币汇率大幅变动，以及汇路受限、本地资金滞留当地、货币贬值等问题，更可能给公司带来不容小觑的汇兑损失。2011 年，中兴通讯汇兑损失高达 8.36 亿元人民币。

表 6－19　2013—2017 年中兴通讯财务费用及汇兑损益　　单位：万元

年份	2017 年	2016 年	2015 年	2014 年	2013 年
财务费用	104 348	20 777	143 079	210 098	246 030
其中：汇兑损益	－42 000	61 897	－26 725	－59 009	－86 472

资料来源：中兴通讯股份有限公司 2013—2017 年年报。

通过在实践中的不断探索，中兴通讯逐步完善了适合自身发展模式的外汇风险管理体系，并取得了显著成效。2013—2016 年，中兴通讯的财务费用（含汇兑损失）连年下降。其中，综合汇兑损失从 2013 年的 8.647 2 亿元人民币转变为 2016 年的收益 6.189 7 亿元人民币。由于 2017 年人民币汇率产生较大幅度波动，截至 2017 年 12 月 18 日，相较 2016 年 12 月 31 日，境内人民币相对美元、欧元、英镑、日元分别升值 4.8%、贬值 6.0%、贬值 3.4%和升值 1.5%。中兴通讯于 2017 年又产生了 4.2 亿元的汇兑损失。

案例二

我们仍旧以中兴通讯股份有限公司为例，因为中兴通讯多年进行衍生工具的套期保值，且成效显著，具有一定的代表意义。

中兴通讯的业务跨越多个国家，涉及的货币币种繁多，具有业务分布广、风险敞口大的特点。2011 年，中兴通讯汇兑损失高达 8.36 亿元人民币。积极运用金融衍生产品进行外汇保值能够较好地规避外汇风险。

自 2010 年起，中兴通讯通过金融机构提供的金融产品积极开展衍生产品投资业务，正是由于这些金融衍生产品的购买，降低了公司的净利润对外汇风险变动的敏感度。

表 6－20 是中兴通讯用于对冲外汇风险的金融衍生资产，主要表现为远期外汇合同。2013—2017 年公司金融衍生资产为 1 亿～2 亿元。

表 6－20　2013—2017 年中兴通讯金融衍生资产　　单位：万元

金融衍生资产	2017 年	2016 年	2015 年	2014 年	2013 年
境外经营净投资套期工具	—	86	113	—	—
以公允价值计量且其变动计入当期损益的金融衍生资产	11 679	5 400	898	24 097	21 745
合计	11 679	5 486	1 011	24 097	21 745

注：公司签订了多种远期外汇合同以管理外汇风险。其中部分远期外汇合同被指定用于境外经营净投资套期目的，因此以公允价值计量且其变动计入其他综合收益；部分远期外汇合同未被指定用于套期目的，多是与中国内地及香港多家信用等级为 A－或以上的知名银行签订的远期外汇合同，因此以公允价值计量且其变动计入当期损益。

资料来源：中兴通讯股份有限公司 2013—2017 年年报。

此外，中兴通讯与国内外银行签订了外汇远期利率协议。协议规定，中兴通讯和该银行商定在未来的某一时间，根据合同规定的本金额，一方按照浮动利率、另一方按照固定利率相互交换支付利息。当然，双方可以在交割日按照净额支付对方差价。这些合同都有同一个目的，即中兴通讯股份有限公司通过远期合约锁定利率，将风险转嫁给对方，从而也锁住了公司的外汇成本以及对应的现金流。

除了利用金融衍生工具对冲风险外，公司还能通过选用“硬通货”的方式规避外汇损失。比如在合同签订前，公司就设计好合同模式和签约币种，以规避汇兑损失。比如合同计价收款采用美元、欧元等流动性较好的自由兑换货币，同时提高合同定金比例等。

另外，随着我国国力增强，人民币正式加入SDR，人民币被越来越多的国家认可和接受。未来，人民币将成为国际贸易中的计价和结算货币。特别是对于共建“一带一路”的新兴市场国家或与中国进行货币掉期的国家，中兴通讯将优先使用人民币作为合同约定和收款货币，以减少外汇风险，同时简化贸易流程。2016年年初，中兴终端印度代表处最先完成一笔使用人民币签约和结算并使用远期汇率报价转化为人民币的订单。

2018年3月16日，为有效管理中兴通讯股份有限公司及其控股子公司（以下简称“公司”）国际业务的外汇风险和外币借款所面临的利率风险，以降低汇率、利率波动对公司利润和股东权益造成的不确定性风险，中兴通讯通过了一项股东会决议，即2018年度拟申请折合36亿美元的保值型衍生产品投资额度（即在授权有效期内任意时点的投资余额不超过等值36亿美元，且此额度在授权有效期内可循环使用），具体如下：

（1）外汇衍生产品投资额度折合30亿美元，外汇衍生产品投资的保值标的包括经营性资产或负债敞口、指定净投资、交叉货币敞口等。

（2）利率掉期额度折合6亿美元，利率掉期的保值标的为浮动利率外币借款等。

对金融衍生工具的运用在一定程度上弥补了外汇变动带来的损失，这一经验也正为中兴通讯所发扬。

本章小结

1. 外汇风险又称汇率风险，是指在不同货币的相互兑换或折算中，因汇率在一定时间内发生始料未及的变动，致使有关国家金融主体的实际收益与预期收益或实际成本与预期成本发生背离，从而蒙受经济损失的可能性。风险头寸、两种以上的货币兑换或折算、成交与资金清算之间的时间间隔、汇率波动等共同构成外汇风险因素。根据外汇风险作用对象、表现形式的不同，外汇风险可以划分为三类，即外汇交易风险、外汇折算风险和外汇经济风险。

2. 汇率预测是指对货币间比价关系的波动范围及变化趋势做出判断与推测，是外汇风险计量的基础。由于一些汇率波动的因素十分复杂，准确地预测汇率变化需要掌握一定的方法和技术。常用的汇率预测方法包括基础因素分析预测法和市场预测法。需要注意的是，任何一种预测方法都不可能百分之百准确，在实际预测时应该多用几种方法，然后进行预测检验，挑选出预测准确度最佳的预测模型。

3. 外汇交易风险、外汇折算风险、外汇经济风险的对象不同，需要用不同的方法分别进行计算。一般地，计量交易风险需要两个步骤：首先确定各外币预计的流入量或流出量净额，然后确定这些货币的总体风险。净风险头寸、货币的波动性、货币之间的相关性是决定交易风险的关键因素。在计算经济风险时，首先要明确企业在国际业务中受汇率波动影响的现金流入和流出科目，然后计算汇率波动产生的影响。跨国公司外汇折算风险的大小取决于三个因素：在国外经营的程度、国外子公司所在地和所使用的会计方法。

4. 外汇风险管理的目标是充分利用有效信息，力争减少汇率波动带来的现金流量的不确定性，控制或者消除业务活动中可能面临的由汇率波动带来的不利影响。为了实现这一目标，在外汇风险管理中应该遵循一些共同的指导思想和原则——全面重视原则、管理多样化原则和收益最大化原则。外汇风险管理的关键程序包括：风险识别、风险衡量、风险管理方法选择、风险管理实施、监督与调整。外汇风险管理的主要手段分为三类：外汇风险控制、外汇风险融资、内部外汇风险抑制。企业需要根据自身的业务规模、金融市场发达程度及管理需求制定适当的外汇风险管理策略，并选择正确的管理手段。

5. 运用衍生工具进行套期保值是涉外企业最常用的交易风险管理手段。期货合约、远期合约、货币期权套期保值是企业在外汇风险管理中运用最多的衍生工具。世上没有免费的午餐，套期保值是有代价的。是否使用衍生工具来规避外币头寸风险，或者使用哪一种衍生工具来管理外汇风险，应该通过比较套期保值前后的现金流量或者套期保值的实际成本来做决定。

6. 在金融衍生工具不发达的国家，或者在外汇风险管理技术不发达的企业，可以通过制定价格策略来有效地降低潜在的外汇风险。价格策略中常见的措施有四种：调整销售价格、调整计价货币、转让定价和对冲风险。当然，价格策略容易招致贸易伙伴或者东道国的反对甚至报复，需要慎用。

核心概念

外汇风险	外汇交易风险	外汇折算风险	外汇经济风险
汇率预测	基础因素分析预测法	市场预测法	预测误差
风险识别	风险衡量	外汇风险控制	外汇风险融资
内部外汇风险抑制	转让定价		

课后习题

1. 为什么需要进行汇率预测模型的检验？常用的检验方法有哪些？
2. 你如何看待汇率预测中出现的误差问题？如何调整预测的系统偏差？
3. 币值变化和货币相关关系会给涉外企业带来哪些交易风险？
4. 对于一个纯国内经营的企业而言，本国货币升值和贬值会带来什么样的经济风险？
5. 外汇风险管理应该遵循哪些原则？
6. 叙述外汇风险管理的一般程序以及每道程序的具体内容。
7. 涉外企业在做出交易风险管理方法选择的决策时，需考虑哪些问题？
8. 尽管有时不进行套期保值更经济，但是为什么许多企业还要运用衍生工具进行套期保值？
9. 比较远期外汇合约、外汇期货合约、期权合约这三种套期保值方法在企业交易风险管理中的利弊。

10. 在金融市场不发达的情况下，涉外企业可以用哪些方法来降低外汇风险？这些方法有什么局限性？

11. 请于公开数据库［如国际货币基金组织（IMF）官网、OECD官网等］中搜集数据，根据本章中介绍的汇率预测方法，完成以下任务：

（1）根据本章及前序章节中学到的知识，选择可能影响汇率的经济变量，建立三个汇率回归预测模型，然后预测2026年4—12月的汇率。

（2）对所建预测模型进行参数和模型检验，确定模型是否有效。

（3）对比预测值与实际值，对这三个模型进行预测精度比较，选出最优模型。

（4）检验最优模型是否存在系统偏差。如果存在，应该如何调整？

12. 2024年12月，一家中国超市连锁公司正在考虑一项进口计划，该公司在未来3年中将每月进口50吨优等牛肉。公司目前有两个潜在的供货商：一个是加拿大公司（以加元标价），另一个是法国公司（以欧元标价）。按当前汇率，公司从这两个国家进口所支付的人民币（包括运费）进口价格刚好相同。假设该中国公司没有其他外汇风险，而且比较偏好较低的外汇风险，请通过计算交易风险，说明该公司应选择哪个供货商。

13. 假定你是一个出口商，产品出口到英国。你坚信今天英镑的远期汇率远远低估了未来的即期汇率，公司要求你对未来的英镑收入做套期保值。你认为使用远期套期保值和买入期权哪种方式更合适？

14. 中国的一家跨国公司获得了5亿欧元的德国政府采购合同，合同将延续3年，德国政府以欧元付款。德国政府的采购约占该家公司销售量的60%，公司10%的经营费用用欧元支付，其他用人民币支付。公司的财务主管要求你提供一份报告：

（1）该公司在未来3年中会出现多大的经济风险？

（2）应该采取哪些行动来降低欧元汇率波动所产生的经济风险？

（3）可以获得哪些外部资源来实现外汇风险管理？

即学即测

第7章

国际直接投资

学习目标

- 了解国际直接投资的主要方式和发展趋势；
- 从优化资源配置和分散风险角度理解跨国公司直接投资的经济利益；
- 熟悉国家风险的评估和管理。

本章导读

当我们走在大街上，或是读报、看电视时，经常会发现身边有许多外国公司。比如，麦当劳快餐店、宜家家居、摩托罗拉公司、普华永道会计师事务所、汇丰银行等等。年轻人找工作时，也往往将高薪的外企作为优先选择。截至2023年底，中国对外直接投资存量为29 554亿美元，较上年末增加2 005.9亿美元，是2002年末存量的98.8倍，占全球外国直接投资流出存量的份额由2002年的0.4%提升至2023年的6.7%，排名由第25位攀升至第3位，仅次于美国（9.4万亿美元）、荷兰（3.4万亿美元）。2023年3月5日消息称，华为已放弃在英国剑桥建设一座造价达10亿英镑（约合12亿美元）的研究园区的计划。华为发言人回应称，公司还在评估剑桥园区项目。

跨国投资应该考虑哪些因素？公司跨国投资的收益有哪些？有什么风险？本章将聚焦这些问题展开讨论。

7.1 国际直接投资概述

7.1.1 国际直接投资方式

当你想要去其他国家赚取利润的时候，作为决策者你可能有多种选择。例如投资他国证券市场，买卖股票和债券。很多时候，当你进行这样的投资时，你并不直接介入企业的日常经营。你也可以出口你在国内生产的商品和服务或者转让你的专利。除了上述方式之外，很多现实中的企业选择了进行国际直接投资。与证券投资、出口和专利转让都不同，进行国际直接投资的企业需要跨国生产和经营。

国际直接投资，又叫对外直接投资（foreign direct investment，FDI），是指投资者跨越国界，通过创立、收购等手段，掌握和控制国外企业经营活动从而谋取利润的一种投资活动。由于世界各国的文化传统、经济发展程度、政体和管理体制存在差异，企业组织形式也不相同，主要有独资企业、合伙企业和公司制企业。不同性质的企业，在企业设立、登记、组织机构、经营管理、并购以及缴纳赋税等方面相差甚远。因此，企业在做出对外直接投资决策前，首先应该明确直接投资方式。根据不同国家、不同企业形式的法律特点和跨国企业本身的实际情况，选择一种最合适的直接投资方式。

国际直接投资的基本方式有两种：合营（资）和独资。每一种方式又可细分出不同的组织形式。

合营方式主要有两种：股权式合营（equity joint venture）和契约式合营（contractual joint venture）。在我国，通常将采用前一方式的企业称为合营企业，而将采用后一方式的企业称为合作企业。

股份制企业是国际上通行的现代企业模式，包括股份有限公司和有限责任公司两种形式。股份有限公司是指注册资本由等额股份构成，通过发行股票（或股权证）筹集资本，股东以其所认购的股份对公司承担有限责任，公司以其全部资产对其债务承担有限责任的企业法人。有限责任公司是指由两个以上的股东，以其所认缴的出资额对公司承担有限责任，公司以其全部资产对其债务承担有限责任的企业法人。我国的中外合资企业主要采用有限责任公司形式，如零售企业中的百盛、沃尔玛、宜家等。

国际上契约式合营企业大多采用合伙制形式，它虽不如独资企业那么流行，但也是对外直接投资中一种重要的方式。特别是一些专业性强的服务机构和一些时间性较强的工程开发项目，均采用契约式合营方式。例如，国际知名的四大会计师事务所[①]在华投资设立的机构，就是合作企业。合作企业，在我国具体是指由中国企业或其他经济组织与外国企业、其他经济组织或个人在中国境内以实施联合经营为目的，双方以平等的地位通过签订合约，明确双方权利和义务，履行合同规定条款而产生的经济组织。中外合作企业既可以作为企业法人、负有限责任，也可以不是法人，类似于国外的合伙企业。

独资企业，是指一国投资者（公司、企业、其他经济组织或个人）按照东道国法律，经政府批准，在其境内单独投资、独立经营、自负盈亏的一种国际直接投资方式。独资企业的基本形式主要有两种：一种是独资子公司（wholly-owned subsidiary），另一种为分公司（branch company）。前一种的概念如上述定义；后一种分支机构（分公司）在法律上、经济上没有独立性，仅仅是母公司的附属机构。分公司没有自己的名称、章程，没有自己的财产，并以母公司的资产对分公司的债务承担法律责任。

在国际直接投资中，特别是发达国家的跨国公司，往往偏好全部股权。设立独资公司，有利于对子公司实行严密控制，保守技术秘密，协调母公司与子公司之间的问题与冲突。美国友邦人寿保险公司进入中国市场时，就以独资企业的形式在中国开设公司。

选择合营方式还是合作方式，或者是独资方式，对于跨国投资者、东道国政府与企业而言，权利与义务是不一样的，各有利弊（见表 7－1）。

---

① 指普华永道、毕马威、德勤、安永会计师事务所。

表 7-1 不同经营方式下的经济利益与代价

	经济利益		代价与弊端	
	外国投资者	东道国及被投资企业	外国投资者	东道国及被投资企业
股权式合营企业	1. 有限责任，投资风险较小。 2. 东道国给予一定的保护。 3. 利用东道国的资金，广开筹资渠道。 4. 利用合作伙伴的优势，获得有比较优势的人力资源、紧缺的原材料。 5. 能轻易突破东道国的贸易壁垒，进入东道国的市场。	1. 引进先进技术和设备，促进本国产业结构升级和产品结构调整。 2. 学习国外先进的管理经验，培养本国的技术人员和管理人员。 3. 借助外国投资者的销售渠道，扩大产品出口。 4. 防止外资垄断或控制东道国的某些行业和经济部门。	1. 企业的组建、审批程序相对复杂，费用较高。 2. 公司股东多，需要定期公布公司经营状况等信息，保密性差。 3. 投资者赋税较重，必须缴纳双重所得税。	1. 与国外投资者之间存在目标差异。 2. 容易造成合营企业的不同经营者在企业经营方针、发展方向方面发生分歧，协调成本较高。 3. 与其股份持有者在产品市场或原料市场上形成竞争关系，产生利益冲突。 4. 打击国内的民族工业。
合伙企业	1. 设立简单，有些国家甚至无须注册登记。 2. 实现合伙人的优势互补。 3. 许多国家不对合伙企业单独征税。		1. 承担无限连带责任，风险大。 2. 采取所有权和管理权相一致的管理原则，影响决策效率。 3. 存续期不够稳定。一般规定，只要有一个合伙人死亡或退出，企业即告解散。	
独资企业	1. 受政府控制较少，多数国家没有规范的独资企业法。 2. 经营管理灵活主动。 3. 容易保守企业秘密，不必定期向股东汇报。 4. 容易通过转移定价避税。 5. 充分利用投资者的先进技术、管理经验，保证产品质量和效益。		1. 风险较大，对企业全部负债承担无限责任。 2. 发展受到限制，只能利用利润积累和借贷的方式扩大再生产，资金来源受到限制。 3. 没有现成的生产基地，缺乏合作伙伴，难以与有影响力的政府机构发生联系。	

7.1.2 东道国对国际直接投资的态度

在表 7-1 中，我们清楚地看到了国际直接投资对东道国政府及企业的经济影响。一旦接受国际直接投资，东道国的诸多经济资源将不得不与国外投资者分享，东道国将与投资国建立更加紧密的经济乃至政治联系。这对东道国的经济发展模式、传统文化、民族工业和国际竞争力都有直接和深远的影响，因此各国政府对国际直接投资的态度迥然不同。有的大力鼓励，有的严格限制，有的加以部分限制，有的根据国情在不同阶段实施不同的鼓励或限制政策。

然而，从 19 世纪和 20 世纪世界经济的发展史来看，那些对国际直接投资持鼓励态度、对外资开放比较早的国家，几乎都取得了令人瞩目的经济成就。美国是得益于国际直接投资的典型例子。19 世纪后期和 20 世纪末，美国先后两次成为世界最大的国际直接投资东道国。拉美国家在第二次世界大战后也大力鼓励国际直接投资，借助国际直接投资建立本国经济结构，形成了经济高速增长、对外依存度较高的拉美模式。新一轮全球分工的深入发展，对国际直接投资产生了巨大的推动作用。

进入 21 世纪，国际直接投资无论在规模、范围还是区域上都达到了历史最高水平。图 7－1 展示了 2023 年全球吸引国际直接投资流入量排名前十的经济体在 2022 年和 2023 年的 FDI 流入量。其中既有发达经济体如美国、加拿大，也有发展中经济体如中国、巴西及墨西哥等国家和地区。其中，排名第一、第二的分别是美国与中国。中国在 2022 年和 2023 年的排名不变，居全球第二。在 2008 年国际金融危机后，中国成为国际资本的避风港，资本流入迅速增加。此外，2013 年提出“一带一路”倡议后，中国的对外投资也开始增加，2015 年中国资本输出额大于资本流入额。

单位：百万美元

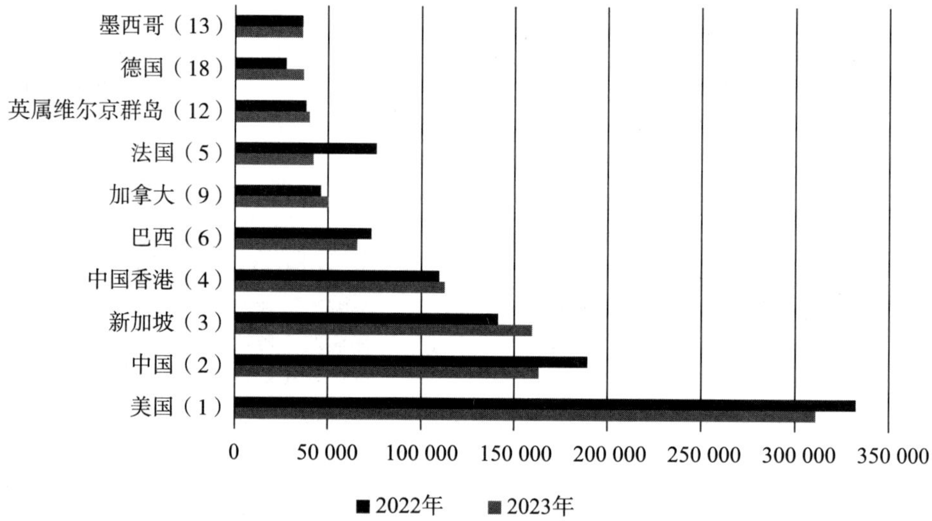

图 7－1　2022—2023 年 FDI 流入量前十大经济体

注：经济体后面括号中为 2022 年该经济体的排名。

资料来源：联合国贸易和发展会议（UNCTAD）。

对于国际直接投资，实践中很少有哪个国家的政府会采取放任自流的态度。多数东道国政府都通过制定一系列合营（资）法律或法规来设置外资进入的门槛，规范外资企业的行为，保护本国的民族工业和特定的经济利益。即使是宣称对资本流动不加管制的美国、日本等最发达的国家，对国际直接投资也以各种名目设立了不少障碍。例如，美国担心新技术流入中国，担心中国成为其市场上强有力的竞争对手，所以对中国收购美国高科技企业进行严格审查，规定更多的限制。发展中国家总体上对国际直接投资持欢迎态度，但也是在小心翼翼地保护民族工业、核心资源的前提下，引导外资进入一些鼓励发展的行业。例如，墨西哥政府规定，合资企业在国内市场销售的汽车零部件的国产化程度需达到 65%，用于外销的汽车零部件的国产化程度也要达到 30%，以便保护本国的汽车工业。在本国汽车工业具有一定的竞争力后，墨西哥政府才放宽了国产化要求。俄罗斯政府对自身的优势资源也给予严格的保护。在全球能源紧张、石油价格超过 50 美元/桶的情况下，通过整顿国内最大的石油公司——尤科斯公司，规定凡是涉及石油等关系到国家安全的战略资源，都不允许外国资本控股，允许外资进入的比例很小。我国对银行等关系国计民生的行业，也设定了外资持股的最高限额，通常不允许外资控股。

当然，各国对国际直接投资的态度并非一成不变。随着国内外经济形势的发展变化，国际直接投资给本国带来的潜在收益和成本也会改变。如果潜在收益高于潜在成本，东道国政府就会制定一些鼓励措施。常见的鼓励措施包括：降低所得税税率，无偿出租土地和厂房，提供低息贷款，降低对企业的环保要求等。这些措施的奖励程度主要取决于外资能够给本国带来多大的经济利益。2021—2023年各地区FDI流入额见表7-2。

表7-2　2021—2023年FDI流入额分布　　单位：十亿美元

地区	2021年	2022年	2023年
全球	1 621.808	1 355.749	1 331.813
发达经济体	731.84	426.20	464.40
欧洲	171.36	−111.61	13.05
亚洲和大洋洲	110.66	159.27	89.92
北美	449.82	378.54	361.43
发展中经济体	889.97	929.55	867.42
非洲	82.20	54.47	52.63
亚洲和大洋洲	667.82	679.23	621.61
拉丁美洲和加勒比海地区	139.95	195.86	193.18
高等收入国家	692.88	758.90	720.93
中等收入国家	172.58	147.86	123.01
低收入国家	24.50	22.79	23.47
金砖国家	355.23	305.89	270.91
OECD国家	691.81	473.81	490.34

注：数据不包括加勒比海地区的金融中心。

资料来源：联合国贸易和发展会议（UNCTAD）。

7.1.3　中国的国际直接投资

1. 对外直接投资的特点

对外直接投资的规模与纵深水平，是由投资国在国际商品与劳务市场的地位决定的。只有那些拥有先进技术、充裕资金、先进管理经验的企业，在国际市场上具有很强竞争优势的企业，才最有可能跨越国境设立分支机构。我国从改革开放之初在全球GDP排名100多位上升到今天的第2位，生产结构、生产能力和国际竞争力有了突飞猛进的改善，初步具备了扩大对外投资的条件。2023年，我国境内投资者共对全球189个国家和地区的4.8万家境外企业进行了直接投资，累计实现非金融类直接投资1 590.7亿美元，同比上升12.8%。截至2023年底，我国累计实现非金融类对外直接投资26 315.8亿美元。

我国对外直接投资呈现出以下特点：

（1）投资主体多元化，国有大中型企业占主导地位。投资者遍布各行各业，以租赁和商务服务业、批发和零售业、制造业为主。国有企业是最大的对外投资者，占我国对外投资总量的52.2%（见图7-2）。

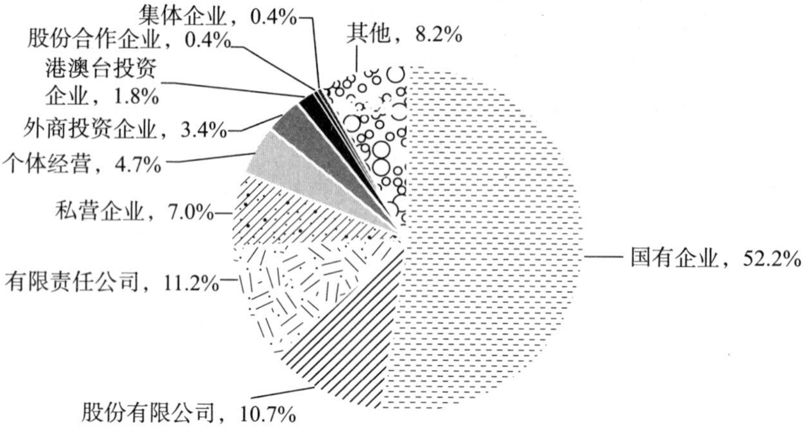

图 7-2　2023 年我国对外投资企业分布情况

资料来源：中华人民共和国商务部、国家统计局、国家外汇管理局．2023 年度中国对外直接投资统计公报．北京：中国商务出版社，2024.

（2）对外投资区域分布不均，主要集中在亚洲。2023 年我国在亚洲地区的直接投资存量为 20 148.4 亿美元，占总量的 68.2%。其次是拉丁美洲地区，直接投资存量为 6 008 亿美元，占总量的 20.3%，主要分布在英属维尔京群岛、开曼群岛等地区。对欧洲的投资主要分布在荷兰、英国、德国和瑞典等国。近年来中国对非洲的投资增长很快，主要分布在南非、刚果（金）、尼日利亚、埃塞俄比亚等国家。在大洋洲地区存量为 398.5 亿美元，占总量的 1.4%，主要分布在澳大利亚、新西兰。对北美洲地区的投资占比较小，主要分布在美国（见图 7-3）。

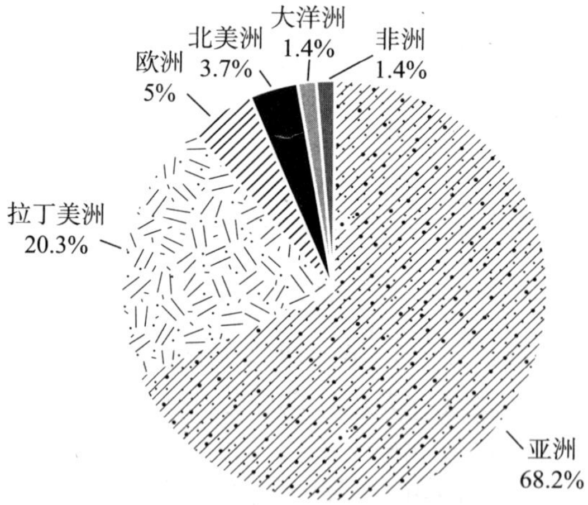

图 7-3　2023 年中国对外直接投资存量地区分布

资料来源：中华人民共和国商务部、国家统计局、国家外汇管理局．2023 年度中国对外直接投资统计公报．北京：中国商务出版社，2024.

（3）涉及行业广泛，行业重点突出。各行各业都有对外投资，重点投资行业是租赁和商务服务业，其存量约占总量的 39.9%；其次是批发和零售业，约占总量的 14.3%；排第三位的是金融业（含货币金融服务、保险业、资本市场服务及其他金融业等），约占总量的 11%（见图 7-4）。

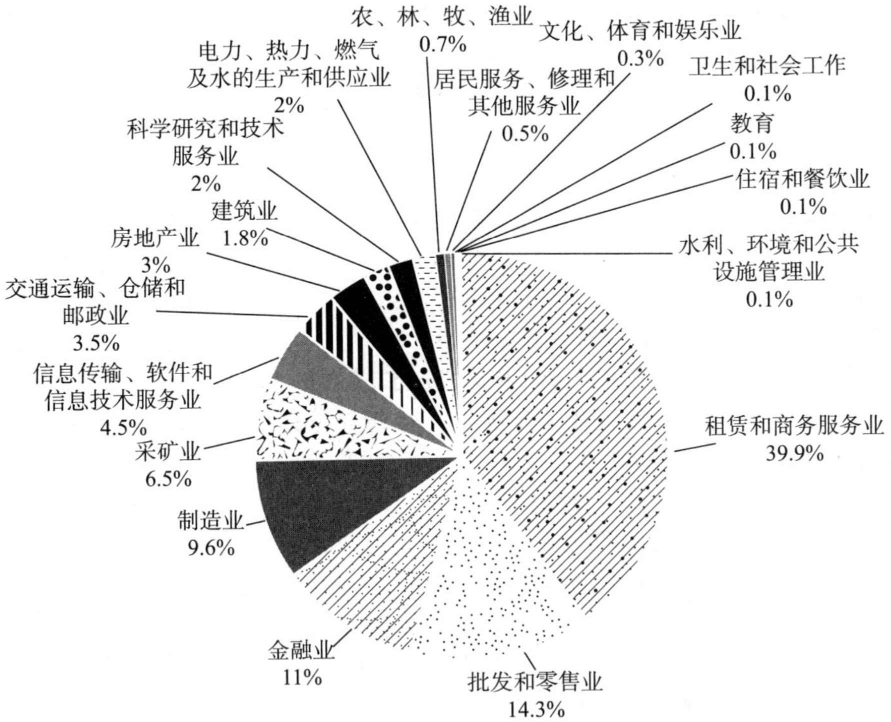

图 7－4　2023 年我国对外直接投资存量分行业分布情况

资料来源：中华人民共和国商务部、国家统计局、国家外汇管理局. 2023 年度中国对外直接投资统计公报. 北京：中国商务出版社，2024.

专栏 7.1　中国对外直接投资的发展阶段

对外直接投资需要一定的经济实力基础，是经济发展到特定阶段的产物。我国对外直接投资经历了五个发展阶段：

第一阶段（1949—1978 年）：贸易性对外投资阶段。为了开拓国际市场，加强与世界各国（或地区）的贸易往来，各专业外贸总公司先后分别在巴黎、伦敦、汉堡、东京、纽约、香港、新加坡等世界著名港口和大城市设立了规模较小的海外分支机构，主要从事贸易活动。

第二阶段（1979—1999 年）：非贸易性对外投资起步阶段。1979 年 11 月，北京市友谊商业服务总公司与日本东京丸一商事株式会社在东京合资开办了“京和股份有限公司”，这是中国实行改革开放政策后在海外开办的第一家合资经营企业。此后对外投资的企业类型增加，除传统的外经外贸企业外，工业、商贸、物资、科技及金融保险行业的企业纷纷加入对外投资行列。在 40 多个国家和地区开办非贸易性的合资、合作与独资企业 5 500 多家。由于外汇短缺，投资规模较小。

第三阶段（2000—2012 年）：“走出去”快速发展阶段。从 1999 年开始，中国政府提出了发展海外投资的新战略——“走出去”战略。鼓励有实力、有优势的国有企业“走出去”，更好地利用两个市场、两种资源；充分发挥中国的比较优势。在快速增长的外汇储备支持下，涌现出一大批跨国经营的企业集团，主要到非洲、中亚、中东、东欧、南美等地投资办厂，带动国产设备、技术、材料和半成品的出口，扩大对外贸易。2008 年国际金融危机爆发后，企业资产、资源相对便宜，我国直接投资从建厂向资源开发投资、并购等方式扩展，针对欧洲国家的跨国并购数量和规模增长迅速，投资领域涉及采矿业，交通运输、仓储和邮政业，制造业，房地产业，信息传输、软件和信息技术服务业以及建筑业等行业，分布在全球174个国家和地区。到2012年中国已发展成为全球第五大对外投资国。

第四阶段（2013—2017年）：对外投资高速发展阶段。2013年9月，国家主席习近平提出“一带一路”倡议，以“政策沟通、设施联通、贸易畅通、资金融通、民心相通”为目标，推动区域经济融合发展，打造人类命运共同体。自“一带一路”倡议提出以来，我国先后与70多个国家及国际组织签署了合作协议，同30多个国家开展了机制化产能合作，在共建20多个国家建立了56个经贸合作区；同有关国家提出的发展战略和规划进行对接，共同编制和完善中蒙俄、新亚欧大陆桥、中国—中亚—西亚、中国—中南半岛、中巴、孟中印缅六大经济走廊规划。针对基础设施互联互通、能源资源开发利用、经贸产业合作区建设等重点领域和重点项目进行投资。对外投资出现井喷，2015年我国对外投资额首次超过吸引外资额，成为净资本流出国。

第五阶段（2018年至今）：对外投资质量优化、国际地位稳固阶段。受世界经济整体水平及2017年起美国以及欧洲等地区对外商投资监管趋严的影响，中国对外投资流量自2017年起出现下降，但中国对外投资影响力持续保持高位。2017年至今，中国对外直接投资流量占全球份额均大于10%。2020年中国对外直接投资流量规模首次位居全球第一。同时，中国对外投资政策持续推进和优化，促进对外投资质量提升和实现多元稳定的合作关系。“一带一路”倡议依然持续推进，中国对共建“一带一路”国家投资比例稳步提升，对外投资更加多元化。2017年《关于完善企业境外所得税收抵免政策问题的通知》优化对外投资税收政策，进一步扩大了境外投资企业所得税税收优惠。2020年1月1日开始实施的《中华人民共和国外商投资法》确立了“鼓励发展+负面清单”的管理思路，强化对外投资政策的透明度和引导性。中央各类政策还积极支持非公有制企业提升对外合作水平，加强对企业对外投资的引导。2021年发布的《对外投资合作绿色发展工作指引》与《数字经济对外投资合作工作指引》侧重于优化投资方式和投资结构，以提升中国对外投资质量。《区域全面经济伙伴关系协定》（RCEP）的签署和生效则为建立稳定合作关系、消除经贸壁垒、促进贸易便利化与投资便利化等提供了保障。

2004—2023年中国对外直接投资流量情况见图7-5。

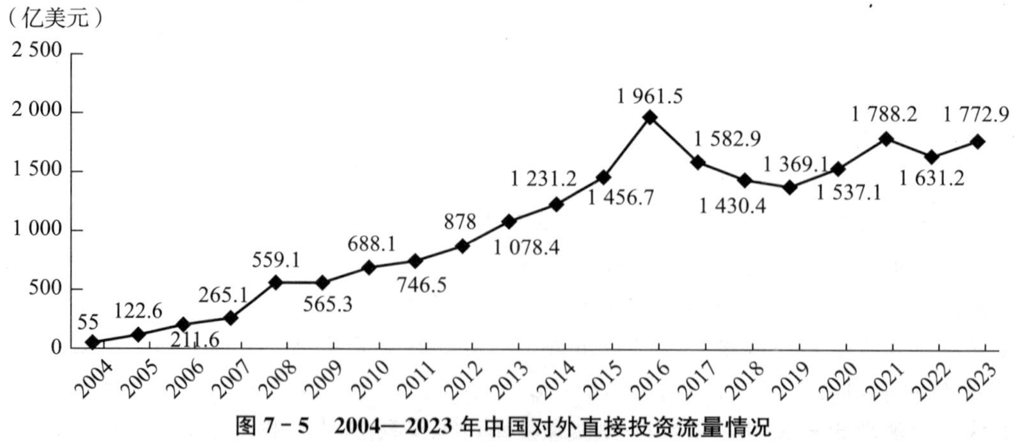

图7-5　2004—2023年中国对外直接投资流量情况

资料来源：中华人民共和国商务部、国家统计局、国家外汇管理局. 2023年度中国对外直接投资统计公报. 北京：中国商务出版社，2024.

2. 外商来华直接投资的特点

中外合资、合作企业是外商直接投资的主要形式，制造业是外商投资的主要领域。我国在改革开放之初就高度重视吸引国际直接投资，希望借此引进国外的先进设备、先进技术和先进管理经验。在 2000 年以前，引进外资的数量、外资企业的数量是衡量地方政府业绩的一个重要考核指标。随着中国改革开放的步子越迈越大，营商环境不断改善，特别是加入 WTO 后中国经济全面参与国际分工，巨大的廉价劳动力和消费市场优势对国际投资者产生了强大的吸引力，外商直接投资直线增长，三年就翻了一番，使得中国成为仅次于美国的世界第二大资本流入国。2008 年国际金融危机爆发后，中国经济一枝独秀，对全球经济增长的贡献超过 30%，为了分享中国的经济成长成果，资本流入掀起了一轮新的高潮。在更大的开放格局下，上海自贸区首先推出外资“负面清单制度”，随后在 7 个自贸区推广运用，中国不断为外资创造更好的发展环境。图 7 - 6 列出了 1983—2023 年间中国吸收国际直接投资情况。

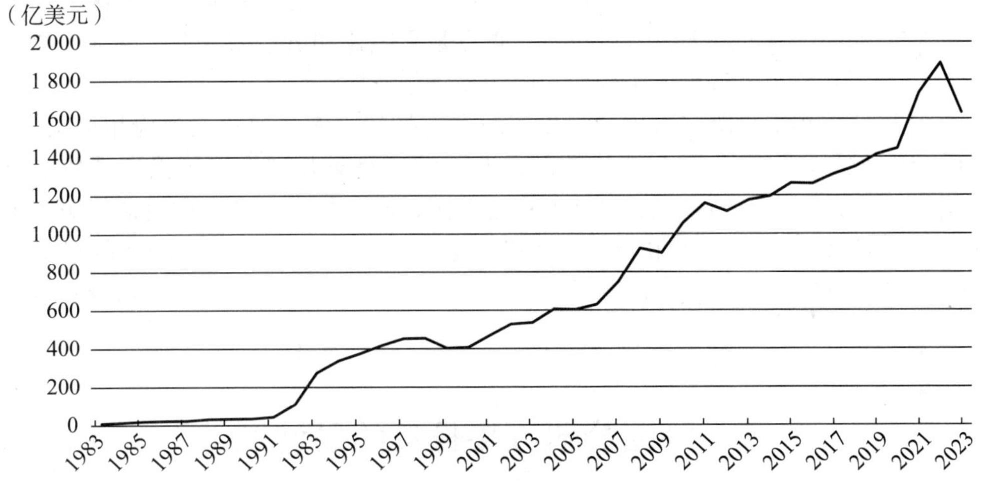

图 7 - 6　1983—2023 年中国吸收国际直接投资情况

资料来源：中国商务部网站。

截至 2023 年底，中国累计设立外商投资企业 117.98 万家，实际使用外资金额已达到 2.7 万亿美元。中国香港、新加坡、英属维尔京群岛、荷兰、日本、开曼群岛、韩国、英国、美国和阿联酋等都是主要对华投资经济体。

根据商务部统计，2023 年 1—12 月，全国新设立外商投资企业 53 766 家，同比增长 39.7%；实际使用外资金额 1 632.5 亿美元，同比下降 13.7%。2023 年对中国投资前十位国家/地区（以实际投入外资金额计）依次为中国香港（1 111.8 亿美元）、新加坡（97.8 亿美元）、英属维尔京群岛（68.6 亿美元）、荷兰（53.6 亿美元）、日本（38.9 亿美元）、开曼群岛（35.2 亿美元）、韩国（35.1 亿美元）、英国（34.1 亿美元）、美国（33.6 亿美元）、阿联酋（22.0 亿美元），前十位国家/地区实际投入外资金额占全国实际使用外资金额的 93.9%。[①]

---

① 数据来源于《中国外资统计公报 2024》。

国际直接投资在我国具有相当大的规模，呈现出以下几个鲜明的特点：

（1）制造业是投资最集中的行业。中国企业在许多消费品制造领域，如冰箱、彩电、手机、服装、玩具等，颇具国际竞争力。因此，跨国公司在这些领域几乎不再投资建立新的制造厂，而是转向订单采购，或者并购某些制造业项目。

（2）研究与开发投资迅猛增加。中国加入 WTO 后，国内营商环境得到较大改善，特别是知识产权保护法律日益健全。加上中国传统上重视教育，培育了规模庞大的科研人员队伍，研发成本只有发达国家的 1/10～1/6。这些有利因素促使跨国公司加大了在中国的研发项目投资，技术转让格外引人注目：①从逐步转让进入大幅度转让。这在汽车行业十分突出，例如韩国就将现代系列的汽车生产技术全部转让给北京现代公司。②由被动技术转让到自觉的技术投入，开始注重以中国为基地实施全球经营战略，由单纯的技术转让向研究与开发转变。③产业结构升级与技术投入同步进行，强调技术投入与发展配套相结合。

（3）服务业成为跨国公司进入的热点。随着中国服务业的不断开放，跨国公司加大了对以前由政府垄断经营的服务领域的投资，重点是金融业和电信服务业。商业、物流、法律、会计、管理、公关、教育也是外商青睐的投资领域。

（4）投资地点集中。决定跨国公司投资地点选择的因素主要包括政府招商引资政策、环境和资源。例如，石油化工和芯片等制造业上游项目对基础设施等投资硬环境要求较高，往往设立在沿海港口地区或者制造业中心地区；研究与开发和金融流通等服务项目要求高素质的人才和宽广的应用市场，因而投资集中在经济发达、人才济济的东部沿海地区，特别是以京津冀地区为中心的环渤海经济圈、以上海为中心的长江三角洲和以香港为龙头的珠江三角洲地区。

7.2 跨国公司直接投资的经济利益

早期理论将 FDI 决策与证券投资决策等同，从金融的角度看 FDI 的动因即套利：资金从低收益地区流向高收益地区。这种理解方式难以回答如下问题：既然存在多种跨境获取利润的方式，为何决策者会选择以 FDI 的方式进入境外市场？现代经济学理论从微观主体经济利益最大化的角度解释跨国公司的直接投资行为。本节将从获取超额收益和降低经营风险两个角度探讨 FDI 的经济利益。

7.2.1 获取超额收益

主流的理论将国际直接投资分为横向 FDI（horizontal FDI）和纵向 FDI（vertical FDI）两种，并分别解释两类国际直接投资的驱动因素。

1. 所有权优势、贸易投资成本与横向 FDI

横向 FDI 指同行业内的跨境直接投资。跨国公司在多国进行同样的生产活动。对横向 FDI 的主流解释是“临近一集中”假说。该假说认为跨国公司往往拥有一定的“所有权优势”。所谓“所有权优势”是指专有技术或商誉带给企业的市场力量。这种市场力量能给公司的单位销售带来垄断利润。因此，在不存在贸易和投资成本的条件下，企业往往有扩大市场的动机。这意味着逐利动机会驱使企业在多国销售产品。然而，企业产品进入国际市场，可以选择本国生产、出口国外和外国生产、外国销售这两种模式。企业在二者之间的选择取决于贸易和投资成本。国际直接投资往往伴随着较高的固定成本，而出口则面临关税、运费等边际成本。在出口和FDI之间的选择，往往是在两种不同的跨国销售策略之间进行选择：一是低固定成本、高边际成本的出口；二是高固定成本、低边际成本的FDI。当企业预期有较高的海外销售额且利润对边际成本敏感时，往往会选择国际直接投资，而非出口这种进入海外市场的方式。现实中，企业的生产率存在差异。生产率高的企业因为销售规模大，因而能够更多地从边际成本的节约中获利，因此，往往更倾向于选择国际直接投资而非出口的方式进入海外市场。

因此，所有权优势、贸易投资成本是横向FDI的主要影响因素。具有所有权优势的企业往往通过横向FDI规避贸易壁垒。充分考虑到我国的国际贸易环境和贸易壁垒问题，TCL集团从20世纪末开始着手拓展海外生产能力，将国外生产线布局确立为“突围”的重点策略。1999年TCL集团在越南开设了第一条国外生产线；2002年8月在德国成功收购“百年老字号”施奈德，并将施奈德发展成具有150万台产能的彩电生产企业；2003年11月，TCL与法国汤姆逊全面合并彩电生产业务。通过国际直接投资，TCL成功地将自己的生产布局渗透到当地，在国际市场站稳了脚跟。

2. 国别优势与纵向FDI

各国的劳动力、土地、技术以及其他相对稀缺资源的价格水平不同。跨国公司可以选择生产要素成本低廉、技术发达的市场进行投资，充分利用国外的资源优势组织生产，以降低产品成本、提高生产技术水平。例如，东亚和东南亚发展中国家具有劳动力低廉、土地便宜、资本和技术相对稀缺的特点，特别适合拥有先进技术和充裕资金的外资企业。我国在加入WTO后外商直接投资的飞速增长，也是外国公司希望借助中国低廉的劳动力降低成本的结果。我国许多IT企业都在美国设立子公司，利用当地的先进技术和人力资源从事产品的研发。2011年欧洲主权债务危机后，三一重工、徐工集团等斥巨资并购东欧国家的机械制造企业，希望利用这些企业的品牌价值和已有的国际营销网络，迅速提升企业的产品附加值，扩大市场范围。

各国地理位置不同，自然禀赋大相径庭。有的国家盛产水果，有的国家盛产畜产品，还有的国家盛产石油、木材、矿产品。原材料是生产资料，其价格与运输成本影响产品的成本。从控制成本角度考虑，通常企业应该尽量避免采用从国外进口原材料的方式组织生产，尤其是要避免将生产出来的最终产品再出口到原材料来源国销售。因此，在资金和技术条件许可的情况下，企业将选择在原材料来源国投资建厂组织生产。例如，我国最大的煤矿上市公司——兖州矿业集团公司收购了新西兰南部煤矿（Southland Mine），目的就是要充分利用新西兰的煤矿资源。

7.2.2 降低经营风险

1. 规避长期外汇风险

在不同国家直接投资组织生产，以便规避外汇风险，稳定企业的利润和股票价格，是跨国公司风险管理的重要内容。通常，当本币对外币出现长期升值时，投资费用支出会相对降低，企业应该转移到国外进行生产，对外直接投资将增加。同理，当本币长期贬值时，国内生产有优势，到本国来投资的外国公司会增加。例如，20 世纪 80 年代中后期开始，日元对美元进入长期的升值周期，日本对所有钉住美元汇率制度的国家都具有投资优势。也正是在这个时期，日本企业在美国、中国台湾、韩国和东南亚的直接投资显著增加。2005 年人民币对美元进入升值通道以来，中国对东盟国家、拉美国家具有明显的直接投资优势。中国的国际直接投资加速增长，很快就在全球国际直接投资中占有重要的地位。

2. 稳定收入和现金流量

在经济周期不同的国家组织生产和销售产品，进行国际直接投资，可以减少经济周期对企业现金流量波动的影响。与仅在一国生产和销售产品相比，组织多国生产和销售的跨国公司的收入和现金流量具有更强的稳定性。稳定的现金流量给股东和债权人发出了一个有价值的信号：跨国公司的经营风险降低了，它们不必要求过多的投资风险溢价。这样，有利于跨国公司降低股本与债务资本成本。

［例 7－1］ 一家中国建筑企业 A 计划投资一个新项目，既可以在国内进行，也可以在日本进行。新项目的投资金额占企业 A 全部预算投资总额的 40%，其余 60%全部投资在国内现有项目上。企业 A 考虑未来 5 年的预期风险和收益，并以此评估项目的可行性。假定企业 A 现有项目的预期税后投资收益率为 15%，以标准差测量的投资风险为 0.15。表 7－3 给出了企业 A 在投资项目地点选择问题上的主要信息。

表 7－3　企业 A 在不同地域投资计划项目的收益估计

	国内投资计划项目指标	日本投资计划项目指标
预期年平均税后投资收益率	20%	10%
预期年平均税后投资收益率标准差	0.08	0.12
预期年平均税后投资收益率与前期企业税后投资收益率的相关系数	0.70	0.03

在本案例中，企业 A 要比较和评估两个不同的投资组合方案，最终选择一个最有利于企业 A 价值增值的投资组合方案。投资组合方案 1 是：总金额中的 60%投资于现有的国内项目，40%投资于设在国内的新项目；投资组合方案 2 是：总金额中的 60%投资于现有的国内项目，40%投资于设在日本的新项目。企业 A 的投资决策将取决于每一个方案的预期收益率与预期风险。原则是：预期收益率相同时，预期风险较小者胜出；预期风险相同时，预期收益率较大者胜出。

（1）如果选择投资组合方案 1，即在国内投资新项目，则企业 A 的预期税后投资年收益率为：

$$R_p = 60\% \times 15\% + 40\% \times 20\% = 17\%$$

企业 A 的税后投资年收益率的风险为：

$$\begin{aligned}\sigma_p &= (0.60^2 \times 0.15^2 + 0.40^2 \times 0.08^2 + 2 \times 0.60 \times 0.40 \times 0.15 \times 0.08 \times 0.70)^{\frac{1}{2}} \\ &= (0.36 \times 0.022\,5 + 0.16 \times 0.006\,4 + 0.004\,032)^{\frac{1}{2}} \\ &= (0.008\,1 + 0.001\,024 + 0.004\,032)^{\frac{1}{2}} = 0.114\,7\end{aligned}$$

（2）如果选择投资组合方案 2，即在日本投资新项目，则企业 A 的预期税后投资年收益率为：

$$R_p=60\%\times15\%+40\%\times10\%=13\%$$

企业 A 的税后投资年收益率的风险为：

$$\begin{aligned}\sigma_p&=(0.60^2\times0.15^2+0.40^2\times0.12^2+2\times0.60\times0.40\times0.15\times0.12\times0.03)^{\frac{1}{2}}\\&=(0.36\times0.022\,5+0.16\times0.014\,4+0.000\,259\,2)^{\frac{1}{2}}\\&=(0.008\,1+0.002\,304+0.000\,259\,2)^{\frac{1}{2}}=0.103\,3\end{aligned}$$

从图 7－7 中我们可以直观地看到，投资组合方案 1 的预期收益率比方案 2 高 4 个百分点，但是方案 1 的风险也比方案 2 高。如何决策，将取决于企业 A 的发展战略和风险管理水平。通常，项目在本国投资虽然收益率比较理想，但新增项目现金流波动的相关系数较高，不利于分散企业整体的经营风险。相反，在国外投资，虽然企业的整体收益率水平可能下降，但整体风险也可能降低。

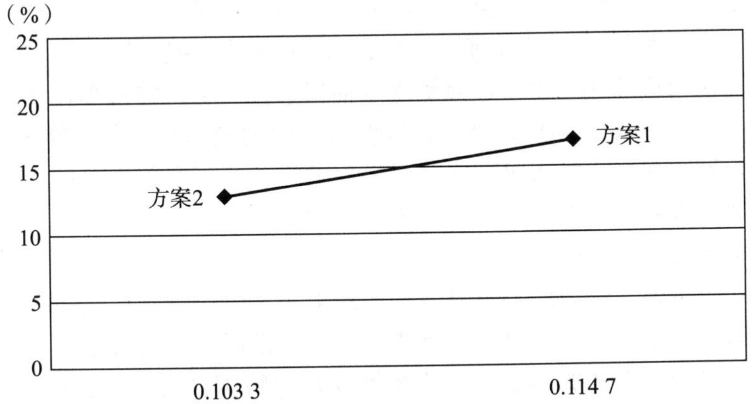

图 7－7　两种投资组合方案的风险-收益比较

7.3　国家风险管理

7.3.1　国家风险概述

1. 基本概念

国家风险是指东道国特定的国家层面事件通过直接或者间接的方式，导致国际经济活动偏离预期结果，给外国企业或投资者造成的经济损失和可能性。国家风险是企业对外投资首先考虑的因素。

2. 国家风险的构成

目前国际上通常从两个方面对国家风险进行分类：（1）从国家风险发生的范围和层次看，国家风险分为宏观层次的风险（macro level risk）和微观层次的风险（micro level risk）。前者指对所有外国企业或外国投资者都会产生不利影响的政治方面的改变，而不论这些企业和投资者是属于何种行业、采取何种投资形式；后者是指只对某个特定行业、某类特定企业或者某一特殊投资计划、某一市场产生不利影响的政治方面的改变。(2) 从国家风险的结果看，国家风险分为影响到财产所有权的风险和只影响到正常业务收入的风险。前者是指导致外国企业和投资者失去资产所有权或投资控制权的政治方面的改变；后者是指导致外国企业和投资者经营收入或投资回报减少的政治方面的改变。因此，在衡量国家风险时可以从政治风险和财务风险两方面进行。

7.3.2 国家风险的成因

1. 国有化

国有化通常是指政府将外资公司子公司的资产无偿或者低价收归国有的行为，这是最突出、危害最严重的一种国家风险。在中央集权程度高、政权更替较频繁的国家，国有化问题比较严重。国有化通常发生在对东道国各国的经济命脉有直接影响的部门和行业，例如采矿、冶炼、石油、农业、银行、公用事业和运输业等部门。

2. 市场准入政策

为了保护本国处于相对弱势的企业，确保更高的就业率，无论发达国家还是发展中国家往往都会制定一系列限制政策，阻挡跨国公司对当地市场的渗透。例如，美国经常动用“超级 301 条款”①，对欧盟的钢铁、日本的汽车、中国的纺织品进行进口限制。西班牙政府允许福特公司在西班牙建厂生产，但是规定福特子公司生产的汽车在本地销售量不得超过 10%，至少 90%的产量必须出口外销，以便给本国的汽车业工人创造就业机会，减轻当地市场的竞争程度。我国在加入 WTO 时，也要求给予处于竞争劣势的汽车制造业、金融业 5 年的保护期，限制外资企业的市场准入。

3. 财政、金融政策变动

财政、金融政策是一国政府宏观经济管理的主要手段。政府不仅根据本国经济发展需要调整货币供给、利率、汇率、税收等重要经济政策指标，进行日常管理，还会改变原有的产业政策，控制资产泡沫的形成。这些政策变化给跨国公司直接投资带来了较大风险。较高的利率会降低经济增速，减少对跨国公司产品的需求；较低的利率会刺激经济增长，从而增加产品需求。汇率波动会严重影响母公司收到的现金流，并使得子公司的进口成本和出口需求不稳定，生产和收入水平受到干扰。税收上升则会降低跨国公司的投资收益水平。2016 年二十国集团领导人杭州峰会上各国首脑达成一致，要求制定出切断恐怖主义资金来源的战略，以免导致对一些正常对外投资的“误伤”。

4. 外资管理措施

东道国政府针对外商投资采取的各种管理措施都可能影响跨国公司的现金流量。常见的措施包括：设立污染控制标准；增加公司所得税和预提所得税；加强资金转移限制；建立社会福利设施或专门的环境设施；要求子公司使用当地雇员作为管理人员等。例如，巴西政府规定，在巴西设立的外国子公司可以聘用外籍雇员，但巴西本国劳工在人数和工资

---

① 1974 年美国国会通过了《贸易法案》，该法案的第 3 篇名为“不公平贸易之纠正”，其中第 1 条法律标题为“回应外国政府的某些贸易做法”，规定了美国政府对于不公平贸易的报复权限。这条法律被称为“301 条款”，又称“普通 301 条款”或“一般 301 条款”。1988 年 8 月，“普通 301 条款”修正案出笼，增加了名为“贸易自由化重点的确定”的第 1302 节。该条款的规定比“普通 301 条款”更强硬，适用范围更广泛，具有更浓厚的政治色彩，故俗称“超级 301 条款”。

收入上分别不得低于企业全部劳工人数和工资总额的三分之二。此外，东道国政府对外国经营者要求特许权审批、对本国竞争者给予补贴的做法也非常普遍。有的还限制子公司向母公司的资金转移范围和规模，严重时甚至冻结子公司的对外资金转移。

5. 货币的不可兑换性

为了防止资本外逃，危害经济发展的稳定性，许多发展中国家不允许本国货币自由兑换成其他货币。货币的不可兑换性在一定程度上限制了跨国公司支配投资收益的灵活性和及时性，投资收益的时间价值要打折扣。

6. 消费偏好

东道国居民对产品产地的消费偏好，是决定外国产品能否成功进入新的国外市场的关键，因此对跨国公司的直接投资有决定性影响。消费偏好是文化、习惯的产物。一些国家通过控制传媒、教育渠道，从文化上灌输狭隘的民族性，鼓励、强化居民对本国产品的消费偏好，培养居民对本国产品的忠诚度，促使其购买本国产品，从而歧视和排斥外国产品。例如，韩国、日本是民族情结很重的国家，当地居民为了保护本国民族工业，在购买消费品时大多选择本国厂商生产的产品。因此，要进入韩国市场，最好的投资方式就是在当地建立合资企业。

7. 投资跨国监管联动

由于行业集中度增大，大型跨国公司的全球布局广泛，网络联系加强，有可能在更多国家、更多行业形成明显的竞争优势，获得垄断效应。出于国家安全的考虑，各国政府对大型跨国公司整合全球网络的并购活动以及经营活动给予越来越多的关注，限制和监管越来越严格。例如，2016 年全球最大的啤酒公司比利时百威英博并购世界第二大啤酒公司英国的南非米勒时，其前置手续包括美国、中国、南非、欧盟相关监管部门的批准，中国批准的附加条件是南非米勒将其持有的华润雪花 49%的股权出售给华润啤酒（控股）有限公司。

8. 经济周期

影响跨国投资项目经营现金流量的最主要因素是东道国的市场需求，而市场需求与东道国的经济周期高度相关。当东道国经济衰退时，市场需求下降。子公司一方面将减少对跨国公司出口产品的需求；另一方面，产品的销量也不断降低，从而跨国公司能够得到的现金流量下降，难以获得预期的投资收益。例如，2008 年国际金融危机爆发后，受外部需求锐减影响，中国沿海地区从事加工贸易的外资企业大批“跑路”。

9. 战争

尽管和平与发展是世界各国追求的目标，但是局部战争从来就没有停止过。中东、非洲、中美洲、巴尔干地区、中亚地区总是战火连绵，一直存在边界冲突或者国内战争。战争对国际直接投资的影响主要是：威胁跨国公司雇员的人身安全；外部经济环境恶化；商业活动很不规范；子公司的经营现金流量更加不稳定。例如，2011 年爆发了推翻卡扎菲政权的利比亚内战，暴徒们疯狂地袭击工地和企业，迫使 3 万多名从事铁路、通信和油田等行业的中国工程劳务人员和侨民撤离，包括 13 家央企在内的 75 家企业的投资项目全部暂停，涉及项目合同金额 188 亿美元（约 1 200 亿元人民币），预计有 200 亿美元资金在利比亚“打水漂”，中资企业损失惨重。

7.3.3 国家风险评估

知识注解

国家风险包括四个部分：政治风险、经济风险、商业环境风险和法律风险。

1. 国家风险评估模型

国家风险评估的主要对象是政治风险、经济风险、商业环境风险和法律风险。政治风险需要综合考虑国家安全环境、政治稳定性、国际关系、政府干预和社会稳定性等因素。经济风险需要考虑宏观经济、财政收支、货币金融、国际收支、双边经贸关系等重要因素。商业环境风险需要考虑的主要因素包括投资便利性、税收体系、基础设施、人力资本和行政效率。法律风险则包括涉外法律规定、执法成本、国际合作等等。

2. 国家风险评估方法

（1）列表打分法。

列表打分法是将所有影响国家风险评估结果的政治、经济、商业环境、法律因素转换成数字，通过列表形式直观地进行风险等级判断。风险评级越高，国家风险越小。在列表打分时，有些因素，如 GNP 增长率、利率、汇率、税率等，可以从现有统计数据中获得；而有些因素，如陷入战争的可能性等，则只能进行主观判断。由于要将各个因素的影响用数字形式表达，必须注意各因素在国家风险中的影响力，根据其影响力的不同赋予不同的权重。例如，给予那些被认为对国家风险有更大影响力的因素以更高的权重。在运用列表打分法进行国家风险评估时，对一些因素的取值及其权重分配较多地依赖主观判断，因而该方法具有一定的主观性。

（2）德尔菲法。

德尔菲法是第二次世界大战期间美国的思想库兰德公司创造的一种专家评估方法，通过相关专家背对背的主观评估，得到对某一事件发生概率及其影响的判断。运用德尔菲法进行国家风险评估时，主要是通过收集评估专家各自对国家风险的看法，综合得出对国家风险的评估结果。评估专家可以是本国政府驻外大使馆的经济参赞、跨国公司的高管、跨国银行的经理、高校的教授，也可以是“外脑”——专业咨询公司的研究人员。德尔菲法具有成本节约、速度快、准确度比较高的特点。通过这一方法，跨国公司不但可以得出评估专家对国家风险评估的期望值，还可以通过测算标准差来获得各评估专家观点差异的程度。

拓展阅读

中国出口信用保险公司发布 2017 年《国家风险分析报告》

（3）定量分析法。

一旦确定了某一时期导致东道国国家风险的主要影响因素，确定了各项指标，就可以运用定量分析法来确定国家风险等级。常用的定量分析法有离差分析法、主成分分析法和回归分析法。

离差分析法是一种广泛应用于国家风险评估的手段。从历史角度看，可以将所有国家分为两类：一类是国家风险较小的国家，另一类是国家风险较

知识注解

理想的国家风险评估是要为跨国公司提供早期的预警信息，找出那些可能给跨国公司未来经营带来风险的政治、经济、商业环境、法律因素。定量分析法有助于提供这样的预警信号。

大的国家。离差分析法通过考察所有国家的国家风险，找出具体导致国家之间风险差异的主要因素。

主成分分析法主要用来确定政治风险、经济风险、商业环境风险、法律风险的权重，以及各类风险内部主要影响因素的权重，是计算国家风险分值的重要环节。

回归分析法主要用来测算一个影响因素对另一影响因素变化的敏感性。跨国公司评估投资风险时，常常使用回归分析法来评估其经营活动与东道国国家风险之间的关系。例如，测算子公司的销售增长率与东道国 GNP 增长率、法治水平或者恐怖袭击事件之间具有怎样的相关关系。

（4）巡查访问法。

巡查访问法，也称实际观察法，指到被投资国进行实地考察，会见当地政府官员、公司管理人员、智库研究员以及消费者，帮助跨国公司更好地了解实地情况（如公司间关系等），感性地评估东道国的国家风险。现实生活中，鉴于不同金融机构或专业评估公司、新闻报道、图书资料都加入了作者的价值取向、主观判断和删减，有一定水分，如果不进行实地考察，容易受道听途说的干扰。一些对跨国公司经营有重大影响的国家风险因素，必须实地考察和深入了解。百闻不如一见，只有身临其境，脚踏实地，才能做出准确、客观的评估。

3. 国家风险评估步骤

（1）为不同种类的风险因素赋值。根据政治因素的风险价值进行赋值，这些数值代表风险价值。赋值区间一般为［1，5］，数值越小，风险越高；数值越大，风险越低。也就是说，1 代表最高风险，5 代表最低风险。

（2）确定各类风险的权重。在政治风险、经济风险、商业环境风险和法律风险评估中，不同风险因素对国家风险发生概率及其影响程度的作用是有差异的，有的因素作用较大，有的因素作用较小。需要根据各因素的重要程度，采取主成分分析法赋予它们不同的权重，各权重相加总和为 100%。

（3）计算政治风险、经济风险、商业环境风险、法律风险水平。分别计算四大类风险的加权平均数值，作为它们的评级结果。

（4）计算国家风险水平。根据确定的政治风险、经济风险、商业环境风险、法律风险的权重，以及它们的风险水平，计算出国家风险的分值。

（5）确定国家风险等级。通常按照国家风险由低到高分为 1～9 级，等级越低，表明国家风险越小；等级越高，表明国家风险越大（见表 7－4）。

表 7－4　国家风险评级划分及含义

级别	含义
1	政治和经济形势非常好，商业环境优异，国家风险水平最低
2	政治和经济形势很好，商业环境稳定高效，国家风险水平很低
3	政治和经济形势良好，商业环境稳定，但有改进空间，国家风险水平较低
4	政治和经济形势较好，商业环境稳定，但需要改进，国家风险水平中等偏低

续表

级别	含义
5	政治和经济形势中等，商业环境不太稳定，国家风险水平中等
6	政治和经济前景稍有动荡，商业环境有待改善，国家风险水平中等偏高
7	政治经济形势不稳定，商业环境不太好，国家风险水平较高
8	政治和经济前景非常不稳定，商业环境较差，国家风险水平很高
9	政治和经济形势面临极高风险，商业环境差，国家风险水平最高

4. 国家风险评估案例

2017 年我国摩托车制造商日光公司计划到菲律宾设立一家分公司，开拓共建“一带一路”国家的市场。在投资项目的可行性研究阶段，公司投资部首先对菲律宾进行了国家风险评估。经过仔细的筛选和评估，发现在影响菲律宾国家风险的众多因素中，主要有 2 项政治风险因素、5 项经济风险因素和 1 项法律风险因素。投资部将这些主要的影响因素编上代号，根据收集到的各种信息判断这些因素对国家风险的影响程度，进而确定不同的权重（见表 7－5）。

表 7－5　菲律宾国家风险因素的权重分配

风险类别	因素	权重（%）
政治风险（30%）	政局动荡	40
	恐怖主义	60
经济风险（50%）	汇率制度变动	10
	汇率大幅贬值	50
	直接征收	10
	间接征收	20
	主权债务违约	10
法律风险（20%）	合同履约	100

通过对政治风险、经济风险、法律风险等国家风险的分析，特别是充分考虑菲律宾国内不同行业经营状况的差异以及摩托车市场状况后，日光公司发现，菲律宾的政治风险与经济风险一样大，但是法律风险较高，合同履约能力较差。对政治风险各因素数值进行加权平均计算，得到菲律宾的政治风险等级为 2.8（见表 7－6）。运用同样的方法，可以计算出经济风险等级为 2.8，法律风险等级为 3。在分别确定了政治风险等级和经济风险等级后，根据政治风险、经济风险、法律风险各自的权重，就可以计算出菲律宾的国家风险等级为 2.84。通常以 3 级为临界值，数值小于 3 级意味着国家风险高，数值大于 3 级意味着国家风险低，而 2.84 不在可接受的安全范围内。因此，日光公司根据自身对风险程度的厌恶标准，否决了在菲律宾投资建厂的计划。

表 7-6　菲律宾的国家总体风险评级

(1)	(2) 公司对各因素的赋值 (1～5)	(3) 公司根据重要性对各因素所赋权重	(4)=(2)×(3) 各因素加权值
政治风险因素			
政局动荡	4	40%	1.6
恐怖主义	2	60%	1.2
政治风险等级			2.8
经济风险因素			
汇率制度变动	4	10%	0.4
汇率大幅贬值	2	50%	1.0
直接征收	4	10%	0.4
间接征收	3	20%	0.6
主权债务违约	4	10%	0.4
经济风险等级			2.8
法律风险因素			
合同履约	3	100%	3
法律风险等级			3
政治风险	2.8	30%	0.84
经济风险	2.8	50%	1.4
法律风险	3	20%	0.6
国家风险		100%	2.84

7.3.4 国家风险管理措施

常见的国家风险管理方法包括垄断技术、缩短投资期、运用当地资源、购买保险。

1. 垄断技术

先进的技术、充足的资金是跨国公司直接投资的保障，如果子公司的生产需要从母公司获得核心技术，东道国市场又需要子公司的产品，通过对子公司技术的垄断和对技术信息高度保密，跨国公司可以有效地降低被东道国政府征收的风险。因为东道国政府征收外商投资企业后，一旦技术支持中断，自己也无法继续经营。当然，如果东道国友好地征收子公司，并给了跨国公司足够的补偿，跨国公司也可提供必要的生产技术。

2. 缩短投资期

跨国公司对外投资的一个主要目标是获得超额利润，这种超额利润往往随着时间的推移、竞争者的加入、市场行情的变化而衰减，将项目投资锁定在一个较短的周期，例如 5

年或者 10 年，通过加速折旧、分期分批地将子公司资产卖给当地投资者或政府等手段，跨国公司不仅能尽快获取国外投资的超额利润，还降低了子公司被东道国征收的可能性，将国家风险损失控制在较低的程度。

3. 运用当地资源

东道国引进外资的目的不同，有的是为了引进先进的技术，使得本国的经济结构升级，有的是为了扩大出口，开辟国际市场，有的则是为了缓解就业压力。无论出于何种目的，只要跨国公司充分运用当地的人、财、物资源，例如尽量多地雇用当地员工，从当地银行获得巨额融资，利用当地的原材料，与当地特定的利益集团形成比较紧密的利益关系，就可以在一定程度上减少国家风险。如果东道国政府征收子公司，造成子公司的本地员工失业，或者造成银行贷款坏账、原材料市场的跌价，当地员工、银行、原材料供应商就可能分别或者联合起来对政府施压，通过游行、示威、游说等方式迫使政府避免采取这一征收行为。

4. 购买保险

跨国公司母国政府为了促进本国私人公司积极向海外投资，往往通过设立海外投资保险机构等方式，对私人公司的海外投资损失给予一定的补偿。这类保险机构一般可以为跨国公司提供被东道国政府征收、战争、货币资金被冻结等方面的保险业务。世界银行等国际金融组织也纷纷设立多边投资保险机构，为那些在发展中国家有直接投资项目的跨国公司提供政治保险。那些在国外有大量投资的发达国家都建立了比较健全的国外投资保险体系。我国也在逐步完善对外投资保险体系，对东道国的国家风险，例如征收、违约、货币不可兑换、战争、国内动乱等提供担保。然而，任何保险通常都只能补偿跨国公司承受的一部分风险，不能提供百分之百的风险补偿。

专栏 7.2 国际投行对国家风险评估的再思考

从传统意义上来说，公司在衡量国家风险时主要考虑一个因素：实际位置。但鉴于不断发展的供应链，摩根大通（JP Morgan）的阿尔博维亚斯认为，仅使用这种方法已经过时了。互联互通的全球经济使得审视本公司的交易对手也变得更为重要。为了更准确地衡量真实的国家风险敞口，需要从更广泛的视角审视实体存在并检查供应商足迹和客户基础。应深入了解这些因素中的每一个以及减轻这些因素所代表的风险的方法。根据阿尔博维亚斯的看法，衡量投资于国家 A 的风险，不能只看国家 A。例如，鉴于交易对手的制造工厂、仓库和其他主要业务可能处于其他国家，则公司或面临其他国家的风险敞口。

案例学习

下面是中兴通讯的真实案例。请认真阅读，并理解其中的国际金融术语。

从 1985 年加工电话机的小企业到如今的综合通信服务商，中兴通讯已成为中国最大的上市电信设备公司。中兴通讯坚持发展，为全球 160 多个国家和地区的客户提供技术与通信解决方案，是一家名副其实的国际化企业（见表 7-7）。

表7-7 中兴通讯发展历程

阶段	摸索期	突破期	推进期	发展期	扩张期
时间	1995—1997年	1998—2001年	2002—2004年	2005—2009年	2010年至今
事件	1995年，参加日内瓦电信展 1996年，成立国际部 1997年，参与孟加拉国电信公司投标，实现海外市场零的突破	1998年，在巴基斯坦建立第一家海外生产基地 1998年，在美国设立第一家海外研究所 在海外市场设置20多个营销中心	进入巴西、印度、俄罗斯等市场 在非洲20多个国家设立办事处 业务覆盖亚非拉等70多个国家 2004年在香港上市	成为印度、越南等国家的主要电信设备商 2007年，海外市场营业收入超过国内市场营业收入	2011年，实现欧洲市场零的突破 终端设备进入美国四大运营商采购名单 在全球有156个销售网点

中兴通讯自1995年提出国际化战略至今已经历了多年发展，现在全球有156个销售网点，为160多个国家和地区提供服务，在国际化道路上一路高歌（见表7-8）。

表7-8 中兴通讯在各地区的网点数量

地区	网点数量
加拿大	1
美国	9
拉丁美洲	20
非洲	38
欧洲	26
独联体	12
亚太地区	19
中国	31
合计	156

自20世纪90年代末以来，中兴通讯一直在利比亚市场占有较大份额。中兴通讯首先突破利比亚电信市场，华为也随后进入。2011年2月21日，利比亚反政府武装冲突升级，部分在利比亚的中资企业和机构以及员工遭袭，生命财产安全受到威胁。当时在利比亚的中国公民人数多、分布广，3万多名中国人主要分布在利比亚东部、西部、南部和首都地区，大多为从事铁路、通讯和油田等行业的工程劳务人员，其中中兴通讯员工88人。3月5日，中国撤离在利比亚人员行动圆满结束，共撤出35 860人，全部回国。在此次撤离行动中，中兴通讯保护了员工的安全，及时化解了这次重大的国家风险。

2018年4月，美国制裁中兴通讯的消息广为传播。2018年4月16日，美国商务部宣布7年内禁止本国企业向中兴通讯销售零件。起因是，中兴通讯因违反美国对伊朗的出口禁令在2017年3月与美国商务部达成和解协议前后分别于2016年11月30日和2017年7月20日（函件标记日期）呈交美国政府的函件中表示将会惩处或已惩处多名涉及违反美国出口禁令的员工，但是中兴通讯对其中多人的惩处一直没有执行，直至美方于2018年2月查询后才开始执行，被美方认为中兴通讯做出了虚假陈述及违反了和解协议。

美国的制裁导致中兴通讯的股价大幅度下跌，还被迫停牌了一段时间。2018年5月25日，美国商务部就解除对中兴通讯的销售禁令通报美国国会。自此中兴通讯制裁案告一段落，但截至2018年5月下旬，外界估计中兴通讯因为美国制裁而造成的损失至少达200亿元。最终，在2018年7月12日，美国商务部表示，美国已经与中国中兴通讯签署协议，取消近三个月来美国供应商与中兴通讯进行商业往来的禁令，中兴通讯将能够恢复运营，禁令将在中兴通讯向美国支付4亿美元保证金之后解除，标志着中兴通讯制裁案的最终结束。

根据2023年3月10日中兴通讯公布的2022年财务报表，其营业收入、净利润两项核心盈利指标分别达到1 229.5亿元和77.9亿元，自制裁后首次全面超越制裁前水平，逐渐走出制裁的阴霾。与此同时，中兴通讯在制裁后加大了研发投入，2019—2022年的研发费用增长分别达到15.06%、17.92%、27.08%和14.88%。

本章小结

1. 国际直接投资是指投资者跨越国界，通过创立、收购等手段，掌握和控制国外企业经营活动从而谋取利润的一种投资活动。在国际投资中，世界各国的企业形式不完全相同，主要有独资企业、合伙企业和公司制企业。东道国对不同性质的企业，在企业设立、登记、组织机构、经营管理以及缴纳赋税方面要求不同。

2. 国际直接投资随着经济全球化得到迅速发展，表现出规模巨大、行业分布更广、发达国家与发展中国家都普遍参与等新特点。目前，发达国家的跨国公司是国际直接投资的主流。我国也开始实施“走出去”战略，积极开展对外投资。

3. 国际直接投资对东道国而言宛如一把双刃剑，既给东道国带来了技术，有助于解决就业问题；同时也给东道国带来了新的竞争压力，威胁其民族产业。所以，各国政府常常根据国情，对国际直接投资采取既鼓励又限制的措施。

4. 国际直接投资给跨国公司带来了许多经济利益，成为跨国公司发展对外直接投资的强大动力。这些经济利益主要包括：开发新的产品需求市场；获取超额利润和规模经济；利用国外的生产优势；利用国外的原材料资源；规避长期外汇风险；突破贸易壁垒和在国际范围内分散经营。

5. 国家风险代表了国家环境对跨国公司现金流量产生的潜在不利影响。国家风险的构成要素有四大类，即政治因素、经济因素、商业环境因素和法律因素，相应地包括政治风险、经济风险、商业环境风险和法律风险。鉴于不同类别国家风险对跨国公司的影响不同，跨国公司在考虑投资项目的国家风险时，必须对这些风险分别进行评估。评估国家风险的方法主要有列表打分法、德尔菲法、定量分析法、巡查访问法。具体评估时应该按照一定的程序和步骤，根据影响程度和重要性，赋予每一个国家风险影响因素不同的分值和权重，计算出加权平均值，评估国家风险等级。

6. 国家风险管理是国际直接投资风险管理的重点，其中被东道国征收的风险最为严重。跨国公司可以采取一系列措施来防范征收风险，但是，需要清楚地认识到每一种措施的局限性。

核心概念

国际直接投资　股权式合营企业　契约式合营企业　贸易壁垒
国家风险　国有化　德尔菲法

课后习题

1. 为什么国际直接投资要采用不同的方式？合资与独资方式各有什么利弊？
2. 不同的东道国政府对待国际直接投资的态度为何会有差异？
3. 为什么各国对国际直接投资都有一定的限制？
4. “一带一路”倡议提出后，中国的对外直接投资有何特点？
5. 跨国公司怎样利用国际直接投资来获得新市场和比较利益？
6. 为什么国际直接投资能够分散跨国公司的经营风险？
7. 构成国家风险的主要因素有哪些？
8. 评估国家风险的方法有哪些？请评价不同方法的优点和局限性。
9. 简述国家风险评估的步骤。
10. 跨国公司通常采取哪些措施来防范东道国的征收风险？
11. 兴伊服装公司计划在美国兴办服装制衣分公司，采取就地生产、就地销售的模式，已知条件如下：

(1) 初始投资30万美元，项目将在一年内完成，经营所得即税后利润全部汇回国内。

(2) 投资一年后的税前利润预期为28万美元，美元兑人民币的汇率为6.5。

(3) 美国政府征收企业所得税，税率为25%。

(4) 公司在美国除了在商场租用场地外没有其他长期资产，该投资项目的预期残值为零。

(5) 兴伊服装公司要求项目的内部收益率达到15%。

(6) 公司在进行资本预算时需要考虑有关的国家风险：

第一，由于近来贸易摩擦导致美国经济不确定性加大，预期税前利润将降至25万美元，此种情况发生的概率为40%。

第二，美国的企业所得税可能由25%降至20%，此种情况发生的概率为30%。

第三，人民币汇率波动加大，人民币兑美元升值为6.3的概率为30%。

根据以上信息完成练习：

(1) 假设这三种形式的国家风险相互独立，请计算该投资项目净现值的预期值。

(2) 该项目的净现值变为负值的概率有多高？

12. 鸿炬玩具公司目前计划在新西兰投资兴建一子公司。有关投资项目的信息如下：

(1) 初始投资额为1亿新西兰元，当前新西兰元兑人民币的汇率为5.9；

(2) 所需营运资本金为3 000万新西兰元，并由新建的子公司通过向新西兰银行贷款提供，已知该笔贷款按年付息，8年后偿还，年利率为12%；

（3）项目3年后完成，届时子公司将被出售处理，母公司会获得1.1亿新西兰元；

（4）新西兰国内市场情况如下：

年份	单位价格（新西兰元）	需求量（件）	单位变动成本（新西兰元）
第1年	400	50 000	90
第2年	420	54 000	98
第3年	470	62 000	112

（5）固定成本（如制造成本）预期为1 500万新西兰元；

（6）预期汇率为第1年末5.92、第2年末5.86、第3年末5.95；

（7）新西兰政府对外商投资征收20%的企业所得税、15%的预提税，但国内对海外投资的子公司汇回的公司利润给予税收抵免；

（8）子公司除了保留必要的营运资本外，每年末都将经营所得现金全额汇回母公司；

（9）固定资产将按直线法10年内摊销完毕，即每年的折旧费为1 000万新西兰元；

（10）该项目的必要内部报酬率为20%。

要求完成以下练习：

（1）计算该项目的净现值。鸿炬玩具公司是否接受该项投资计划？

（2）鸿炬玩具公司考虑另一融资方案，即由母公司提供3 000万新西兰元的营运资本，与此同时出售子公司的所得增至1.2亿新西兰元。该项融资方案同公司原融资方案相比是否更为有利？

（3）假设鸿炬玩具公司仍采用原融资方案，但新西兰政府对设在本国的外国子公司的资金汇出新西兰采取冻结措施，即只能在项目完成后才允许汇出。在这种情况下，该项目的净现值是多少？

（4）假设鸿炬玩具公司仍采用原融资方案，则该项目清算价值的盈亏平衡点是多少？

13. 对附录7.1中考虑影响因素波动性后的分析没有进行具体计算的部分，请同学们自行计算并得出结论。

（1）计算汇率波动部分中两种情况下汇率变化对累计净现值的影响。假设在欧元强势情况下从第1年起每年的汇率分别为￥10.82/€、￥10.85/€、￥10.9/€、￥11/€，在欧元弱势情况下各年汇率分别为￥10.78/€、￥10.7/€、￥10.6/€、￥10.5/€。

（2）计算资金冻结情况下的累计净现值。假设日光公司子公司被迫将每年产生的现金收入投资于有价证券，该证券年收益率为12%，第4年汇回所有现金流，汇率保持不变。

（3）计算考虑了机会成本后的净现值，如附录中假设，每年增加了50万欧元的机会成本。

（4）在改变融资安排的情况下，计算由母公司提供办公场地时的累计净现值。

即学即测

附录　跨国公司资本预算

第8章
跨国公司资产负债管理

学习目标

- 学习跨国公司的现金管理技术和主要贸易融资方式；
- 了解跨国公司非贸易短期融资的动机和渠道；
- 熟悉跨国公司的资本结构管理；
- 学习跨国公司如何利用国际税务合规计划降低企业税负。

本章导读

跨国公司是国际市场的主要开拓者，也是全球经济发展的重要参与者和推动者，国际分工、产业链构造、国际贸易都是跨国公司经营活动的结果。随着中国经济实力的稳步增强，跨国公司发展迅速，在国际经济合作中发挥着越来越重要的作用。根据《财富》杂志发布的世界500强企业榜单，上榜的中国公司由2012年的69家增长至2022年的145家，其中包括中石油、中石化、中海油、格力电器、海尔集团、美的集团、吉利控股、华为、联想、腾讯控股、中国银行、中国工商银行、中国建设银行等著名的跨国公司。中国跨国公司的海外资产、海外营业收入及海外员工总数均大幅增长。跨国公司的发展既反映了中国公司深度融入全球市场，也反映了中国跨国公司全球影响力和竞争力的提升。

当前，国际经济合作和竞争局面正在发生深刻变化，全球经济治理体系和规则正在面临重大调整，“一带一路”倡议为中国公司带来了新的发展机遇，越来越多的中国公司正在加入“出海”行列，例如中石油、国家电网、中建集团、中国电建、中国中铁等公司参与建设共建“一带一路”国家的项目。除此之外，互联网、制造业的公司也均“出海”欧洲，并逐步加大欧洲市场投入。

随着经济全球化进程的不断深入，跨国公司在经营中会面临业务地理分布广、组织结构复杂、经营涉及多种货币等问题。因此，通过集团的财务部门或者财务公司对集团和子公司的资产负债、现金流、利润进行统筹规划和管理，能够提高公司经营效率，提升企业价值，助力跨国公司实施“走出去”战略。

本章将介绍跨国公司资产负债管理的核心内容，主要包括现金管理技术、贸易和非贸易融资方式、资本结构管理以及国际税务合规计划。

跨国公司资产负债管理的目标是实现企业价值最大化。根据企业价值评估理论，公司的价值取决于公司创造的现金流量、资本结构和资本成本。由于跨国公司运用全球资源，进行全球生产、销售和服务，这就必然导致其拥有更加复杂、多变的现金流以及资本结构。

公司现金流＝净利润＋折旧及摊销－营运资本增加
　　　　　－投资性资本增加＋新股本－股利＋债务增加

由此可见，短期资产负债管理将深刻影响公司的营运资本和净利润水平，长期资产负债管理将影响投资性资本、股利和债务水平以及公司的加权平均资本成本。因此，加强跨国公司的资产负债管理对于增加跨国公司的价值至关重要。

8.1　跨国公司流动资产管理

8.1.1　跨国公司现金流分析

现金是跨国公司流动性最强的资产，也是跨国公司直接体现其国际经营成果、实现资源优化配置的手段。跨国公司现金管理的主要目标有两个：一是提高资金的使用效率，二是降低融资成本。通常需要站在母公司角度对子公司进行现金周转和余额管理，通过母公司与子公司之间以及子公司之间的跨国现金转移来实现。

跨国公司进行现金管理，首先需要对子公司的现金流量进行分析和预测，确定子公司的最佳现金流量，并制定出现金流规划。

1. 跨国公司子公司的现金循环

由图 8－1 可知，公司的现金流入活动有销售收入和融资现金流入。融资现金又分为三类：贷款、银行以及其他投资者的资金注入和商业信用。公司的现金流出活动包括购买原材料、存货、债务支出、向母公司上缴管理费用及利润、提供商业信用等。子公司现金管理的目标是遵循现金流入和流出规律，获得最佳现金流量；保留最低现金余额，提高资金利用效率，避免发生流动性危机；降低融资成本，增加利润。

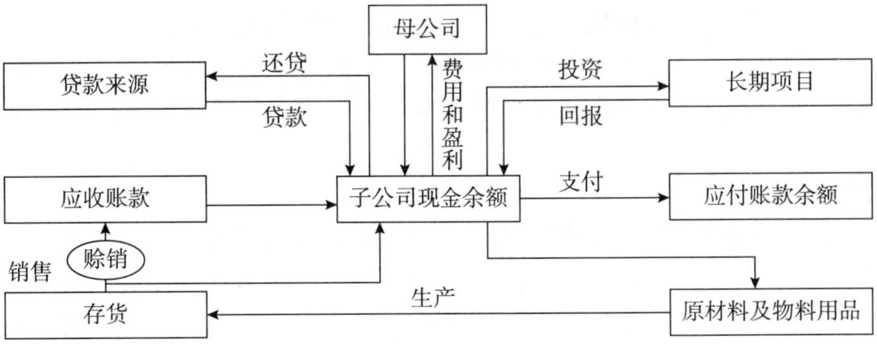

图 8－1　跨国公司子公司现金流循环图

2. 影响子公司现金流的因素

（1）通货膨胀。子公司从原材料采购开始就产生了对外支付。如果子公司的原材料来自东道国，东道国的通货膨胀波动就会影响其现金支出；如果原材料主要从国外采购，采购国的通货膨胀也会影响子公司的现金支出，而且会受到汇率波动的影响。现金支出与通货膨胀成正相关关系。

（2）存货水平。当预期原材料价格上涨或者面临汇率大幅波动时，为了避免现金支出不确定性增加的风险，公司将保持较多的原材料库存，以便对抗物价和汇率波动带来的不利影响。

（3）产品销售。产品销售数量和销售的结算方式，一方面决定现金流入金额和流入时间，另一方面也决定现金流出金额和流出时间。

（4）汇率。许多国家要求跨国公司子公司进行相当比例的产品外销，因此子公司的产品销售会受到汇率波动的影响。

（5）利率。利率水平以及利率的波动对子公司的债务支出和投资的现金流量有影响。

3. 跨国公司现金管理技术

跨国公司现金管理需要充分考虑上述影响现金流周转和余额的因素，根据所处的环境和具体情况采取多种可行的方法实现现金管理目标。在现实生活中，常用的现金管理技术包括收支两条线、净额结算、加速清收、规避东道国的管制、内部现金流动等。

（1）收支两条线。

为了加速资金周转、减少资金持有成本，提高资金使用效率和内控能力，增加企业的经济价值，跨国公司大多使用收支两条线[①]现金管理模式，加强全面预算管理。要求子公司在跨国公司的财务公司或当地银行设立两个账户（收入户和支出户），子公司收入的现金按照规定进入收入户，通过跨国公司与银行签订的协定，收入户实行零余额管理，及时、足额回笼到跨国公司总部，进行集中统一管理，避免子公司的资金沉淀和浪费。子公司的货币性支出必须通过支出户进行，根据“以收定支”和“最低限额资金占用”的原则，从收入户按照支出预算安排将资金定期划拨到支出户，不允许子公司坐支现金。

实行收支两条线管理，具有两方面的重要意义：一是可统筹兼顾跨国公司的长期与短期战略目标，协调各子公司的收入与支出、投融资活动，提升整体经济效益；二是有利于实施资产负债、资金收支、营运收入、成本费用、投融资、资本性支出等全面预算管理，避免资源浪费和无效使用，加强对子公司经营活动的超前或适时调控，加强内部控制。然而，由于子公司分布在不同的国家，受到银行网络、当地政府外汇管制和财务制度的限制，收入的资金无法汇出或不能全额汇出，收支两条线的现金管理模式往往行不通。

（2）净额结算。

净额结算也是一种常见的现金管理模式。为了降低汇兑成本、减轻外汇风险损失，跨国公司母公司与子公司以及各子公司之间的交易不按照实际发生额结算，而是按照收支轧差后的净额进行结算。跨国公司经营涉及多种货币，母子公司、子公司之间应收应付活动频繁，如果每发生一笔交易就立即进行全额支付，频繁进行货币兑换，不仅外汇风险较高，还要向银行支付较多的汇兑手续费。进行净额结算，减少了货币兑换的总金额，也就是减少了风险头寸，可以有效降低汇率损失，节约财务开支。例如，中国石化集团泰国子

---

① 收支两条线是20世纪80年代我国针对预算外资金管理进行的一项改革措施。具有执收执罚职能的单位，根据国家法律、法规和规章收取的行政事业性收费（含政府性基金）和罚没收入，实行收入与支出两条线管理，形成完整统一的各级预算，提高法治化和监督水平。

公司于2017年1月由于进口石油，欠科威特子公司500万美元，9月科威特子公司购买泰国子公司的产品，需要支付600万美元，在一年期的净额结算机制下，到该年底由科威特子公司向泰国子公司支付100万美元即可。假设泰国和科威特两国银行收取的货币汇兑手续费均为5‰，这两家子公司共可节约货币汇兑成本5万美元。通常，母公司和各子公司会组织专门人员负责，并开发专门的管理系统来统一管理现金净额结算。跨国公司系统内部进行净额结算的主要优点是：①减少母公司与子公司以及各子公司之间的现金结算总额，降低货币汇兑成本。②由于在一定时间内相互提供了信用，有利于母公司及时了解和掌握各子公司的现金流情况，加强母公司与子公司之间的信息沟通和相互协作，提高跨国公司内部的凝聚力和信息透明度。③净额结算需要建立完善的信息系统，使得母公司更容易进行短期资金管理。

（3）加速清收。

现金是流动性最强的资产，是最灵活的营运资金。加速应收账款的清收，跨国公司就可以提高资金的利用效率，进行有利可图的投资或者转向其他用途。财务管理中通常采用现金营运指数[①]来衡量现金收入的质量好坏。加速应收账款的清收是提高现金营运指数的直接途径。跨国公司常用的加速现金流入的手段包括：①采取多种鼓励手段，例如给予即期付款的客户一定折扣，根据产品销售周期设计合理的付款方式，及时清收欠款。②在大额销售情况下，与客户签订预先授权支付书（preauthorized payment），允许跨国公司分期分批地从客户的银行账户中支取一定限额的资金，提高资金的回收率。③与银行合作，建立覆盖面广、方便的清收设施，借助银行的网络系统迅速完成托收服务，从而缩短支票在途时间。

（4）规避东道国的管制。

由于外汇资金短缺，许多发展中国家对外商投资企业的现金流出都设有一定的限制，比较典型的是对现金流出设定限额、课征高额的预提税、在一定时期内冻结资金汇出。为了规避东道国的管理规定的负面影响，跨国公司往往通过收入、费用的转移性安排，增加子公司的开支，减少子公司的利润，主要方法包括：①将设在其他子公司、母公司的研究部转移到该东道国，设立、扩大研究部，增加其开支，完成跨国公司集团所需的开发任务。②购买母公司、其他子公司的产品、研究成果，通过内部转移定价、劳务、科研费用支出将该子公司的收入转移到母公司或其他不被征税的子公司。③增加当地的融资金额，减少母公司的资金投入，用当地的收入支付各种开支。④将公司的各种会议、广告、宣传费转移到该子公司来实现，尽量运用该子公司的投资收益，不产生利润，从而对抗东道国的资金汇出冻结。

（5）内部现金流动。

跨国公司内部各子公司现金流状况不尽相同，内部现金流动可以实现两个主要功能：①降低融资成本。通过付款方式的安排以及转移定价等手段，现金短缺的子公司从现金充裕的子公司购买货物时，可以获得更长的延期付款，以及用更低的价格购买货物，从而将

① 现金营运指数是指经营现金净流量与经营应得现金的比值。现金营运指数的正常值为1。小于1的现金营运指数说明收益质量不好：企业的部分收益尚没有取得现金，停留在实物或债权形态，仍然存在坏账或贬值的风险；同时表明尽管企业的营运资金增加了，但为取得同样的收益占用了更多的资金，资产盈利性下降。

资金在子公司之间进行调度，降低资金短缺的子公司的融资成本；②规避外汇风险。在母子公司以及各子公司之间进行贸易或净额清算时，如果预期支付货币可能升值，付款一方可以采取延期支付策略，以便获得货币升值的额外利益，相反，在预期支付货币可能贬值的情况下，支付一方则采取提前付款的策略，以避免货币贬值带来的交易风险损失。例如，在前述中国石化集团的例子中，如果公司预计 2017 年 11 月泰铢可能对美元升值10%，那么中国石化集团将指示科威特子公司，不执行原来的年底即 12 月 31 日支付 100 万美元净额的规定，而是提前于 10 月份支付 100 万美元，避免泰国子公司蒙受美元贬值的损失。值得注意的是，由于各子公司大多数是合资公司，基于母公司利益的内部现金流动有可能损害东道国合资者的利益，遭到它们的反对，因此这样的内部资金流动需要照顾到其他投资者的利益，不能够无偿使用。许多跨国公司设立了专门的金融机构，例如财务公司、结算中心、内部银行，运用计算机网络技术构建庞大的内部资金账户、头寸矩阵，并与净额结算体系结合，比照市场法则进行内部的资金流动管理。

4. 有效现金管理必须满足的条件

（1）合理配置管理权力。

跨国公司对子公司的现金管理可以分为集权式管理与分权式管理两种模式。分权式管理模式有利于子公司根据经营需要灵活地安排现金，保证支付，但很难保证母公司对子公司现金流的统筹规划。特别是出现利益冲突时，基于母公司利益最大化的现金管理难以有效进行。集权式管理模式有利于跨国公司优化现金流量，使资金得到更有效的利用，并且对所有子公司的现金状况进行及时的监督，但子公司的日常经营活动容易受到现金流量的制约，子公司的财务管理主动性较低，跨国公司的管理成本可能增加。无论采取哪种现金管理模式，跨国公司都需要根据具体情况合理配置现金管理权限，不能片面为追求母公司的价值最大化而过多牺牲子公司的利益或者扭曲子公司的业绩。

（2）银行提供技术支持。

跨国公司的现金管理需要在全球范围内进行迅速的资金划拨和转移，离开银行清算体系，很难顺利进行。跨国银行是实现资金跨国流动的主要渠道，跨国银行在多个国家设立分支机构，而且在全球范围内选择代理行，拥有发达的清算结算网络，可以为跨国公司的现金管理提供技术手段。然而，各国银行的金融服务水平、现金管理能力存在很大的差异，许多发展中国家的银行国际网络和影响力不够，无法提供跨国公司现金流管理所需的账户归集、跨国或跨行转账业务。只有那些在国际金融市场上具有系统重要性的银行，例如摩根大通、汇丰、德意志银行、中国银行、中国工商银行，才能提供完善的现金管理服务，有的银行甚至可以直接充当大型跨国公司的结算中心。

> **知识注解**
> 跨国银行为跨国公司提供现金账户管理服务已经成为一种潮流。银行在提供现金管理服务中也收获了客户忠诚度和交叉营销业务的机会。

（3）选择适当的东道国。

跨国公司的现金管理往往会遭遇国家风险。一些发展中国家给予外商投资税收优惠或补贴，对资本流动奖入限出，制定法律法规，对跨国公司的现金优化管理进行限制。因此，跨国公司应尽可能选择在那些政府管制较少或者签订有利的投资协议的国家设立子公司，这样做有利于获得良好的现金管理外部环境。

8.1.2 短期投资管理模式

与现金管理模式相对应，跨国公司的短期投资管理模式也分为集中式管理和分权式管理。前者是指母公司集中各子公司的短期闲置资金，建立资金池，根据各子公司的流动资金需求计划进行适当的短期投资，取得最佳的投资效益。后者是指各子公司对经营中出现的短期闲置资金拥有投资权，根据自身利益最大化原则独立地进行短期投资。在实际生活中，大多数跨国公司选择集中式短期投资管理模式，因此，在这里重点讨论这种模式。

1. 集中式短期投资管理的优势

（1）获得资金使用的规模效应。从节约劳动成本出发，银行一般都推出了大客户优惠政策。例如，我国多家银行对超过一定金额（如500万美元）的大额存款，可支付较高的存款利率，客户可与银行协商一个高于市场的存款利率。① 将分散在各子公司的小额短期闲置资金集中起来使用，积少成多，形成较大的资金规模，然后进行大额存款或投资，跨国公司就能获得资金使用的规模效应，各子公司也能够分享更高的资金回报。

（2）分散投资风险。跨国公司集中分散在子公司手中的资金进行短期投资，可以在不同的国际金融市场、币种、金融产品之间进行组合投资。根据资产组合原理，在预期收益不变的情况下，国际组合投资的风险更低。此外，由专业人员进行投资管理，不仅可以提高投资决策的科学性，还可以节约分散管理时支付的信息费用和管理成本。

（3）降低整体的融资成本。由于资本管制、经济周期、政策不同，各子公司所在国家的金融市场存在较大的利率差异，导致一些子公司的融资成本远高于一些子公司的投资收益。跨国公司通过资金管理，在各子公司之间进行资金调配，互通有无，能够在不损害子公司预期投资收益的情况下降低跨国公司的整体融资成本。例如，中国石化集团泰国子公司有3个月的100万美元闲置资金，该国3个月的银行存款利率为4%，而科威特子公司因购买原材料需要100万美元的贷款，银行贷款利率为6%。中国石化集团的财务公司在集中式投资管理模式下，将其泰国子公司的100万美元资金贷放给科威特子公司，后者支付4%的贷款利率。这样做泰国子公司的预期投资收益并没有减少，科威特子公司的融资成本却下降了2%。结果，中国石化集团的融资成本下降，利润增加，企业价值因现金管理得到提升。

2. 集中式短期投资管理的劣势

（1）过高的交易成本。母公司集中式投资与子公司分散式投资相比，可能导致过高的交易成本。集中式投资管理模式通常要求集中子公司所有闲置资金，并将其兑换为投资所需货币。如果跨国公司的子公司在经营中运用多种货币进行交易活动，这种货币兑换的交易成本更大。一旦遇到异常的汇率波动，这些货币兑换成本甚至足以抵消资金集中投资带来的好处。实际上，跨国公司并不是一定要将各子公司的现金都集中起来使用，要根据自身经营的具体情况和实际需要，综合权衡得失，适当集中资金。

（2）过高的机会成本。跨国公司集中式短期投资包含了子公司的融资管理，母公司根据成本节约原则调度资金，满足子公司的融资需求，势必减少子公司与当地银行、金融市场的联系，使得银企关系恶化，可能会增加子公司获得当地金融服务的成本。如果由子公

---

① 我国将此称为协议存款利率，这是一种对大额存款的优惠利率。

司进行短期投资，某些投资除了直接的投资回报外，还可以带来其他经济利益。例如，对大客户的商业信用可以更好地配合其营销政策，扩大市场份额；购买地方政府的短期债券，获得良好的外部环境以及减免税优惠。母公司集中资金进行投资后，子公司的特殊需要往往被忽略，给子公司带来了机会成本。

8.2 短期债务管理

8.2.1 贸易融资管理

跨国公司是国际贸易的主力军，是国际贸易的发起者和组织者。国际贸易具有货到付款、结算时间较长、信用风险较高的特点，需要融资和资金支持。进出口企业、银行都可以通过某种形式提供贸易融资。例如，彼此具有长期合作或资本纽带关系的进出口企业之间通过应收应付方式提供商业信用。大多数情况下，银行出具信用证、承兑汇票、提供打包放款和供应链金融，是贸易融资的主要资金供给方。

跨国公司的绝大多数国际贸易融资属于短期负债，主要解决跨国公司进出口贸易的流动性资金周转困难。贸易融资的常用工具包括信用证、打包贷款、银行承兑与票据贴现等。

1. 信用证

信用证是银行代表进口商签发的，承诺当装运、交单单据与合同条款一致时向出口商付款的一种单据。具有如下特点：（1）信用证是一种银行信用，开证行负第一性付款责任；（2）信用证是一种自足文件，可以不依附于贸易合同而存在；（3）信用证业务是一种纯粹的单据业务，处理的对象是单据。

不同国家的企业彼此不了解、不信任，但是它们都相信资金实力雄厚的银行。采用信用证支付方式，有银行居中作保，可大大降低进出口双方的结算风险。只要银行给跨国公司开了信用证，跨国公司就可以签订合同，进口原材料、商品，收到货物后再支付货款。

> **知识注解**
> 信用证是一种流行的国际贸易结算方式，由于加入了银行信用，因此也是最重要的贸易资金融通方式之一。

信用证有比较复杂的程序要求。图 8－2 展示了中国银行为我国进出口商办理信用证方式下收付款项的程序。

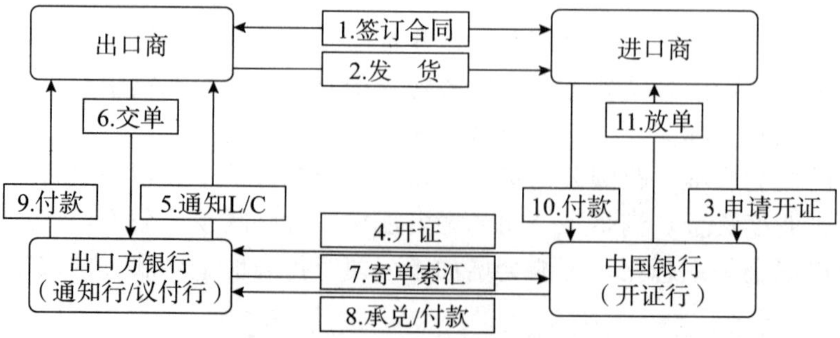

图 8－2（a）　中国银行为进口商办理信用证方式下的付款流程

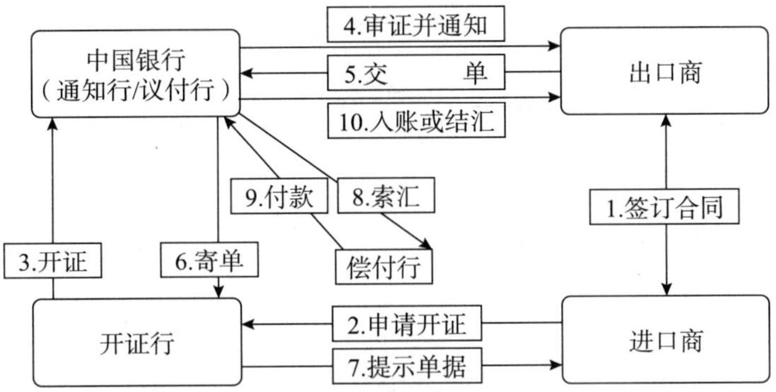

图 8-2 (b)　中国银行为出口商办理信用证方式下的付款流程

信用证之所以是跨国公司的一种短期负债，原因在于跨国公司在申请开证时只需要向银行支付很少的保证金，通常为信用证总金额的 0.5%～1.5%，跨国公司也可凭开证行授予的信用额度[①]开证。信用证同时向进出口双方提供了短期融资，使得双方都从中受益（见表 8-1）。

表 8-1　进出口商从信用证融资中得到的好处

	好处
进口商	提供了商业信用以外的有条件付款承诺，增强了进口商的信用，有利于进口商争取到比较合理的货物价位，改善其谈判地位； 银行通过单据和条款，有效控制货权、装期以及货物质量，有利于提高进口货物的质量保证； 对于使用授信开证的进口商来讲，在开证后到付款前可减少自有资金的占用。
出口商	开证行的银行信用取代了进口商的商业信用，获得了有条件付款承诺，降低了进口商的信用风险； 单据质量完全处于出口商控制之下，只要保证单据质量，就可取得开证行的无条件付款承诺； 开立信用证等银行费用一般由进口商承担，可以转移风险费用； 信用证表明进口商已经基本落实了进口所需的手续，有利于贸易合约的顺利履行。

2. 打包贷款

打包贷款，是指银行向收到信用证的出口商提供的一种专项贷款，用于采购、生产和装运信用证项下货物，确保出口商按期履行合同。跨国公司在出口商品时，常常申请打包贷款，以减少生产、采购等备货阶段的资金占压，提高资金利用效率。打包贷款业务具有如下特点：(1) 专款专用，即仅用于为执行信用证而进行的购货用途，贷款金额一般是信用证金额的 60%～80%，期限一般不超过 4 个月；(2) 信用证正本留存于贷款银行，以确保在贷款银行交单；(3) 正常情况下以信用证项下收汇作为第一还款来源。中国银行的打包贷款业务流程如图 8-3 所示。

3. 银行承兑与票据贴现

(1) 银行承兑。

银行承兑，是银行对其签发的汇票或期票承诺到期兑现的一种业务。在票据到期时，

---

① 开证额度是指银行信贷部门或统一授信评审机构给客户核定的减免保证金开证的最高限额。除另有规定外，如果客户使用银行开证额度对外开证，在信用证未执行完毕的情况下不得恢复其额度。

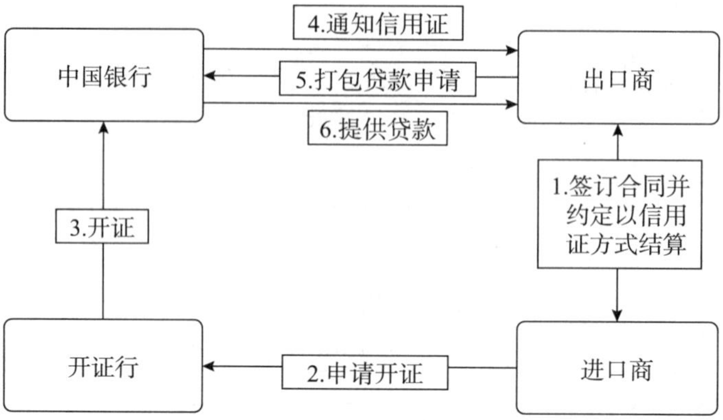

图 8-3 中国银行打包贷款业务流程

承兑银行有责任向汇票持有人付款。在国际贸易中，银行承兑通常与信用证一起出现。出口商收到进口商出具的信用证后，可以在信用证的额度内申请签发银行承兑汇票，并以此作为出口商向其供货商支付货款的支付工具。这样，银行承兑汇票就为出口商提供了信用证到期之前的短期资金融通。

银行承兑汇票既使进口商获得了出口商提供的资金融通，也使出口商获得了资金融通。承兑银行有信用证作后盾，不仅没有信用风险，而且可以获得承兑费。因此，银行承兑在国际贸易融资中很受各方的欢迎。

（2）票据贴现。

票据贴现，是收款人或持票人在资金不足时，将未到期的银行承兑汇票向银行申请贴现，银行按票面金额扣除贴现利息后将余额支付给收款人的一项融资业务。票据一经贴现便归贴现银行所有，贴现银行到期可凭票直接向承兑银行收取票款。所以，票据贴现可以看作是银行以购买未到期银行承兑汇票的方式向企业发放贷款。例如，出口商的供货商如果不愿持有银行承兑汇票，在汇票到期前可以向自己的银行申请办理票据贴现，从而获得短期的资金融通。

票据贴现的种类大致可以分为银行票据贴现、商业票据贴现、债券和国债贴现三种。票据贴现作为一种高效、实用的融资手段，具有两大特点：一是有利于企业快速变现手中未到期的商业票据，而且手续方便，融资成本较低；二是企业可预先得到银行垫付的融资款项，加速企业资金周转，提高资金利用效率。对银行来说，经营贴现业务较经营普通放款业务更加有利。原因是：第一，资金收回较快。普通票据的期限一般为 3 个月。票据在拿到银行贴现之前，大多已经辗转交易流通了一段时间，所以银行垫款时间往往少于 3 个月。相比之下，发放短期信贷的期限可能较长，而且贷款到期时还可能面临企业要求展期、延期等情况。第二，资金周转容易。票据作为信用工具，可以自由流通转让，在流动性方面优于贷款。第三，资金比较安全。银行贴现收取的票据一般安全性较好，而且除了票据指定的付款人外，出票人、背书人、承兑人等都对票据偿还承担连带责任，从而为银行资金提供了保障。第四，利息较为优厚。贴现利息先扣，对银行更加有利。票据贴现业务也可促进工商企业的发展，解决其资金周转中的困难。在国际贸易关系中，买卖成交往往利用票据，并将它作为买方延期付款的工具。除国际银行外，票据贴现所（discount house)、票据经纪商（bill broker）、票据承兑所（acceptance house）等也都经营票据贴现业务。跨国银行的票据贴现业务为扩大国际贸易活动提供了有力支持，既为进口方实现了赊购的便利，又保证了出口方及时收回资金。

8.2.2　非贸易短期融资管理

1. 非贸易短期融资的动机

（1）满足短期资金需求。

除了国际贸易融资外，跨国公司的日常生产和经营还有大量的短期融资需要。例如季节性地增加产量、购买原材料、以赊销方式扩大销售。

（2）规避外汇交易风险。

跨国公司的日常经营涉及大量的跨国资源配置和国际贸易，经常保有一定数量的外币应收账款。这些未来的外币现金流入很容易受到外币汇价波动的影响，容易遭受外汇交易风险。

（3）调整资产负债结构。

短期融资对于资信好的跨国公司是一种信用筹资，不需要任何资产抵押，具有速度快、易取得、富有弹性等特点。通常，银行会给予优质客户一定的授信额度，允许客户在核定额度内自由使用资金，企业只需要通知银行一声就可以立即支取资金。跨国公司通过灵活安排授信额度资金，可以对冲或者调节短期负债的规模和结构，进而优化资产负债结构，以便达到利率风险管理的目的。

（4）降低财务费用。

跨国公司的日常生产与销售不仅对流动资金的需求规模大，而且涉及的币种多，这些货币因发行国的经济周期不同，利率水平有高有低。跨国公司可以选择利率水平低的货币进行融资，然后运用外汇风险管理工具如远期、掉期、期权等锁定该货币的汇率，从而使跨国公司的资金成本大大降低。

2. 非贸易短期融资渠道

（1）银行信贷。

银行信贷是跨国公司最重要的短期资金来源。银行资金实力雄厚，贷款方式灵活，能满足公司的各种需要。银行授信是跨国公司短期借款的主要方式。尽管银行的短期贷款利率可能比发行票据融资的利率高，但跨国公司不仅可以节省债券发行费用，还可以通过贷款建立起稳固的银企关系，获得银行提供的其他非资金存贷服务，例如现金管理、财务咨询等。

（2）发行商业票据。

商业票据是跨国公司按照法定程序发行的、约定在一定期限内还本付息的有价证券，是持券人拥有的对企业债权的证书。商业票据是依据公司信用发行的无抵押负债凭证，是资信高的公司获得短期融资的主要方式。其期限一般为1个月、3个月或6个月，融资成本低于银行贷款，但是对发行人的资信要求较高。只有那些实力雄厚、历史悠久、资信非常好的企业，才有资格发行商业票据。除了在母公司或者子公司国内货币市场发行商业票据外，跨国公司还可以通过发行欧洲商业票据进行融资。这类票据的利率以无风险基准利率（RFRs）为基础，如欧元短期利率（ESTR），根据公司的信用以及欧洲货币市场的资金供求状况再加上一定的差额（margin）。欧洲货币市场的特点是存贷利差小，以批发业务为主，单笔发行金额大多数以千万美元计，而且发行商业票据的承销费用较高，小规模的融资很不划算。因此，进入欧洲货币市场发行票据的一般都是信誉好的大型跨国公司。

（3）商业信用。

商业信用是指一种在商品交易中以延期付款或预收货款形式建立的借贷关系，是企业之间的一种直接信用行为。随着买方市场的形成，卖方向买方提供短期商业信用几乎成为惯例。所以，商业信用也是跨国公司短期融资的一种重要方式。

（4）企业集团内部资金融通。

无论使用哪一种外源性融资方式，跨国公司都需要支付利息，因此，如果可以动员和利用公司内部资金，就应该首先通过内源性融资来满足企业的流动性资金需要。企业内源资金是企业能够自主支配的资金，它产生于企业的经营过程中，包括企业计提的折旧、资本公积金、根据利润提取的盈余公积以及未分配利润等。折旧准备金虽然不增加资金的总量，但可以增加企业能够使用的营运资金，满足短期流动资金的需要；其他的内部资金是企业生产经营资金的重要补充。此外，一些经常性的延期支付款项，如应付工资、应交税金、应付股利等，也属于这种资金来源。跨国公司是集团公司，处于不同发展状况的子公司现金流有很大的差异。有的子公司处于成熟期，销售收入很高，公司留存收益较多，有较充裕的可用现金；有的子公司处于成长阶段，销售收入较低，公司利润不多，需要流动资金投入。如果外部融资成本较高，通过公司集团内部资金融通，由现金流量充裕的子公司向现金短缺的子公司提供短期资金融通，对于跨国公司来说，无疑是一种节省财务费用的理想融资渠道选择。

（5）非付息债。

跨国公司在购买原材料或者其他劳务时，往往还有一部分由于结算原因而形成的不用支付利息的“应付费用”。它并非企业主动融资的结果，企业也无权扩大它的规模；它不同于一般的融资，但确实能够为企业提供一定数量的、可以经常占用的资金来源。因此，非付息债也被越来越多的企业纳入短期融资管理的范畴。

融资渠道与融资方式之间有着密切的关系。跨国公司在融资时，需要把二者合理地结合起来。

8.3 跨国公司的资本成本与资本结构

资本成本考察的是一项投资所产生的回报是否足以偿还为其融资的最低成本。如果一项投资的回报率等于企业的资本成本，企业的价值不会受到影响；当投资回报率大于企业的资本成本时，企业的价值就会增加。所以，为了实现企业价值最大化目标，企业必须尽量降低资本成本。在杠杆资本结构情况下，企业的资本成本通常用加权平均资本成本或者综合资本成本来表示，企业的资本成本取决于税后的债务成本和股权成本。其计算公式为：

$$K_W=B/(B+S)K_B(1-t)+S/(B+S)K_S \tag{8.1}$$

式中，K_W 为加权平均资本成本；B 为公司的债务总量；S 为公司的股权总量；K_B 为税前债务成本；t 代表公司的所得税税率；K_S 代表公司的股权成本。

8.3.1　跨国公司的资本成本

跨国公司的资本成本之所以与国内公司有所不同，原因在于跨国公司的市场准入条件和风险状况有自身的特点。具体地讲，影响跨国公司资本成本差异的因素主要包括融资条件、收益稳定性、风险水平等。在不同的国家，同一时间上的债务成本或股权成本实际上有显著的差异。跨国公司在不同国家融资，其资本成本是不一样的。了解造成跨国公司资本成本国别差异的原因，就可以在债务融资、股权融资决策上做出有利的选择，达到降低资本成本的目的。图 8－4 展示了债务比例对资本成本的影响。

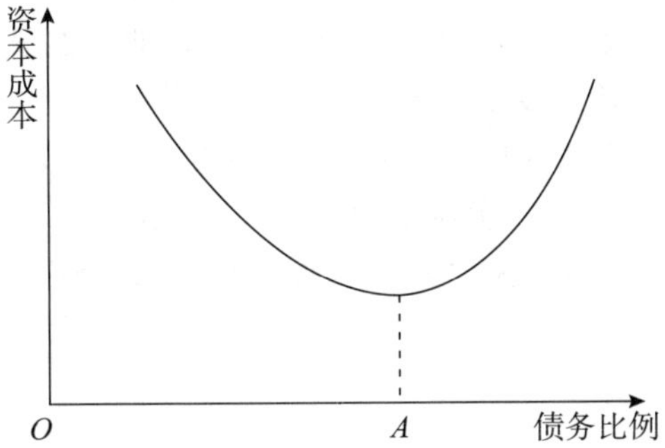

图 8－4　债务比例对资本成本的影响

1. 股权成本的国别差异

股权成本代表了一种机会成本。其经济含义是：如果企业将权益资金分配给股东，在同样的市场风险条件下，股东运用这些资金进行投资所能赚取的最低收益。由于股东投资于企业，他们失去了获得投资收益的其他机会，这种机会损失需要企业给予补偿，换言之，股东的分红以及股票的资本利得必须充分弥补股东的机会成本。通常，股权成本可用股东赚取的无风险利率和反映企业风险水平的风险溢价来测算。如上所述，无风险利率存在国别差异，因此，在企业风险相同的情况下，股权成本也必然出现较大的国别差异。

不同国家的投资机会不同，这是导致股权成本国别差异的一个重要原因。一国给企业提供的投资机会越多，或者社会平均的投资收益越高，资金的机会成本就越大，相应地，股权成本也就越高。通常，经济成长性较强的国家拥有更多的投资机会，投资者的股权成本较高。此外，在投资项目盈利水平相同的情况下，不同国家投资者的资本利得预期存在较大的差异，这也是造成股权成本差异的重要原因。可以运用市盈率来判断企业融资的股权成本。市盈率反映了股价与企业的经营业绩之间的关系。在既定的盈利水平下，较高的市盈率意味着企业能够以较高的价格增发股票，降低股权融资成本。相反，较低的市盈率则代表较高的股权成本。市盈率取决于经济增长速度、通货膨胀率、预期回报率和风险承受能力等因素，而这些因素在不同的国家差异较大。通常，像欧美等发达国家的市盈率一般为 15～20 倍，而新兴市场国家平均为 20～30 倍，我国中小板、创业板的市盈率高达 30～40 倍。因此，跨国公司在不同国家融资，股权成本有天壤之别。

2. 无风险利率的国别差异

无风险利率是一国利率体系中最重要的基准利率，一般选取国债利率（例如，中国的国债利率、美国的联邦基金利率）或者银行同业市场利率［例如，上海银行间同业拆放利率（Shibor）等］。市场经济主体（包括家庭、企业、政府以及国外经济主体）在特定的时间内收入和支出很难完全匹配。这种不匹配催生了盈余主体和赤字主体之间调剂资金余缺的需求，它们通过货币市场进行交易。根据可贷资金理论，一国的无风险利率取决于资金供求关系，国民财富规模、市场利率预期、流动性需求、投资需求、财政赤字、税收等是影响无风险利率水平的重要因素，而这些因素在不同的国家因经济周期、政策、金融发达程度不同而大相径庭。正是无风险利率的国别差异直接决定了跨国公司的融资策略，它们选择无风险利率较低的国家进行融资，以降低债务成本。

图 8-5 反映了五个国家的 10 年期国债收益率。在 2005—2022 年期间，中国、日本、美国、英国、德国等五国的债务成本总体上趋势一致，即初始阶段呈略微上升态势，国际金融危机爆发后震荡下行，新冠疫情暴发后抬升，但国别之间差异较大。例如，在 2005—2007 年间，美国的国债收益率平均为 4.57%，中国为 3.60%，日本为 1.59%；而在 2014 年，中国的国债收益率达 4.16%，美国为 2.54%，日本为 0.52%。国家之间的利差超过 3.5 个百分点。即使在主要发达国家之间，通常也有 1～2 个百分点的利差。

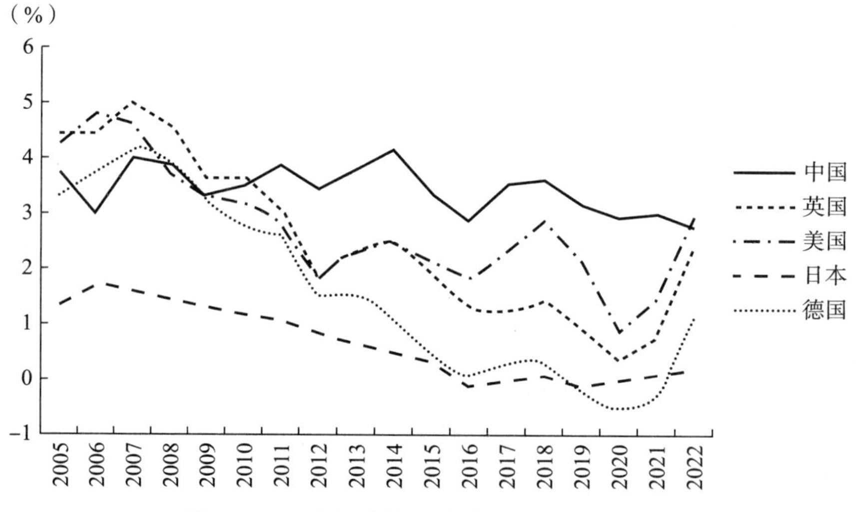

图 8-5　五个国家的 10 年期国债收益率比较

资料来源：OECD 数据库，中债估值中心。

国别税收政策差异对无风险利率的影响也不容忽视。为了实现特定的宏观管理目的，有些国家更倾向于采取税收政策来鼓励或者抑制储蓄，改变资金供求关系，进而影响利率。例如，在亚洲金融危机之后，为了拉动内需，我国开征了利息所得税（税率为 20%），以抑制居民储蓄，鼓励居民多消费或进行投资。当然，税收作为政府的宏观经济管理手段，对企业的融资行为具有较大的影响。① 各国个人所得税、折旧以及与投资相关的税收

① 1977 年，美国经济学家米勒在研究美国的税收制度后提出了著名的有税条件下的莫迪利安尼-米勒（MM）理论。他指出：债务融资所带来的税收利益比通常想象的要小得多，其原因在于个人所得税对资本结构的影响，即个人所得税是公司债务融资动力的一个“刹车”装置。

抵免政策并不一致，有的刺激企业融资，有的抑制企业融资，进而使得各国利率高低不同。

各国经济周期不同步，中央银行的宏观管理目标、任务有差异，执行宽松或紧缩的货币政策，直接影响资金供应和利率水平。此外，经济繁荣阶段投资需求旺盛，在货币供给不变的情况下，推动利率上升，反之亦然。因此，许多经济成长性强的发展中国家利率较高，债务成本明显高于发达国家。

3. 风险溢价的国别差异

利率的风险溢价取决于债务人的信用风险大小，利率的风险溢价必须能够充分弥补债务人违约可能给债权人带来的损失。各国经济状况、企业与债权人关系、政府干预及杠杆水平不同，信用风险也有较大差异。

如果一国经济发展稳健，经济波动性较低，企业的市场销售和收入很稳定，债务违约概率较低，投资者就不会要求较高的风险溢价，反之亦然。由于历史、文化的原因和法律体系的差异，不同国家企业的融资模式差异较大。在德国、日本、中国，企业更多依赖银行提供资金，与银行关系紧密，而在美国、英国，企业更多依赖市场进行直接融资，与银行关系松散。此外，为了减少失业、保持社会安定，一些国家政府更愿意参与救助濒临破产的企业，特别是那些规模巨大、在某一行业举足轻重、对本国经济有一定影响的大型企业，存在“大而不倒”（too big to fail）现象，在盛行政府挽救破产企业的国家，风险溢价相对更低。

8.3.2　跨国公司的资本结构

广义的资本结构，是指跨国公司全部资本的构成，既包括权益资本、长期债券、长期借款等长期资本，也包括短期债务等短期资本。狭义的资本结构，仅指长期资本结构。本章所讨论的跨国公司资本结构指的是狭义的资本结构。资本结构反映了跨国公司不同筹资方式的结果，即债务融资和权益融资的组合，也称杠杆资本结构。确定最优杠杆比率（即债务资本比率），使得企业价值最大化，是企业资本结构和财务管理的重要任务。

1. 影响跨国公司资本结构的因素

（1）收入稳定性。

业务收入是偿债的资金来源，由于支付的利息可以在应税收入中抵扣，享有税收优惠，杠杆率越高，企业的经济价值就越大。然而，公司债务有确定的偿债义务，到期必须还本付息，对收入的稳定性和现金流量的充足性要求较高。因此，收入稳定、债务承受能力强的跨国公司，可采用较高的杠杆率，在资本结构中安排较大的债务比例；反之，在资本结构中需安排较大的股权比例。

（2）企业的成长性。

业务发展快、市场份额高、竞争能力强的企业，具有更好的成长性。这些企业的资金需求规模大，留存收益不可能满足其扩张的融资需求。尽管投资者愿意付出较高的代价来购买这类企业的股票，但是股权融资容易造成管理权旁落，降低现有股东的收益，因此企业更倾向于使用债务融资方式，加大财务杠杆，提高企业每股收益。

（3）贷款银行和信用评级机构的态度。

在涉及规模大、期限长的债务融资时，贷款银行和信用评级机构的态度是决定企业融资成败的关键。为了确保资金安全，债权人对债务人的资信、抵押或担保品、风险管理能力有较高的要求，并直接影响贷款的可获得性。在国际金融市场，美国标准普尔公司、穆迪投资者服务公司、惠誉国际信用评级有限公司对大型跨国公司、政府、金融机构的信用评级，成为决定后者资金获得以及融资成本的重要依据。信用等级高的跨国公司更容易获得贷款，资本结构中的债务比例较高。当然，管理能力也是影响跨国公司债务比例的重要因素。

（4）税收。

由于债务利息通常可以在税前支付，可以减少企业的应税所得，少交所得税，而股利需要在税后支付，不能享受税收优惠。实际上，企业所得税具有税盾作用，会刺激企业更多进行债务筹资。企业所得税税率越高的国家，跨国公司采用高杠杆资本结构，安排更大比例的债务，就会获得更多税收优惠。

2. 国家风险对跨国公司资本结构的影响

国家风险对跨国公司的资本结构也会产生较大的影响。其主要影响因素如下：

（1）股权限制。

基于国家安全、保护民族工业等考虑，各国政府对外资的市场准入或多或少都有限制。例如，有的国家对金融业、高技术产业设置较高的外资准入门槛，限制外资企业并购当地企业，对外资企业持有股份规定最高限额。有的国家规定投资者只能购买本国企业发行的股票，不允许购买外国企业发行的股票。有的国家限制金融机构向外资企业提供贷款等等。外汇风险导致的国外投资收益的不确定性，也促使投资者更偏好投资本国而非外国企业。在这种情况下，跨国公司必须尽快本土化，根据当地的情况合理安排资本结构。

> **知识注解**
>
> 东道国的股权限制、投资者的本国偏好以及相对较低的资本成本，促使在这些国家经营的跨国公司选择就地发行股票融资，增加在这些国家的权益资本。

（2）财政、货币政策。

财政、货币政策风险是一种主要的国家风险。税率、利率的变化在短期内会对资金供求关系产生较大的影响，进而改变资本的流向，造成资金成本波动。如果财政、货币政策变化导致东道国的债务成本降低，跨国公司就应扩大债务融资规模，提高杠杆率，优化和改善资本结构。反之，则应扩大权益融资规模。

（3）汇率政策。

跨国公司的业务涉及多个国家和不同的币种，收入和现金流的外汇风险较大。如果东道国实行货币贬值的政策，从子公司汇回的现金流折算为本币后就会减少。此时，增加子公司的负债以及支出规模，减少汇回母公司的资金或利润，降低外币的风险头寸，有利于母公司控制外汇风险。相反，如果东道国实行货币升值政策，降低杠杆比率，安排更多的股权融资，有利于增加子公司汇回资金或利润的本币收入。

（4）征收风险。

不少发展中国家存在较大的征收风险。为了保全自身的利益，跨国公司倾向于尽量在东道国进行债务融资，在资本结构中安排较高的财务杠杆，增强东道国债权人与跨国公司的利益纽带，营造良好的商业氛围。在东道国政府对跨国公司进行征收时，债权人将向政府施加压力，要求继续维持跨国公司的偿债能力。在营运资金主要来自当地融资的情况下，即使被东道国政府征收，跨国公司的损失也会大大减少。因为当地债权人为了保全自身利益，会千方百计与东道国政府讨价还价，为跨国公司赢得更好的补偿条件。

3. 跨国公司资本结构管理举例

在对外投资国别风险动态管理过程中，跨国公司的资本结构可能会偏离预期目标，需要不断地进行资本结构优化管理。

假设中海油公司跨国经营的目标资本结构是：债务融资占 40%，股权融资占 60%。该公司在安哥拉和加拿大投资设立的子公司资产规模大体相同。安哥拉子公司没有资格在当地发行股票融资，只能依靠银行提供贷款。在资本结构中债务融资比例高达 60%，超过了中海油公司期望的债务融资目标。加拿大子公司是一家上市公司，可以通过发行股票进行股权融资。此外，加拿大石油行业的市盈率相对较高，加元汇率比较稳定，公司经营的外汇风险较低，这两方面因素使得加拿大子公司的股权融资成本较低。因此，中海油公司要求加拿大子公司将权益融资比例提高到 80%，高于 60%的预期股权融资目标。尽管这两个子公司的资本结构安排都偏离了中海油公司对子公司的要求，但是二者具有互补性，综合起来可以很好地满足母公司制定的资本结构目标。这个例子说明，跨国公司在不同国家的子公司的资本结构因为各种原因，可能与整体的目标资本结构不同，但跨国公司通过合理安排、动态优化子公司的资本结构，仍可实现资本结构管理目标。

8.4　国际税务合规计划

税收是一国政府获取财政收入、维持国家运转、调节宏观经济的重要手段，其中所得税（包括企业所得税和个人所得税）不仅是主要的税种，也是影响国际投资的关键因素。2022 年 OECD 国家所得税收入占到其总税收收入的 33.7%，同年我国的这一比重为 35.2%。各国由于政府在经济中扮演的角色不同，财政预算、政府赤字有很大的差异，其所得税的管辖权（即征税范围）和税率也有着较大的差异。世界上大多数国家和地区（包括我国）同时实行地域和居民管辖权，即对来自本辖区的收入以及辖区内居民的全球收入征收所得税。但是也有些国家和地区（如中国香港）只实行地域管辖权，对于居民境外所得不征税，而美国则在地域和居民管辖权之外，还实行公民管辖权，即对公民的全球所得征税。就所得税的税率而言，各国也有着较大差异，例如有着“避税天堂”之称的百慕大群岛、开曼群岛等，其企业所得税的税率为零，而南美洲国家如阿根廷、古巴的企业所得税税率则高达 35%，我国的企业所得税税率为 25%。近些年各国为了吸引外资，纷纷降低本国的企业所得税税率。20 世纪 80 年代各国平均的法定税率为 40.1%，到 2022 年则只有 23.4%，造成了国家间的税收竞争。由于税收对企业的收入和现金流具有重大影响，跨国公司在国际投资和制定资本预算时，需要充分考虑各国家和地区的税收制度，进行税务合规计划，从而达到避免被双重征税和降低公司税收负担的目的。

跨国公司在进行国际税务合规计划时，需要重点考虑的因素包括：（1）企业所得税；（2）预提所得税；（3）国家间的税收协定；（4）避免双重征税的办法（免税法和抵免法）。

8.4.1 影响跨国公司财务管理的税收因素

1. 企业所得税

跨国公司在进行国际直接投资时，通常是在目标国设立分支机构或者子公司，那么目标国对于经营所得征收的企业所得税税率就直接影响着跨国投资的税后利润。这里需要指出的是，在分析比较各国和地区的企业所得税时，不能只简单地着眼于名义税率的差别。现实中，在计算企业所得税税基时，固定资产加速折旧、研发费用加计扣除、亏损结转等具体条款以及针对特定行业和地区的税收优惠政策，会使得各国所得税的实际税负水平与名义税率存在着一定的差异。例如，美国国会预算办公室的一项研究就显示，2012 年美国企业所得税名义税率的最高档为 39.1%，而实际税率则只有 18.6%。

2. 预提所得税

预提所得税特指一国对于非居民从本国获得的股息、利息、特许权使用费、财产转让所得等消极投资所得所征的税收。例如，跨国公司在境外设立子公司进行投资，子公司的利润在缴纳当地的企业所得税之后，如果通过股息的方式汇回给母公司，母公司就需要就这笔股息收入向子公司所在地的税务机关缴纳所得税。在实际税务管理中，这笔所得税是由汇出企业替非居民企业代扣代缴，所以被称为预提所得税。我国预提所得税的法定税率为 20%，减按 10%征收。对于一些国家和地区（如中国香港），预提所得税税率可低至 5%。

3. 国家间的税收协定

现实中，由于大多数国家同时实行地域管辖权和居民管辖权，因此对于跨国投资的收益而言，来源国和跨国公司所在的居民国都拥有征税权，存在着双重征税。这就使得跨国投资收益承担着比国内投资收益更高的税负，不利于国际资本的流动和有效配置。为了解决这一问题，国家间签订税收协定，通过协调居民的身份判定、收入来源地的判定、征税的优先权和税率等，解决跨国投资的双重征税问题。虽然税收协定是在国家间两两签订的，但是大多参照了 OECD 范本或者联合国范本。OECD 范本就建议将股息的征税权让渡给跨国公司所在的居民国，除非分配股息的子公司的资产中有一半来自不动产。

4. 避免双重征税的办法——免税法和抵免法

尽管税收协定规定了跨国投资所得的征税优先权，但是现实中各国在避免双重征税上所采用的方法不尽相同，主要有免税法和抵免法。免税法是指当一国企业进行境外投资时，其境外所得在缴纳被投资国家的所得税后，无须或者大部分所得无须再缴纳所在居民国的所得税。需要指出的是，大多数国家所实行的免税法是有条件的，要求跨国公司对境外子公司的持股达到一定的比例（日本为 25%，英国和美国为 10%），并且对于利息和特许权使用费收入是不免税的。

与免税法对居民境外所得不征税不同，抵免法是一国在对本国居民境外所得征税时，允许其用境外已缴纳的税款冲抵在本国应缴纳的税款。我国目前采用的就是抵免法。下面用一个简单的例子来说明免税法和抵免法的差异。假设我国一家企业持有一家俄罗斯公司 10%的股份①，2022 年收到来自俄罗斯子公司 3 000 万元的股息，需要向俄罗斯政府缴

① 根据中俄税收协定，如果持股比例超过 25%且持股金额在 8 万欧元以上，那么预提所得税税率将为 5%。

纳 10%的预提所得税，即 300 万元。在免税法的情况下，我国企业不需要再向我国政府就这笔境外股息收入缴纳所得税。而在现行的抵免法的情况下，我国企业则需要就这笔收入向我国政府缴纳 25%的所得税，即 750 万元。但是因为该企业已经向俄罗斯政府缴纳了 300 万元的税款，可以冲减其在我国应缴纳的税款，所以只需向我国政府缴纳 450 万元即可。

历史上许多欧洲大陆国家都采用了免税法，如荷兰、芬兰、瑞士、比利时和奥地利，而美国、英国、日本和澳大利亚几个主要的经济体则选择抵免法。但是在过去的 20 年中，许多曾使用抵免法的国家纷纷转向了免税法。2003 年德国率先进行了改革。2004 年澳大利亚开始允许其居民企业从境外分公司所获得的利润全部免税。从 2009 年开始，日本、英国和加拿大也相继进行了类似的税制改革。此前一直反对免税法的美国也在 2018 年进行了改革。至此，在 OECD 的 36 个成员国中，除了智利、墨西哥、韩国、以色列和爱尔兰，其他国家都采用免税法来解决对外投资所得中存在的双重征税问题。

8.4.2 国际税务合规计划的主要手段

1. 转让定价

转让定价是指公司集团内部机构之间或关联企业之间相互提供产品、劳务或财产而进行的内部交易作价。现实中跨国公司可以通过转让定价，把集团内部的利润通过转让定价从高税国关联企业转移到低税国关联企业，从而降低跨国公司的整体税负。一个简单例子如下：假定一家中国公司在德国设有子公司，子公司使用母公司的某项专利技术，需要每年支付 100 万元的特许权使用费给中国的母公司，支付后的利润为 1 000 万元。德国的企业所得税税率约为 30%[①]，子公司每年需要向德国政府缴纳 300 万元的企业所得税，然后将税后利润汇回给中国母公司。在不考虑预提所得税的情况下，母公司需要就 100 万元的特许权使用费收入向中国政府缴纳 25%即 25 万元的企业所得税。一个可以通过转让定价进行税务合规计划的办法是：中国母公司将特许权使用费提高 700 万元，变为 800 万元，那么德国子公司的利润就只剩下 300 万元。在这种情况下，子公司只需要向德国政府缴纳 90 万元的企业所得税即可，而母公司的特许权使用费收入为 800 万元，需要向中国政府缴纳 200 万元的企业所得税。在这种情况下，公司整体缴纳的税款减少，从原先的 325 万元变为 290 万元。需要指出的是，跨国公司通过转让定价降低其在高税地区的纳税义务，造成当地的税基侵蚀和税收流失，所以许多国家政府要求跨国公司对其关联交易进行申报，说明关联业务往来的价格、费用的制定标准和计算方法，证明其符合正常交易的原则，即跨国关联企业之间发生的收入和费用应按照无关联关系的企业之间进行交易所体现的独立竞争的精神进行分配，企业之间的关联关系不能影响利润在两者之间的合理分配。

专栏 8.1 成本分摊协议——微软公司避税案例

近些年随着各国政府联合起来打击跨境避税，原有的一些避税手段受到各国税务机关的严格审查。在此情况下，成本分摊协议（cost-sharing arrangement）则被跨国公司越来

---

① 2022 年德国中央和地方政府所征收的企业所得税加总之后的税率为 29.83%。

越多地用作一种新的避税手段。下面我们通过微软的案例来阐释跨国公司如何通过研发成本将全球的利润分摊、转移至低税区，从而降低税收负担。

美国的微软是一家全球知名的科技公司，以研发、制造、授权和提供广泛的电脑软件服务为主要业务。微软在软件产品和服务等领域投入大量资金，其中超过85%的研究和开发是在美国进行的，且研发活动形成的知识产权所有权通常也应属于美国微软公司。在2018 年前美国联邦和州政府合计征收的企业所得税的税率最高可达 39%。

在实际经营活动中，微软首先通过设计股权架构，将欧洲、亚洲和美洲的运营中心分别设置于爱尔兰、新加坡和波多黎各。这一选择与当地所得税税率和税收优惠政策密不可分。爱尔兰的企业所得税税率为 12.5%，且对于非居民企业境外的收入不征税；新加坡的企业所得税税率为 17%，且对于企业的境外收入不征税；波多黎各则与美国有税收协定，对于居民企业来源于美国的收入不征税。

接着为了将知识产权转移到外国子公司，微软和其各区域运营中心之间签订了一个世界性的成本分摊协议，各参与方基于其占全球收入的份额来分摊微软知识产权的研发成本，从而相应获得在各自区域内销售微软产品的权利。具体的分摊比例约为：微软母公司35%，爱尔兰运营中心 30%，新加坡运营中心 10%，波多黎各运营中心 25%。基于成本分摊协议，每个参与方都拥有微软的知识产权。依此方法，微软将其在美国境内所研发的知识产权的所有权转移到了境外，也因此将知识产权所产生的收益（即特许权使用费）转移到了境外。

根据 2012 年美国国会对微软调查报告所披露的数据，2011 年波多黎各运营中心向微软美国母公司支付了 19 亿美元作为分摊的成本，同时拥有在美国销售额的 47%，获得了63 亿美元的销售利润。这部分利润在波多黎各只需缴纳 1.03%的企业所得税。微软在新加坡和爱尔兰的运营中心在同年向美国微软公司支付了 40 亿美元的费用，其从更低层次的关联公司共获得了 120 亿美元的特许权使用费，这意味着微软美国母公司实际上将 124 亿美元的利润转移到了海外低税区。2011 年微软全球的税前利润为 280.71 亿元，爱尔兰、新加坡和波多黎各的运营中心共获得了 154.07 亿美元，占其全球税前利润的 55%，这部分利润的实际税率只有 3.16%。

最近可查的有关微软这三个运营中心利润的信息是其在 2017 年 9 月提交给美国证券交易委员会（U. S. Securities and Exchange Commission）的报告。报告显示，2017 财年，微软在美国的税前利润为 68 亿美元，而境外利润高达 231 亿美元，其中 176 亿美元（76%）的利润是在这三个低税区的运营中心登记的，这就使得微软当年的实际税负仅为 18%。

资料来源：曹明星．国际税收教学案例精选．北京：中国财政经济出版社，2021.

2. 资本弱化

资本弱化指在公司的融资结构中，债务融资的比重远远超过股权融资的比重。相对于股权融资，债务融资的一个优势是公司支付的利息可以作为成本，扣减其所得税税基，减少其税收负担。在国际税务合规计划中，跨国公司在对外投资时，可以让高税区的关联公司从低税区的关联公司大量借款，提高债务融资的比重。这样高税区公司就会向低税区公司支付巨额利息，从而减少其自身利润，将利润转移到低税区，进而降低了公司整体的税负。

3. 利用国际税收协定

现实中国际税收协定是国家间通过谈判两两达成的协议，所以国家间的税收协定不尽相同。鉴于此，跨国公司可以通过设立中介公司享受到国际税收协定的优惠条款，达到避税的目的。例如，美国与马来西亚之间没有税收协定，所以如果美国公司到马来西亚投资，所获得的股息需要缴纳 30%的预提所得税。考虑到马来西亚和荷兰之间有税收协定，不征收预提所得税，同时荷兰和美国之间的税收协定所规定的预提所得税仅为 5%，且在荷兰对于控股公司的境外所得不征收企业所得税，跨国公司就可以先到荷兰投资成立控股公司，然后由荷兰公司到马来西亚投资。这样马来西亚投资所获得的股息收益在汇出马来西亚时不交税，只需在由荷兰控股公司汇到美国母公司时缴纳 5%的预提所得税，这一安排就可以大大降低公司对外投资收益的税收负担。

4. 间接转让股权

在进行对外投资时，公司不仅需要考虑每年所获利润的税收负担，还需要考虑退出时在财产转让所得上的税负。具体而言，如果跨国公司因为各种原因需要转让其境外的子公司，就会有一笔来自子公司所在国的财产转让所得，就需要向子公司所在国政府缴纳税款。为了降低这笔税收负担，跨国公司可以在投资之初，在低税区成立一个控股公司，持有目标国子公司的股份。在将来选择退出时，跨国公司就只需要转让低税区的控股公司，从而达到转让股权并且少交税的目的。

除了以上介绍的方法之外，税收倒置（即改变身份，变为低税区的居民企业）和利用信托转移财产也是国际税务合规计划中常用的手段。

本章小结

1. 现金管理是指对跨国公司资金的流动性和收益性进行的优化管理，通常是站在母公司角度对子公司的现金进行管理。其目的是改善公司流动资产和流动负债的结构，提高资金的使用效率，减少公司的外部融资，进而节约利息支出，增加企业的利润与价值。

2. 跨国公司进行现金管理，首先需要对子公司的现金流量进行分析，根据影响现金流的诸因素的变化，预测子公司的现金流量，制定现金流量规划。优化现金流量管理的方法有收支两条线、净额结算、加速清收、规避东道国的管制、内部现金流动等。但是优化策略的设计常受到其他因素的制约，如跨国公司的集权式管理与分权式管理模式、政府管制、银行体系特点、母子公司之间的利益冲突等。

3. 贸易融资的常用工具包括信用证、打包贷款、银行承兑与票据贴现等。各国政府通常会成立专门的机构，采取诸如出口政策性贷款、项目担保、出口退税等措施来鼓励出口。

4. 公司的资本结构对其资本成本有很大的影响。通常，利用财务杠杆，公司的价值会随着债务比例的提高而上升，综合资本成本也会下降。跨国公司在业务国际化的基础上，资产负债结构具有明显的国际化特征，在负债管理上可以更多地运用国际融资来优化公司的资本结构。

5. 受货币政策、收入、经济周期等因素的影响，各国的无风险利率差异显著，加上各国的经济状况、企业与债权人的关系、政府干预及财务杠杆利用程度的不同，债权债务关系中的信用风险在各国并不一致。跨国公司在同一时间进入不同的国家融资，债务成本或股权成本实际上有显著的差异，跨国公司选择低利率国家融资，可以达到降低资本成本的目的。

6. 跨国公司可以在全球范围内通过对关联公司进行税务合规计划，降低自身的税负，从而取得最大的经济利益。在国际税务合规计划时，重点需要考虑的因素是目标国的企业所得税、预提所得税、国家间的税收协定、各国避免双重征税的办法等。转让定价是跨国公司最常用的税务合规计划手段，利用关联交易的内部作价，将高税国公司的利润转移到低税国公司，从而降低跨国公司整体的税收负担。其他税务合规计划的手段包括资本弱化、利用国际税收协定、间接转让股权等。

核心概念

净额结算　预先授权支付书　信用证　打包贷款
银行承兑　票据贴现　资本结构　国际税务合规计划
转让定价　非付息债　收支两条线

课后习题

1. 一国政府支持贸易融资的主要手段是什么？
2. 制定合理的融资策略需要考虑哪些因素？
3. 影响跨国公司资本成本的因素与国内公司相比有何异同？
4. 跨国公司通常利用哪些渠道进行外币长期融资？这些渠道各自有何特点？
5. 为什么同一家跨国公司在不同的国家发债，融资成本会出现较大的差异？
6. 不同国家的税收差异对跨国公司的哪些经营管理决策有影响？简要说明税收如何影响各决策。
7. 假设中国石化在新加坡的子公司按年利率6%取得了100万美元一年期期限的贷款。当时的市场汇率为1新加坡元＝0.5美元，100万美元可兑换为200万新加坡元。新加坡元的一年期利率为8%。一年期的远期汇率为1新加坡元＝0.45美元。假设一年后市场汇率可能变为1新加坡元＝0.4美元，问：

（1）该公司借入美元还是新加坡元划算？

（2）如果借入美元，是否需要进行保值？

（3）保值时该公司的实际融资成本是多少？

8. 国内某跨国公司决定借入一笔一年期的英镑。英镑的利率是9%。该公司预计英镑兑人民币汇率波动的概率如下：

英镑兑人民币汇率的波动程度（%）	概率（%）
2	10
−5	20
0	20
1	50

根据上面的数据，试计算英镑融资利率的期望值。

9. 一家印度跨国公司在中国和德国各有一家子公司。中国的公司所得税税率为 25%，德国的公司所得税税率为 30%。印度母公司将研发部设在德国，中国子公司每年向德国子公司出口 500 万欧元的商品。为了利用中国和德国之间的税收差异，母公司制定了定价策略：中国子公司出口产品价格提高，使得出口收入增加到 550 万欧元，以产品研发的名义由德国子公司向中国子公司支付 200 万欧元的咨询费。在两个子公司其他费用不变的情况下，这一政策给该跨国公司的营运资本带来了什么好处？

10. 中国跨国公司在实施“走出去”战略时，目标市场的选择应考虑哪些因素？

即学即测

附录　政府促进国际贸易的金融支持

第9章
跨国银行业务与经营

学习目标

- 了解银行跨国经营的动机及三次浪潮；
- 熟悉跨国银行的组织架构和设立的模式；
- 掌握跨国银行主要业务及监管特点；
- 了解我国跨国银行发展现状。

本章导读

中国银行是我国银行跨国经营的领头羊。2009年中国银行在巴西设立圣保罗子行，填补了我国在拉美地区的金融网点空白。

中国银行选择在巴西开设拉美地区第一家分支机构，可谓天时地利人和。其一，中国和巴西分别是亚洲和拉美最大的国家，在2008年国际金融危机后，两国有加强金砖国家合作、摆脱对美元过度依赖的共同发展诉求，政治互信和外交关系良好。其二，巴西金融开放度较高，20世纪90年代银行业对外资全面开放，而且与欧美相比金融监管比较友好，外资银行在巴西占有2/3的金融市场份额，金融营商环境较好。其三，中国银行有跨境经营的悠久历史，高度重视小语种人才储备，1950年设立了澳门分行，有不少精通葡萄牙语的金融人才，可以降低语言和沟通交流障碍，有利于打开局面。

用什么方式设立跨国经营的分支机构呢？并购虽然有助于跨国银行快速进入东道国市场，但是管理团队、制度、企业文化的整合难度较大。最近十多年国际金融界的并购实践表明，超过60%的案例均以失败告终。考虑到巴西的法律风险和经营风险较高，存在较大的文化隔阂，业务和人员整合非常困难，中国银行最终决定用新建方式设立圣保罗子行，以便充分利用中国银行的品牌、资本、人才优势和多年的跨国经营管理经验，按照中资企业熟悉的方式提供相应的金融服务。

为了实现更好服务中资企业并尽快盈利的目标，中国银行制定了“三步走”的经营策略。第一步，侧重于练好内功，充实、完善内部流程和风险控制等，推出少量风险较小、操作简单的金融产品。第二步，以安全和稳妥为原则，适度增加部分金融产品，加大市场营销力度，发展当地客户。第三步，重点发展大公司业务，投产更多较为成熟并具有特色的金融产品，支持中巴贸易融资和人民币国际化。

继中国银行在巴西站稳脚跟之后，中国建设银行、交通银行、国家开发银行等也陆续进入拉美市场开展业务。中资银行的跨国金融服务已经成为中拉投资和贸易迅猛增长的有力推手。根据世界经济论坛统计数据，2000—2023 年期间，中国和拉丁美洲之间的贸易额从 120 亿美元增加到 4 300 亿美元，增长了 35 倍多，中国已经成为多个拉美国家的最大贸易伙伴。

本章将介绍跨国银行发展的历史过程、组织架构和常见业务。其中，21 世纪以来中资银行国际化经营所面临的机遇与挑战，值得我们特别关注。

9.1　跨国银行的产生与发展

9.1.1　跨国银行与国际银行

所谓跨国银行，是指通过股权或其他形式，在两个或两个以上国家建立分支机构并开展业务的商业银行。作为百年老店，中国银行于 1929 年在伦敦设立了中国第一家境外分支机构，是我国拥有境外分支机构最多、境外经营历史最长的银行。

容易与跨国银行混淆的一个概念是国际银行。国际银行是提供国际业务的商业银行。判断一项业务属于国内业务还是国际业务，大致有三种不同的判定标准，即属人原则、属地原则和属币原则。

（1）属人原则。银行为本国居民（包括自然人和法人）提供的业务，不论发生在国内还是国外，均属于国内业务。相反，银行为非居民提供的业务，不论发生在国内还是国外，均属于国际业务。

（2）属地原则。银行在国内提供的业务，服务对象无论是居民还是非居民，也不管使用本币还是外币，都属于国内业务。相反，银行在国外提供的业务，则属于国际业务。

（3）属币原则。银行使用本国货币开展的业务，无论在国内还是国外，都属于国内业务。而银行使用外币提供的业务，不管在国内还是国外，都属于国际业务。这就意味着，我国银行只要是使用人民币开展的业务，都属于国内业务。相反，使用美元、英镑等外币开展的业务，都属于国际业务。

没有境外分支机构但提供国际业务的银行是国际银行。有境外分支机构并开展业务的银行是跨国银行。两者的不同之处在于：跨国银行的标准是单一的，必须有跨国界的营业机构；国际银行的标准则是多维的，包括交易主体、交易场所和交易币种。因此，国际银行的外延大于跨国银行，跨国银行是国际银行的组成部分。

知识注解

跨国银行不仅要提供国际业务，而且要在境外设立分支机构。截至 2024 年末，中国银行在境外拥有 543 家分支机构，中国工商银行在境外拥有 408 家分支机构，是国际社会公认的系统重要性银行。

9.1.2　国际业务推动跨国银行兴起

从历史上看，国际业务是跨国银行兴起的必要条件。银行最基本的国际业务是货币兑换和国际信贷。

古希腊城邦林立，金银铸币种类繁多。为了方便各城邦商人高效率进行货物贸易，古希腊出现了货币兑换商。当时货币兑换商在一种被称作“Trapezes”的柜台上进行货币兑换业务，所以被称为“Trapezion”。到了古罗马时代（公元前200年左右），随着疆域的扩大，货币兑换需求进一步增长，这时的货币兑换商被称为“Argentarii”，货币兑换业务通常在被称为“Banci”的小桌子上办理，这就是银行的英文“Bank”一词的来历。因此，国际贸易与使用不同的金属货币，催生了欧洲最早的银行业务——货币兑换。

为了安全，商人们往往把暂时不用的钱交给货币兑换商保管，需要时取出，这就产生了存款业务。当越来越多的商人陆续存入和取出货币时，总有一部分货币被闲置。这就为货币兑换商运用闲置货币放贷创造了条件，催生了贷款业务。由此可知，货币兑换是银行存贷款业务的基础。

公元14世纪后，欧洲各国战事连年不断，战争成为欧洲银行国际业务发展的推动力量。早期欧洲银行的存款来源与贷款对象主要是教会、王室和贵族，商人只占银行贷款的很小部分。旷日持久的战争催生了国王们对资金的大量需求，推动国际银行与国际信贷快速发展。例如，英国国王爱德华一世依靠意大利卢卡的里卡尔迪家族贷款征服了威尔士，爱德华二世依靠弗雷斯科巴尔第家族贷款征战苏格兰，爱德华三世依靠巴尔迪和佩鲁齐家族贷款与法国进行了“百日战争”。

> **知识注解**
> 筹措战争资金是推动早期欧洲跨国银行发展的重要力量。

16世纪中叶，进入大航海时代，热那亚取代了安特卫普成为欧洲经济的中心，掀起了新一轮的银行业热潮。银行家们以美洲的白银为抵押，向西班牙国王发放贷款，并据此发行巨额汇票，国际贷款规模急剧扩大，直到1622年美洲白银泛滥导致白银贬值，巨额亏损令贷款萎缩。18世纪，拓展海外殖民地热潮使得国际银行业在荷兰阿姆斯特丹再次兴起，荷兰银行对欧洲各国政府发放大量贷款，国际业务成倍增长，后因坏账过多受到沉重打击，从此一蹶不振。

综上所述，货币兑换和国际信贷是银行最基本的国际业务，贸易和战争是银行国际业务发展的两大推动因素。通过开展国际业务，银行加强了与不同国家政府、商人之间的联系，为跨国银行的发展奠定了基础。

9.1.3 跨国银行发展的三次浪潮

跨国公司的全球化经营是推动跨国银行发展的主要原因。为了满足重要客户（VIP）跨国经营的金融服务需求，银行必须跟随客户到国外设立分支机构。回顾历史，跨国银行的建立与发展共经历了三次浪潮。

1. 殖民主义——跨国银行发展的第一次浪潮

18世纪末，蓬勃发展的国际贸易催生了英国商人银行（merchant bank），这些银行以票据承兑、贴现方式为商人提供贸易融资，也向外国政府提供贷款。19世纪中叶，率先完成工业革命的英国成为世界经济霸主，带动英镑成为世界货币、伦敦成为国际金融中心，掀起了银行跨国经营的第一次浪潮。19世纪30年代，英国的银行在澳大利亚、北美和加勒比海殖民地设立了分支机构，随后又把触角深入拉丁美洲、南非、英属印度和亚洲等殖民地。这些“英国海外银行”（British overseas banks）或“盎格鲁国外银行”（Anglo foreign banks）主要服务于英国的殖民扩张以及贸易融资。19世纪70年代，法国、德国、意大利等殖民列强也相继效仿英国，在各自的殖民地开设跨国银行，其中设在美国的银行最多。各国的跨国银行模式不尽相同，例如，英国的跨国银行仅在殖民地开展业务，与国内银行之间不存在股权关系；而欧洲大陆国家的跨国银行则与国内银行之间存在股权联系，同时在殖民地与母国之间开展业务。跨国银行发展的第一次浪潮伴随着殖民主义的兴起而繁荣，伴随着殖民主义的结束而衰落。

2. 离岸金融市场——跨国银行发展的第二次浪潮

第二次世界大战令欧洲经济元气大伤，当时美国工业产值占全球的60%，贸易额占全球的32.5%，成为新的世界经济霸主。布雷顿森林体系确立了美元的国际货币地位，美国的经济实力和国际金融地位实现了质的飞跃，成为世界最大的债权国。欧洲和日本为了防止资金外流，实行严格的外汇管制，跨国银行受到极大的阻碍。1958年12月29日，西欧14国共同宣布取消了战后实行多年的经常账户管制，在随后的十多年内又相继开放了资本账户，为跨国银行发展提供了制度保障。20世纪50年代的朝鲜战争催生了欧洲美元市场，很快离岸金融市场以其独特的利率优势受到大量跨国公司和跨国银行的青睐，发展成为国际金融市场的核心，掀起了跨国银行发展的第二次浪潮。

跨国银行的业务主要集中在政府贷款上。发展中国家大多选择了"借债发展"的道路，通过借债来加速经济发展，实现经济起飞。1975—1981年，跨国银行对发展中国家的债权以平均28%的速度增长，每年新增国际贷款的30%左右流向发展中国家。为了满足大规模贷款需求，同时分散信用风险，跨国银行大多采取银团贷款方式。1982年墨西哥政府违约引爆了席卷30多个发展中国家的国际债务危机，跨国银行出现了大量的坏账、呆账，不得不将业务重心从发展中国家转向发达国家，进行房地产和并购等投行类业务，跨国银行发展的第二次浪潮宣告结束。

3. 金融一体化——跨国银行发展的第三次浪潮

20世纪90年代初期，欧共体国家签署《马斯特里赫特条约》，为欧洲经济货币一体化制定了时间表。欧盟建立统一大市场，消除关税壁垒和法律障碍，使得资本在欧盟内部自由流动。特别是使用统一货币欧元，建立统一的支付清算体系，银行可以在欧元区内开展业务，促使欧洲各国银行在欧盟大市场范围内布局，发挥各自的优势整合业务，掀起了跨国并购浪潮，形成了一批业务线条齐全、经营地域广泛、规模效应显著的大型跨国银行。为了应对欧元、欧盟的挑战，1999年美国颁布了《金融服务现代化法案》，终结了自1933年开始的对混业经营的限制，推动银行、证券、保险机构强强联合，打造提供全方位金融服务的"巨无霸"。例如：2003年10月，美国银行以470亿美元的换股收购富利波士顿（Fleet Boston）金融公司，成为美国第二大银行；2004年1月，摩根大通银行以580亿美元与美一银行（Bank One）合并，合并后资产规模达到1.1万亿美元，仅次于花旗集团。

在美国次贷危机中，为了挽救一些华尔街的大型投资银行，美国又进行了一轮重组式并购。例如，在美联储的撮合下，2006年9月，摩根大通银行并购了出现巨额亏损的美国第五大投行贝尔斯登，2008年9月，美国银行以440亿美元收购出现流动性风险的第三大投行美林证券。英国、欧盟也发生了多起类似的"大而不倒"问题下的巨额并购。这一轮国际金融危机造成发达国家、许多发展中国家金融业受到严重伤害，许多金融机构价值跌幅超过60%，为跨国并购提供了价值洼地。

2001年加入WTO后，中国致力于建设现代银行治理架构，推动国有银行进行股份制改革和上市，资本金得到迅速扩充，资金实力和经营管理水平大幅提升，具备了跨国并购和跨国经营的能力。中国经济深度融入全球化进程，构建了全球门类最齐全的工业体系，并发展成为世界工厂。越来越多的企业到世界各地投资，开展跨国经营，要求我国银行也要加快国际化步伐。2007 年中国工商银行收购非洲最大银行——南非标准银行 20%的股权，成为该行最大的股东。借助南非标准银行覆盖非洲 17 个国家、多达 1 200 家的营业网络，中国工商银行很快将金融服务辐射到非洲市场。中国银行、中国建设银行也在欧洲、东南亚、拉丁美洲进行了并购，建立起数百个境外经营网点。通过并购和全球布局，中国银行、中国工商银行都成为全球系统重要性银行。

综上所述，国际贸易繁荣、宏观经济增长、国际环境稳定以及金融管制放松，甚至金融危机，都能够为跨国银行发展提供良好的机遇。此外，科技进步大大促进了跨国银行发展。科技进步使得信息通信更加发达、资金清算更加便捷，银行业务不再受到时空的限制。21 世纪以来，信息技术的飞速发展促进了包括跨国银行在内的金融体系的快速扩张。

知识注解

经济区域化和放松金融管制，是近年来跨国银行发展浪潮的主要推手。

9.1.4 银行跨国经营的动机

理论上讲，银行跨国经营有三个原因：一是跟随客户，根据“二八定律”，少数核心客户是银行主要的利润源泉，这些客户走到哪里，银行就要跟随到哪里。二是获得规模效应和协同效益，跨国经营扩大了市场边界，更大的规模能够提高边际收益。此外，在不同国家开展业务，业务多元化能带来更大的协同效益。三是降低风险，“不要把所有的鸡蛋放在一个篮子里”。世界各国政治制度、经济发展水平、经济周期不同，国家风险、市场风险差异大，业务和收入来源多元化可以有效地分散系统性风险，确保银行收入的稳定性和竞争力。

跨国银行选择在哪个国家和地区设立分支机构也取决于三大因素：一是地理距离。国际贸易往往从周边国家和地区开始，具有显著的区域化特征，距离较近的周边国家和地区通常是银行跨国经营的主要目标。例如，我国银行大约 70%的海外机构集中在香港和东亚地区。二是经贸关系。金融是为实体经济服务的，通常贸易占比较高、本国企业对外投资较多的国家也是跨国银行设立分支机构的目标国。三是国家风险。国家风险是跨国公司最重视的风险，银行跨国经营需要良好的生态环境，规避较高的政治风险，主要选择政局稳定、外交关系友好、社会安定、腐败程度较低、没有战争的国家设立分支机构。发达国家的国家风险比较低，成为银行跨国经营、设立分支机构的理想场所。跨国银行的高度集中，促进了纽约、伦敦、上海、香港、东京、新加坡等著名国际金融中心的发展。

9.2 跨国银行的组织架构

跨国银行业务不仅要符合国际形势的发展变化，还要符合所在地的经济环境、金融政策以及监管要求。跨国银行的经营目标是为了更好服务核心客户，扩大利润和市场份额，有效控制风险，这就要求跨国银行在设立与运营的过程中必须审慎甄别与选择组织架构和业务。

9.2.1 跨国银行类别

1. 代理行

代理行（agency）是为境外商业银行代理业务的银行。当受到成本、法律或政策限制无法设立境外分支机构时，商业银行往往在东道国选择一家银行作为代理行，为客户提供金融服务。资产、资本实力、经营稳健性、资信等级、声誉是银行选择代理行的重要因素。双方正式签订代理合约后，代理行将在贸易融资、国际清算、外汇汇兑、国际信贷等方面为商业银行的跨国公司客户提供服务。尽管使用代理行具有成本低廉的优势，但是弊端也很明显：一是需要向代理行支付不菲的业务代理费；二是银行在业务处理方面缺乏主导地位，必须遵循代理行的业务程序和规则；三是容易造成客户资源流失，跨国公司往往被代理行抢走。

2. 代表处

代表处（representative office）是跨国银行在东道国设立的实体机构，代表母银行进行商业信息收集、公共关系维护以及潜在机会发掘等活动，不能从事银行业务。代表处的特点是：功能简单，较少受东道国法律限制，运营成本较低。代表处是商业银行进入一个新市场、开展跨国经营最初阶段的组织形式。1983年美国花旗银行重返中国时，采取的方式就是在中国深圳设立代表处。

3. 分行

分行（branch）是跨国银行的主要形式之一。分行是跨国银行在东道国的一个组成部分，不是独立法人实体，以母行的名义开展业务和经营活动。分行只需母行投入营运资金，不必投入任何资本金；以母行的资本金和信用等级开展业务，业务范围及管理制度与总行完全一致；经营情况和绩效直接并入母行的资产负债表；母行对其业务和经营负有无限责任；接受母行所在国的金融监管。设立分行的优势在于：依靠母行巨大的资本金规模，按照单一客户贷款比例不超过银行资本金10%的监管规定，可以发放规模较大的贷款，满足大型项目、重大工程、大型跨国公司的融资需求，在较短时间内做大资产规模，提高在东道国金融市场的份额。设立分行的弊端也很明显：母行要对境外分行的经营不善或违法违规行为产生的不良后果承担全部责任，包括经营亏损和监管部门的罚款，母行可能不得不支付巨额资本，以及承受声誉损失。2008年美国保险业巨头AIG就是因为伦敦分公司做了大量信用违约互换产品（CDS），出现了数十亿美元的损失，不得不被美国政府接管。

4. 子行

子行（subsidiary）是跨国银行最常见的组织形式。子行是跨国银行在东道国设立的独立法人实体。一些发展中国家担心实力雄厚的外资银行控制本国金融市场，进而控制本国的经济命脉，于是制定外资银行法或出台金融监管规定，限制甚至禁止跨国银行设立分行，只允许设立不控股的合资银行以及子行。例如，马来西亚就禁止外资银行设立分行，通过子行方式，便于对外资银行进行有效监管，同时确保本国银行在金融市场占据主导权和绝对优势。我国也鼓励外资银行设立子行，从事业务经营。子行有独立的资产负债表、人事管理、业务规章制度，经营自负盈亏，母行以出资额承担权利和享受义务，不负任何连带责任。设立子行，跨国银行的最大损失就是所投的资本金，而且自身的声誉也不会受到直接的影响。子行的优点在于：母行以出资额承担有限责任；可以超越母行的业务范围，根据东道国的监管要求开展业务。子行的缺点是：有实足缴纳资本金要求，跨国银行需要投入较多的启动资本；受到资本金规模较小的制约，无法提供金额较大的贷款，难以快速做大资产规模，成长和发展速度较慢；接受东道国的金融监管，需要支付较高的管理、运营成本。

5. 联营银行

联营银行（affiliate）是指跨国银行参股而不控股的东道国银行。联营银行在法律地位、性质和经营特点上与子行类似，只是在联营银行中，任何一家外资银行拥有的股权都在50%以下，其余股权为东道国所有，或由几家外资银行共有。联营银行的投资分为战略性投资和财务性投资两种。前者要求跨国银行积极参与经营管理，并提供自身的经验和资源；后者则不需要介入联营银行的经营管理，只是分享红利，或日后以一个更高的价格转让股权，获取投资收益。例如，21 世纪初，我国国有商业银行进行股份制改造时曾以战略投资者方式引入外资银行，进行联营，引入著名国际商业银行的经营管理理念和技术，构建现代银行科学治理机制，加快了我国银行的国际化进程。

6. 银团银行

银团银行（consortia bank）通常是由两个以上不同国籍的跨国银行根据协议共同投资注册而组成的公司性质的合营银行，任何一个投资者所持有的股份都不超过50%。在进入新市场时，为了达到降低资本要求和风险的目的，多个国家的商业银行可能通过联手组建一家银行来满足海外市场的客户需求。银团银行可以联合多家银行的资金、技术和资源，实现优势互补，占领较大的市场份额，这种方式在 20 世纪 70 年代盛行一时。目前主要为大型项目提供金融服务。

代表处、分行不是独立的法人，母行可以对其进行完全控制。子行、联营银行、银团银行是独立的法人，母行只能根据控股的多少对其产生不同程度的影响。从业务范围来看，代表处的业务有限，银团银行主要经营大额、批发业务，分行、子行和联营银行能够开展广泛的业务。代理行是业务代理关系，业务范围有限，银行在经营方面没有多少话语权。

9.2.2 决定跨国银行组织架构的因素

1. 法律法规

跨国银行以何种形式设立境外分支机构，首先要符合东道国的法律法规。尽管世界贸易组织成员应该开放包括金融在内的服务业，然而，大多数发展中国家对跨国银行开设分支机构进行了不同程度的限制，例如，只允许设立子行，只能以联营方式而且外资银行的股份不超过 20%，开设分行或子行之前成立代表处的时间不少于 3 年，等等。2006 年 11 月 24 日，我国履行了加入 WTO 时开放外资银行的承诺，由银监会发布了《中华人民共和国外资银行管理条例实施细则》，取消了所有对外资银行的所有权、经营权的设立形式（包括所有制）的限制，允许外资银行向中国客户提供人民币业务服务，给予外资银行国民待遇。

2. 资源限制

跨国银行的组织架构不同，所需的资金和人力资源也不相同。例如，设立子行需要支付的成本最大，所耗费人财物资源最多，而设立代表处所需要的投入则最小。此外，不同组织形式跨国银行的业务经营各有侧重，对人力资源的要求差异较大。例如，代表处需要在业务发展和公共关系方面具有出色能力的人员，分行则需要擅长管理信用风险的人员。

3. 监管环境

合规风险是跨国银行面临的最大的风险。如果东道国金融监管比较宽松或友好，营商环境良好，商业机会多，则可设立分行，开展规模较大的业务，同时设立子行，根据当地需要提供多元金融服务。如果东道国金融监管严厉，合规风险较高，则不宜设立分行，可选择代理行提供必要的服务；也可设立子行，与母行之间建立一道“防火墙”，避免监管部门的巨额罚款和声誉风险扰乱跨国银行母行的业务经营。

4. 税收

不同组织架构下跨国银行的税收不同。子行按照东道国的税收制度纳税。分行将利润合并到母行，按照母行所在国的税收规定纳税。选择适当的组织形式可以降低跨国银行的整体税负。如果东道国税负较重，就设立分行，把利润转移到税负较轻的母国。跨境经营之初经常会出现亏损，采用分行形式还有助于减轻母行的税务负担。如果东道国税负较轻，就设立子行。为了避税，许多跨国银行选择在巴哈马、开曼群岛等避税天堂设立子行，将经营所得尽量转移到这些子行。

> **知识注解**
> 在避税天堂，跨国银行往往设立子行，还倾向于将其他分支机构的收入都转移到这些子行，以便从整体上降低税负。

9.3　跨国银行的业务与监管

跨国银行的业务与国内银行并没有什么不同，包括资产业务、负债业务和表外业务。跨国银行最常见的业务是零售和私人银行、贸易融资、项目融资、国际担保、同业拆借和国际银团贷款。

9.3.1　常见业务

1. 零售和私人银行

零售银行业务是指面向小型企业和个人消费者提供的银行产品和金融服务。零售银行业务范围广泛，包括存款业务，住房、汽车以及其他种类的消费信贷，信用卡服务，交易账户等，以及个人客户的保险和投资理财业务。零售银行业务客户数量大、产品多、收益较高，是银行重要的利润来源，但是对网点和本土化要求较高，跨国银行开展零售银行业务不具竞争优势，通常都是为在东道国的本国居民提供零售银行业务。

20 世纪 80 年代见证了零售银行国际扩张的艰难历程，多家银行做出尝试均未获得成功。只有花旗集团成功地在零售银行领域建立起一个全球品牌。花旗银行将自身零售银行的区域划分为北美区、欧洲区、亚洲区和拉美区。根据花旗银行 2019—

> **知识注解**
> 跨国银行大多不具备网点优势，不擅长做零售业务，批发业务是其重点。

2021年财报，非北美区对其消费金融的年均利润贡献度已经达到51%（见图9-1）。花旗银行之所以能够在零售银行业务中取得成功，关键在于它拥有出色的银行卡业务。银行卡业务对消费金融的利润贡献度超过60%。

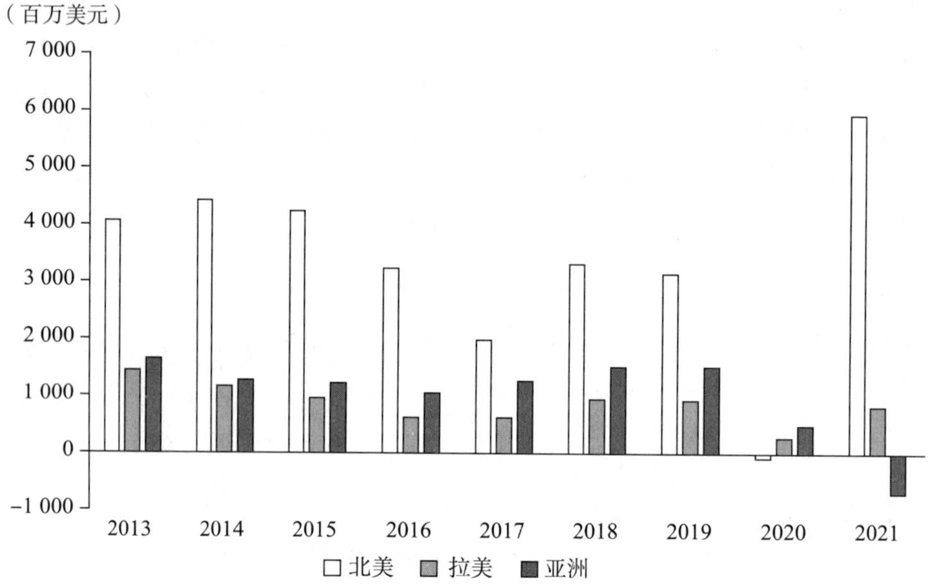

图9-1 花旗集团零售银行业务利润的区域结构

说明：从2015年开始，花旗集团将欧洲地区的零售业务情况整合进亚洲区进行报告。

资料来源：花旗银行年度财务报表。

私人银行业务是指向高净值人群提供的财富管理服务。私人银行既有存贷汇等传统业务，又有财富管理业务，后者包括保管业务，贵金属、货币、商品及艺术品投资管理，基金和保险理财等。私人银行业务是跨国银行展开竞争的主要区域，因为客户资源相对较少，提供特色服务、维持良好的私人关系是获得竞争优势的关键。

2. 贸易融资

贸易融资是跨国银行十分重要的资产业务。根据期限长短，可分为短期贸易融资和中长期出口信贷。短期贸易融资期限不超过一年，适用于原材料、燃料、零部件、消费品等制造周期短、价值较低的商品贸易。中长期出口信贷是银行提供的中长期贸易融资。之所以称为出口信贷，是因为信贷资金一般都是由出口方银行提供，以促进成套设备出口为目的。出口信贷往往得到国家的政策性支持，有一定的利率优惠。根据贸易融资对象，贸易融资可分为对出口商的融资和对进口商的融资。下面介绍三种典型的贸易融资业务：押汇、国际保理和福费廷。

（1）押汇。

押汇可分为进口押汇和出口押汇。进口押汇（import bill purchase），是指信用证项下单据到期并经审核无误后，开证申请人因资金周转关系，无法及时对外付款赎单，以该信用证项下代表货物权的单据为质押，并同时提供必要的抵押/质押或其他担保，由银行先行代为对外付款的融资方式。进口商办理进口押汇，必须向银行出具押汇申请书和信托收据，将货物的所有权转让给银行，由开证行先行代其付款，从而取得短期的资金融通，在资金周转不灵的情况下组织进口。进口押汇具有专款专用的特点，仅用于进口商履行押汇信用证项下的对外付款，期限一般不超过 90 天。进口押汇利率按银行当期流动资金贷款利率计收。

出口押汇（export bill purchase），是在出口商发出货物并交来信用证或合同要求的单据后，银行应出口商要求向其提供的以出口单据为抵押的在途资金融通。银行提供出口押汇是有条件的，通常要求企业资信良好，有长期稳定的出口业务，出口制单水平较高。出口押汇融资方式有三大特点：①押汇/贴现是短期融资，押汇期限一般不超过 180 天，贴现不超过 360 天；②押汇/贴现是银行预扣利息后，将剩余款项给予客户，利息按“融资金额×融资年利率×押汇天数/360”计算；③押汇/贴现是银行保留追索权的垫款，不论何种原因，如果银行无法从国外收回资金，客户应及时另筹资金归还垫款。

> **知识注解**
> 出口押汇是应用最广泛的贸易融资方式之一。

对于那些流动资金有限，依靠快速的资金周转开展业务或者有新的投资机会的企业而言，融资手续更加简便易行的出口押汇无疑是很有吸引力的。例如，出口商 A 公司按照澳新银行开来的 800 万美元信用证出运货物后，将全套单据交给中国工商银行，要求办理出口押汇业务。经审查，A 公司是中国工商银行贸易融资的重点客户，核有 1 000 万美元的出口押汇客户授信额度，且该公司提交的单据符合信用证规定。据此，中国工商银行扣除自押汇日至预计收汇日之间 7 天的利息及有关银行费用后，将余款支付给出口商。这样一来，出口商 A 公司就非常容易地获得了 7 天的短期融资。

> **知识注解**
> 通常，保理费和贴息都计入出口货价而转嫁给进口商。如果银行在买断有关票据时只向出口商支付部分货款，则在进口商到期付款后，还要负责将余款划转到出口商账户中。

（2）国际保理。

国际保理（factoring），是国际保付代理业务的简称，也称承购应收账款业务，是指提供赊销便利的出口商在货物装船后，将发票、汇票、提单等有关单据卖断给国际银行或专业保理公司（factor），立即收进全部或部分货款的国际金融业务。它既是一种可供选择的国际结算方式，又是一种短期的贸易融资方式。国际保理业务集结算、管理、担保和融资为一体，已经发展成为一种新型的多功能、综合性的金融服务行业，其核心是通过收购债权方式提供贸易融资。根据保理协议，保理商购买出口商的应收账款具有买断性质，通常是无追索权的，保理商要担保进口商支付货款的财务能力。如果债务方破产或因信用原因无力支付其债务，保理商将对出口商进行支付。

专栏 9.1　国际保理：综合性金融服务

国际保理业务可为出口企业提供如下服务：

（1）信用销售控制（credit control）。保理商利用自身网络优势对进口商的资信状况进行全面调查，并为出口商提供核定的信用销售额度，将坏账风险降到最低。

（2）债款回收（collection from debtors）。债款回收是一项技术性、法律性较强的工作，保理商拥有专门的收债技术与知识，以此为出口商提供回收货款服务。

（3）销售账户管理（maintenance of the sales ledger）。出口商将应收账款及相关账目管理工作一并移交给保理商，比如记账、催收、清算、计息、收费统计报表、数据提示等，使自己摆脱繁杂的会计工作，专心于进出口活动。

（4）贸易融资（trade financing）。保理商提供无追索权的贸易融资，手续方便，简单易行，基本上解决了出口商信用销售和在途占用的短期资金问题。

（5）坏账担保（full protection against bad debts）。保理商为自己核准的应收账款提供100％的坏账担保，有效地消除了因买方信用给出口商造成的坏账风险。但是对于因产品质量、服务水平、交货期等引起纠纷所致的坏账或呆账，保理商不予赔偿。

1988年，中国银行北京分行开始试办国际保理业务。1992年初，中国银行与美国国民保理公司和美国鹰狮保理公司分别签署了国际保理协议，正式以保理公司的身份从事该项业务。

（3）福费廷。

福费廷（forfaiting）是指出口商将进口商承兑的中期商业票据无追索权地出售给银行，提前获得资金的业务。福费廷实际上就是银行以票据贴现方式向出口商提供金融支持。它同保理业务类似，二者的差异在于，福费廷涉及的是中期票据，保理业务涉及的是短期票据。

福费廷首先出现于20世纪六七十年代的东西方贸易中，西方国家的出口商不了解、不信任东方国家的进口商，受到当时的政策限制，出口商很难取得西方国家的出口信贷保险，风险较高。为了消除出口商的后顾之忧，联邦德国和瑞士的银行推出了福费廷业务。主要的经营者有德国的法兰克福财务公司、苏黎世的瑞士联合银行、伦敦的福费廷公司、意大利的米兰担保公司，业务对象为经济互助委员会国家，首先是苏联，其次是民主德国，再次是匈牙利（后让位于当时的捷克）。目前，福费廷已成为银行贸易融资的重要业务，是服务跨国公司的重要手段。

3. 项目融资

项目融资是指银行基于资产、现金流量、资金回报向特定的项目提供资金的业务。项目融资具有以下特点：（1）项目是还本付息的唯一来源。注重项目承办单位的资产状况和项目本身的经济效益。（2）要求多方担保。要求与工程项目有利害关系的多个单位进行担保，即项目建设的承包商、项目设备和原材料供应商、项目产品的购买者或使用者、保险公司、政府机构等。（3）资金来源多样化。常见的有：①国际金融组织贷款；②出口信用贷款；③国际资本市场发债；④国际商业贷款；⑤国内政策性或商业性贷款。项目融资通常采取银团贷款方式，而且要有东道国银行参加，以便在外国银行受到限制、无法接受项目资产担保时，由东道国的银行获得这些资产。（4）只有有限追索权，贷款风险大、贷款利率高，比一般工商企业贷款利率要高0.5％～0.7％。项目融资具有期限长、风险大的特点，参与项目融资的银行必须以辨别和控制风险作为中心任务。

4. 国际担保

国际担保指银行在企业进行跨境贸易、工程、金融合作中，向境外机构（担保受益人）承诺，当企业未按照贸易、工程或金融合同等履行其应有的义务时，由担保人代为履行义务。在国际担保中，通常被担保人或者受益人至少一方位于境内。

国际担保能够支持的跨境交易类型较为广泛，既包括非融资性交易，诸如国际买卖合同、租赁合同、国际工程承包合同等，也包括融资性交易，诸如国际贷款、透支、票据发行便利、境外债券发行、跨境并购、风险参与等交易。国际担保目前适用的惯例包括国际商会发布的《合约保函统一规则》（URCG325）、《见索即付保函统一规则》（URDG758）、《合同保函统一规则》（URCB524）、《国际备用证惯例》（ISP98）以及《联合国独立担保和备用信用证公约》。

当前，随着“一带一路”建设的推进，我国银行跨境担保业务发展迅速，主要采用两种方式：内保外贷、外保内贷。(1) 内保外贷是指担保人注册地在境内、债务人和债权人注册地均在境外的跨境担保。内保外贷的目的是利用境外低成本资金，降低企业的融资成本。“内保”即境内企业向银行境内分行（担保人）申请开立担保函，境内分行出具融资性担保函给境外分行（债权人）；“外贷”即境外分行凭借收到的担保函向境内企业的境外公司（债务人）发放贷款。(2) 外保内贷是指担保人注册地在境外、债务人和债权人注册地均在境内的跨境担保。外保内贷的目的是方便跨国企业在境内的分公司能够获得融资便利，实现国际化经营战略。“外保”即境外跨国企业向国外银行（担保人）申请开立担保函，国外银行出具融资性担保函给其在中国的分行（债权人）；“内贷”即境内分行凭借收到的担保函向跨国企业的境内公司（债务人）发放贷款。

5. 同业拆借

离岸金融市场的同业拆借是跨国银行经营的主要资金来源，借短贷长是银行获利的普遍模式。同业拆借是银行间的纯信用借贷，具有资金规模大、手续简便、流动性强等特点，有利于跨国银行满足流动性监管要求和提高资金使用效率。伦敦银行间同业拆借市场不仅拆借英镑，还拆借美元、欧元、日元、人民币等国际货币，形成了全球最大的“欧洲货币批发市场”。

我国在上海设立了全国银行间同业拆借中心。由 18 家报价行独立报出不同期限的人民币拆借利率，该中心经过处理和计算后得出上海银行间同业拆放利率（Shibor），于每个工作日的上午 11 点对外公布。截至 2024 年 11 月，参与我国银行间同业拆借中心本币市场的跨国金融机构包括 199 家外资银行、444 家境外银行、55 家境外保险公司、100 家境外证券公司、34 家国际金融组织和 32 家主权财富基金，以及人民币合格境外机构投资者。银行间同业拆借中心已成为跨国银行在我国拆借资金的主要场所。

> **知识注解**
> 中国全国银行间同业拆借中心有越来越多的跨国银行参与，随着上海国际金融中心的建设，Shibor 有可能成为国际金融市场主要的基准利率。

6. 国际银团贷款

以子行形式设立的跨国银行，对单一客户的贷款规模受到资本金限制，需要联合其他银行共同为大项目提供贷款。为了满足借款方的多元化资金需求，国际银团贷款发展出不同的形式。按照贷款期限，分为定期银团贷款和循环银团贷款；按照贷款人和借款人的关系，分为直接银团贷款和间接银团贷款。此外，还有备用贷款、备用信用证保证贷款等。

银团贷款最早出现于 20 世纪 30 年代的美国，多家银行共同对某一客户进行联合贷款。国际社会公认的第一笔国际银团贷款是 1968 年多家银行对奥地利政府的联合贷款。国际银团贷款独特的优势使其广受欢迎，业务程序不断完善。目前，国际资本市场上超过

60%的贷款余额采用国际银团贷款方式。

国际银团贷款已成为我国获取国际商业贷款的主要形式。我国首笔外汇银团贷款为1986年中国银行为大亚湾核电站项目筹资131.4亿法郎及4.29亿英镑。2011年我国银监会发布的修订后的《银团贷款业务指引》明确规定，单一企业或单一项目融资总额超过贷款行资本净额10%的，单一集团客户授信总额超过贷款行资本净额15%的，都鼓励采取银团贷款方式。

9.3.2 跨国银行的金融监管

金融监管是指政府机构或行业自律组织以降低金融风险、维护金融安全为目的，对金融机构和金融市场在准入、运营和退出等方面的监督管理。与本土经营银行相比，跨国银行面临更大的风险：一是客户结构复杂、业务交叉关联度高，风险管理难度更大；二是面对多国监管部门，容易涉及监管空白或灰色地带，导致风险过度集聚，造成无法弥补的损失；三是面对不同的监管制度，业务范围和经营要求不一，合规风险较大，需要付出更高的监管成本。

20世纪70年代布雷顿森林体系崩溃后，国际上发生了一系列重大银行破产案件，包括美国的富兰克林国民银行和联邦德国的赫斯塔特银行。1974年底，十国集团央行行长在巴塞尔召开会议研究国际银行风险监管问题，成立了巴塞尔银行监管委员会（简称“巴塞尔委员会”），作为国际清算银行的一个正式机构。巴塞尔委员会由各成员中央银行官员和银行监管当局代表组成，负责制定国际银行的监管规则和标准。1975年9月出台了第一个关于跨国银行监管的协议，要求落实国际银行的监管主体责任，强调任何银行的国外机构都不能逃避监管，母国和东道国应共同承担监管职责。2009年3月，中国人民银行和银监会代表我国正式加入巴塞尔委员会，全面参与国际银行业监管标准和准则的研究制定工作。《巴塞尔资本协议》有针对性地提出银行资本管理要求，并且随着时代的变迁不断进行修订与完善，对跨国银行的经营和战略产生了深远的影响。

近年来，技术革命、地缘政治、气候变化深刻影响着全球经济和国际金融，当今世界面临百年未有之大变局。金融监管具有越来越严的趋势，一些新的内容被纳入监管框架，受到更多重视。合规风险始终是跨国银行经营管理面临的最大挑战，必须对国际金融监管的动态发展予以特别关注。

1. 个人信息保护

随着大数据、区块链、人工智能等现代技术的广泛运用，数字经济蓬勃发展，加速了金融数字化转型。在此背景下，数据和信息安全成为金融监管的重点。2018年欧盟出台了《一般数据保护条例》（GDPR），规定了欧盟公民数据处理的法律和标准，对于违反规定泄露公民信息的行为处以1 000万～2 000万欧元的行政罚款。这就大大增加了外资银行开设个人账户、从事零售业务的监管成本，迫使许多跨国银行退出零售业务。

2020年我国颁布《中国人民银行金融消费者权益保护实施办法》，要求金融机构严格保护消费者信息。对于金融机构而言，个人信息保护是消费者权益保护的重中之重。银行机构应当遵循合法、正当、必要原则，保护好个人身份、财产、账户、信用、金融交易信息，以及其他与特定消费者购买、使用金融产品或者服务相关的信息。建立规章制度，公开收集、使用消费者金融信息的规则，明示收集、使用消费者金融信息的目的、方式和范围。不得收集与业务无关的个人信息，不得超出范围使用。

2. 反洗钱

反洗钱是指为了预防通过各种方式掩饰、隐瞒犯罪所得及其收益的来源和性质的洗钱活动，遏制相关违法犯罪活动的行为。反洗钱逐渐成为国际金融监管的重点。各国政府大多设立了反洗钱监测分析中心，负责大额交易和可疑交易报告、巨额现金收付报告的接收、分析，将存在严重洗钱、恐怖主义融资风险的国家列为洗钱高风险国家或地区，拉入“黑名单”，要求金融机构和特定非金融机构采取相应的风险管理措施，不与“黑名单”中的客户开展业务。金融监管当局制定金融机构反洗钱规章制度，通过多种形式监督、检查金融机构反洗钱内部控制制度的建立健全情况。我国还将《中华人民共和国反洗钱法》适用于预防和遏制恐怖主义融资活动。

掐断犯罪资金跨国洗白，打击犯罪，维护社会公平正义，是任何一个金融机构必须履行的社会责任。金融机构需要建立客户尽职调查制度、客户身份资料和交易记录保存制度、大额交易和可疑交易报告制度等。由于各国政府不断调整反洗钱“黑名单”，反洗钱规则和标准的解释权不透明，增加了跨国银行的经营成本和风险。

3. 消费者保护

金融消费者是弱势群体，容易受到金融机构虚假、欺骗和霸王条款的损害。2008 年国际金融危机之后，加强金融消费者保护成为全球金融监管的共识。美国根据 2010 年 7 月正式生效的《多德-弗兰克华尔街改革和消费者保护法》设立了消费者金融保护局(CFPB)，作为独立的联邦机构，负责监管消费金融产品和服务。一旦金融机构发生违反消费者保护法律法规的行为，就会受到严厉处罚。例如，2022 年 12 月 21 日，美国消费者金融保护局开出创纪录的罚单。富国银行因违规行为导致 1 600 多万消费者利益受损，数千消费者失去了汽车和房屋，被美国消费者金融保护局处以 17 亿美元罚金，另外还需向消费者赔偿 20 亿美元。

以英国、荷兰和法国为代表的欧洲国家推动金融监管改革，倡导建立以加强行为监管和消费者保护为核心的“双峰”金融监管体制，即对经济产生重大影响的机构进行审慎监管，对金融机构在为其客户提供服务时遵守一定标准的商业行为规范进行监管。例如，英国颁布《2012 年金融服务法》，要求新设金融行为监管局（FCA），致力于规范金融机构的商业行为，提升金融服务业的信心与透明度，为金融服务消费者提供更好的保护。

2011 年以来，中国人民银行、银监会、证监会、保监会分别成立了金融消费权益保护局、银行业消费者权益保护局、投资者保护局、保险消费者权益保护局，根据各自职能范围开展金融消费者保护工作，构建分业监管下的“内双峰”保护模式。2023 年国务院机构改革方案将中国人民银行有关金融消费者保护职责以及中国证监会投资者保护职责统一划入国家金融监督管理总局，这也预示着金融消费者权益保护将得到进一步强化。

4. 可持续发展与金融治理

工业革命以来，人类活动对气候变化的影响越来越大，温室效应和极端天气严重威胁生物多样性和人类可持续发展。金融在应对气候变化中具有重要作用，通过配置资金和要素，可促进绿色技术创新与推广，限制高排放企业发展。2003 年，花旗集团、荷兰银行、巴克莱银行、西德意志银行等采用世界银行的环境保护标准与国际金融公司的社会责任方针，形成了一套指导贷款的原则，即赤道原则。截至 2024 年年初，全球共有 38 个国家的

140 家金融机构采纳了赤道原则。中国赤道银行共 31 家，一举超越日本成为亚太地区拥有最多赤道银行的国家。各国监管当局将可持续发展纳入监管范畴，鼓励金融机构发放绿色贷款、绿色债券，开展绿色金融，进行基于环境、社会和公司治理（ESG）理念的投资。意大利等欧洲国家还颁布法律，强制企业和金融机构在披露财务报告的同时披露 ESG 信息。不难预料，在可持续发展的监管目标的引导下，金融机构将开展更多绿色金融业务。

9.4 我国跨国银行发展现状

9.4.1 我国银行跨国经营发展历程

早在 20 世纪 20 年代，中国银行就开始了境外经营。1929 年 11 月 4 日，我国在境外设立的第一家分支机构——中国银行伦敦分行正式开业，迈出了金融机构跨国经营的第一步。新中国成立 70 余年，我国的银行跨国经营出现了突飞猛进的变化，主要分为以下 4 个阶段：

第一阶段，计划经济时期（1978 年以前）。受到计划经济和相对封闭的经济环境的影响，国内金融资源高度集中，中国人民银行经营国内业务，中国银行经营国际业务。只有中国银行一家银行进行跨国经营，中国银行在伦敦、香港等地设有分支机构，主要为中资企业提供贸易结算清算和融资服务。

第二阶段，改革开放时期（1978—2001 年）。1978 年党的十一届三中全会开启了改革开放的伟大进程，1984 年我国开始城市经济体制改革，推动经济从计划向市场转型。中国工商银行从中国人民银行中分离出来，中国人民银行专司央行职责。随后成立了中国建设银行、中国农业银行等专业银行，以及招商银行、交通银行、中信银行、光大银行等一批股份制银行。国有企业实行股份制改造，自负盈亏，上市融资。鼓励民营经济发展，同时还大力引进外资，建立出口基地，对外贸易规模迅速扩大。1994 年进行了外汇体制改革，1996 年实现了人民币经常项目可兑换，创造条件加入世界贸易组织。这一时期，除了中国银行进行跨国经营外，中国工商银行、交通银行、中国建设银行等也在中国香港、新加坡等地开设了代表处，收集当地经济金融市场信息，为日后开展正式的业务经营打下基础、做好准备。

第三阶段，“走出去”时期（2002—2013 年）。2001 年我国加入 WTO 后，快速融入经济全球化进程。外商直接投资连续 3 年增幅超过 30%，每年都有数百亿美元的贸易顺差，外汇储备规模几乎每 3 年就翻一番。除了外汇资金比较充裕外，依靠巨大的廉价劳动力，我国具有显著的加工业、工程承包优势。2003 年开始，政府鼓励企业“走出去”，在境外开办工厂、设立营销网点，拓展境外市场，在境内外两个平台上优化配置资源。随着我国建筑、基建、矿业、家电、商贸等行业著名的国有企业、上市公司开展境外投资，拉开了国际化经营的大幕，为这些企业提供贷款、结算等金融服务的国有银行迅速调整经营战略，跟随客户“走出去”，选择适当的国家和城市设立分支机构，继续保持与重要客户的良好关系，增加新的业务渠道和收入来源。2005 年以来，经过股份制改造、建立现代银行制度后，中国建设银行、中国银行在香港上市，中国工商银行在内地和香港同步上市，国有银行不仅资本金得到了充实，还获得了数千亿外汇资本金，为其进行跨国并购、布局境外经营网络创造了必要的条件。以国有银行作为代表和先头部队，我国银行因地制宜，采取并购、新建、参股等多种方式设立境外分支机构，在全球范围内布局网点，跨国银行业务经营驶入了快车道。2008年百年不遇的国际金融危机沉重打击了美欧国家的经济金融，金融机构首当其冲，不少金融机构的股价下跌超过70%，花旗银行的股价甚至跌破每股1美元，成为仙股，出现了价值投资洼地。当时，我国金融开放度较低，坚持金融服务实体经济的原则，没有出现金融泡沫，金融市场受到的外部传染冲击较小。此外，我国果断调整财政、货币政策，推出四万亿元经济刺激计划，确保经济增速不低于8%，中国成为世界经济增长的新引擎。柳工集团、三一重工、中远集团等机械制造、航运企业到欧美国家并购相关企业，掀起了一股对外投资的热潮，推动了我国银行增设欧美地区的分支机构。

第四阶段，服务“一带一路”建设和新发展格局时期（2014年至今）。面对百年未有之大变局，我国高举全球化、多边化旗帜，促进全球可持续发展，加速加快形成以国内大循环为主体、国内国际双循环相互促进的新发展格局，实行更高水平的对外开放。随着金融深化改革开放，以及上海建成国际金融中心，银行跨国经营进入新的发展阶段，境外资产规模、境外收入和员工人数快速增加。截至2023年6月末，中资银行在71个国家和地区设立了295家一级机构，基本上覆盖了共建“一带一路”国家，为基础设施建设、贸易发展、产业链供应链重构提供了有力的金融支持。在这一阶段，人民币国际化也为银行的跨国经营提供了新的机遇。2015年IMF宣布将人民币纳入SDR货币篮子，人民币国际化得到了各国官方的认可。2022年最新一轮SDR定值评估中，人民币占比从最初的10.92%提升到12.28%，人民币在全球官方储备中的占比达到2.75%，成为全球外汇市场第六大交易货币。随着人民币国际货币地位的提升，全球主要国际金融中心都出现了人民币离岸金融市场，人民币业务规模的扩大为中资银行的境外经营提供了广阔的发展空间。

专栏9.2 “一带一路”倡议

2013年9月和10月，中国国家主席习近平在出访中亚和东南亚国家期间，先后提出共建“丝绸之路经济带”和“21世纪海上丝绸之路”的重大倡议（简称“一带一路”倡议，The Belt and Road (B&R) Initiative），受到国际社会普遍关注。“一带一路”是中国提出的世界经济发展与再平衡方案，也是多领域、强有力、高效率的新型国际平台，为国际经济政策协调提供了新模式和新样本，遵循共商共建共享原则，共同打造人类命运共同体。

“一带一路”旨在推动共建国家实现经济政策协调，开展更大范围、更高水平、更深层次的区域合作。政策沟通、设施联通、贸易畅通、资金融通和民心相通，是“一带一路”建设的五大核心任务。政策沟通是“一带一路”倡议五大目标之首，中国已先后与70多个国家及国际组织签署了合作协议，同30多个国家开展了机制化产能合作，在20多个共建国家建立了56个经贸合作区；与有关国家探索建立多层次、多主体的合作平台和协调机制，为基础设施互联互通、能源资源开发利用、经贸产业合作区建设等重点领域和重点项目建设提供了有力的政策保障。

除了在贸易、投资及贸易投资便利化等方面寻求突破外，“一带一路”平台还研究制定知识产权、劳工、环保、技术标准、非政府组织、企业社会责任等合作规则，建立高标准的国际合作新框架。对协调机制的诸多创新，使其在全球化和区域化规则制定上发挥了重要的引领作用。

“一带一路”建设具有鲜明的跨区域、跨文化、跨经济发展阶段特征，在共商共建共享原则指引下，开展了内容丰富的区域合作机制创新，继欧洲经济一体化之后进一步拓展了国际经济政策协调理论与实践。通过加强参与国的政策沟通和经验互鉴，逐步形成有利于发挥协同效应、促进共同发展的政策环境，为纠正全球经济失衡和实现健康发展做出了巨大贡献，政策协调中彰显的中国智慧得到国际社会的高度评价和广泛赞扬。

资料来源：中国人民大学国际货币研究所．人民币国际化报告 2018. 北京：中国人民大学出版社，2018.

9.4.2 设立跨国银行的模式选择

1. 新建分支机构

新建分支机构，也称绿地投资，是指银行选择适当的国家和地区，按照东道国的法律和监管要求，开设新的经营机构。运用这一模式的典型代表是中国银行。新建分支机构的优点在于：一是银行对境外分支机构具有绝对的控制权，境外经营在人员安排、组织架构、企业文化等方面与国内经营相互协调，在经营战略、品牌、管理风格以及客户体验上保持一致；二是可根据银行战略安排、境外发展需要确定境外业务范围，投资规模较小，特别是以分行作为组织架构新建分支机构，只需投入较少的营运资金；三是风险较小，避免了并购方式下业务技术、管理、文化和劳工法律冲突风险。新建分支机构的缺点在于：网点较少，业务主要集中在对公领域，市场认知度较低，本地化发展较慢，市场竞争力和盈利能力有限。

2. 参股

参股是指选择适当国家的某一家银行，购买该行一定的股份，成为其非控股股东。运用参股模式的典型代表是中国工商银行。2007 年 10 月，中国工商银行斥资约 54.6 亿美元，收购非洲最大的商业银行南非标准银行 20%的股权，成为南非标准银行的第一大股东，此举将中国工商银行的海外资产比例从 3%提高至 10%。参股方式的优点在于：一是扩大影响力，参股并充当国外银行的战略投资者，借助被参股银行的当地网点，可将银行的声誉、经营理念、管理技术扩散到国外市场，增加银行的无形资产和品牌效应。二是实现利润多元化，参股成长性、利润增长率较高的银行，可分享该行的经营成果，提高资产收益率。此外，还可降低宏观经济周期、政策变化等国家风险，增加收入的稳定性。参股方式的缺点在于：银行无法参与被参股行的业务、经营和分红决策，股本的增值、红利的多少存在较大的不确定性。

> **知识注解**
> 在非洲、拉美等新市场，参股能够很快提升我国银行的知名度，不失为设立跨国银行的一种有效途径。

3. 并购

并购是指选择适当国家的某一家银行，全额或者部分收购其资本，并控制该行的经营管理权。从组织架构看，采用并购模式建立的跨国银行是子行。子行是当地的独立法人，需要遵守当地的法律法规和金融监管制度，按照当地的习惯、运行机制提供银行业务，母行与子行之间的纽带主要是股权。并购模式的优点在于：本地化程度高，通过全盘接受被并购银行的网点、管理团队和客户，可以迅速开展对公业务和个人业务，获得较高的当地市场竞争力，形成银行新的利润增长点。并购方式的缺点在于：一是投资规模较大，需要一次性支付巨额并购款，只有那些经济实力雄厚的银行才能满足这样的资金要求；二是操作难度较大，金融机构是特许经营企业，许多国家特别是发展中国家对外资收购当地银行存在很多法律限制，操作程序非常复杂，需要花费大量的人力、物力和时间；三是失败风险较高，并购双方分属不同的国家，政治经济制度、法律、监管、文化、语言各不相同，并购后银行需要进行大量业务、经营管理、人员、科技等方面规章制度的整合。如果没有丰富的经验和高超的协调能力，不能迅速整合双方资源，并购就会以失败告终。历史经验表明，金融领域并购的成功率不足40%。

以上三种设立跨国银行的模式各有利弊。我国银行应该根据自身发展阶段和国家的战略需要，选择最适合的跨国银行设立模式。在初级阶段，或者在海外华人聚集区、中资跨国公司比较集中的地区，新建分支机构比较稳妥；在快速成长和发展阶段，采用参股或并购方式能够取得更大的成效。

9.4.3　我国跨国银行发展特点

1. 以国有银行为主，国际化程度稳步提升

国有银行是我国跨国银行经营的主力军。中国银行、中国工商银行、中国建设银行、交通银行、中国农业银行等国有银行拥有雄厚的资本金实力，进入全球前十大银行行列。其中，中国工商银行的资本金、资产规模最大，成为第一“宇宙大行”。我国银行通常实行“进军亚洲市场，突破欧美市场，完善境外整体布局，协调境内外一体化建设”的经营国际化战略。中国银行是我国国际化程度最高的银行，2023年境外资产占比达到25%，在全球拥有超过600家分支机构，覆盖全球60多个国家和地区。中国工商银行紧随其后，通过并购方式较快实现了跨国经营，2023年末中国工商银行在49个国家和地区建立了413家境外分支机构，服务网络覆盖六大洲和全球重要国际金融中心。招商银行、民生银行、中信银行等股份制银行则采取“离岸＋在岸”联动的服务模式，将离岸金融服务的前端有效延伸至与中资客户面对面的全国各地分支行，为客户提供境内外一体化的综合金融服务。

表9-1为2024年全球银行一级资本20强排名。

表9-1　2024年全球银行一级资本20强排名

银行	国家	一级资本（百万美元）	一级资本排名	BII* 排名
中国工商银行	中国	523 378.01	1	25
中国建设银行	中国	440 402.52	2	31
中国农业银行	中国	402 653.92	3	32
中国银行	中国	359 982.07	4	21
摩根大通	美国	277 306.00	5	23
美国银行	美国	223 323.00	6	27

续表

银行	国家	一级资本（百万美元）	一级资本排名	BII* 排名
花旗集团	美国	172 504.00	7	11
富国银行	美国	159 823.00	8	34
交通银行	中国	151 496.22	9	30
招商银行	中国	148 144.82	10	41
汇丰控股	英国	144 163.00	11	6
中国邮政储蓄银行	中国	133 089.36	12	—
法国农业信贷银行	法国	125 137.78	13	17
法国巴黎银行	法国	119 445.56	14	19
三菱日联金融集团	日本	115 568.46	15	14
兴业银行	中国	111 988.06	16	42
高盛集团	美国	110 288.00	17	18
中信银行	中国	101 326.19	18	39
上海浦东发展银行	中国	99 227.17	19	36
桑坦德银行	西班牙	95 268.89	20	2

注：* 银行国际化指数（Bank Internationalization Index，BII），由浙江数字金融科技联合会等单位联合编制发布。该指数分三大维度，经七个具体指标加权计算而成，包括组织国际化（32.32%）：境外机构数占比（36.35%）、境外雇员数占比（34.63%）、境外经历高管占比（29.03%）；业务国际化（33.97%）：境外营收占比（54.07%）、境外非利息收入占比（45.93%）；利润国际化（33.71%）：境外利润占比（48.87%）、境外资产占比（51.13%）。

资料来源：2024 年银行一级资本来源于英国《银行家》数据库，BII 排名来源于 2021《全球银行国际化报告》。

总体上看，我国银行的国际化程度稳步提高，跨国经营已成为银行分散风险、实现收入来源多元化的重要途径。2023 年，国有五大行境外营业收入总规模为 2 990 亿元，境外利润达 1 326 亿元。但是，我国银行的跨国经营起步较晚，中国银行的国际化指数排名在第 21 位，与排名前十的英国渣打银行、西班牙国际银行、英国巴克莱银行、荷兰国际集团、瑞士瑞信银行、英国汇丰银行、德国德意志银行、加拿大丰业银行、意大利联合信贷集团、法国兴业银行相比，仍然存在较大的差距，我国的跨国银行还需要培养国际化人才，发挥金融科技的赋能作用，加速境外分支机构的本地化经营。

2. 业务从单一走向多元，收入渠道逐渐拓宽

我国银行跨国经营大多依靠传统的存、贷、汇业务，主要服务“走出去”的中资企业和海外的华人，业务单一，收入渠道较窄，利息是主要的收入来源（见图 9－2）。

发达国家和一些新兴市场国家实行的是混业经营，银行可经营信贷、证券、保险、租赁等多种业务，具有金融产品比较丰富、盈利渠道多元化的特点。根据花旗银行 2021 年的财务报表，该行在欧洲、拉美和亚洲三个区域的投行业务和交易服务收入占该区域业务总收入的 99%。中资银行站稳脚跟后，逐渐调整业务经营策略，加强银行控股集团内部各子公司之间的业务协作，开展业务和服务联动模式，创新和丰富金融产品，大力发展跨境人民币、投资银行、风险管理、财富管理等业务，拓宽收入渠道、增加非息收入。例如，

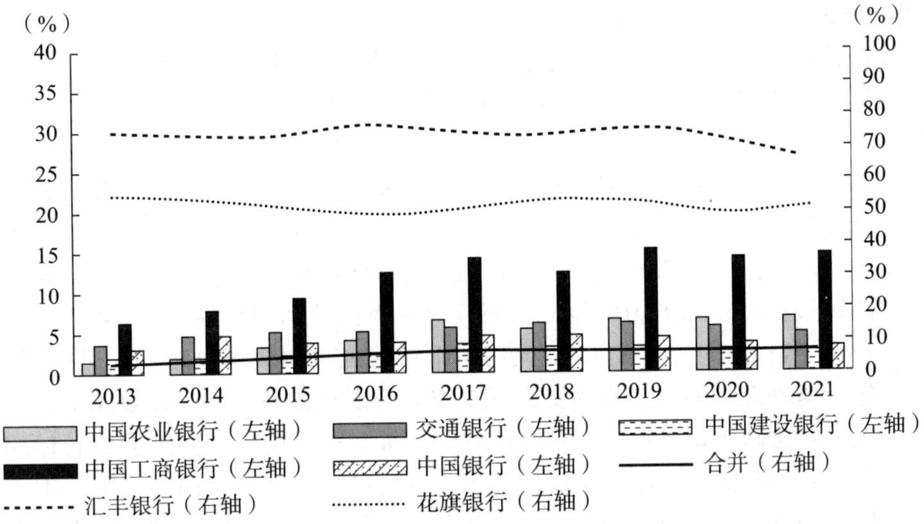

图 9－2　大型商业银行利息收入占境外营业收入的比重

注："合并"指中资银行平均值。

资料来源：各银行历年年报。

中国银行着力构建完善的全球服务网络，形成了以公司金融、个人金融和金融市场等商业银行业务为主体，涵盖投资银行、直接投资、证券、保险、基金、飞机租赁、资产管理、金融科技、金融租赁等多个领域的综合服务平台（见图 9－3），为客户提供"一点接入、全球响应、综合服务"的金融解决方案。2023 年，中国银行境外机构和综合经营公司实现利润总额 80.84 亿美元，同比增长 5.89%，占集团利润总额的 19.21%。

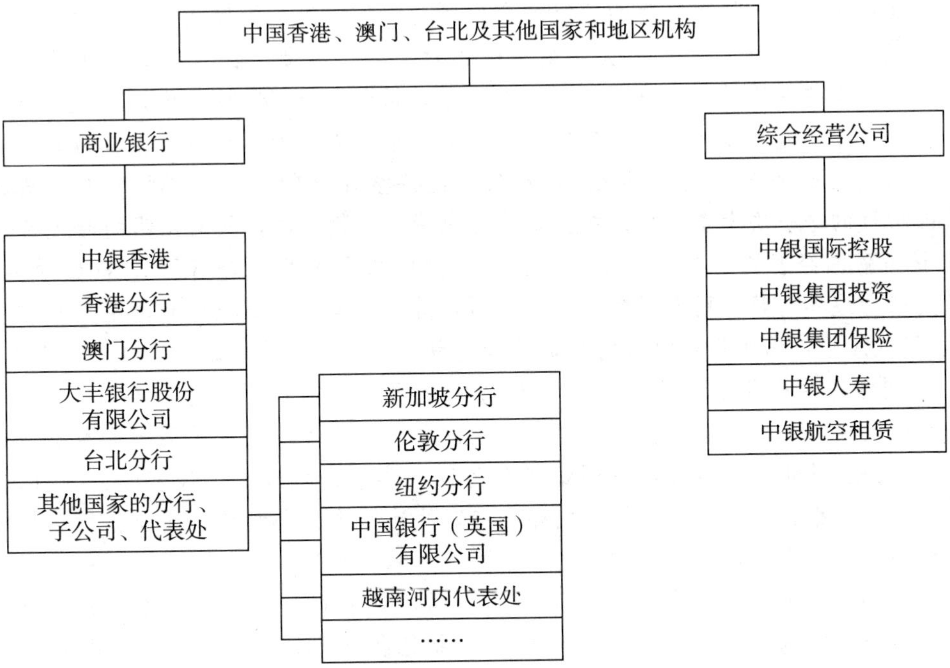

图 9－3　2021 年末中国银行境外机构和综合经营公司示意图

资料来源：中国银行 2021 年年报。

3. 面临更多风险，合规成本较大

与国内经营相比，跨国银行经营面临更多、更复杂的风险，主要包括：（1）信用风险。跨国银行经营涉及跨境、跨岸、跨币种业务，面对母国、东道国、第三方国家的客户，银行没有足够的信息来评估其信用状况，存在潜在的信用风险。（2）流动性风险。境外网点资金来源较窄，一旦资产端出现违约，或者发生资产负债不匹配情况，容易引发局部或短期流动性风险。（3）操作风险。不同国家的交易习惯、网络技术、员工技能参差不齐，增加了操作风险。（4）市场风险。不同国家的经济周期、货币政策、汇率政策存在差异，增加了跨国银行经营的市场风险。按照《中华人民共和国会计法》，会计核算以人民币为记账本位币。自 2015 年 8 月 11 日人民币汇率形成机制改革以来，人民币双向波动、弹性增大，银行境外经营的成果容易受到汇率波动的不利影响。（5）合规风险。在跨国经营初期，合规风险是跨国银行面临的最大风险。例如，由于中国和美国的监管标准、执法方式不同，我国银行对美国、欧盟的反洗钱监管规定缺乏深入、全面的理解，中国工商银行马德里分行、中国建设银行纽约分行都因违反反洗钱法受到重罚，财产损失和声誉损失巨大。为了合规经营，跨国银行必须建立和完善风险管理系统，聘请精通当地法律和监管规定的律师和风险管理官，支付较高的监管成本。

本章小结

1. 跨国银行是在境外设立分支机构并开展业务的银行。跨国银行必然是国际银行，而国际银行不一定是跨国银行。提供国际业务的银行可称为国际银行，判断一项业务是属于国内业务还是国际业务，依据属人、属地、属币三个原则。从历史上看，跨国银行是伴随着银行国际业务的发展而兴起的。银行最重要的国际业务是货币兑换和国际信贷。

2. 经济全球化、企业“走出去”是跨国银行产生的主要原因。从时间上看，跨国银行的建立与发展共经历了三次浪潮。第一次浪潮兴起于 19 世纪 30 年代，在殖民地兴建银行。第二次浪潮兴起于 20 世纪 60 年代，离岸金融市场成为国际金融中心，推动银行跨国经营。第三次浪潮则兴起于 20 世纪 90 年代。经济全球化刺激了“强强联合”的跨境并购。跨国银行的每一次大发展都是在特定的历史背景下进行的，具有鲜明的时代特性。

3. 银行跨国经营的动机主要由三个：一是跟随重要客户“走出去”，延续金融服务；二是扩大市场边界，获得更多规模效应和协同效益；三是“不要把所有的鸡蛋放在一个篮子里”，降低风险，增加银行收入的稳定性和竞争力。

4. 跨国银行的业务不仅要符合国际形势的发展变化，还要符合所在地的经济环境、金融政策以及监管要求。这就要求跨国银行在设立与运营的过程中必须审慎甄别与选择组织架构和业务。从组织架构看，跨国银行分为以下类别：代理行、代表处、分行、子行、联营银行、银团银行。每一种组织形式都有特定的法律含义和利弊，商业银行选择哪种形式进行跨国经营，需要综合考虑法律法规、资源限制、监管环境和税收等因素。

5. 按照业务性质，跨国银行与国内银行相同，都可划分为资产业务、负债业务和表外业务。然而，跨国银行的业务有其侧重点，零售和私人银行业务、贸易融资、项目融资、国际担保、同业拆借、国际银团贷款是跨国银行最常见的业务。由于产品偏好和营业网点少成为开展零售业务的巨大障碍，跨国银行的业务大多集中在对公业务上。

6. 由于后布雷顿森林体系下金融危机频发，跨国银行成为金融风险跨境传染的重要渠道，其合规和风控受到各国金融监管当局的高度重视。20 世纪 80 年代以来，国际银行业监督管理委员会推出了三个版本的《巴塞尔资本协议》，从注重信用风险管理，到注重市场风险和操作风险，以及流动性风险和系统性风险，每一次重大的金融危机都导致了国际银行业监管规则的修订和风险控制的完善。当前，加强个人信息保护、反洗钱、消费者保护、可持续发展与金融治理，成为国际金融监管的新趋势。

7. 中国的银行跨国经营始于 1929 年 11 月 4 日，中国银行伦敦分行正式开业，这是我国银行在境外设立的第一家分支机构。我国跨国银行发展经历了计划经济、改革开放、“走出去”、服务“一带一路”建设和新发展格局四个阶段，服务实体经济、融入世界经济、优化配置金融资源、人民币国际化，不断为我国银行跨国经营发展注入新动力。国有银行是跨国经营的主力军，境外资产规模、利润增长迅速。截至 2022 年 9 月，共有 24 家中资银行在 71 个国家和地区设立了 294 家一级机构，基本上覆盖了共建“一带一路”国家，为我国开展基础设施投资、贸易、产业链供应链重构提供了有力的金融支持。

8. 新建分支机构、参股、并购是我国银行跨国经营的主要方式。各家银行根据自身跨境经营发展战略，以及东道国的环境和条件，灵活选择设立跨国银行的方式和组织架构。在跨国经营的初级阶段，或者在海外华人聚集区、中资跨国公司比较集中的地区，新建分支机构比较稳妥；在快速成长和发展阶段，采用参股或并购方式能够取得更大的成效。

9. 我国银行通常实行“进军亚洲市场，突破欧美市场，完善境外整体布局，协调境内外一体化建设”的经营国际化战略。呈现出国际化程度稳步提高、业务从单一走向多元、合规成本较大等特点，跨国经营已成为我国银行分散风险、实现收入来源多元化的重要途径。与汇丰银行、渣打银行、瑞信银行、德意志银行等先进银行相比，我国银行的国际化水平较低，还需要培养国际化人才，发挥金融科技的赋能作用，加速境外分支机构的本地化经营。

核心概念

跨国银行	国际银行	代理行	代表处
分行	子行	联营银行	银团银行
私人银行业务	零售银行业务	国际银团贷款	进口押汇
出口押汇	国际保理	福费廷	项目融资
内保外贷	外保内贷	参股	并购

课后习题

1. 如何判断一家银行是否为国际银行？
2. 从历史上看，国际业务如何推动跨国银行的发展？
3. 跨国银行的发展经历了哪三次浪潮？各有什么特色？
4. 银行开展跨国经营的动机是什么？

5. 跨国银行有哪几种组织架构？跨国银行组织架构的决定因素是什么？
6. 阐述跨国银行不同组织架构的优缺点。
7. 跨国银行主要开展哪些业务？为什么对公业务是其主要的业务？
8. 分析《巴塞尔资本协议》的三次修订，谈谈你对国际金融监管重点演变的看法。
9. 跨国银行将面临哪些新的监管趋势？
10. 我国跨国银行发展经历了哪几个阶段？推动银行跨国经营的动力有哪些？
11. 我国设立跨国银行的主要方式是什么？各种方式有何利弊？
12. 我国银行跨国经营有哪些特点？

即学即测

第3篇

内外均衡理论与政策

第10章
国际收支

学习目标

- 掌握国际收支构成和国际收支平衡表编制方法；
- 熟悉国际收支平衡表内容，学习国际收支项目分析；
- 熟悉主要国际收支理论。

本章导读

全球经济失衡是近年来世界经济的重要特征之一，主要是指美国与以中国为代表的发展中国家之间经常账户的不均衡状态。经济相对不发达的发展中国家长期存在贸易顺差，而发达国家长期存在贸易逆差，形成了前者向后者持续输出实物和资本的脆弱循环。全球经济失衡很容易在各国之间引发冲突和矛盾。长期的经常账户顺差一度成为国际上指责中国货币操纵的重要把柄，也是引发中美贸易摩擦的原因之一。

为全面反映国际收支状况，各国都要编制国际收支平衡表。从一国的国际收支平衡表中，我们可以了解到该国的对外贸易产业结构、外债结构和储备结构等重要信息。比如，美国的国际收支平衡表中留学生费用收入比重较大，东南亚各国的国际收支平衡表中旅游收入比重较大。因此有人说，国际收支平衡表是一国国际经济活动的指示器。

那么，什么是国际收支？如何编制国际收支平衡表？什么是经常账户顺差或逆差？为什么会出现国际收支失衡？如何进行国际收支调节？本章将带领你寻找这些问题的答案。

10.1　国际收支与国际收支平衡表

10.1.1　国际收支

国际收支（balance of payments，BOP），是指一个国家或地区与世界上其他国家或地区之间，由于贸易、非贸易和资本往来而引起国际资金移动，从而发生的一种国际资金收支行为。它包括两种具体的收支形式：直接的货币收支和以货币表示的资产的转移。其中，直接的货币收支又可分为两种形式，即由于国际债权债务清算而引起的收支和不是由于国际债权债务清算而引起的收支。

2009年，国际货币基金组织出版了《国际收支和国际投资手册》（第六版），其中对国际收支的定义是：国际收支是某个时期内居民与非居民之间的交易汇总统计表，由经常账户（current account）、资本和金融账户（capital and financial account）、净误差与遗漏等内容构成（见图10-1）。

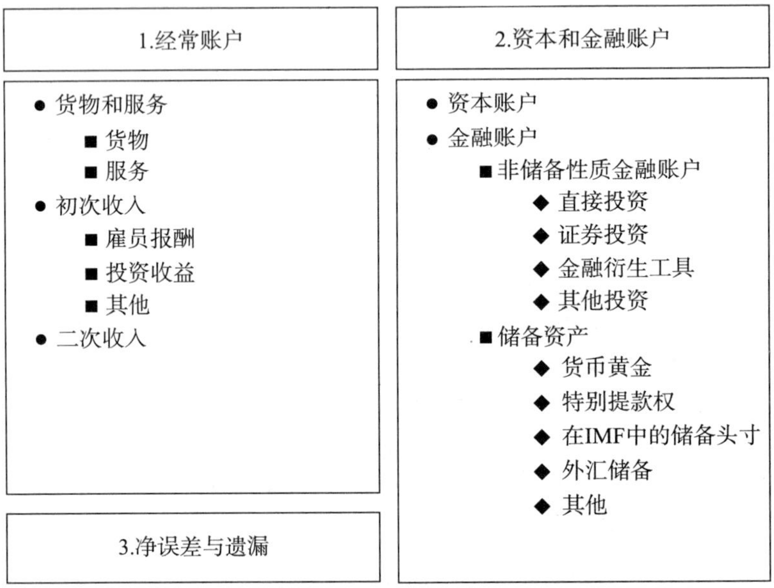

图10-1 国际收支平衡表的项目构成

10.1.2 国际收支平衡表

国际收支平衡表，是指按照一定的编制原则和格式，将一国一定时期国际收支的不同项目进行排列组合和对比，以反映和说明该国的国际收支状况的表式。国际收支平衡表是对一个国家一定时期内发生的国际收支行为的具体的、系统的统计与记录。国际收支平衡表是反映一国对外经济发展、偿债能力等关键信息的重要文件，也是各国制定开放经济条件下宏观经济政策的基本依据。

1. 国际收支平衡表编制原则

（1）复式记账原则。指任何一笔国际经济交易都应在借贷双方同时反映。复式记账法是常用的会计报表编制方法，其特征可以概括为两点：一是会计科目划分为借方和贷方。借方科目为资金占用类科目，反映对外支付情况；贷方科目为资金来源类科目，反映接受付款情况；会计记录时借记用“－”表示，贷记用“＋”表示。二是每一笔交易需要同时留下借记和贷记两个记录，而且这两个记录的金额相同、方向相反。落实在国际收支平衡表

知识注解

如果每一笔对外经济交易活动都能够准确、及时地在国际收支平衡表中得到反映，那么，由于复式记账原则要求同时在借方和贷方记入相同金额，所以国际收支平衡表的借方总额和贷方总额应当始终是相等的。

的编制上，任何借记内容均反映国内居民对国外支付的交易，任何贷记内容均反映国内居民接受国外支付的交易。

例如，某企业向美国出口价值 200 万美元的服装，进口商将款项汇入出口企业指定的银行账户。对这一国际交易活动，应做如下记录：

本国企业出口创汇，属贷记项目，记“+200 万美元”；

本国企业的外汇账户余额增加，属借记项目，记“－200 万美元”。

又如，小李准备毕业后出国留学，向某国外大学汇出了 30 美元的申请费。这相当于本国居民进口了国外大学提供的留学申请审核服务，所以在国际收支平衡表中的记录为：

本国居民为进口服务付汇，属借记项目，记“－30 美元”；

本国居民持有的外汇余额减少，属贷记项目，记“+30 美元”。

根据《国际收支和国际投资手册》（第六版），国家外汇管理局编制国际收支平衡表时的做法是：经常账户、资本账户采用全额方式记录贷方和借方发生额，金融账户采用净额方式记录资产负债的净变动。但是金融账户没有使用第六版的符号，仍使用第五版的符号，即：金融资产净增加用负值表示，净减少用正值表示；负债净增加用正值表示，净减少用负值表示。

（2）权责发生制原则。指交易的记录时间应以所有权转移为标准。这同样也是基本的会计原则。如一般商品在货物通过海关边境时记录，对外金融资产负债交易在交易主体进行会计账务处理时记录。

但受数据源所限，部分交易采用收付实现制记录，如服务贸易、二次收入的部分项目采用了国际交易报告系统采集数据，其为收付实现制数据。

（3）市场价格原则。指按照交易的市场价格记录。在可以得到市场价格的情况下，国际收支交易按市场价格对交易定值，贷款和存款等债务工具按账面价值定值。

货物进口和出口均按离岸价格定值。来自海关的进口数据是到岸价格数据，国家外汇管理局采用定期更新的运费和保费调整系数对海关进口数据进行调整。

（4）单一记账货币原则。指所有记账单位要折合为同一种货币。记账货币可以是本国货币，也可以是其他国家货币。比如，美国国际收支平衡表的记账货币是美元（本国货币），我国国际收支平衡表的记账货币长期以来也是美元（外国货币）。2010 年以后，国家外汇管理局同时也编制以人民币为记账货币的国际收支平衡表，2016 年开始还向公众提供以特别提款权为记账货币的版本。

2. 正确理解国际收支和国际收支平衡表必须注意的问题

（1）国际收支强调的是“居民与非居民的交易”，而不是单纯的“资金收付”，所以国际收支≠外汇收支。国际收支既包括直接以外汇资金收付实现的交易，也包括没有外汇资金收付而只是以货币表示的资产转移。外汇收支则是另一个统计口径，其中既包括居民与非居民之间的外汇交易，也包括居民之间以及非居民之间的外汇交易。由此可见，国际收支与外汇收支两大范畴虽然有极大的交叉，但并不完全一致。

> **知识注解**
>
> 国际收支≠外汇收支，不过，宏观经济分析中往往以外汇收支作为国际收支的替代指标。

（2）国际收支平衡表考察的是“流量”而不是“存量”，记录的是一定时期内的发生额而不是某个时点的持有额，所以国际收支平衡表≠国家资产负债表。国际收支平衡表所表示的是一国在一定时期内从国外接受的资金或资产和对国外所支付的资金或资产，并不是特定时点上一国所持有的外国资产和对外负债总额。

（3）从理论上讲，一国的对外支出就是其他相关国家得自该国的收入，反之亦然。因此，以整个世界而言，所有国家国际收支的总和应该是平衡的，但事实并非如此。

（4）由于存在统计误差，以及人为因素造成的瞒报、漏报、错报等情况，国际收支平衡表的借贷双方很难平衡。但在编制报表时专门设置了储备资产变动、净误差与遗漏这两个平衡项目，使得各国的国际收支平衡表永远都是平衡的。但国际收支平衡表的账面平衡，并不等于说该国的国际收支就是平衡的。

专栏 10.1 2024 年上半年中国国际收支总体情况

2024 年上半年，我国国际收支延续自主平衡格局。经常账户顺差 937 亿美元，与同期国内生产总值（GDP）之比为 1.1%，继续保持在合理均衡区间。其中，货物贸易顺差保持稳定，内外需回升推动出口和进口同步增长；服务贸易逆差有所扩大，主要是我国居民跨境旅行继续向常态水平回归。非储备性质的金融账户呈现逆差，与经常账户形成“一顺一逆”的平衡格局。一方面，来华各类投资 917 亿美元，较 2022 年和 2023 年同期明显提升。其中，外商股权性质直接投资保持净流入，来华证券投资净流入规模为历史同期较高水平，外债去杠杆趋缓。另一方面，我国对外各类投资 2 189 亿美元，总体有序进行。其中，对外直接投资稳步推进，对外证券投资较快增加，对外存贷款等其他投资基本稳定。从存量上看，2024 年 6 月末，我国对外净资产 3.0 万亿美元，较 2023 年末增长 2.8%。

2024 年下半年，全球经济增长动能可能偏弱，主要发达经济体货币政策进入降息周期，国际金融市场环境有望改善但波动风险仍存，国际政治局势依然复杂。党的二十届三中全会对进一步全面深化改革做出系统部署，我国持续推动经济高质量发展，加大宏观政策调控力度，国际收支稳健运行的内在基础更加稳固。预计经常账户顺差维持在合理均衡水平，跨境资本流动逐步趋向均衡，外汇储备规模保持稳定。外汇管理部门将持续深化外汇领域改革创新，加大外汇便利化政策供给，积极防范化解跨境资金流动风险，维护外汇市场稳定和国际收支平衡。

资料来源：国家外汇管理局.2024 年上半年中国国际收支报告，2024-09-30.

10.1.3 国际收支不平衡的测度

考察一国的国际收支状况，可以从国际收支平衡表中直接获得以下几个差额：一是贸易收支差额，等于货物和服务进出口相抵的结果；二是贸易收支和初次收入差额，等于贸易收支差额加初次收入差额；三是经常账户差额；四是国际收支差额，等于经常账户差额加非储备性质金融账户差额。[①] 除此之外，经济分析中还常常用到基本国际收支差额的概念，等于经常账户差额加长期资本移动差额。需要注意的是，在分配的特别提款权和净误差与遗漏为零的前提下，基本国际收支差额的顺差或逆差并不意味着官方储备资产相应的变化，还要看短期资本流动的流量和流向情况。

① 通常认为，经常账户交易、长期资本流动与部分短期资本流动可以大致归入自主性交易范围。

国际收支平衡表中，除了净误差与遗漏项目之外，其余所有项目都代表着实际的交易活动。按照交易主体和交易目的，这些实际发生的国际交易活动可以分为两种不同类型。

(1) 自主性交易 (autonomous transaction)，主要是指各类微观经济主体（如进出口商、金融机构或居民个人等）出于自身的特殊目的（比如追求利润、减少风险、资产保值、逃税避税、逃避管制或投机等）而进行的交易活动。这种交易活动体现的是微观经济主体的个体利益，具有自发性和分散性的特点。

(2) 调节性交易 (regulative transaction)，是指中央银行或货币当局出于调节国际收支差额、维护国际收支平衡、维持本国货币汇率稳定等目的而进行的各种交易，也称弥补性交易 (compensatory transaction)。这类交易活动由政府出面实现，体现了一国政府的意志，具有集中性和被动性的特点。

不难发现，调节性交易只是在自主性交易出现缺口或差额时，由货币当局被动地进行的一种事后弥补性的对等交易，是为了弥补自主性交易不平衡而人为做出的努力。由此可见，衡量一国国际收支平衡与否的标准，就是要看其自主性交易是否达到了平衡。所以，基本国际收支差额往往被视为判断一国国际收支是否平衡的重要指标。

10.2 国际收支项目分析

国际收支平衡表揭示了一国对外经济往来活动的丰富信息（见表10-1）。对表中主要项目进行深入分析，有助于我们准确把握开放经济的宏观情况，为制定宏观经济和金融政策提供重要依据。

表10-1　中国国际收支平衡表　　单位：亿美元

行次	项目名称	2000年	2010年	2015年	2020年	2021年	2022年	2023年
1	1. 经常账户	204	2 378	2 930	2 488	3 529	4 434	2 530
2	1. A 货物和服务	288	2 230	3 579	3 586	4 615	5 776	3 861
3	1. A. a 货物	299	2 381	5 762	5 111	5 627	6 650	5 939
4	1. A. b 服务	−11	−151	−2 183	−1 525	−1 012	−874	−2 078
5	1. B 初次收入	−147	−259	−522	−1 182	−1 245	−1 544	−1 482
6	1. C 二次收入	63	407	−126	85	159	201	152
7	2. 资本和金融账户	−86	−1 849	−912	−901	−2 184	−3 541	−2 151
8	2.1 资本账户	0	46	3	−1	1	−3	−3
9	2.2 金融账户	−86	−1 895	−915	−900	−2 185	−3 538	−2 148
10	2.2.1 非储备性质金融账户	20	2 822	−4 345	−611	−303	−2 573	−2 099
11	2.2.2 储备资产	−106	−4 717	3 429	−289	−1 882	−964	−48
12	3. 净误差与遗漏	−118	−529	−2 018	−1 588	−1 345	−893	−379

注：因计数采用四舍五入原则，故数据合计项与各分项之和略有出入。余下各表同。

资料来源：国家外汇管理局。

10.2.1 经常账户

1. 基本内容

《国际收支和国际投资手册》（第六版）提到，经常账户显示的是居民与非居民之间货物和服务进出口、初次收入和二次收入的流量。从表 10－2a 可以看出，对外贸易活动构成了经常账户的主要内容，可进一步划分为有形的货物贸易和无形的服务贸易两方面。

（1）货物和服务。

货物是指有形市场中的商品贸易，一般包括居民向非居民出口或者从非居民那里进口的大多数可移动货物。除个别情况外，可移动货物的所有权（实际的或推算的）都已发生变更。用于加工的货物和货物修理对于所有权变更原则来说就是两个例外。此外，货物还包括非货币黄金。

知识注解

非货币黄金包括不作为当局储备资产（货币黄金）的所有黄金的进口和出口。非货币黄金等同于其他商品。

服务指的是对劳动力、土地和资本等生产要素的贸易，包括旅行、运输、通信、保险、专利使用等十余个具体项目。国际服务的生产和国际服务贸易不同于货物的生产和货物贸易。例如，某一经济体生产的货物运送到另一经济体的居民那里，那里的居民可能知道也可能不知道货物是什么时候生产的。相比之下，服务的生产在生产发生之前就同某一经济体的生产者与另一经济体的消费者或一组消费者事先做出的一项安排联系在一起。因此，国际服务贸易同国际服务生产紧密联系在一起，其生产过程涉及某一居民和另一非居民。

在国际收支平衡表中，货物贸易的数据质量是最高的，其所反映的经济信息最接近真实情况。但国际收支统计口径的货物贸易与海关统计口径并不完全一致，主要差异在于：①国际收支中的货物只记录所有权发生了转移的货物（如一般贸易、进料加工贸易等贸易方式的货物），所有权未发生转移的货物（如来料加工或出料加工贸易）不纳入货物统计，而纳入服务贸易统计；②计价方面，国际收支统计要求进出口货值均按离岸价格记录，海关出口货值为离岸价格，但进口货值为到岸价格，因此国际收支统计从海关进口货值中调出国际运保费支出，将之纳入服务贸易统计；③补充了部分进出口退运等数据；④补充了海关未统计的转手买卖下的货物净出口数据。

（2）初次收入账户。

初次收入账户显示的是居民与非居民机构单位之间的初次收入流量。初次收入反映的是机构单位因其对生产过程所做的贡献或向其他机构单位提供金融资产和出租自然资源而获得的回报。初次收入分为两类：与生产过程相关的收入、与金融资产和其他非生产资产所有权相关的收入。前者主要包括雇员报酬及对产品和生产的税收、补贴，后者主要包括投资收益。投资收益是指提供金融资产所获得的回报，包括股息和准公司收益提取、再投资收益和利息。

对外投资收入归入经常账户，原因是这部分收入是对外投资提供的服务所获得的补偿，这也是造成一国 GNP 与 GDP 不同的关键因素。例如，某家中国企业在美国建立工厂，其所提供的生产服务即被视为中国向美国出口服务，其价值等于该工厂为中国母公司创造的利润。这部分利润将计入中国的 GNP。因为根据定义，GNP 是指由一国生产要素所生产的商品和服务，而不论这些要素是在境内还是境外发挥作用。

(3) 二次收入账户。

二次收入账户表示居民与非居民之间的经常转移。各种不同类型的经常转移计入本账户，表明其在经济体之间收入分配过程中的作用。转移可以为现金或实物。

知识注解

将转移划分为经常转移和资本转移，这种划分同国民账户体系的处理方式和其他统计方式一致。

初次收入影响国民收入，二次收入与初次收入共同影响国民可支配总收入。资本转移不影响可支配收入，因此计入资本账户。

表10-2a 2023年中国国际收支平衡表（经常账户） 单位：亿元

行次	项目名称	贷方	借方	差额
1	1. 经常账户（=2+17+21）	268 536	−250 710	17 826
2	1. A 货物和服务（=3+4）	248 878	−221 531	27 347
3	1. A. a 货物	225 381	−183 267	42 114
4	1. A. b 服务（=5+6+7+8+9+10+11+12+13+14+15+16）	23 497	−38 263	−14 767
5	1. A. b. 1 加工服务	921	−68	853
6	1. A. b. 2 维护和维修服务	709	−420	290
7	1. A. b. 3 运输	6 162	−11 344	−5 182
8	1. A. b. 4 旅行	1 757	−13 935	−12 178
9	1. A. b. 5 建设	1 117	−555	562
10	1. A. b. 6 保险和养老金服务	482	−1 148	−665
11	1. A. b. 7 金融服务	308	−262	46
12	1. A. b. 8 知识产权使用费	775	−3 027	−2 252
13	1. A. b. 9 电信、计算机和信息服务	4 112	−2 742	1 370
14	1. A. b. 10 其他商业服务	6 949	−4 265	2 684
15	1. A. b. 11 个人、文化和娱乐服务	98	−286	−187
16	1. A. b. 12 别处未提及的政府服务	106	−212	−107
17	1. B 初次收入（=18+19+20）	17 008	−27 599	−10 591
18	1. B. 1 雇员报酬	1 602	−1 089	513
19	1. B. 2 投资收益	15 083	−26 439	−11 356
20	1. B. 3 其他初次收入	323	−72	251
21	1. C 二次收入（=22+23）	2 651	−1 580	1 071
22	1. C. 1 个人转移	458	−340	118
23	1. C. 2 其他二次收入	2 193	−1 240	953

资料来源：国家外汇管理局。

2. 经常账户分析

(1) 收支分析。

考察各个项目的收支情况，既要看收支规模随时间推移的变化，也要重视结构的调整。在数据可得的情况下，可以分项目对收入和支出做深入的结构分析，比如产品结构、国别结构、企业结构、结算币种结构等等。当然，除了对本国数据进行时间序列研究，还可以在全球贸易框架内进行国别横向比较。

2023 年，我国货物贸易出口 31 792 亿美元，进口 2 595 亿美元，较上年分别下降 5%和 4%。外贸依存度（=进出口总额÷GDP）为 33%，较上年略有下降，仍处于近十年来的较低水平（见图 10－2）。

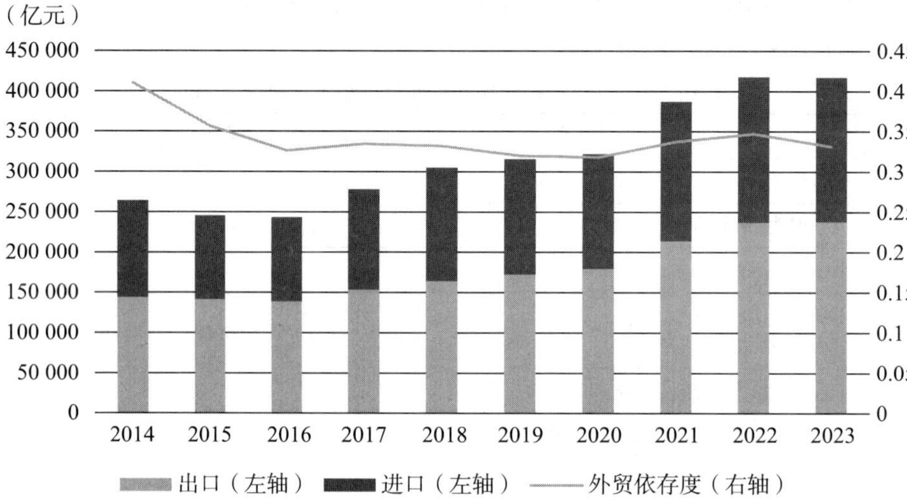

图 10－2　2014—2023 年中国货物进出口额和外贸依存度

注：进出口数据为国际收支口径。

资料来源：国家外汇管理局，国家统计局。

2023 年，我国服务贸易规模稳步提升，服务贸易进出口总额 6.176 0 万亿元，较 2022 年增长 10.31%，服务贸易与货物贸易总额的比例为 15.11%，较 2022 年略升 1.3 个百分点。从主要项目看，规模位居首位的运输服务进出口 1.750 6 万亿元，较 2022 年下降 17.25%；位居第二位的旅行服务进出口 1.569 1 万亿元，增长 81.35%，已恢复至疫情前 2019 年的近八成；位居第三位的其他商业服务进出口 1.121 4 万亿元，增长 13.52%。2023 年，服务贸易出口 2.349 7 万亿元，较 2022 年下降 6.07%；服务贸易进口 3.826 3 万亿元，较 2022 年增长 23.54%；初次收入项下收入 1.700 8 万亿元，较上年下降 6.87%；支出 2.759 9 万亿元，较上年下降 3.45%；逆差为 1.059 1 万亿元。其中，雇员报酬顺差 513 亿元，投资收益逆差 1.135 6 万亿元。从投资收益看，外商来华各类投资的收益合计 2.643 9 万亿元，我国对外投资的收益合计 1.508 3 万亿元。

二次收入延续小幅顺差。2023 年，二次收入项下收入 2 651 亿元，较上年下降 14%；支出 1 580 亿元，下降 3%；顺差 1 071 亿元，下降 21%。

> **知识注解**
>
> 经常账户差额是用于预警国际金融危机爆发的非常有效的先行指标之一。经常账户趋势是国际银行家评估外国政府贷款时使用的重要指标之一。

（2）差额分析。

差额分析主要涉及差额的方向（顺差还是逆差）、差额的构成（子项目差额及其来源）以及差额的大小（相对于一国经济规模或其他宏观经济变量而言）等方面。对新兴市场或发展中国家来说，经常账户差额分析似乎格外重要，因为经常账户恶化是这类国家在爆发以国际收支困难为特征的国际金融危机之前的普遍遭遇。

经常账户收入与支出相抵的结果即为经常账户差额。也称经常账户余额，指一个国家对于世界上其他国家总体上是贷方余额还是借方余额。经常账户顺差表明一国有净盈余，相对于其他国家来说是净债权人；经常账户逆差表明一国有净赤字，必须向其他国家融资才能满足本国投资和消费需求，相对于其他国家来说是净债务人。

那么，是否意味着顺差要比逆差好呢？或者，从国际收支平衡的宏观政策目标来看，是否意味着经常账户余额应该为零呢？显然，要求一国的进口等于出口，或是某个子项目借贷相等，在现实中几乎是不可能的。而且一个国家的出口是另一个国家的进口，尽管存在着数据统计或是国际收支记账方面的种种问题，但是有顺差国家就有逆差国家，这个基本经济观点仍然是正确的。事实上，在特定时间段内，无论经常账户是顺差、逆差还是余额为零，只要是动态可持续的国际收支结构，就符合开放经济体外部均衡目标的要求。但如果顺差或是逆差规模在较长时间里持续扩大，就应判定为经常账户失衡，需要进行调整。一般认为，发达国家调整国际收支失衡的“门槛水平”是经常账户差额占GDP的比重约为5%，发展中国家的“门槛水平”是经常账户差额占GDP的比重为7%～9%。

> **知识注解**
>
> 美国自20世纪80年代开始出现持续恶化的经常账户逆差问题，使其成为最大债务国。这与亚洲国家对美国巨额贸易顺差的情况并称为全球经济失衡。但由于美国是当前最重要的储备货币发行国，所以与发展中国家不同，数万亿美元净债务的偿还恐怕根本不是难题。

2023年，我国经常账户顺差约1.8万亿元人民币，较上年下降40%。货物贸易顺差4.211 4万亿元，较上年下降6%。服务贸易逆差1.476 7万亿元，较上年逆差扩大1.4倍。初次收入逆差约1万亿元，与上年基本持平。二次收入顺差1 071亿元，较上年下降21%。

1994年汇率并轨改革以来，我国经常账户开始了持续至今的顺差局面。其中，1994—2007年，经常账户顺差与GDP之比由1%左右提升至9.9%，外向型经济特征凸显。但2008年国际金融危机后，我国经济更多转向内需拉动，于是经常账户顺差与GDP之比逐步回落至合理区间，2018年降至0.2%。2023年，经常账户顺差与GDP之比约为1.4%，保持在合理均衡区间。

10.2.2 资本和金融账户

1. 基本内容

资本和金融账户，是指对资产所有权在国际的流动行为进行记录的账户，它由资本账户和金融账户两部分组成。这两大账户的设置是为了与国民账户体系中相同名字的两个账户保持一致。值得注意的是，只要国外资产和负债的计价和其他变化不反映为交易，就不包括在资本和金融账户内，而是包括在所附的国际投资头寸（international investment position）中。

资本账户主要由两部分构成，包括资本转移和非生产、非金融资产的收买/放弃。至于非生产、非金融资产的收买/放弃，总体来说包括各种无形资产，如注册的单位名称、租赁合同及其他可转让的合同和商誉。

金融账户包括某一经济体对外资产和负债所有权变更的所有交易，可以分为直接投资、证券投资、金融衍生工具、其他投资以及储备资产，通常也可分为非储备性质金融账户与储备资产两部分（见表 10-2b）。

表 10-2b 2023 年中国国际收支平衡表（资本和金融账户） 单位：亿元

行次	项目名称	资产	负债	净变动额
24	2. 资本和金融账户（＝25＋26）			−15 181
25	2.1 资本账户	13	−35	−21
26	2.2 金融账户（＝27＋42）	−16 124	964	−15 160
27	2.2.1 非储备性质金融账户（＝28＋31＋34＋35）	−15 870	964	−14 907
28	2.2.1.1 直接投资（＝29＋30）	−13 138	2 951	−10 188
29	2.2.1.1.1 股权	−7 840	5 021	−2 819
30	2.2.1.1.2 关联企业债务	−5 299	−2 070	−7 369
31	2.2.1.2 证券投资（＝32＋33）	−5 393	1 064	−4 329
32	2.2.1.2.1 股权	−3 924	405	−3 519
33	2.2.1.2.2 债券	−1 469	659	−810
34	2.2.1.3 金融衍生工具	−353	−195	−548
35	2.2.1.4 其他投资（＝36＋37＋38＋39＋40＋41）	3 014	−2 856	158
36	2.2.1.4.1 其他股权	−14	0	−14
37	2.2.1.4.2 货币和存款	1 667	−1 364	303
38	2.2.1.4.3 贷款	2 700	−2 107	593
39	2.2.1.4.4 保险和养老金	−189	1	−188
40	2.2.1.4.5 贸易信贷	−894	−1 538	−2 432
41	2.2.1.4.6 其他	−255	2 152	1 897
42	2.2.2 储备资产（＝43＋44＋45＋46＋47）			−253
43	2.2.2.1 货币黄金			0
44	2.2.2.2 特别提款权			−171
45	2.2.2.3 在国际货币基金组织中的储备头寸			77
46	2.2.2.4 外汇储备			−160
47	2.2.2.5 其他储备资产			0
48	3. 净误差与遗漏			−2 645

注：资本账户采用全额方式记录贷方和借方发生额，金融账户采用净额方式记录资产负债的净变动。计数采用四舍五入原则。

资料来源：国家外汇管理局。

（1）非储备性质金融账户。

①直接投资（direct investment），反映某一经济体的居民单位（直接投资者）对另一经济体的居民单位（直接投资企业）的永久权益，它包括直接投资者和直接投资企业之间的所有交易。需要注意的是，国际收支统计口径的直接投资与商务部统计口径的主要差异在于，国际收支统计采用资产负债原则编制和列示，商务部直接投资数据采用方向原则编制和列示，两者对反向（逆向）投资和联属企业间投资的记录原则不同。此外，国际收支

统计中的直接投资负债包括外商直接投资企业的未分配利润、已分配未汇出利润、盈余公积、股东贷款、金融机构吸收外资等内容，这与商务部来华直接投资的统计也不相同。

②证券投资（portfolio investment）包括股权和债券的交易，债券又可以进一步细分为期限在一年以上的中长期债券和货币市场工具等。

③金融衍生工具包括期权和远期型合约等。

④其他投资（other investment）包括其他股权、货币和存款、贷款、保险和养老金、长短期贸易信贷以及其他类型的应收款项和应付款项。

（2）储备资产。

储备资产（reserve assets）包括某一经济体的货币当局认为可以用来满足国际收支和在某些情况下满足其他目的的各类资产的交易，它所涉及的项目包括货币化黄金、特别提款权、在国际货币基金组织中的储备头寸①、外汇储备以及其他储备资产。储备资产变动情况反映的是官方部门的国际交易活动。由于储备资产往往是出于对冲私人部门国际交易影响的目的而发生，所以也被称作平衡项目。许多国家在编制国际收支平衡表时会将这一项目单独列示。

货币当局持有的储备资产必须为世界各国普遍接受，也称国际储备（international reserves）。目的在于弥补国际收支逆差、维持本国货币汇率稳定以及应付各种紧急支付。

①货币黄金。

黄金一直是国际储备的主要来源之一。在黄金非货币化后，仍然统计黄金储备，主要原因是黄金一直被认为是最后的支付手段，它的贵金属特征使它易于被人们接受。加之世界上存在发达的黄金市场，各国货币当局可以方便地通过出售黄金来获得外汇以平衡国际收支的差额。

②特别提款权。

特别提款权（SDR）是国际货币基金组织为了解决国际储备不足问题，于1969年在国际货币基金组织第二十四届年会上创设的新的国际储备资产，实质上是补充原有储备资产的一种国际流通手段。它是国际货币基金组织分配给成员国的在原有的一般提款权以外的一种资金使用权利。它是按一篮子主要国际货币计价，并被国际货币基金组织及多个国际组织作为记账单位。根据最初的规定，特别提款权的价值相当于0.888 671克纯金，与当时的1美元等价。现在，特别提款权的价值每日计算，并且以美元列示。方法是：根据篮子货币于每日中午在伦敦市场所报汇率计算等值美元总额，所得即为特别提款权的价值。

国际货币基金组织每5年就对一篮子货币进行调整，确保所包含的货币具有代表性，是国际交易中常用的主要货币，以及有关货币所占比重能适当反映其在全球贸易与金融体制中的相对重要性。2015年11月30日，国际货币基金组织执行董事会决定将人民币作为第五种货币，与美元、欧元、日元和英镑一道构成特别提款权货币篮子。新篮子中各货币的权重分别是：美元41.73%，欧元30.93%，人民币10.92%，日元8.33%，英镑8.09%。该货币篮子于2016年10月1日正式生效。2022年5月11日，国际货币基金组

① 一个容易混淆的概念是国际清偿力（international liquidity），指无须采取任何影响本国经济正常运行的特别调节措施即能平衡国际收支逆差和维护其汇率的总体能力。二者既相互联系又相互区别，国际储备是国际清偿力的一部分。

织执行董事会完成了特别提款权货币篮子定值方法的五年一次审查，决定自2022年8月1日起，将各货币的权重调整为美元43.38％、欧元29.31％、人民币12.28％、日元7.59％、英镑7.44％。人民币所占权重有所上升。

特别提款权具有以下特点：它是一种记账单位，不能直接用于国际贸易支付和结算。它属于国有资产，只能由成员国货币当局持有，并且只能在成员国货币当局和国际货币基金组织、国际清算银行之间使用。它与普通提款权不同，是无附带条件的流动资金，根据各成员国在国际货币基金组织中的份额比例进行分配。成员国可动用分配的特别提款权换成外汇用于弥补国际收支逆差，也可以直接用于偿还国际货币基金组织的贷款。

作为取得特别提款权的条件，成员国必须承担两项义务：支付利息和在需要时按照国际货币基金组织制定的原则，接受特别提款权并兑出相应的货币。一般情况下，只有在国际收支和储备总额方面实力特别强的国家才有可能承担第二项义务。特别提款权的收付业务均通过国际货币基金组织开立的特别提款权账户进行。一国可实际动用的特别提款权数额平均不能超过其在国际货币基金组织中份额的70％，但可持有3倍于自身配额的特别提款权。

③在国际货币基金组织中的储备头寸。

国际货币基金组织犹如一个股份制性质的储蓄互助会。当一个国家加入国际货币基金组织时，须按一定的份额向该组织缴纳一笔钱，我们称之为份额。按国际货币基金组织的规定，认缴份额的25％需以可兑换货币缴纳，其余75％用本国货币缴纳。当成员国发生国际收支困难时，有权以本国货币抵押的形式向该组织申请提用可兑换货币。提用的数额分为5档，每档占其认缴份额的25％，条件逐渐严格（即成员国最高可以得到相当于其认缴份额的125％的贷款）。由于第一档就等于该成员国认缴的可兑换货币额，因此，条件最为宽松。在实践中，只要提出申请就可以提用。

所谓储备头寸，就是指该国在国际货币基金组织的储备档头寸加上债权头寸。储备档头寸又称“储备档贷款”，是指成员国以储备资产（黄金、外汇、特别提款权）向国际货币基金组织认缴的那部分资金，其额度占国际货币基金组织分配给该国配额的25％。而债权头寸又称“超黄金档贷款”，是指国际货币基金组织因将某一成员国的货币贷给其他成员国使用而导致其对该国货币的持有量下降到不足该国本币份额的75％的差额部分以及成员国在国际货币基金组织超过份额的贷款部分（最高为份额的125％）。

国际货币基金组织对某一成员国的贷款是通过向其提供另一成员国的货币来实现的，这样做的结果是：获得贷款国形成了对国际货币基金组织的债务，而货币提供国则形成了债权。贷款货币的使用额就构成货币供应国的债权头寸。债权头寸的发生是以国际货币基金组织使用该国货币进行贷款为前提条件的。

④外汇储备。

外汇储备是一国货币当局持有的国际储备货币。外汇储备是当今国际储备的主体，是因为就金额而言，它超过所有其他类型的储备。而充当国际储备资产的货币必须具备下列条件：能自由兑换成其他储备货币；在国际货币体系中占据重要地位；其购买力必须具有稳定性。而这些条件是以该国的经济实力为基础的。

最早充当国际储备资产的货币是英镑。20世纪30年代后，由于美国经济实力的上升，英镑和美元共同成为国际储备货币。第二次世界大战后，由于美国的力量空前膨胀，英国势力削弱，美元就取代了英镑成为最重要的国际储备货币。从20世纪70年代开始，随着固定汇率制的崩溃，外汇储备开始走向多元化。目前充当外汇储备的主要货币有美元、欧元、日元、英镑等。据 IMF 统计，截至 2023 年底，全球可分配官方外汇储备中的人民币头寸占比为 2.29%（见图 10-3）。

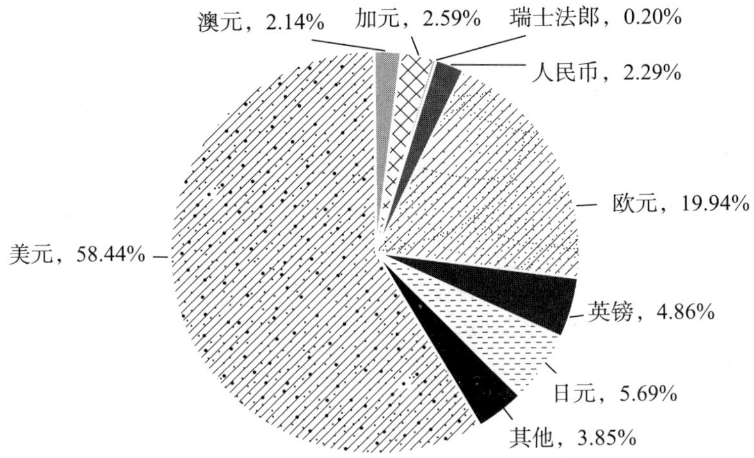

图 10-3　2023 年底全球可分配外汇储备的币种构成

注：计数采用四舍五入原则。

资料来源：IMF，COFER.

由于外汇储备是国际储备的主体，因此，就全球而言，外汇储备供给状况直接影响到世界贸易和国际经济往来能否顺利进行。若供给太少，很多国家将被迫实行外汇管制或采取其他不利于国际经贸活动顺利开展的措施。反之，若供给太多，又会增加世界性通货膨胀的压力。因此，外汇储备的供应如何在总体上保持适量，是国际金融研究的一个重要课题。

2. 金融账户分析

与经常账户分析类似，对金融账户同样也可以从规模、结构和差额等多个角度进行分析，从中挖掘跨境资本流动的相关信息。当然，加入时间因素和横向比较因素，还可以把研究做得更加全面而深入。

（1）非储备性质金融账户分析。

2023 年，我国非储备性质金融账户逆差 1.490 7 万亿元，与经常账户顺差形成“一逆一顺”的自主平衡格局。一方面，2023 年来华各类投资总体呈现净流入态势，其中，外商股权性质直接投资保持净流入，来华证券投资由 2022 年净流出转为净流入并于 2023 年第四季度达到阶段峰值。另一方面，境内企业等主体对外投资有序开展。对外直接投资稳定在较高水平，企业“走出去”步伐保持稳健；受国际市场环境和外部流动性变化影响，对外证券投资有所减少，对外存贷款等其他投资呈现净回流。

在直接投资项下，2023 年直接投资净流出 1 万亿元，主要受关联企业债务影响较大。境外融资成本上升导致关联企业债务偿还增多，但这也说明境内人民币融资更具优势，外资企业更好统筹境内外资源。在股权直接投资方面，对外股权性质直接投资 7 840 亿元，来华股权性质直接投资净流入 5 021 亿元。近两年我国外商直接投资受外部金融条件变化等影响比较明显，反映长期投资意愿的资本金流入保持相对稳定。

在证券投资项下，证券投资净流出规模显著缩小。2023 年，我国证券投资项下净流出4 329亿元，较 2022 年下降 78%。其中，对外证券投资趋缓，对外证券投资净流出 5 393亿元，较 2022 年下降 56%。来华证券投资净流入 1 064 亿元，逆转了 2022 年的净流出局面。我国对外证券投资以股权投资为主，来华证券投资以债券投资为主。

在其他投资项下，顺差下降。2023 年，我国其他投资项下净流入 158 亿元，较 2022 年下降 96%。其中，货币和存款净流入 303 亿元，贷款净流入 593 亿元，贸易信贷净流出 2 432亿元，其他应收应付表现为净流入 1 897 亿元。

（2）储备资产分析。

2023 年，我国交易形成的储备资产（剔除汇率、价格等非交易价值变动影响）减少 253 亿元，其中外汇储备减少 160 亿元。2023 年末，我国外汇储备余额稳定在 3.2 万亿美元以上。

从更长的历史进程看，我国国际收支在经历了长达十余年的持续净流入和一个时期的净流出后，已呈现自主平衡的发展态势（见图 10－4）。随着跨境资本由持续净流出转向总体平稳态势，我国储备资产近年来稳步增加，国际收支状况更加稳健。

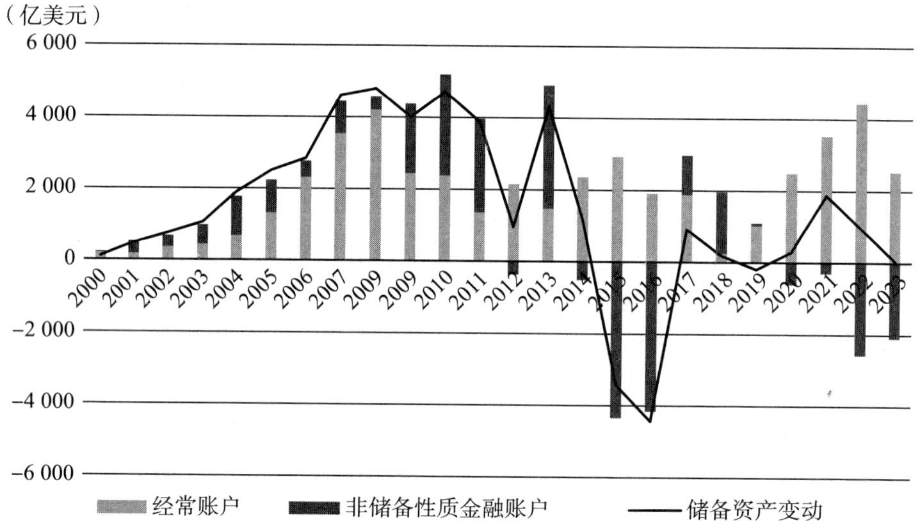

图 10－4　2000—2023 年中国国际收支差额的主要构成

资料来源：国家外汇管理局。

10.2.3　净误差与遗漏

净误差与遗漏（errors and omissions）的本质是统计残差项，各国国际收支统计均有净误差与遗漏。虽然国际收支平衡表的编制遵循“有借必有贷，借贷必相等”的会计原则，但在实际编制报表时，由于数据源来自海关、商务部、统计局等不同部门，这些数据的统计时点、统计口径存在差异，不同数据源的折算汇率也有不同，导致净误差与遗漏不可避免。

按照国际标准，国际收支平衡表中设立了一个统计平衡项目，即“净误差与遗漏”。各国国际收支平衡表都有净误差与遗漏项目，以此项目的数字来抵补前面所有项目借方和贷方之间的差额，从而使借贷双方最终达到平衡。当官方统计结果借方大于贷方时，两者之间的差额就计入净误差与遗漏项目的贷方，前面以“＋”号标识；当官方统计结果贷方大于借方时，两者之间的差额就计入净误差与遗漏项目的借方，前面以“一”号标识。

要注意的是，净误差与遗漏既有可能源于经常账户，也有可能源于资本和金融账户。不能简单地将其方向、规模和变化等同于“热钱”流入或资本外逃。

10.3 国际收支理论

由于国际收支失衡对国内宏观经济运行乃至整个开放经济均衡目标的实现至关重要，所以任何国家出现国际收支失衡时，通常都要采取政策措施进行调整。于是，国际收支失衡的原因及调节方式，就是国际收支理论重要的研究对象。本节在简要分析导致国际收支失衡的主要宏观经济原因之外，将按历史发展顺序对主要国际收支理论做简要介绍。

10.3.1 国际收支失衡原因的一般分析

尽管导致一国国际收支失衡的原因可能多种多样，因具体国家具体时期而异，但是从宏观经济角度来看，大体上可以概括为下列几种情况。

1. 经济周期变化的影响

如果承认经济发展过程总是表现出周期性波动的特征，就应当注意到，在经济周期的不同阶段，个人和企业的收入相应变化，企业生产也随之变化，从而导致社会总需求和总供给变化，通过对进出口的影响，致使国际收支发生不平衡。这种由经济的周期性变化而造成的国际收支失衡，称为周期性不平衡。

2. 经济结构的制约

各个国家的地理环境、资源分布、技术水平、劳动生产率等经济条件各不相同，形成了各自的经济布局和产业结构，进而形成了各自的进出口商品结构。其中，进口结构要适应国内经济发展和市场需求，从而实现贸易支出稳定增长。否则容易引起进口数量大起大落，造成贸易外汇支出的剧增或锐减。而出口结构则要适应国际市场的需求，否则外贸收入将会下降。换言之，一国如果不能及时调整生产结构和出口商品结构，不适应国家间对某些商品的生产和需求的变动，也会引起贸易差额和国际收支差额的剧烈波动。这种由经济结构决定的国际收支不平衡，被称为结构性不平衡。[①]

3. 国民收入变化的影响

国民收入是重要的宏观经济变量，经济周期、经济增长速度、经济政策环境等因素都可能引起国民收入变化。国民收入对国际收支的影响可以分别从贸易支出和非贸易支出两个角度进行分析。一方面，收入决定储蓄和消费，自然也就影响到进口需求。当国民收入提高时，进口支出随之增加，容易出现经常账户逆差。另一方面，收入影响投资，从而引起国际资本流动。因为在国民收入提高的同时，对外投资相应增加，结果，资本流出很可能致使国际收支出现逆差。这种由国民收入变化引起的国际收支不平衡，被称为收入性不平衡。

---

① 由经济周期和经济结构引起的国际收支不平衡一般具有长期性和持久性特征，也被称为持久性不平衡；由收入变化和币值波动引起的国际收支不平衡往往只是暂时性的。显然，对于不同类型的国际收支不平衡，政策当局的立场以及应对措施都会有所不同。

4. 货币币值波动的影响

在现代信用货币制度下，货币币值波动已经成为经济中的一种常态。衡量一种货币的价值可以分为对内、对外两种情况。货币的对内价值，指单位货币的购买力，在数量上等于价格指数的倒数。如果国内存在通货膨胀预期，则物价将上扬，本币将对内贬值。这意味着出口商品的成本上升，国际竞争力下降；进口商品则显现出相对价格优势，有利于扩大进口，从而恶化了经常账户收支。汇率是货币对外价值的指标。在直接标价法下，若汇率上升，表明本币对外贬值，有利于出口而不利于进口，从而可以改善经常账户收支。如果我们从货币资金的价格的角度来理解利率指标，则同样应当看到，国内外相对利率水平的变动可以引起资本流出入，致使国际收支差额发生变化。这种由货币币值高低造成的国际收支不平衡，被称为货币性不平衡。

10.3.2 主要考虑贸易收支的国际收支理论

贸易收支曾经是国际收支的主体活动，国际资本流动规模相对较小，因此早期的主流国际收支理论大多主要考虑贸易收支活动，而忽略资本流出入的影响。本节将依次介绍价格—现金流动机制、弹性分析理论和吸收分析理论。

1. 价格-现金流动机制

这是古典政治经济学代表人物大卫·休谟于1752年提出的[①]，被视为第一个系统分析国际收支运动规律的理论学说。更重要的是，它在一百多年后的国际金本位制度（1880—1914年）下受到广泛推崇和运用，达到鼎盛时期。

国际金本位时期实行严格的固定汇率制，两种货币的兑换比率以铸币平价（金平价）为基础，受外汇市场供求影响在黄金输送点之间微幅波动（详见第1章）。各国货币都有含金量规定，要根据持有的黄金准备发行货币，以保证货币的可兑换性。同时，允许黄金自由输出入，对黄金或外汇的买卖不加限制。黄金作为最终清偿手段，执行国际货币职能。

> **知识注解**
> 进出口变动完全取决于物价水平，需假设实现了自由贸易，进出口具有完全价格弹性，同时生产能力已达到充分就业水平。

正是上述这些条件确立了国际收支自动调节机制。休谟认为，进出口数量主要取决于国内外商品的相对价格。于是，就实现了由以下四个环节相互衔接而成的价格-现金流动机制：（1）物价水平与进出口数量；（2）国际收支与黄金数量；（3）黄金准备与货币供给量；（4）货币供给量与物价水平。该机制的作用过程可以简要概括为：

国际收支逆差→黄金输出→货币供给量减少→物价水平下降→出口增加，进口减少→国际收支改善→黄金输出放缓→国际收支平衡。

国际收支顺差→黄金输入→货币供给量增加→

> **知识注解**
> 冲销（sterilization）政策，也称中和政策，特指一国中央银行为了防止因外汇储备变化引起基础货币投放而进行的资金运用的反向操作，从而抵消对内部经济运行的不利影响。常见的方法包括调整国内信贷和公开市场业务等。

---

① 在此之前，各国贸易政策长期受传统重商主义的顺差论思想影响。休谟创造性地运用货币数量论来分析国际收支，提出自动调节机制论，为自由主义思想的广泛传播奠定了理论基础。

物价水平上升→出口减少，进口增加→国际收支改善→黄金输入放缓→国际收支平衡。

价格—现金流动机制把物价变动理解为调节国际收支的直接手段，并应用货币数量论的分析，将国际收支、货币供给、物价水平等紧密联系在一起，其理论意义与政策意义同样重大。一是强调进出口、货币数量、物价等构成自行调节的封闭系统，可以做到内在均衡，无须贸易政策或货币政策干预；二是有效地消除了人们对国际收支逆差条件下黄金和外汇流失以至枯竭的恐惧心理，从而彻底击碎了贸易收支顺差论的最后幻想。

虽然在逻辑推理上近乎完美，但是理论与现实相脱离的局限性始终存在。休谟主张通过内生经济力量，使货币按真实需要在各国均衡分配，这实际上就剥夺了各国采取独立货币政策的权力。而且所谓的国际收支自动调节机制，即要求各国必须付出（逆差时）国内经济紧缩或（顺差时）膨胀的代价，以牺牲内部稳定来实现外部均衡。从实际情况来看，国际金本位时期，除英国等少数国家保留自由贸易政策外，全球都掀起了保护主义浪潮，关税壁垒或贸易管制比比皆是，自动调节机制的前提无法保证。此外，各国并没有完全依靠价格-现金流动机制等待国际收支自动平衡，而是普遍采取货币冲销政策，或者直接进入资本市场，积极地调节国际收支。

2. 弹性分析理论

> **知识注解**
> 弹性（elasticity），指一个变量相对于另一个变量变动的敏感程度。

最早将弹性分析引入国际贸易领域的正是“价格的需求弹性”概念的提出者、英国著名经济学家马歇尔。但直到1937年，才由英国经济学家琼·罗宾逊正式提出国际收支的“弹性理论”。罗宾逊以马歇尔的局部均衡分析为基础，在研究外汇市场供求时不仅考虑进出口需求弹性，还加入了进出口供给弹性。20世纪40年代初，美国经济学家勒纳特别探讨了既定进出口供求弹性下货币贬值政策的国际收支效应问题，提出了著名的马歇尔-勒纳（ML）条件。另一位美国经济学家梅茨勒集前人思想之大成，为马歇尔-勒纳条件补充了进出口有限供给弹性的假设，从而形成了被称为国际收支弹性分析理论核心的马歇尔-勒纳-罗宾逊（MLR）条件。

简单地讲，马歇尔-勒纳条件就是指以贬值手段改善贸易收支逆差的充分条件在于：进出口商品的需求弹性之和大于1。为此需要满足以下几个假设前提：（1）其他条件不变，只考察汇率变动对进出口的影响；（2）国内外商品都具有无限供给弹性；（3）以国际收支均衡为初始状态。

以 B 表示初始状态的国际收支差额，X 表示初始状态的出口量，M 表示初始状态的进口量，e 表示汇率，则

$$B=P_xX-eP_mM$$

以 d_m 表示进口需求的价格弹性，ΔM 表示进口需求增量，如果进口价格下降1%，则有

$$d_m=\frac{\frac{\Delta M}{M}}{1\%}\Rightarrow\Delta M=\frac{d_mM}{100}$$

类似地，以 d_x 表示出口需求的价格弹性，ΔX 表示出口需求增量，如果出口价格下

降 1%，则有

$$d_x = \frac{\frac{\Delta X}{X}}{1\%} \Rightarrow \Delta X = \frac{d_x X}{100}$$

本币贬值后的出口收入增加额为：

$$P_x \Delta X = \frac{d_x P_x X}{100}$$

本币贬值会使进口需求减少，以本币表示的进口支出相应减少：

$$\frac{d_m e P_m M}{100}$$

同时，本币贬值后，进口品的本币价格也会上升 1%，因此进口品的本币支出相应地增加：

$$\frac{e P_m M}{100}$$

将以上两项相减，便可得出本币贬值对进口支出的净减少额：

$$\frac{d_m e P_m M}{100} - \frac{e P_m M}{100} = \frac{(d_m - 1) e P_m M}{100}$$

从总体上看，本币贬值后的国际收支差额变动为：

$$\Delta B = \frac{d_x P_x X}{100} + \frac{(d_m - 1) e P_m M}{100}$$

显然，只要 $d_x P_x X + (d_m - 1) e P_m M > 0$，则本币贬值就能改善一国的国际收支。

前文已假设初始状态国际收支是均衡的，则有

$$P_x X = e P_m M$$

因此，只要 $d_x + d_m - 1 > 0$，即 $d_x + d_m > 1$，则本币贬值就能改善一国的国际收支。

通过上述推导不难看出，进出口商品无限供给弹性的假设大大简化了分析。然而从实际情况来看，由于各国都以充分就业作为重要的政策目标，谋求最大限度地利用国内资源，从而当本币贬值时，其实很难保证经济体系能迅速地向出口贸易部门转移足够的资源。也就是说，进出口供给弹性只能是有限弹性，而不是无限弹性。在引入有限供给弹性假设后，本币贬值改善国际收支的充分条件就由马歇尔-勒纳条件发展为马歇尔-勒纳-罗宾逊条件。另外，由于绝大多数情况下国际收支都处于失衡状态，即初始状态并非国际收支均衡，则本币贬值能否改善国际收支，不仅取决于初始国际收支失衡的方向，也取决于失衡的程度。于是，马歇尔-勒纳-罗宾逊条件的一般表达式可以写成：

$$\frac{d_x d_m (\lambda_x + \lambda_m + 1) + \lambda_x \lambda_m (d_x + d_m - 1)}{(\lambda_x + d_x)(\lambda_m + d_m)} > 0 \quad (10.1)$$

知识注解

λ_x 代表出口商品的供给弹性，λ_m 代表进口商品的供给弹性。

在各国为解决国际收支困难而大打汇率战的特殊时期，弹性分析理论明确指出，借本币贬值改善国际收支必须满足相应的条件，这对于各国政策选择乃至整个汇率体系的稳定无疑都是及时而有益的。然而，由于过分强调汇率波动对形成进出口相对价格优势的作用，这一局部均衡分析也受到众多非议和批评。此外，实证分析表明，即使满足马歇尔-勒纳-罗宾逊条件，通过本币贬值来改善国际收支，也必须充分考虑到J曲线效应、贸易条件、贸易结构、配套政策等其他因素的制约。

专栏 10.2 J曲线效应

一国货币对外贬值后，国际收支状况在初期将进一步恶化，经过一段时间，贸易收入才会增加，使国际收支状况得到改善。国际收支的这一运动过程的函数图像酷似大写英文字母“J”，故名J曲线效应（见图10－5）。

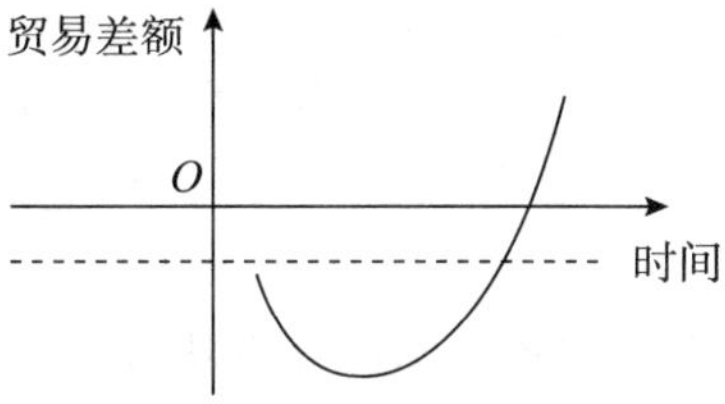

图10－5 J曲线效应

通过本币贬值改善国际收支，之所以存在J曲线效应，是因为贸易收支的调整过程存在以下几种时滞：①认识时滞。本币贬值后，出口商品外币价格降低的信息无法立即为进出口商所了解。②决策时滞。进出口商认识到货币贬值引起物价变动后，需要一定时间来鉴定价格变化程度是否显著，然后才能做出是否改变进出口数量的决定，从而签订新的货物和劳务合同。③生产时滞。面对出口商品需求的增加，国内生产商很难立即获得足够的资金、人力来扩大生产规模，从而出口供应只能逐渐增加。④取代时滞。进出口双方在货币贬值前签订的合同不能取消，需要一段时间消化以前的存货，所以进出口数量的调整相应滞后。

根据各国实施贬值政策的经验，通常货币贬值改善国际收支的时滞短则6～9个月，长则2～3年。而贬值幅度以及出口商品的需求与供给弹性等，都会对贬值效应产生具体影响。

学习指导

如果各国通行固定汇率制，造成贸易收支不平衡的原因是什么？当无法运用贬值措施来调节贸易收支时，应采取何种办法改善国际收支？弹性分析理论假设其他条件不变，从而得出汇率变化有效改善贸易收支的条件。然而发展是亘古不变的话题，当收入、国内外物价水平等变化时，它们对贸易收支会产生怎样的影响？

知识注解

吸收分析理论正式将国际收支加入宏观经济政策目标的行列，首次建立了国际收支与国民收入各决定变量间的数量关系，是对凯恩斯宏观经济分析的发展与完善，为开放经济宏观政策选择提供了理论依据。

3. 吸收分析理论

吸收分析理论也称国际收支总量吸收模型，1952年由亚历山大（S. S. Alexander）率先提出。他将国际收支作为重要的国民经济总量，认为调节总收入（总产出）、总支出或者进出口的宏观经济政策都会引起国民经济调整，而总收入（总产出）、总支出以及进出口之间有着某种规律性的互动联系，因此只有从国民收入和国民支出两方面着手，才能够全面理解国际收支的失衡与调节。

> **知识注解**
>
> Y 代表国民收入，C、I、G、X、M 分别代表消费、投资、政府支出、出口和进口。

根据国民收入恒等式，有 $Y=C+I+G+X-M$，经整理后得到：

$$X-M=Y-(C+I+G) \tag{10.2}$$

如果规定国际收支经常账户差额 $B=X-M$，并以 $A=C+I+G$ 代表对国内资源的吸收，即国内总支出，那么公式（10.2）则可改写为：

$$B=Y-A \tag{10.3}$$

该式高度概括了国际收支与国民经济总量之间的数量关系，表明国际收支不平衡的根本原因是总收入与总支出的总量失衡。只要一定时期的总收入大于总吸收（$Y>A$），该国就会出现国际收支顺差；相反，只要总收入小于总吸收（$Y<A$），就会出现国际收支逆差。

在分析本币贬值的国际收支效应时，吸收分析法较弹性理论[①]有了进一步发展。在肯定弹性分析的基本观点之外，更将贬值对进出口的影响与相应发生的国民收入变动联系起来，认为贬值对国际收支的调节机制由收入效应和吸收效应两部分构成。如果进出口供求弹性满足马歇尔-勒纳-罗宾逊条件，本币贬值将增加出口、减少进口。由外贸乘数理论[②]可知，进出口的这种变动将引起国民收入总量的倍数变动，产生贬值的直接收入效应 ΔY。总收入增加，消费、储蓄、进口则分别根据边际消费倾向、边际储蓄倾向和边际进口倾向不同程度地增加，随着储蓄增量部分或全部转化为投资，收入增长势必带来消费、投资的增加，这部分引致增加的吸收被定义为贬值的间接吸收效应 $\alpha\Delta Y$，可以部分冲销直接收入效应。由此，国际收支流量均衡条件可以写成：

$$\Delta B=\Delta Y-(\alpha\Delta Y+\Delta D) \tag{10.4}$$

不难发现，货币贬值能否有效地调节国际收支，主要由三个因素共同决定：（1）贬值对收入的直接影响 ΔY；（2）贬值后收入对吸收的引致程度，取决于边际吸收倾向 α；（3）贬值对吸收的直接影响 ΔD。

所以，贬值的国际收支效应完全取决于宏观经济状况、资源配置情况以及本国的吸收倾向。当经济尚未实现充分就业、资源配置尚未优化、吸收倾向小于 1 时，贬值的收入效应较为显著。反之，若经济已经达到充分就业、资源完成优化配置且吸收倾向大于 1，则贬值主要引起吸收效应。具体地，贬值的收入效应主要包括闲置资源效应、贸易条件效应和资源配置效应，吸收效应则由现金余额效应、收入再分配效应和货币幻觉效应等构成。

---

① 弹性理论认为，若国民收入及国内价格水平不变，当进出口供求弹性满足马歇尔-勒纳-罗宾逊条件时，本币贬值对国际收支的调节主要通过改变国内外相对价格并诱发进出口数量调整而实现。

② 外贸乘数理论认为，出口具有与国内投资同样的增加国民收入总量的效应，并在边际储蓄倾向、边际进口倾向的影响下，经过国民经济各环节的传导，致使由此而产生的国民收入变动金额数倍于出口的初始变动额。这个倍数就称为外贸乘数，数量上大体等于边际储蓄倾向与边际进口倾向之和的倒数。

专栏 10.3 货币贬值的收入效应与吸收效应

● 闲置资源效应。这是贬值的收入效应中最重要的一个，因为如果来自国外的需求因本币贬值而增加，本国能否保证出口产品的充分供应就成为出口增长的最大制约。

本币贬值→出口增加，进口减少→闲置资源启用→通过外贸乘数作用，国民收入成倍增长→国际收支改善。

● 贸易条件效应。

本币贬值→贸易条件恶化→实际国民收入下降→吸收减少→进口减少，出口增加→国际收支改善。

● 资源配置效应。

本币贬值→出口增加，进口减少→出口生产部门和进口替代部门的利润上升→国内资源重新配置→国民收入提高→国际收支改善。

● 现金余额效应。这是货币贬值最重要的吸收效应，因为它既作用于商品市场，又同时作用于货币资本市场。

本币贬值→国内物价总水平上涨→手持现金余额增加→消费减少→商品与劳务进口下降→贸易收支改善；

本币贬值→国内物价总水平上涨→手持现金余额增加→货币市场供求改变，利率上升→对外投资减少，居民出售外币资产→资本流入→资本账户改善。

● 收入再分配效应。

本币贬值→国内物价总水平上涨→国民收入向利润收入者及政府部门转移→吸收倾向下降→吸收总量减少→国际收支改善。

● 货币幻觉效应。

本币贬值→由进口产品开始国内物价轮番上涨→出现货币幻觉→消费与投资下降→吸收总量减少→国际收支改善。

根据国际收支吸收理论的观点，如果某个国家发生了国际收支特别是贸易收支不平衡，一定是由于该国的市场总供求失衡。换言之，这个国家必然存在经济过热、通货膨胀或者经济萧条、严重失业。而在采取措施促使国民经济总量平衡的过程中，国际收支均衡目标也可随之实现。因此，调节国际收支不平衡其实也就是对国民经济失衡的调节。这意味着当一国发生国际收支流量失衡时，比如出现国际收支逆差，总可以从两个方面考虑解决办法：一是增加产出或收入；二是减少支出或吸收。通常，我们将增加收入的政策称为支出转移政策，将减少吸收的政策称为支出减少政策。

所谓支出转移政策，目的在于将国内外支出最大限度地转移到国内产品上，以增加本国收入。根据政策内容，可以划分为一般性政策和选择性政策。一般性政策是指汇率政策（或称货币贬值政策），选择性政策主要指贸易管制政策，包括关税、出口补贴、进口限制等。实行固定汇率制的国家无法使用一般性政策，只能求助于贸易管制政策，直接限制居民对商品和劳务的选择自由。但是这种以行政命令方式出现的政策措施，容易遭到贸易对手国的谴责和报复，也有悖于国际贸易自由化的历史潮流。所以除非支出减少政策难以奏效，否则不宜过度依赖贸易管制。实行浮动汇率制的国家，汇率的随行就市为政府引导汇率变动奠定了物质基础。货币贬值政策具有隐蔽性和间接性，受到政府的广泛青睐，所以国际金融舞台上的汇率战频频发生。1994 年以来，美元与日元汇率之间富有戏剧性的剧烈波动，在一定程度上正是两国政府运用一般性支出转移政策的结果。

显然，支出减少政策就是通过减少本国居民的投资和消费支出来调节国际收支逆差。具体地，支出减少政策涉及三种政策措施：紧缩性货币政策、紧缩性财政政策和收入管制政策。紧缩性货币政策指存款准备金率、再贴现和公开市场业务等货币数量控制工具。紧缩性财政政策有减支和增收两个方面，包括政府支出政策、政府购买政策、公共福利政策、税收政策和税收征管政策。收入管制政策包括最低收入保障制度、收入分配政策、工资管制政策等。支出减少政策的作用主要表现在两个方面：一是直接减少进口支出，改善国际收支；二是减少国内总需求，降低通货膨胀水平，增强本国商品的价格优势，促使出口增加、进口减少，从而改善国际收支。由于支出减少政策在改善国际收支的同时，对国内总需求也具有遏制作用，所以成为高通货膨胀国家主要的国际收支调节手段。当然，支出减少政策能否生效，也要受支出对收入的影响程度、资源平滑转移机制、支出减少中进口产品比重等具体因素的限制。

专栏 10.4 支出减少政策的限制因素

- 支出对收入的影响程度。不同的支出结构下，等量支出减少所引致的收入下降幅度存在很大差异。假定减少的支出全部是消费品，则引致减少的收入等于减少的支出，收入下降幅度较小。但如果减少的支出全部是投资品，则根据外贸乘数理论，引致减少的收入将数倍于支出减少数量，国民收入下降幅度较大。当引致收入减少超过了支出减少数量时，不仅国际收支差额无法得到改善，还会激化失业矛盾，使支出减少政策以失败告终。
- 资源平滑转移机制。支出减少政策的实施会引致出现部分闲置生产资源，如果能够用于出口产品或进口替代品的生产，则有利于国际收支改善。然而在计划经济体制或者资本市场欠发达的国家和地区，闲置资源难以顺利转移，出口供给弹性表现出刚性特征，出口规模难以扩大，不利于国际收支改善，甚至可能因失业增加而陷入更加困难的境地。
- 支出减少中进口产品所占比重。支出减少中进口产品所占比重越高，改善等量国际收支逆差所需减少的支出总额就越小，对收入、就业产生的副作用也相对较小。如果支出减少完全表现为国内商品，而且闲置下来的资源无法及时、顺利地实现转移，也会导致支出减少政策彻底失效。

10.3.3 国际收支货币分析理论

学习指导

20 世纪 70 年代以前的主流国际收支理论几乎都没有考虑资本流动的影响，或者只将资本流动放在一个非常次要的位置。随着国际资本流动的迅速发展，不仅发达国家的资本收支规模远远超过贸易收支规模，许多发展中国家的资本收支规模也开始大于贸易收支规模，货币与实体经济之间的背离趋势日益明显。在考虑资本收支因素后，造成国际收支失衡的原因将有怎样的变化？国际收支调节措施都包括什么？国际收支货币分析理论为我们展现了一个国际收支研究的全新视角。

纵观西方经济学说史，能够与凯恩斯学派针锋相对并形成两大阵营长期论争的莫过于以米尔顿·弗里德曼为首的货币主义学派。正统货币主义认为实际货币需求是恒久性收入（permanent income）等有限变量的稳定函数；相信私人经济具有内在稳定性，产出和就业趋于其充分就业或自然水平；坚持货币供给产出效应的长期中性论；主张实行单一规则的货币政策。20世纪70年代，随着哈里·约翰逊和雅各布·弗兰克尔（Jacob Frenkel）将上述命题及一般均衡分析方法运用于国际收支研究，便形成了有着鲜明学派特征的国际收支货币分析理论①。

该理论以国际收支平衡表的线下项目（平衡项目）作为研究对象，强调国际收支的整体均衡，将研究范围从经常账户扩展到资本账户，将一国对外经济活动从实体经济部门扩大到包含货币部门在内的所有领域。正是在这层意义上，货币分析理论被认为是最接近实际情况的国际收支理论。

国际收支是本国对外商品贸易、资本流动的货币反映，在形式上毫无疑问是一个货币问题。更重要的是，货币分析理论认为，国际收支失衡的根本原因在于国内货币需求与货币供给失衡，所以国际收支在本质上也是一个货币问题。当人们对货币的需求增加，或者货币当局限制国内信贷，造成货币需求大于货币供给时，这部分超额货币需求将通过外国货币的流入得到满足，从而引起国际收支顺差。反之，当一国居民的货币需求减少，或者货币当局因政策需要而放松国内信贷，造成货币需求小于货币供给时，超额货币供给必然流向国外，导致国际收支逆差。

专栏10.5 为什么国际收支是货币问题?

国际收支货币分析理论认为，国际收支从本质上说是一种货币现象，从而货币市场上货币需求与供给的对比关系被视为决定国际收支的主要因素。试想一个小型开放经济体，假定：①真实收入固定于充分就业水平；②商品市场和金融市场均服从一价定律；③国内与国际的相对价格水平和利率水平固定。

由弗里德曼的货币分析可知，在实际货币需求的决定上，恒久性收入是主导力量，利率的影响则比较小。于是不难得到名义货币需求的理论公式 $M_d=pf(Y，i)$。

从现代信用货币的双层次创造机制来看，无论是中央银行提供的基础货币还是现实经济生活中更宽口径的货币，开放经济的货币供给都大致可以划分为由国内信用创造部分 D 和与国际储备相联系部分 R，所以名义货币供给的理论公式为 $M_s=D+R$。

货币市场实现均衡要求 $M_s=M_d$，即 $M_d=D+R$。移项后直接得到：

$$R=M_d-D$$

这表明国际储备水平主要取决于货币供给中的国内信用及其与货币需求相比较的结果。假定初始状态为均衡，考虑国内信用一次性扩张的影响。如果实际收入不变，则货币需求并不跟随国内信用扩张而增加。本国居民将通过购买外国商品和证券来消化多出的货币余额，从而产生国际收支逆差。由于是固定汇率制，货币当局需在外汇市场出售外汇、

① 从学术渊源上看，国际收支货币分析理论可以追溯到价格-现金流动机制。但现代货币学派至少在两个方面取得了实质性突破：一是从只考察贸易收支的局部均衡分析发展为同时关注产品市场、货币市场和外汇市场的一般均衡分析，二是从金本位研究框架发展为既讨论固定汇率制也讨论浮动汇率制下的国际收支货币数量调节机制。

购进本币以弥补国际收支逆差，于是国际储备下降。可见，国内货币供给最初由于国内信用增加而增加，又在国际储备下降后转而减少，直到消除了国际收支逆差时为止。当货币供给返回初始水平时，系统便恢复均衡状态，国内信用增加部分被国际储备等量减少的部分所抵消。换句话说，真实（real）货币余额与意愿（desired）货币余额之间的差额，既会产生国际收支逆差或者顺差，也提供了消除差额的内在机制。

如果从动态角度考虑问题，假设实际收入不断增长，国内外相对价格水平和利率保持不变，则国际收支变动情况反映出货币需求增长与国内信用增长之间的对比关系。只要国内信用扩张保持超过货币需求增长，就会出现持续的国际收支逆差，表现为国际储备不断下降。所以，外汇储备水平反映出一国弥补持续性国际收支逆差的能力和韧性。相反，只要国内信用扩张未能适应因收入增长而出现的货币需求增加，一国就会出现持续的国际收支顺差，表现为国际储备不断上升。

既然国际收支是一个货币问题，那么货币分析理论的第二个基本观点也就更加顺理成章：货币供给是国际收支调节的最终力量和根本力量。概括起来，可供选择的国际收支调节方法大致有四种：（1）增加或减少国际储备。这种方法直接有效，简便易行。但国际储备数量的增加或减少有其内在规律，长期的大规模增减不完全取决于政策意图，所以只适合调节周期性、小幅度的国际收支失衡。（2）调整国内价格。价格调整可以改变居民手持的现金余额，使他们调整进出口及资产结构，通过自主性交易调节国际收支差额。货币供给变动造成物价、名义现金余额变动，由此引发的资产和财富在本币与外币间的重新分布是该方法发挥作用的根本。当然，价格调整能否生效，在相当程度上也受制于本国贸易品结构，以及是否满足马歇尔-勒纳-罗宾逊条件等其他因素。由于存在J曲线效应，所以该方法比较适合中长期国际收支失衡的调整。（3）调整汇率。汇率变动与调整价格的作用机制在本质上是一致的，只是无须改变贸易商品的国内价格水平及国内经济结构，从而在调整国际收支失衡时保证国内经济免受冲击。另外，调整汇率改变贸易品相对价格较调整国内价格见效更快，所以适合中短期国际收支失衡调节。（4）实行外汇管制。如果上述三种方法无法实现，或者实现代价太大、时间太长，那么对贸易、资本流动实施直接控制，在扩大本国收入的同时抑制居民的对外支出，也不失为一个备选方案。只不过第四种方法和第一种方法一样，虽然立竿见影，但必须受到本国国际储备数量和国际社会的制约，不能作为主要的国际收支调节方法。

在货币分析理论看来，固定汇率制下应以本国价格水平变动作为调节国际收支的主要工具，浮动汇率制下则更多依靠汇率变动来完成任务。一方面，货币学派继承了货币数量论的核心思想，从逻辑上严密论证了价格是货币供给的函数，与货币供给同方向变动。另一方面，汇率是以外币衡量本币的对外价值，是国内外货币购买力的比较，从而也是货币供给的因变量。正因为如此，货币供给被视为调节国际收支失衡的根本力量。

货币分析理论的国际收支调节机制可以概括如下：

国际收支顺差时，货币供给增加→出现超额货币供给→真实货币余额大于意愿持有货币余额→增加消费品和资本品开支→进口增加、出口减少，资本输出增加、输入减少→经常账户和资本账户收支都恶化→国际收支恶化。

国际收支逆差时，货币供给减少→出现超额货币需求→真实货币余额小于意愿持有货币余额→减少消费品和资本品开支→进口减少、出口增加，资本输出减少、输入增加→经常账户和资本账户收支都改善→国际收支改善。

虽然货币分析理论的基本观点及其所提倡的国际收支调节方法在国际收支理论研究以及各国宏观经济实践中都有着广泛影响，但质疑的声音并未因此而消失。就国际收支货币分析法自身而言，局限性主要表现在以下四个方面。

（1）只注重国际收支最终结果——官方储备账户变动，而忽略了国际收支结构问题——经常账户与资本账户的自身平衡与相互影响。如果经常账户逆差在数量上恰好等于金融和资本账户顺差，那么以货币分析理论来看，官方储备不变说明国际收支平衡，无须任何调节政策或措施。但是依靠借债来平衡贸易收支逆差，将增加未来年份的外债还本付息负担，一旦资本流入中断，贸易账户差额无法弥补，国际收支失衡问题便会立即显现。所以，只关注平衡项目的国际收支政策取向缺乏前瞻性，容易使政府陷入被动局面。

（2）货币并非国际收支失衡及其调节的唯一因素。例如，货币市场均衡时，如果对商品过度需求，而且这种需求通过国外部门的商业信用而得到满足，则国际收支同样出现逆差。在货币市场和资本市场共存的框架中，国际收支失衡也有可能完全起源于资本市场失衡，并通过资本输出入使国际收支重新平衡，而并不引起外汇储备数量的变化。如此，国际收支调节也可以不涉及货币余额。所以很难说货币是国际收支调节的唯一手段。

（3）假定货币需求具有稳定性，从而视货币供给为决定国际收支的唯一力量。虽然货币学派坚持认为利率等其他因素对货币需求变动的影响有限，但因此而彻底忽略货币需求变动的做法显然会动摇结论的可靠性。如果利率随货币供给的改变而发生大幅度变动，短期内必然影响投资、消费和产出，引起货币需求变动。所以，不能过分强调长期静态均衡而忽视对短期和中期国际收支调节方式的研究。

（4）对国际收支长期均衡分析的结论在很大程度上依赖于一价定律或购买力平价假设。但由于运输成本、贸易障碍、关税以及信息不完全等因素的存在，现实经济生活中其实无法认定一价定律绝对成立。这种价格偏差传递到国际货币供给的分配，就会对各国货币市场均衡产生影响。所以，按照货币分析理论的建议从事国际收支调节，政策的实际效果与预期效果之间难免出现偏差。

本章小结

1. 国际收支是指一个国家或地区与世界上其他国家或地区之间由于贸易、非贸易和资本往来而引起国际资金移动，从而发生的一种国际资金收支行为。

2. 国际收支平衡表是指按照一定的编制原则和格式，将一国一定时期内国际收支的不同项目进行排列组合和对比，以反映和说明该国的国际收支状况的表式。它是对一个国家一定时期内发生的国际收支行为的具体的、系统的统计与记录。国际收支平衡表包括经常账户、资本和金融账户、净误差与遗漏等内容。

3. 自主性交易指各类微观经济主体出于自身追求利润、减少风险、资产保值、逃税避税、逃避管制或投机等特殊目的而进行的交易活动，具有自发性和分散性的特点。调节性交易指中央银行或货币当局出于调节国际收支差额、维护国际收支平衡、维持本国货币汇率稳定等目的而进行的各种交易，具有集中性和被动性的特点。

4. 国际收支平衡表的平衡与国际收支的平衡是两个不同概念。由于设置了储备资产变动这一平衡项目，以及净误差与遗漏项目，国际收支平衡表可以永远平衡。但国际收支平衡表的平衡并不意味着国际收支平衡，因为衡量国际收支平衡与否的标准在于自主性交易是否达到了平衡。

5. 经常账户显示的是居民与非居民之间货物和服务进出口、初次收入和二次收入的流量。对外贸易活动构成经常账户的主要内容，可进一步划分为有形的货物贸易和无形的服务贸易两方面。初次收入主要包括雇员报酬、提供金融资产所获得的股息和利息等投资收益。二次收入表示居民与非居民之间的经常转移，转移可以为现金或实物。

6. 经常账户收入与支出相抵的结果即为经常账户差额，也称经常账户余额，指一个国家对于世界上其他国家总体上是贷方余额还是借方余额。经常账户顺差表明一国有净盈余，相对于其他国家来说是净债权人；经常账户逆差表明一国有净赤字，必须向其他国家融资才能满足本国投资和消费需求，相对于其他国家来说是净债务人。

7. 资本和金融账户，是指对资产所有权在国际的流动行为进行记录的账户，它由资本账户和金融账户两部分组成。资本账户主要记录资本转移等内容。金融账户包括某一经济体对外资产和负债所有权变更的所有交易，可以分为直接投资、证券投资、金融衍生工具、其他投资，通常也可分为非储备性质金融账户与储备资产两部分。

8. 储备资产包括货币黄金、特别提款权、外汇储备和在国际货币基金组织中的储备头寸等，也称国际储备，可用于弥补国际收支逆差、维持本国货币汇率的稳定以及应付各种紧急支付。国际清偿力是一个与国际储备既相互联系又相互区别的概念。国际储备是国际清偿能力的一部分。

9. 特别提款权（SDR）是国际货币基金组织为了解决国际储备不足问题，于 1969 年创设的新的国际储备资产，是国际货币基金组织分配给成员国的一种资金使用权利。特别提款权按一篮子主要国际货币计价，是国际货币基金组织和多个国际组织的记账货币。

10. 2015 年 11 月 30 日，IMF 执董会决定将人民币作为第五种货币，与美元、欧元、日元和英镑一道构成特别提款权货币篮子。2022 年 5 月 11 日，国际货币基金组织将新篮子中各货币的权重调整为：美元 43.38%，欧元 29.31%，人民币 12.28%，日元 7.59%，英镑 7.44%。人民币所占权重有所上升。

11. 导致一个国家国际收支失衡的因素有很多，从宏观角度看，主要有经济周期、经济结构、国民收入变化和货币币值波动等四个因素。

12. 在国际金本位制度下，国际收支失衡主要由国内外相对价格变动引起。在各国严格遵守金本位制度要求的前提下，黄金的跨国自由流动通过改变在不同国家的分布，引起各国国内价格变化，进而调节进出口贸易，实现国际收支的自动平衡机制。

13. 一般认为，本币对外贬值可以降低本国贸易品的国外市场价格，以外汇倾销实现贸易收支顺差。但弹性分析表明，只有当进出口供求弹性满足马歇尔-勒纳-罗宾逊条件时，货币贬值才能起到改善国际收支的作用。

14. 从国民收入形成出发，总量吸收模型将国际收支与国民经济供求总量相联系，论证国际收支失衡是总供求不相匹配的结果。在没有实现充分就业的前提下，货币贬值可以增加收入，同时改善国际收支逆差；如果一国的吸收倾向大于 1，则贬值只能通过减少吸收来改善国际收支，此时收入增长会受到不利影响。调节国际收支失衡，可以考虑支出转移政策和支出减少政策两个方面。

15. 随着资本收支对一国国际收支的影响逐渐增大，在主要考虑贸易收支活动的国际收支理论以外，形成了国际收支货币分析理论。该理论从货币角度阐述国际收支的失衡原因和调节机制，认为国际收支失衡是货币供求不平衡的结果，超额货币需求带来顺差，超额货币供给带来逆差。在坚信国际收支是货币问题的基础上，货币分析理论指出，控制货币数量是调节国际收支的根本手段，货币政策是最有效的宏观经济政策。

核心概念

国际收支	国际收支平衡表	经常账户	资本和金融账户
初次收入	二次收入	直接投资	证券投资
储备资产	净误差与遗漏	自主性交易	调节性交易
非储备性质金融账户	储备头寸	国际清偿力	特别提款权
价格-现金流动机制	冲销政策	马歇尔-勒纳条件	外贸乘数
J曲线效应	边际吸收倾向	货币贬值的收入效应	货币贬值的吸收效应
支出转移政策	支出减少政策	超额货币需求	超额货币供给

课后习题

1. 国际收支经常账户差额的经济含义是什么？

2. 国际收支平衡表为什么能够自动实现平衡？

3. 如何判断一个国家的国际收支是否平衡？

4. 试比较中美两国的国际收支平衡表。你有什么发现？

5. 你怎么评价人民币加入特别提款权货币篮子？

6. 为什么同样是经常账户恶化，发展中国家极有可能因此陷入国际金融危机，但美国却似乎安然无恙？

7. 了解中国外债管理和外汇储备管理的基本情况。你作何评价？

8. 哪些因素可能引起国际收支失衡？你认为国际收支失衡可能带来什么样的后果？

9. 目前实行固定汇率制的国家能否使外汇储备发挥金本位制度下黄金的作用，通过价格-现金流动机制实现国际收支自动平衡？

10. 一国的进出口弹性能否满足马歇尔-勒纳条件，主要取决于哪些因素？在满足马歇尔-勒纳条件的情况下，为什么有的国家能够通过货币贬值改善贸易收支，而有的国家却不行？

11. 请结合实际经济数据考察中国的贸易收支差额与汇率水平之间的关系是否与弹性分析理论相符，并说明原因。

12. 如果一国的边际吸收倾向小于1，货币贬值将通过怎样的机制调节国际收支逆差？

13. 为什么说国际收支是一个货币问题？通过货币数量控制调节国际收支失衡的依据是什么？政策实践中存在哪些问题？

14. 根据本章所介绍的国际收支理论，请尝试概括调节国际收支可以考虑采用哪些宏观经济政策或手段，并解释它们是如何发挥作用的。

15. 在国际货币基金组织网站的世界经济展望数据库（World Economic Outlook Database）中，获取世界经常账户余额和GDP的数据。计算世界经常账户余额与GDP的比值，并利用图表进行分析。你有什么发现？

即学即测

第11章 汇率制度选择

学习目标

- 了解国际货币体系演进历史；
- 掌握固定汇率制和浮动汇率制的优点与不足，了解各种居中的汇率安排；
- 熟悉最适货币区理论与实践，思考欧元启动后对国际金融领域的深远影响；
- 了解各国在汇率制度选择上的其他探索，比如"美元化"、汇率目标区等。

本章导读

2022年，《区域全面经济伙伴关系协定》(RCEP) 正式生效，为人民币国际化带来了新的契机。随着区域经济合作的加强，人民币的货币锚定效应在周边国家明显增强。特别是在东盟一些国家决定汇率水平时，人民币已经充当了事实上的"锚货币"，且权重已接近美元。

如果人民币成为RCEP多边使用的"锚货币"，未来的国际货币体系可能会向着美元区、欧元区和人民币区"三足鼎立"的格局发展。这预示着一种新的国际货币安排前景：区域内各成员国货币锚定"锚货币"，由此形成相互间的固定汇率；同时，本区域的"锚货币"与区域外的"锚货币"形成有协调、有管理的浮动汇率。这种汇率安排可以兼顾固定汇率制的稳定性和浮动汇率制的灵活性。

在当前的牙买加体系下，各国汇率安排呈现多样化。在选择汇率制度的时候，各国货币当局的评判标准是什么？"三足鼎立"的格局是一种更优的国际货币安排吗？本章首先比较固定汇率制与浮动汇率制的利弊，指出现实中各国汇率制度选择表现出明显的多样化特征，接着就这一领域近年来出现的热点问题，比如货币一体化、"美元化"、汇率目标区等，分别做简要介绍。

11.1 国际货币体系沿革：固定汇率制和浮动汇率制

国际货币体系，即国家间的货币安排，也就是由国际资本流动和贸易往来所引起的货币兑换关系，以及相应的国际规则或惯例组成的有机整体，其构成要素几乎覆盖了整个国际金融领域，如国际资本流动、国际汇率安排、国际收支调节、国际金融组织等。换个角度看，当货币制度问题超出国界时，就成为国际货币制度或者国际货币体系的问题。

国际货币体系主要包括以下几方面内容：(1) 各国货币关系，主要就是汇率制度，即一国货币当局对本国汇率的形成和变动机制所做出的一系列安排和规定；(2) 国际储备资产的确定，指用于国际结算和国际支付的主要货币；(3) 国际收支调节方式；(4) 国际经济政策协调机制和从事具体磋商、管理事务的国际金融组织。这些内容共同构成了复杂的国际货币体系（见图 11-1)。国际汇率制度位于核心层。它代表着整个体系的基本特征，核心层的变化决定着整个体系的发展与存亡。国际储备选择和国际收支调节位于紧密层。无论哪一种国际货币体系都应该为全球贸易提供必要的清偿手段，保障正常的国际经济交往；由于国际收支失衡和官方储备变动将直接导致汇率波动，进而影响整个国际货币体系的稳定，所以每一种国际货币体系也必然包括解决国际收支不平衡的原则、规章及途径。由此可见，紧密层对于核心层起着不可低估的催化作用。国际经济政策协调和国际金融组织位于松散层。国际贸易和国际资本流动加强了国与国之间的经济金融联系，为避免政策溢出效应导致国际经贸摩擦或冲突升级，就要通过各种国际金融组织加强经济政策的国际合作与协调，这是维护国际货币体系的重要保障。当然，松散层也能间接引起核心层变动，但这种传导过程往往是潜移默化的，可能要经历较长的时间跨度。

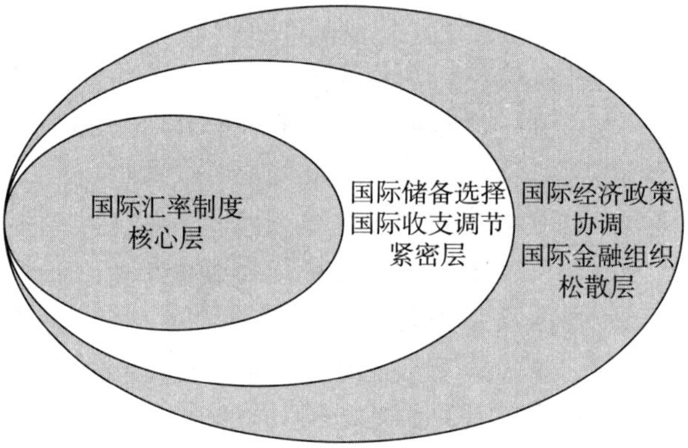

图 11-1 国际货币体系的一般框架

11.1.1 国际货币体系的历史沿革

理想的国际货币体系既可以实现稳定的汇率安排，又能够保证充足的国际清偿手段，具有中性的国际收支调整办法和有效的经济政策协调机制，为国际交往和经济长远发展提供保障。然而，现实中根本不存在完全满足上述要求的国际货币体系。历史上曾经出现过的任何一种国际货币体系都是特定历史时期、特定经济发展水平、特定国际政治经济形势下各成员国讨价还价、相互妥协的客观产物。而总结以往国际货币体系的经验与教训，对于展望未来改革方向无疑有着重要意义。

1. 国际金本位制度（1881—1914 年）

国际金本位制度在主要国家普遍采用金本位货币制度后自动建立，当第一次世界大战爆发时，因这一前提条件不复存在即告结束。国际金本位时期是自由资本主义迅速发展的“黄金时代”，实行由金平价决定的固定汇率制，国际收支可以自动调节，黄金和英镑（时称“纸黄金”）充当国际货币，因此，国际金本位制度被视为最接近理想国际货币体系的现实选择。直至今日，“恢复国际金本位”的提议仍然不绝于耳。

虽然导致国际金本位制度结束的直接原因是一战后各国相继禁止本币与黄金的自由兑换，以及黄金的跨国自由流动，但并不等于说如果没有战争，这一国际金融体系就可以永远持续下去。国际金本位制度的内在缺陷主要表现在两个方面：①黄金增长速度远远赶不上世界经济和贸易增长速度。国际清偿手段严重不足，不仅制约了经济增长，也限制了金融发展。②带有明显的“无组织-无纪律-无保障”的恶性循环特征。作为一个松散的国际金融体系，既没有正式的主权国家行动准则，也不存在超越国家主权的监督机构，结果必然是各国都无须严格遵守国际收支自动调节机制，而可以经常利用国际信贷、利率及公开市场业务等手段解决国际收支困难。相应地，各国也都会尽量把黄金储备留在本国。于是，在自由贸易主张与贸易保护主义此消彼长的反复之中，国与国之间的经济和政治矛盾不断积累，直至爆发。

2. 布雷顿森林体系（1943—1973 年）

1943 年 7 月，在美国的组织下，44 国代表在美国新罕布什尔州的布雷顿森林（Bretton Woods）举行会议，起草并签署了《国际货币基金组织协定》。其中规定：国际货币基金组织成员货币按其含金量与美元定出比价；美国政府允许各成员中央银行以 1 盎司等于 35 美元的官价向美国兑换黄金。这就形成了所谓“双挂钩”的以美元为中心的国际货币体系，即美元与黄金挂钩、其他各成员货币与美元挂钩的布雷顿森林体系。

以美元为中心的布雷顿森林体系，在一定时期内对稳定资本主义世界各国货币汇率发挥了重要的作用，从而促进了战后的经济复苏，也为美国建立美元霸权地位提供了条件。值得一提的是，该体系的形成是以美国在世界经济中占据绝对优势地位为前提条件，故其盛衰与美国在世界经济中地位的变迁有着非常密切的关系。长期的国际收支逆差致使美国黄金储备大量外流，20 世纪 60 年代末出现了黄金储备不足以抵补短期外债的情况，多次爆发美元危机。国际金融市场上大量抛售美元、抢购黄金和其他货币，使得黄金市场价格与官方价格的差距一再扩大。1971 年 8 月 15 日，美国宣布停止向各国政府按官价兑换黄金，美元同黄金“脱钩”。1973 年第一次石油危机爆发，西方经济陷入混乱。国际金融市场再次遭遇美元危机，抛售美元并抢购联邦德国马克、日元和黄金的风潮又起，从而主要国家货币兑美元的汇率实行浮动，即其他货币与美元“脱钩”。至此，布雷顿森林体系彻底解体。

布雷顿森林体系在很大程度上吸取了国际金本位制度的不足，创新建立的“可调整的钉住汇率制度”[①]，意在既保持汇率稳定对国际经济和贸易的积极作用，又要实现浮动汇率制赋予各国的独立的财政政策与货币政策之优势。更重要的是，布雷顿森林体系开辟了国际货币体系制度化、规范化运行的先例，由此建立起来的 IMF 等国际金融组织，在协调各成员经济政策行为、保障国际货币体系正常运转等方面发挥了重要作用。

布雷顿森林体系的主要缺陷有：（1）以汇兑平价体系的中心货币美元充当单一的国际

---

① 各成员货币的汇率在±1%的限度内波动，如果超过规定的上下限，各成员中央银行有义务进行干预。成员汇率变动接受 IMF 统一安排和监督，当国际收支出现严重不平衡时，可要求变更汇率，幅度在 10%内的由各成员中央银行自行调整，幅度超过 10%的需经 IMF 批准。

储备货币，无法解决“特里芬难题”（Triffin Dilemma）①。这成为布雷顿森林体系致命的弱点，也是其最终崩溃的重要原因。（2）汇兑平价调整次数非常有限，但是美、英、法、德、日的经济实力和地位已经发生了巨大变化。美、英、法持续逆差，德、日巨额顺差，却无法通过汇率变化调整相对价格。这种僵化状态无疑违背了“可调整的钉住汇率制度”的初衷。此外，第二次世界大战后各国经济周期不同步，客观上要求采取差别经济政策来促进本国经济发展，但固定汇率制将各国政策行为捆绑在一起，难以独立实施经济政策。（3）IMF协调解决国际收支不平衡的能力受到广泛质疑。一方面，由于汇率安排的内在矛盾导致各成员国际收支问题严重，对贷款的需求大大超出IMF的财力范围。另一方面，贷款条件性要求对发展中成员普遍不利，从而限制了IMF更好地发挥全球“最后贷款人”的作用。

3. 牙买加体系（1976年至今）

1976年1月，国际货币基金组织理事会“国际货币制度临时委员会”在牙买加举行会议，最终签订了《牙买加协定》，正式确认了浮动汇率制的合法化，承认固定汇率制与浮动汇率制并存的局面，规定成员可以自由选定汇率制度。以此为起点，“滑入”了一个以浮动汇率为主的崭新的国际货币体系，称为“牙买加体系”。

由于不存在统一的或是主要的汇率安排，牙买加体系被讥讽为“没有制度的体系”。尽管如此，20世纪70年代以来的国际货币体系演变还是在一定程度上汲取了历史教训，并做出了新的有益探索。客观地讲，牙买加体系所取得的成就和暴露出的问题几乎同样突出。

（1）汇率安排从集中接受人为的制度设计恢复为分散进行自由选择，从而呈现出浮动汇率制、固定汇率制以及介于二者之间的各种居中安排并存的复杂局面，由此产生了一系列关于汇率制度的崭新课题。

①当各国货币当局真的可以自行选择汇率制度时，反而容易陷入更大的困惑之中。特别是对广大的发展中国家来说，汇率制度选择已经成为经济开放之后最大的政策难题之一：首先是浮动汇率制和固定汇率制孰优无论在理论上还是在实践中都还没有定论；其次是兼顾“可信度”和“灵活性”的居中安排往往可能招致外来投机性冲击而导致金融危机。此外，汇率制度选择又要与资本账户开放、货币政策独立性、内外均衡冲突乃至国家经济安全等问题相互纠缠，从而更加难以取舍。

②发达国家的汇率制度选择表现出两种极端的情形：一是美元、日元、英镑等主要货币选择独立浮动汇率制，结果相互之间经常出现巨幅波动。比如，20世纪80年代中期以来，美元与日元之间的汇率波动幅度一直居高不下。二是在区域内部实行稳定的汇率机制，经过长期摸索，历史上第一个区域共同货币——欧元已经成功诞生并投入使用，同时极大地激励着东亚、西非等其他地区的货币合作计划。已经有人大胆预言，在有限种区域共同货币成功运行的基础上，未来极有可能实现全球单一货币的壮观景象——至少在理论上，这一设想完全符合交易成本不断降低的货币形式演进规律。然而，消除差异性是否真的意味着效率提高？这一问题仍然存在争论。

（2）实现了国际储备多元化，从而较好地解决了特里芬难题。然而就国际储备的未来

---

① 特里芬难题，指布雷顿森林体系下，作为汇兑平价体系中心货币的美元必须保持币值坚挺，而作为国际储备货币的美元必须为世界各国提供充足的清偿手段，从而只能长期维持国际收支逆差，使美元面临极大的贬值压力，于是在美元价值趋势上出现了悖论。

发展来说，一方面，由美元、欧元（以前是德国马克）、日元、英镑组成的“一超多元”格局短期内不会有大的改变；另一方面，在金融开放和金融全球化的推动下，可自由兑换的国际货币在不断增加，但是区域经济和货币合作的进展也有可能使得国际储备货币种类先增加后减少，所以长远看仍然存在较大的变数。

（3）依赖国际金融市场和国际经济政策协调解决国际收支问题。在牙买加体系下，国际金融市场迅猛发展，一方面为各国解决国际收支不平衡提供了更多金融工具；另一方面也大大增加了国际资本流动的规模，提高了速度，使得国与国之间的经济联系和相互依赖程度空前增强。由此也导致各国的宏观经济政策不可避免地具有外部效应。国家间的多边谈判与政策磋商，在缺乏规则协调机制的背景下，成功地确立了相机抉择的国际协调机制，不仅为各国解决国际收支问题提供了新的方案，而且有助于实现全球经济和金融的稳定发展。

（4）国际货币基金组织承担了更多职责，在国际金融领域的地位和作用明显提高。牙买加体系下金融危机的爆发频率和危害性远远超过以往任何时候，除了依靠国际经济政策协调机制以外，国际金融组织被赋予了更多维护全球金融稳定的责任。在协调责任方面，国际货币基金组织主要受到两方面的批评。一种观点认为，现有组织结构的设计和构建方式是正确的，但是国际金融组织本可以在事先防范金融危机方面做得更好。另一种观点则认为，国际金融组织的运作方式乃至这些组织本身都存在一定问题，所以至少要对国际货币体系进行重新调整，甚至重新设计。有趣的是，最严厉的批评不是怀疑国际货币基金组织是否具备预测危机并遏制危机的能力，而是认为国际金融组织本身就是金融危机产生的原因，因此主张必须对其进行彻底改革。

11.1.2　固定汇率制还是浮动汇率制?

关于固定汇率制与浮动汇率制孰优的争论至今没有结束。由于这两种汇率制度对于经济效率、经济稳定以及货币政策自主性的影响存在显著差异，所以选择一个最优的汇率制度，对任何国家来说都是一件困难的事情。

1. 固定汇率制的利弊

一般认为，固定汇率制的最大优点就是消除了个人和厂商从事对外经济交往时可能面对的外汇风险。而且因为不必投入大量资金进行套期保值活动，自然为微观主体带来了数目可观的资金节约以及更多的收益机会。在这层意义上，固定汇率制显然有利于提高经济效率，对国际贸易和国际投资的发展都有促进作用。

虽然外汇市场上总是存在投机活动，但是固定汇率制下的投机行为一般带有稳定性特征。一方面，货币当局履行干预外汇市场、维持固定汇率的义务，为所有市场交易主体的汇率预测提供了一个心理上的“名义锚”（nominal anchor），从而大大降低了交易的不确定性。另一方面，健康的国内经济运行、充足的外汇储备以及货币当局恪守承诺、负责任的国际形象，对于防止外汇投机会产生重要影响。在这种情况下，更多的市场主体会将心理预期向固定汇率水平调整，从而使外汇市场的稳定性提高。

固定汇率制的另一个明显优点，就是以汇率固定承诺作为政府政策行为的一种外部约束机制，从而可以有效地防止各国通过汇率战、货币战等恶性竞争破坏正常的国际经济秩序。也有学者指出，固定汇率制可以迫使那些本来可能会在国内启动通货膨胀或者屈服于通货膨胀压力的政府，实施较为保守的通货膨胀政策，即通过维持与平稳运行的经济体之间的固定汇率目标，抑制国内快速的物价上涨，并使货币政策进一步摆脱国内政治的压力。

然而，在固定汇率制的批评者看来，正是上述这些优点造成了固定汇率制无法回避的缺陷。固定汇率制并不意味着汇率水平永久固定不变。与浮动汇率制下汇率水平的连续微调相比，在固定汇率制下往往要在问题积累到相当程度时才进行一次性的大幅度调整，而这种汇率调整对经济的震动与伤害通常也比较剧烈。官方调整本币目标价值的理由并不局限于经济因素，所以固定汇率制下的汇率变动更加难以预测，这意味着几乎所有跨国合约都将因为没有进行套期保值而面临巨大风险。那么，至少在经济效率方面，固定汇率制并不必然比浮动汇率制更加可取。

还有学者认为，固定汇率制虽然可以降低微观主体的外汇风险，但可能损害国家的金融安全。新兴市场国家过去长期采用固定汇率制，目的无非在于控制国内通货膨胀，或者希望以稳定的汇率促进国际贸易和国际资本流入。这种汇率制度的确曾经起到了积极作用，但是在动荡的国际金融环境中，未能及时调整的僵化的固定汇率一旦背离了国内外实际经济状况，就会成为投机资本攻击的对象。从1994年墨西哥金融危机开始一直到21世纪伊始的阿根廷金融危机，一个个固定汇率制被冲垮。传统理论所秉承的固定汇率制有利于经济稳定的观点受到现实的严峻挑战。固定汇率制与资本高度流动似乎是一种极不稳定的政策组合。

> **知识注解**
>
> 对于实行固定汇率制的国家来说，当外国出现严重通货膨胀时，外币对本币有贬值压力，但为了保持固定汇率，中央银行必须买入外币、卖出本币，如果不采取冲销性货币政策，则必然造成国内通货膨胀压力。

固定汇率制的缺陷还表现在，以汇率目标替代货币目标之后，一国不仅丧失了本国货币政策的独立性，而且不可避免地会自动输入国外的通货膨胀，甚至可能出现内外均衡冲突。所以，在学者们还没有办法充分论证为什么汇率目标要比货币目标更加可信以前，就不能不重视实行固定汇率制所要付出的这些代价。

2. 浮动汇率制的利弊

在浮动汇率制条件下，国际收支出现不平衡后内外均衡的恢复具有自动调节机制，即通过外汇市场上汇率的自发性变动，实现对宏观经济失衡的微调。相对于固定汇率制下实施政策组合可能存在的时滞、汇率调整机制僵化等不足，浮动汇率制的支持者表现出强烈的自由主义经济思想，认为这种依靠汇率的自发性持续微调正是有利于提高经济效率的最好证据。换言之，可以认为浮动汇率制下的汇率水平是一国对外经济交往情况的真实反映，而只有均衡汇率才真正有利于国际贸易和国际投资的开展，使商品、劳动、货币资金等各种资源在世界范围内实现合理配置。

支持浮动汇率制的另一个重要理由在于，它为政策当局追求内外均衡目标准备了充足而且有效的政策工具。浮动汇率制将一国的货币政策从对汇率目标的依附中解脱出来，从而实现了让汇率自发调节实现外部均衡，以货币政策和财政政策专注实现内部均衡的新格局。与此同时，浮动汇率制还将外国的通货膨胀隔绝在外，阻止通货膨胀和经济周期的跨国传播，有利于本国宏观经济的稳定与相对独立发展。

还有倡导者提出浮动汇率制甚至对于经济稳定也是有利的。他们认为外汇市场的投机行为主要是稳定性投机（stabilizing speculation）。只有坚持买入价值低估货币、卖出价值高估货币，才能够持续获利。而这样的投机策略无疑有助于降低市场汇率的波动程度。同时，由于汇率随时调整，会令投机资金不容易找到汇率明显高估或者低估的机会，而且任何建立在预期基础上的交易活动都必然要承担价格反向变动的风险，对于投机活动也会形成一定约束。于是，在汇率变动的过程中，不仅外部均衡目标可以自动实现，不影响国内经济运行，而且可以由此调节短期资金移动，在一定程度上起到防范投机冲击的作用。

不过，浮动汇率制也同样存在明显的问题和缺陷。在经济全球化和金融自由化的发展趋势下，国际资本流动的规模越来越大、速度也越来越快，造成外汇市场上频繁、剧烈的汇率波动。如此严重的相对价格不确定性，可能给国际贸易和国际投资带来极大危害。套期保值交易同样是有成本的，有时候成本还会比较高，而金融衍生交易自身的风险往往更加难以应对。况且套期保值也无法适用于所有情况，比如长期投资、实物投资、人力资本投资等活动也有可能受到外汇风险影响，但是缺乏有效的风险管理办法。更为现实的是，广大发展中国家的金融市场多半不够发达，可以提供的避险工具自然也十分有限，所以是否实行浮动汇率制对它们而言实在是一个很大的挑战，必须审慎对待。

经验研究表明，浮动汇率制下，外汇市场非理性的投机活动很容易造成汇率错位，或者称作汇率超调（overshooting）。① 一种表现为“风险过度厌恶”的市场主体大多根据过去信息——而非当前信息——形成汇率预期。于是当某种“弱”币表现出较大风险，而某种“强”币相对安全时，他们就更不愿意放弃手中的强币而转持弱币。结果必然使弱币进一步贬值、强币进一步升值，但由此形成的两种货币的市场价值却可能与其各自的基本经济因素完全背离。另一种表现被称为“随波效应”。比如当有传闻说货币供给存在意外扩张时，投机者就会产生过度悲观的通货膨胀预期，结果抛售本币的力度将大于货币扩张所应引起的本币抛售程度，从而使本币贬值幅度超过正常水平。另外，理性投机也有可能产生错位汇率。由于浮动汇率制下人们对货币价值的判断可能没有一致或是相似的标准，所以汇率预期经常会受到一些似是而非、实际上并不重要的因素影响，从而使一些本不相关的事件也会导致汇率的大幅波动。而如果人们将注意力完全移向这些相关性并不高的信息上，并以此指导外汇交易，就很有可能导致汇率过度变化，甚至出现严重的货币危机。

当然，浮动汇率制在宏观经济政策方面也受到很多批评。其一是容易发生滥用汇率政策的问题。即使不是直接影响币值变化，由于浮动汇率制国家可以更加自主地推行扩张性货币政策，而不必担心外汇储备外流，所以还是会间接造成本币贬值。其二是容易引起国与国之间宏观经济政策冲突，影响国际经济秩序。由浮动汇率制的两国模型可知，扩张性货币政策对外国经济具有以邻为壑效应，从而也成为整个国际金融体系的不稳定因素。此外，主张实行固定汇率制的学者认为，浮动汇率制同样存在通货膨胀的跨国传递问题，而且这一传递还带有不对称性。考虑到价格刚性的影响，一国货币贬值所造成的进口成本上升和国内物价上升，在本币升值时却不容易下降或下降不足，其净效应便

> **知识注解**
> 这种不对称效应也被称为棘轮效应，其结果是通货膨胀在世界范围内的开放经济体之间相互传染。

① 这方面的例子有很多，比如1978年的日元升值、1980—1985年初的美元升值（达50%）以及20世纪80年代初的英镑升值等。

是物价上涨。由于汇率变动必然同时牵动两国货币价值变化，则贬值国家的物价上升幅度超过升值国家的物价下降幅度，结果就会导致世界整体物价水平上升。

3. 两种汇率制度的比较

通过上述讨论不难发现，浮动汇率制与固定汇率制孰优的确是个难有定论的问题。两种制度各有长处也各有不足，为方便比较，我们通过表 11－1 将固定汇率制和浮动汇率制最主要的优缺点做一个概括。从本质上看，两种汇率制度的比较与选择，实际上就是各国政策当局对汇率安排"可信度"与"灵活性"的权衡。或许正是因为这种二者不可兼得的不完美，经济现实中的汇率制度选择才变得更有魅力，也更具挑战性。

表 11－1　固定汇率制与浮动汇率制比较

	固定汇率制	浮动汇率制
优点	1. 有利于国际贸易和投资活动 2. 有利于抑制国内通货膨胀 3. 防止外汇投机，稳定外汇市场 4. 作为外部约束，防止不正当竞争危害世界经济	1. 汇率反映国际交往真实情况 2. 外部均衡可自动实现，不引起国内经济波动 3. 可自动调节短期资金移动，预防投机冲击 4. 增强本国货币政策自主性 5. 避免通货膨胀跨国传播
缺点	1. 容易输入国外通货膨胀 2. 货币政策丧失独立性 3. 容易出现内外均衡冲突	1. 增大不确定性和外汇风险危害 2. 引发外汇市场动荡，容易引致资金频繁移动和投机 3. 容易滥用汇率政策

11.1.3　居中安排的汇率制度

虽然号称浮动汇率制时代，但许多政府在追求政策目标的时候还是无法抗拒积极干预外汇市场的现实诱惑。于是，除了典型的固定汇率制（即传统的钉住汇率制）和完全自由浮动汇率制以外，还广泛存在着大量介于二者之间的汇率安排。①

1. 管理浮动

> **知识注解**
> 管理浮动，指政府为了使市场汇率向对本国有利的方向浮动，通过外汇交易干预市场汇率，确保汇率不会过度波动。

管理浮动（managed floating），有时也称作不清洁浮动（dirty floating）。这种安排的目的是保持正常的汇率变动，同时消除过度波动性。汇率是由市场决定的，只不过借助政府的不时入场交易来缓解汇率变动压力，使汇率调整变得更加平滑，但未必要求汇率达到某个特定水平或不能超出某个波动范围。有时也寄希望于政府干预可以缓和或消除外汇市场上的周期性波动，以及过度的自我修正问题。管理浮动的优越之处在于降低不确定性，从而改善经济环境和金融环境。但问题是什么叫作"过度波动"？而且，对于汇率变动中哪些属于市场基本因素，哪些可以视为暂时性的自我修正因素，政府的鉴别能力事实上始终受到质疑。

① 除了以下介绍的几种汇率安排，国际货币基金组织在统计中专门列有"无单独法定货币"的类别，其中不仅包括实行"美元化"的国家，也包括采取区域共同货币的欧元区 19 国。

2. 爬行钉住

> **知识注解**
> 爬行钉住，指货币价值按照固定幅度，或根据选择的定量指标，进行定期小幅调整。

爬行钉住（crawling pegs），也称为蠕动汇率，是一种自动调整汇率的制度安排。货币当局首先确立本币与钉住货币的平价，同时规定每次调整幅度，于是汇率就按照官方制定的公式定期自动调整。当市场汇率偏离平价时，中央银行就有义务进场干预。所以，爬行钉住的特点在于允许货币平价持续地小幅度调整，从而降低固定汇率制一次性大幅度调整对经济的震动。尽管爬行钉住基本上克服了固定汇率制和浮动汇率制的明显不足，“小步快跑”的汇率调整使其具有了一定的浮动汇率制功能，但货币政策仍然受到外部制约，输入通货膨胀的问题也没有得到彻底解决。一旦国民经济遭受突然的外在冲击，小幅度汇率调整就很可能面临“不及时、不到位”的问题。

3. 钉住平行幅度制

> **知识注解**
> 传统的钉住汇率制通常也允许汇率在中心平价周围小幅变动，货币当局只在市场汇率可能突破临界点时才予以干预。

在钉住平行幅度制（pegged exchange rates within horizontal bands）下，一国允许市场汇率围绕中心平价更大幅度地波动，比如可以超过±2%。由于规定的汇率波动幅度更大，所以钉住平行幅度制在灵活性等方面较固定汇率制还是有了很大变化。

也有个别国家的汇率安排带有组合特征：在爬行钉住的基础上再加入一定的汇率波动幅度，实行所谓的类似爬行钉住汇率制（crawl-like arrangement）。具体做法是：货币当局在确定中心平价的同时，为其规定上下变动界限，于是，当中心平价有规则地自动调整时，平价的上下界限也随之规则变动。

4. 货币委员会制度

货币委员会（currency board）制度，也称货币局制。[①] 1849 年毛里求斯成立了世界上第一个货币委员会，这是英国向殖民地提供稳定和可转换货币的一种制度创新。实行这一制度的国家以独立的货币管理局或货币委员会取代中央银行，将本国货币钉住另一国货币。为保持货币平价而进行的外汇储备买卖活动，直接影响着本国货币的流通数量。货币委员会不持有本国政府债券，不要求商业银行提取存款准备，也不充当银行的最后贷款人。所以，货币委员会彻底放弃了货币政策自主性。目前只有少数国家采取这一制度，而且成功和失败的例子都已经出现。

11.1.4　各国货币当局的现实选择

无论是长期以来有关固定汇率制与浮动汇率制孰优的争论，还是选择某种介于完全固定与完全浮动之间的汇率安排，都反映出各国政府对于汇率制度的“可信度”与“灵活性”的权衡。图 11 - 2 给出了国际货币基金组织 2023 年 7 月 26 日报告的成员的现实汇率制度选择，或许可以从另一个角度说明，汇率制度本身并不存在绝对的优劣，只有适合与不适合的区别。而对于追求内外均衡目标的各货币当局来说，经济效率和经济稳定不仅有

---

① 货币委员会是一个独立的货币机构，负责根据所持有的外汇储备以固定汇率发行相应数量的本国货币。我国香港特别行政区的美元联系汇率制度也被国际货币基金组织归入“货币委员会制度”之列。

赖于选择适合本国（地区）经济条件的汇率制度，更多地还必须取决于恰当的宏观经济政策决策和实施情况。

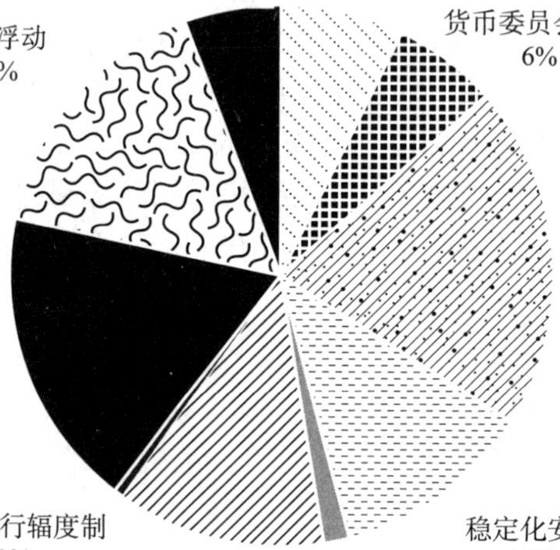

图 11-2　汇率制度的现实选择

注：计数采用四舍五入原则。

资料来源：IMF Annual Report on Exchange Arrangements and Exchange Restrictions，2023.

专栏 11.1　解读新兴市场国家的汇率制度选择

20 世纪 90 年代以来，关于新兴市场国家的汇率制度选择问题，多是从可持续性和危机预防角度来探讨。比较有影响的解读有“原罪论”“害怕浮动论”“中间制度消失论”等。

“原罪论”认为新兴市场国家的金融市场很不完善：本币不能用于国际借贷，甚至也不能用于本国市场上的长期借贷——新兴市场经济的“原罪”。这使它们的金融体系很脆弱：若企业借款使用外币而出现“货币不匹配”（currency mismatch），则一旦本币贬值，就会造成借款成本上升；如果借入本币而发生“期限不匹配”（maturity mismatch），则一旦利率上升，借款成本也会上升。在汇率政策方面，由于存在“原罪”，汇率变动会产生资产负债表效应，所以企业和政府都不希望汇率变动，于是汇率容易变得无法浮动；政府在遭遇投机攻击时变得难有作为，既无法利用贬值来缓解企业压力，也不能提高利率来保卫本币；进而不论浮动汇率制还是固定汇率制，都无法回避“原罪”的现实及其产生的各种不利后果。因此认为，对新兴市场国家而言，完全美元化或许是最好的制度安排。

所谓“害怕浮动论”是指一些被归入实行弹性汇率制的国家将本币对另一货币（通常是美元）的汇率维持在狭小的变动幅度之内，反映了这些国家害怕汇率大幅度波动的心理。新兴市场国家的利率往往偏高，波动性也大；它们在国际金融市场上缺乏竞争力，较难获得国际信贷；政府和企业的对外债务多以美元计值；中央银行难以有效地履行最后贷款人的职责——导致这些国家的政策可信度较低。所以，它们既害怕贬值的紧缩效应，也害怕升值可能对其国际竞争力及出口努力造成损害。当然，除了经济方面的理由外，政治因素在其中也有影响。同样，对于“害怕浮动”的新兴市场国家的主要政策建议是：如果的确具有不适于浮动的结构性原因，则应当实行完全美元化。

“中间制度消失论”又称“两极汇率制度论”或“中空汇率制度论”，引起的争议最大；它认为只有浮动汇率制或者具有非常强的承诺机制的固定汇率制（如货币同盟、货币委员会制度等）才是可以持久的汇率制度，而介于二者之间的居中安排——钉住幅度、爬行钉住、汇率目标区和管理浮动等——正在消失或应当消失。有人试图用可验证性来构建中间制度消失论的理论基础：如果市场参与者根据观察到的信息验证了现实中运行的汇率制度就是政府宣布的制度，则该制度具有“可验证性”，因而是可信的；任何居中的汇率安排都比较复杂，不方便“验证”，因而可信度会低于简单的完全钉住制度或者自由浮动制度。拉美国家在金融危机后纷纷选择放弃居中安排，似乎确认了汇率制度两极化发展的趋势。但也有学者提出，不能只从防范金融危机的角度出发选择汇率制度，还必须考虑到维持国内经济持续增长、稳定物价和就业、贸易发展等多重目标。因而中间汇率制度并非绝对不可行，需视国情做出具体安排。

11.2　最适货币区的理论与实践

牙买加时代的汇率安排多样化，被一些学者讽刺为“无制度的国际金融体系”。所以，建立国际金融新秩序的努力从未停止。与国际经济政策协调、国际收支调节机制相比，建立稳定的国际货币体系显得更加迫切。在这方面，欧盟的货币一体化实践、拉美国家的“美元化”道路以及有着广泛影响的汇率目标区方案，都是值得关注的有益探索。

11.2.1　蒙代尔的最适货币区理论

关于汇率制度选择问题，人们普遍形成了要结合经济体的具体特征来判断汇率安排优劣的观点。但是在什么情况下实行固定汇率安排和货币一体化才是最佳决策呢？作为最适货币区（optimum currency area）理论的奠基人，蒙代尔早在 1961 年就撰文讨论了这个问题[①]，并主张用生产要素的高度流动性作为确定最适货币区的标准。此后，麦金农（R. I. McKinnon）[②]、肯南（P. Kenen）、英格拉姆（J. Ingram）等多位学者针对同一问题展开了多角度深入分析，相继提出了经济开放性、低程度产品多样性、国际金融一体化程度、政策一体化程度、通货膨胀相似性等研究方法，使最适货币区理论逐渐完善，并伴随欧洲货币一体化实践而越来越受到关注。正如瑞典皇家科学院在致辞中提到的那样：“蒙代尔的理论鼓舞了几代研究人员”。所以蒙代尔不仅获得了 1999 年诺贝尔经济学奖，还享

---

① R. Mundell, “A Theory of Optimum Currency Areas,” *American Economic Review*, 1961, 51 (4): 657-665.

② R. I. McKinnon, “Optimum Currency Areas,” *American Economic Review*, 1963, 53 (4): 717-725.

有“欧元之父”的美名。

以蒙代尔的生产要素标准为例。假设有A和B两个国家，分别生产汽车和玩具。当A国居民的消费偏好从汽车转向玩具时，该国会因为对玩具的消费提高而出现贸易收支逆差，同时因为对汽车的需求降低而出现劳动力与资本的供给过剩；而B国会相应地出现贸易收支顺差和劳动力与资本的过度需求。不考虑资本项目时，如果劳动力与资本等生产要素不能在国家之间无成本地流动，A国货币就将相对于B国货币贬值，通过相对价格的调整来消除两国贸易收支不平衡。也就是说，对于要素流动性低的国家来说，如果不希望改变各自国内价格水平，则比较适合实行浮动汇率制，通过汇率调节来改变相对价格。如果生产要素可以从A国自由廉价地转移到B国，就可以缓解A国失业和B国通货膨胀的压力，通过各自价格水平的调整恢复两国的内外均衡。所以，生产要素高度流动的国家之间适合实行固定汇率制，甚至可以考虑实行单一货币。

知识注解

后来的研究表明，仅仅满足要素流动标准还不够，货币同盟国家之间还应当具备经济发展水平相当、贸易和金融一体化程度高、历史文化背景相近等其他条件。

20世纪90年代以来，最适货币区理论得到了较大发展。新理论在传统分析的基础上引入了新开放经济宏观经济学的研究成果，全面探讨了实行货币一体化的收益与成本问题。简单地讲，如果在要素流动、金融交易和商品贸易方面高度一体化，经济高度开放的国家之间组成货币同盟，将会更有效地解决内部均衡和外部均衡的关系，从而降低经济成本，提高经济收益。

11.2.2 欧洲货币同盟：从梦想到现实

欧洲货币一体化进程是迄今为止最适货币区理论的一次伟大实践。以下我们将简要回顾欧洲货币同盟从梦想到现实的发展过程。

1. 欧洲经济共同体的货币一体化理想

为寻求持久和平和持续发展而建立统一的欧洲联盟，是西欧各国数百年来孜孜以求的梦想。早在20世纪50年代欧洲经济共同体时期，各成员国就曾经签署过欧洲货币协定，意在促进战后经济贸易发展。但这时并未涉及汇率安排和储备资产形式等实际问题，“货币一体化”充其量只能看作欧洲政治家们长期以来宏伟抱负的一个构成要素。

2. 魏尔纳计划（Werner Report）

一直到1969年12月欧共体海牙会议，经济与货币同盟才正式成为主要议题。受欧共体理事会委托，卢森堡首相兼财政大臣皮埃尔·魏尔纳（Pierre Werner）主持的专家委员会于1970年10月递交了《关于在共同体内分阶段实现经济和货币同盟的报告》，即“魏尔纳计划”（见表11-2）。该计划修改后于次年经欧共体部长会议通过，但是主要成员国之间仍然存在深刻的认识分歧，所以收效甚微。其中最大的争议在于：联邦德国和荷兰坚持“经济先行”，认为货币一体化必须具备一定的前提条件，即成员国通货膨胀水平和经济增长速度应大体相当，不能过于悬殊；而法国、比利时和卢森堡则主张“货币先行”，认为货币一体化规定了各国汇率波动幅度，要遵守这一规则，各国必须协调国内政策，从而使通货膨胀与经济增长趋于一致。

表 11－2　欧洲货币一体化时间表：魏尔纳计划

阶段	时间	计划安排
第一阶段	1971—1973 年	缩小成员国相互间汇率波动幅度，着手建立货币储备基金，以支持稳定汇率的安排；加强货币与经济政策协调，减少成员国经济结构的差异。
第二阶段	1974—1976 年	集中成员国部分外汇，建立欧洲货币储备基金；进一步稳定汇率，并逐步实现共同体内部的资本流动自由化。
第三阶段	1977—1980 年	在欧共体内部实现商品、资本、劳务的自由流动；汇率完全稳定，向统一货币过渡；欧洲货币储备基金向欧洲中央银行过渡。

知识注解

联合浮动机制，又称可调整的中心汇率制。对内各成员国货币之间保持可调整的钉住汇率，并规定汇率波动幅度；对外则实行集体浮动汇率。

尽管动荡的 20 世纪 70 年代几乎使魏尔纳计划完全落空，但据此而进行的诸多尝试还是具有重要意义。（1）建立联合浮动机制。1972 年欧共体六国达成联合浮动协议①，规定汇率波动幅度不超过当时公布的美元平价的±1.125%，于是便在同期国际货币基金组织规定的±2.25%汇率幅度内又形成一个更小的波动幅度。由于欧共体六国货币对外的集体浮动犹如“隧道中的蛇”（见图 11－3），所以也被称为“蛇形浮动”（snake floating）。这种联合浮动机制为后来欧洲货币体系稳定汇率机制提供了参考依据。（2）建立欧洲货币合作基金，创立欧洲计算单位（European Unit of Account，EUA）②。欧洲货币合作基金成立后并未发挥实质性作用，但作为确定联合浮动机制的核算砝码，EUA 实质上就是共同货币的萌芽，堪称 20 世纪 70 年代欧洲货币一体化实践的最大成果。

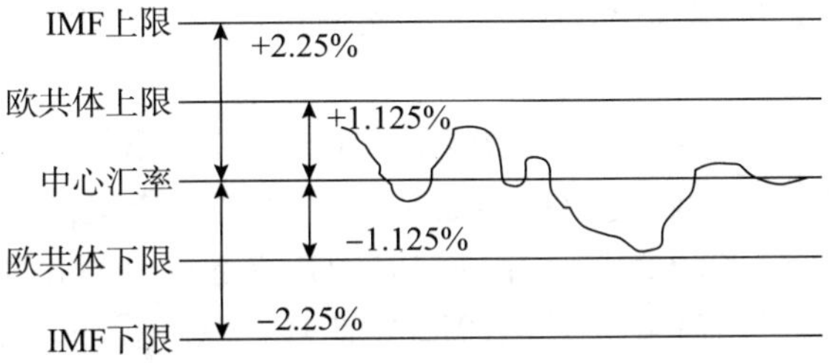

图 11－3　欧共体成员国的蛇形浮动

3. 欧洲货币体系

美元汇率的剧烈波动严重冲击着欧共体的联合浮动机制，对关税同盟、统一对外贸易政策和农业政策等构成极大威胁。对此，联邦德国和法国两国提议通过区域货币一体化来抗衡美元。经过反复磋商和谈判，欧洲货币体系（European Monetary System，EMS）于

① 所谓的六国联合浮动，其实成员国数目始终处于变化中。1972 年 6 月，英国、爱尔兰、丹麦、挪威也参加了联合浮动。此后，英国、意大利、挪威、法国、瑞典等国都曾经几进几出。到 1979 年欧洲货币体系建立以前，只有联邦德国、丹麦、荷兰、比利时、卢森堡五国联合浮动，而英国、法国、意大利和爱尔兰四国单独浮动，连魏尔纳计划第一阶段的目标也没能达成。

② EUA 由共同体九国货币构成，各国权重根据 GNP、商品及劳务出口额、在欧洲货币合作基金中的份额等确定。规定 EUA 与 1974 年 6 月 28 日的国际货币基金组织记账货币 SDR 等值，即 EUA1＝USD 1.206 3，大有欧共体与美日抗衡的深意。

1979 年 3 月正式成立。① EMS 的主要成就集中表现在三个方面。

（1）创立欧洲货币单位（European Currency Unit，ECU），并逐渐发展为各国普遍接受的欧洲共同货币。ECU 由 EUA 演变而来，各国货币权重每 5 年调整一次。ECU 在欧共体内得到了广泛应用。欧共体编制预算、制定农业共同价格、各货币当局相互清算都使用 ECU，ECU 成为各国仅次于美元和德国马克的储备货币，欧洲汇率机制的中心汇率也以 ECU 作为计算标准。ECU 事实上已经成为欧共体的准货币。

知识注解

意大利里拉相对较弱，波动幅度可达±6%。1990 年 1 月 8 日，意大利宣布中心汇率贬值 3%，将汇率幅度缩小到±2.25%，以与其他成员国保持一致。

（2）确立"超蛇形联合浮动"机制，稳定成员国汇率。各成员国以 ECU 中本币权重乘以 1979 年 3 月 12 日与其他成员国货币的市场汇率，加总得到本币对 ECU 的法定一篮子比价，即中心汇率；同时规定波动幅度为±2.25%。为维护汇率机制，EMS 还规定了各国必须进行干预的警戒线：

$$警戒线=\frac{3}{4}\times允许的汇率幅度\times(1-本币在\text{ ECU }中的比重)$$

一旦汇率波动达到警戒线，虽然尚未突破最大波幅，但相应国家也必须进行联合干预。通常采用三种办法进行干预：一是各国中央银行相互支持，或向欧洲货币基金组织申请贷款，在外汇市场上抛出强币、支持弱币；二是依靠相关国家的宏观经济政策，弱币国紧缩银根，提高利率，强币国放松信贷，降低利率；三是在前面两种办法无效时调整中心汇率。

知识注解

整个 20 世纪 80 年代，EMS 中心汇率共调整过 13 次，其中 11 次发生在 1983 年以前。

（3）成立欧洲货币基金组织。为了增强 EMS 干预外汇市场的力量，为共同货币 ECU 提供物质准备，以及给予国际收支困难的成员国更多的信贷支持，EMS 集中了各成员国（包括英国）黄金和外汇储备的 20%，用两年时间建立起欧洲货币基金组织。到 1981 年 4 月，共筹集 492 亿 ECU。1974 年 4 月—1979 年 6 月，欧洲货币基金组织累计动用 500 亿美元进行大规模外汇市场干预，有效地维护了超蛇形联合浮动汇率机制。

4.《关于欧洲经济货币同盟的马斯特里赫特条约》与欧洲经济货币同盟

20 世纪 80 年代下半期，受欧洲经济持续稳定增长的鼓舞，欧洲货币一体化进程开始加快。1985 年底在卢森堡会议上拟就了《单一欧洲法案》（A Single Europe Act），并将 EMS 确定为深化货币合作的出发点。1988 年 6 月，欧共体汉诺威首脑会议决定由时任欧共体委员会主席的雅克·德洛尔（Jacques Delors）主持研究欧洲经济货币同盟的可行性。《德洛尔报告》（Delors Report）于第二年 6 月向马德里峰会提交，并获批准。《德洛尔报告》继承了魏尔纳计划的基本框架，认为建立货币同盟应具备三个条件：一是货币完全和不可取消的自由兑换；二是在银行和其他金融市场充分一体化的基础上实现资本的完全自

① EMS 成立时，成员国包括法国、联邦德国、意大利、荷兰、比利时、卢森堡、丹麦和爱尔兰。英国没有参加 EMS，但英格兰银行按规定认缴黄金和外汇储备，参加了欧洲货币基金组织。1984 年 9 月希腊加入 EMS，1989 年 9 月又增加了西班牙、葡萄牙两国。EMS 扩大到 12 国。

由流动；三是取消汇率波动幅度，实行不可改变的固定汇率平价。报告中虽然没有强调必须实现单一货币，但是在欧洲经济货币同盟详细的时间表（见表11-3）中，把单一货币看作是“货币同盟自然和理想的进一步发展”。此外，也提出了建立欧洲中央银行体系（European System of Central Banks，ESCB）的设想。

表11-3 欧洲经济货币同盟时间表：《德洛尔报告》

阶段	主要目标
第一阶段	从1990年6月开始，取消成员国外汇管制，进一步深化金融一体化；争取所有成员国以同等条件加入EMS的汇率机制，汇率幅度都缩小到±2.25%；消除对私人使用ECU的限制；扩大成员国中央银行行长委员会的权力和权限
第二阶段	进一步协调各国经济政策，继续充实欧洲货币基金；建立联邦式的“欧洲中央银行体系”，制定共同体的货币政策，但各国中央银行有最终决策权
第三阶段	成员国汇率完全固定；欧洲议会将享有约束成员国财政和其他经济政策的权力；推行单一欧洲货币；由ESCB集中并管理官方储备，对外汇市场进行干预，为过渡到单一共同体货币做制度和技术准备

1991年12月，欧共体马斯特里赫特峰会签署了《关于欧洲经济货币同盟的马斯特里赫特条约》（Maastricht Agreement on Economic and Monetary Union，简称《马约》），积极推动欧洲经济货币同盟成立。主要内容包括：1990年7月—1993年底，完成《德洛尔报告》第一阶段任务，所有成员国以同等条件加入汇率机制；从1994年开始各国调整经济政策，使主要经济指标达到规定标准，缩小成员国经济发展水平的差距；最早于1997年但不晚于1999年1月1日前发行单一货币——欧元。1993年11月1日，《马约》正式生效，欧共体更名为欧盟，向地区性经济政治实体过渡。

《马约》为各国过渡到欧洲经济货币同盟制定了四个共同标准，符合这些标准的成员国才有资格加入欧盟。即：（1）通货膨胀率不超过三个成绩最好国家平均水平1.5个百分点；（2）当年财政赤字不超过GDP的3%，累积公债不超过GDP的60%；（3）政府长期债券利率不超过三个最低国家平均水平2个百分点；（4）在加入欧盟之前两年汇率稳定，中心汇率不得重组。

5. 欧元启动

1999年1月1日，欧洲单一货币——欧元正式启动。欧元货币符号为€，以1∶1的比率取代ECU，作为储备、投资、计价和结算货币，开始在货币市场、银行间同业拆借市场的所有经济活动中享有与信用卡、支票、电子货币等同的功能。2002年1月1日，欧元纸币和硬币正式进入流通。各成员国货币经过半年时间的混合流通后宣布退出历史舞台。2002年7月1日起，欧元成为欧元区市场流通中的唯一法定货币。欧洲中央银行也从1999年开始运行，负责维护欧元稳定、统一管理主导利率、进行货币储备及货币发行等，制定统一货币政策，建立和完善货币政策机制。与此同时，各成员国中央银行自动成为欧洲中央银行的执行机构，不再单独制定货币政策。截至2023年1月，欧元区国家共有20个：奥地利、比利时、芬兰、法国、德国、希腊、爱尔兰、意大利、卢森堡、荷兰、葡萄牙、西班牙、斯洛文尼亚、斯洛伐克、爱沙尼亚、塞浦路斯、马耳他、拉脱维亚、立陶宛和克罗地亚[①]。

专栏 11.2 欧洲联盟

欧共体马斯特里赫特峰会以建立欧洲经济货币同盟和欧洲政治联盟为目标。随着《马约》正式生效，集政治实体和经济实体于一身、在世界上具有重要影响的区域一体化组织——欧洲联盟（European Union，EU）也宣告诞生。其宗旨是“通过建立无内部边界的空间，加强经济、社会的协调发展和建立最终实行统一货币的经济货币联盟，促进成员国经济和社会的均衡发展”，“通过实行共同外交和安全政策，在国际舞台上弘扬联盟的个性”。

1995 年，奥地利、瑞典和芬兰加入，使欧盟成员国扩大到 15 个。2004 年 5 月，波兰、捷克、匈牙利、塞浦路斯等 10 个中东欧和地中海国家正式加入欧盟，使欧盟成员国一跃增至 25 个。2007 年保加利亚和罗马尼亚加入欧盟，2013 年克罗地亚入盟。至此欧盟的经济总量与美国不相上下，整体实力有所增强。

2016 年 6 月 23 日，英国举行了“脱欧”公投。最终计票结果显示，支持脱欧的选民票数占到 51.9%。2017 年 3 月正式启动脱欧程序。2018 年 11 月，经历一年多的谈判，英国与欧盟就脱欧协议内容达成一致。英国于 2020 年 1 月 31 日正式退出欧盟，随后进入脱欧过渡期，至 2020 年 12 月 31 日结束。

目前欧盟成员国共有 27 个：法国、德国、意大利、荷兰、比利时、卢森堡、丹麦、爱尔兰、希腊、葡萄牙、西班牙、奥地利、瑞典、芬兰、马耳他、塞浦路斯、波兰、匈牙利、捷克、斯洛伐克、斯洛文尼亚、爱沙尼亚、拉脱维亚、立陶宛、罗马尼亚、保加利亚和克罗地亚。

11.2.3 欧元为世界带来了什么?

欧元的诞生是欧洲联合自强的必由之路，是区域经济一体化的需要，是欧洲货币体系发展的必然结果。尽管所有成员国不得不应对来自欧元区内部和外部的各种挑战，但欧元正式启动无论如何都是国际金融领域的一件大事。

1. 对美元在国际金融格局中的主导地位直接提出了挑战

虽然布雷顿森林体系下的美元本位时代已经远去，但美元至今仍然是关键货币。统计数据表明，美元在各国外汇储备中所占比重达 60%，占国际金融交易总额的 80%以上，

---

① 克罗地亚于 2023 年 1 月 1 日正式加入欧元区。

作为国际贸易计价和结算货币的金额也超过一半。[①] 但美国经济在世界经济中的比重却在降低，美元地位与美国综合国力之间发生了偏离。更严重的是，无论是在国际经济舞台上还是在重要的国际金融组织中，美国意志的影响似乎都在潜移默化地发展。这种现实是整体实力已经接近甚至可能超过美国的欧盟无论如何都不愿接受的。正如德国前外长金克尔所说，欧洲要按照自己的意愿影响全球化趋势，单凭一国或几个国家的力量根本办不到，欧洲必须充分发挥统一货币的优势，完善和发展统一市场，在此基础上采取进一步行动，在参与全球化的进程中提高效率，提高竞争力，提高欧盟的地位和作用。因此，欧元的出现在某种程度上是对美元地位的"纠偏"。而且，欧元与美元的竞争关系必然对世界经济格局产生实质性影响。无论美国愿意与否，这都是一个不可逆转的大趋势。图 11－4 给出了欧元兑美元的长期汇率走势。

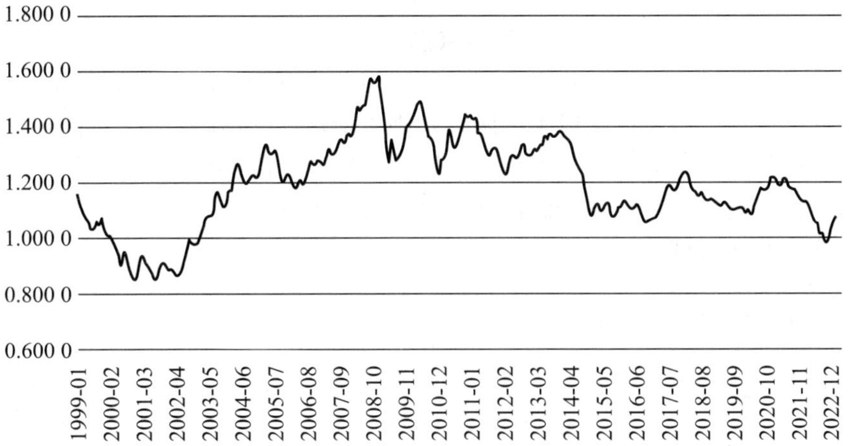

图 11－4　欧元兑美元长期汇率走势图

资料来源：Wind 资讯。

2. 对现行国际货币体系提出了挑战

欧元启动后，首批 11 个国家在国际货币基金组织的份额合并达到 37%[②]，而且这些国家已就在国际货币基金组织及其他相关国际机构中的代表权问题达成一致。与美国不足 20%的基金份额相比，欧盟国家有望在此后的国际政治经济舞台上掌握更大的话语权，改变国际政治力量对比，从根本上打破美国一家主宰国际货币和金融事务的局面。相应地，以美元为主导的国际货币体系必然发生重大变化，甚至进行彻底改革。所以学术界普遍认为，欧元的诞生标志着国际金融进入重大调整阶段，并将为现行国际货币体系乃至国际金融体系的改革创造条件。

3. 对传统的国家主权提出了挑战

金融是一国经济的命脉，货币不仅是经济主权的象征，还是一国宏观经济政策的核心。在全球化背景下，11 个国家在平等、互利的基础上在政治主权没有合并的前提下，在区域集团利益的驱使下，主动放弃本国货币，创造一个区域共同货币，以欧洲中央银行

---

① 由于美元贬值导致国际市场石油价格一再上升，已经有部分石油输出国组织成员国主张未来以欧元取代美元作为石油的计价货币。这说明欧元对美元的冲击，已经从象牙塔里的高谈阔论变成了现实世界中的短兵相接。

② 芬兰在 1995 年成为欧盟成员国后加入欧元区。

的统一货币政策替代各国独立的货币政策。这种“多国一制”的货币制度创新，无疑是人类文明史上的创举。从传统的国家主权来看，放弃本民族钟爱的货币，追求一种全新的仍然充满变数的区域共同货币，是各国让渡经济主权的冒险之举。在放弃了货币、汇率、贸易等诸多政策权力以后，一旦内部均衡问题的严重性超过外部均衡，欧元区的稳定性就会面临冲击和危险，现实中统一货币政策与分散财政政策之间始终难以协调。而且，欧洲政治一体化的理想真的能够付诸实践吗？这对于已经取得的经济、货币一体化阶段性成果又有怎样的意义？事实上，迄今为止对区域共同货币的怀疑态度仍旧存在，关于欧元实践能否经得起时间考验的争议还在继续。不过，从各国经济发展的长远利益来看，欧元区各国获得的是超过本国领土范围几倍甚至十几倍的货币疆界，为本国和地区经济争取了前所未有的发展空间、更加充裕的生产要素、更高的全球市场份额，以及区域经济更大的稳定性。

4. 对地区和世界经济的长远发展具有深远影响

受到欧元成功启动的鼓舞，建立区域共同货币的议题也被许多其他国际经济组织提上日程，一时间地区性货币一体化成为国际金融领域最热门的话题。这些组织尽管在金融和货币一体化方面的成就十分有限，但仍然在区域性货币经济协调方面发挥了重要作用。有关东亚区域合作规划的讨论也在升温，甚至已经有学者开始设想，未来是否会在亚欧大陆的另外一端诞生东亚区域共同货币——亚元。

专栏 11.3 东亚区域合作规划

随着欧元正式启动和北美自由贸易区向整个美洲扩展，作为世界经济三大重心之一的东亚地区进一步暴露出区域合作相对落后的问题。1997 年亚洲金融危机不仅引起人们关注金融体系的脆弱性，也使各国发现“合作是共同利益所在”。所谓东亚区域合作，实际上是一个包括经济合作—金融合作—政治合作的长远规划。

首先是以自由贸易安排推动的经济合作。虽然该地区已经存在一些小范围的自由贸易区，比如东盟，以及一些双边贸易安排，比如日本—新加坡经济合作伙伴协定（JSEPA），内地与香港、澳门《关于建立更紧密经贸关系的安排》以及中国与东盟的自由贸易谈判等，但现在的问题是：如何把这些分散的安排整合到一个东亚的框架之中，形成一个东亚自由贸易区？由于东亚国与国之间经济差别较大，所以这个步子不能迈得太快，但也不能过慢。

其次是被称为东亚区域合作亮点的金融合作。该目标从一开始就带有鲜明的东亚框架特点。金融合作包括两个基本设想：一是实现地区交易货币本土化，二是实现联合浮动汇率机制。地区交易货币本土化目标主要出于铸币税收益的考虑。东亚各国中央银行控制了全球外汇储备的 60%，其中 2/3 以上是美元储备；私人持有的外国资产数量可能更大。当时仅中国、日本、韩国、中国香港、中国台湾等地官方持有的美国国债金额就超过7 000 亿美元。如此之多的美元储备固然与货币正式或非正式地钉住美元有关，但不断提高的区域内贸易、金融交易也使用美元计价和结算，无疑将庞大的国际铸币税收益拱手让与美国。至于联合浮动汇率机制，又可分为三个境界。第一是建立流动性机制，防范货币危机。根据《清迈倡议》签订的双边货币合作安排金额已超过 375 亿美元。2003 年 6 月东亚及太平洋中央银行行长会议组织（EMEAP）成功发行 10 亿美元的亚洲债券基金一期

(ABF1)，被誉为推动亚洲金融合作的重要成果；2004年12月再次启动20亿美元的ABF2，并确立向私人部门开放的原则，以形成市场自我发展的良性机制。第二是建立汇率稳定机制。第三是实现单一货币机制——这一远景目标目前也已经进入探讨阶段。但单一货币在较大程度上需要以高度的政治合作为基础，对于东亚地区来讲显然距离还比较远。

最后是通过政治合作实现地区安全与稳定。1999年东亚领导人会议发表《东亚合作联合声明》，表达了推动政治合作的意愿，大致包括四层含义。一是改善各国关系，建立信任，避免对抗，实现地区和平。二是改善中日关系，实现中日和解与合作，以地区合作机制作为推动中日关系发展的润滑剂。三是逐步发展东亚政治安全机制，为经济合作的深化提供政治基础，为建立东亚区域一体化组织准备条件。四是在世界事务中争取地区利益，表达地区意愿。正如在金融合作上不能强求经济发展水平参差不齐的国家同时接受固定汇率和单一货币安排，东亚政治合作在重大历史分歧没有得到妥善解决、制度性的区域合作组织和基本原则尚未确立以前，同样不能操之过急。

2020年11月，东盟10国和中国、日本、韩国、澳大利亚、新西兰共15个亚太国家正式签署了《区域全面经济伙伴关系协定》(RCEP)。该协定于2022年1月1日正式生效，标志着当前世界上人口最多、经贸规模最大、最具发展潜力的自由贸易区正式启航。

11.3　“美元化”道路

> **知识注解**
>
> 美元化，指使用其他国家货币代替本币执行价值贮藏、交易媒介和价值尺度职能的现象，而不仅仅局限于美元这一种货币。欧元启动前，有些非洲国家以法国法郎作为本国的法定货币，同样也被称为美元化。

在汇率制度选择的争论中，许多学者认为对于那些国内经济形势极不稳定、官方制定和实施货币政策以调控经济的能力又比较差的国家来说，实行固定汇率制，以汇率目标替代货币目标，将是一个比较理想而且可行的选择。为解决公众对货币当局的不信任，增强抑制国内通货膨胀的效果，一些国家特别采取了货币委员会制。然而，与货币委员会制放弃了自主货币政策相比，实践中还有更加激进的做法：将本币发行权一并放弃，直接使用其他国家货币作为本国流通中的法定货币。这种行为被称作美元化（dollarization）。

从20世纪80年代开始，一些发展中国家在国内通货膨胀居高不下或是本币贬值预期强烈的背景下，毅然选择美元化道路。这些国家不仅放弃了货币政策独立性，不再承担对国内金融体系的存款准备要求和最后救助责任，而且也因放弃了货币发行权力而不再享有信用货币巨大的发行收益。显然，这笔巨额收益完全由该国流通中法定货币的发行主体享有，而发行国的经济状况和货币政策也自然传输到美元化国家。

根据统计，除去欧元区20国使用区域共同货币外，另有43个[①]国家和地区采用其他国家货币作为本国法定的流通货币。厄瓜多尔和巴拿马等小国属于典型的美元化国家；还有一些地区部分地实行了美元化（见表12-4）。此外，20世纪90年代后期以来，北美洲、中美洲和南美洲的很多国家也都围绕本国货币的美元化问题展开了激烈的争论。

知识注解

由此可以判断，经济规模比较大或宏观调控机制相对成熟的国家都不宜实行美元化。

表11-4 选择"美元化"汇率安排的国家和地区（截至2022年）

作为法定货币流通的货币		国家和地区
美元（7个）		厄瓜多尔、萨尔瓦多、马绍尔群岛、密克罗尼西亚联邦、帕劳、巴拿马、东帝汶
欧元（6个）[a]		安道尔、科索沃、梵蒂冈、黑山、圣马力诺、摩纳哥
澳大利亚元（3个）		基里巴斯、瑙鲁、图瓦卢
新西兰元（2个）		库克群岛、纽埃
东加勒比元[b]	东加勒比货币联盟（7个）	安提瓜和巴布达、多米尼克、格林纳达、蒙特塞拉特、圣基茨和尼维斯、圣卢西亚、圣文森特与格林纳丁斯
非洲共同体法郎（西非法郎）[c]	西非经济货币联盟（8个）	贝宁、布基纳法索、科特迪瓦、马里、尼日尔、塞内加尔、多哥、几内亚比绍
中非金融合作共同体法郎（中非法郎）[c]	中非经济与货币共同体（6个）	赤道几内亚、刚果（布）、加蓬、喀麦隆、乍得、中非
其他（2个）		列支敦士登（瑞士法郎）、巴勒斯坦（以色列新谢克尔）

注：a. 不包括20个欧元区国家。

b. 以美元为货币锚。

c. 以欧元为货币锚。

资料来源：IMF Annual Report on Exchange Arrangements and Exchange Restrictions，2023；相应国家和地区的网站。

11.4 汇率目标区方案

11.4.1 汇率目标区的含义

既然固定汇率制和浮动汇率制各有利弊，是否意味着在汇率制度选择上只能是有得有失，从而并不存在最优的汇率安排？对此，克鲁格曼、麦金农等学者提出了新的质疑：如果无须在固定汇率制和浮动汇率制之间做出非此即彼的选择，为什么不考虑在两种极端方式间寻找一种折中方案，在限制汇率波动性的同时，允许某些国家通过币值变化来消除不同汇率安排间的差异？通常我们把这种折中方案称作汇率目标区方案。

① 津巴布韦储备银行于2019年6月推出了实时全额清算元［Real Time Gross Settlement (RTGS) dollar］。2019年6月，实时全额清算元成为津巴布韦唯一的法定货币，取代了多货币体系。然而由于通货膨胀以及货币发行不足，政府又于2020年3月允许使用外币。

就含义而言，汇率目标区方案有广义和狭义两种理解。广义汇率目标区方案，泛指将汇率波动限制在中心汇率附近一定区域内的汇率制度。狭义汇率目标区方案，特指 20 世纪 80 年代初美国学者威廉森（J. Williamson）提出的以限制汇率波动幅度为核心，包括确定中心汇率及其变动幅度、维系目标区的国内外政策协调等内容的国际货币体系设想。这里只对广义汇率目标区方案做简要介绍。

汇率目标区方案与前面提到的几种居中安排虽有相似，但并不一致。与管理浮动相比，目标区货币当局会对一定时期的汇率波动制定出比较确定的区间限制，同时货币当局对汇率变动的关注程度大大提高，在必要时需通过货币政策等措施使汇率变动尽可能不超出目标区范围。与可调整钉住汇率或钉住汇率幅度相比，目标区货币当局并不严格承诺在任何情况下都维持汇率目标区，而且目标区本身可以随时根据经济形势变化进行调整，所以相对而言目标区方案下汇率变动的范围更大。

汇率目标区方案有“硬目标区方案”和“软目标区方案”之分。所谓硬目标区方案，指汇率变动幅度较小，较少调整，目标区内容对外公开，政府负有较大的以货币政策维持汇率目标区的责任。所谓软目标区方案，指汇率变动幅度较大，且经常调整，目标区内容严格保密，政府不必然要通过货币政策来维系汇率目标区。

11.4.2　汇率在目标区内的表现

汇率目标区方案的特点在于一定程度上整合了浮动汇率制的灵活性和固定汇率制的稳定性。图 11－5 给出了汇率目标区的直观解释，其实就是货币当局规定的汇率上下限之间的允许波动范围。当汇率接近波幅上限时，若不调整目标区，中央银行很可能要卖出足够多的外汇储备以防止本币进一步贬值。同样，当汇率逼近波幅下限时，中央银行有可能要买入足够多的外汇储备以阻止本币进一步升值。但是在规定波幅以内，中央银行不会干预外汇市场，允许汇率在目标区内自由浮动。由此可见，如果汇率幅度规定得很窄，则汇率目标区方案更接近固定汇率制；如果汇率幅度规定得很宽，则汇率目标区方案更接近浮动汇率制。

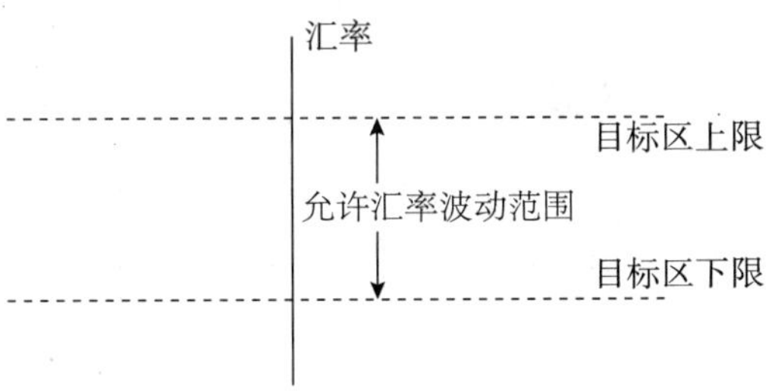

图 11－5　汇率目标区

为方便说明汇率在目标区内是如何变动的，假定汇率水平与国内货币供给增长率之间存在线性关系，于是便得到图 11－6 中汇率在目标区内的理想运动轨迹[①]——虚线 AB。虚线 AB 向右上方倾斜，代表本国货币扩张会引起本币贬值、汇率上升。

① 所谓理想运动轨迹，是因为没有考虑汇率水平变动也会受到其他因素的影响，比如外汇市场供求。

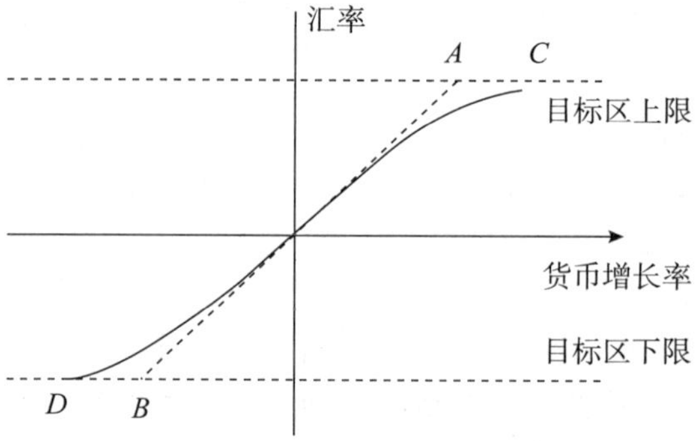

图 11－6 汇率在目标区内的表现

> **知识注解**
> 请自行推导当汇率接近目标区下限时投机活动会如何影响即期汇率水平。

如果目标区内的汇率变动确实有此轨迹，那么对于货币当局和微观市场主体都将是一件幸事，因为实现了一种有限波动幅度的浮动汇率安排。但实际情况是，汇率不大可能沿图中虚线变动。当汇率接近目标区波幅界限时，投机商就会预见中央银行可能采取干预措施，于是调整自己对该国货币的需求。比如，若汇率接近波动上限，市场预测中央银行将卖出外汇，防止汇率突破上限，于是预期外汇远期贴水。在这一预期指导下，即期外汇市场上对本币的需求就将上升，目的是享有未来汇率下跌、本币升值的收益。但是由于即期市场追捧本币，即期汇率就会下降，外汇市场的投机行为将造成均衡汇率水平（实线部分）在一定程度上低于真实浮动条件下的汇率水平。均衡汇率在逐渐逼近目标区上限时具有边际递减的特点，所以中央银行干预外汇市场的临界点较 A 点必然进一步向远端发展。

不难发现，如果其他因素保持不变，目标区内的均衡汇率轨迹就将是一条呈 S 形的平滑曲线。这条 S 曲线的推导过程显得如此顺理成章，以至后来许多学者花费了很长时间试图完成从理论推导到实证检验的继续研究。遗憾的是，经过对长短期利率、价格水平、国际收支差额等几乎所有相关历史数据的检验，仍然无法从汇率目标区实践中——比如布雷顿森林体系以及欧洲货币同盟——发现足以支持 S 曲线的有效证据。①

11.4.3 对汇率目标区理论的修正

S 曲线未能通过经验数据的检验，说明利率、价格水平等经济变量的真实变动方式与汇率目标区理论的基本假设仍然存在较大距离。在一片质疑和争议之中，对汇率目标区理论的修正主要集中于两个方面：一是目标区政策可信度的影响，二是中央银行进行目标区内干预的影响。

如果交易者确信汇率将永远只在目标区内变动，政府只在汇率达到目标区上下限时才进行干预，经济基本面的变动完全是随机的，那么每当汇率接近目标区边界时，交易者对汇率调整的预期就会使其重新趋向中心汇率水平。这时的预期产生了稳定性影响，使汇率不必政府干预也不会超过目标区范围，于是均衡汇率与其主要决定因素（比如货币增长率）

① 科学的最大悲哀莫过于让我们亲眼见证残酷现实对美好理论假说的无情践踏。——斯德哥尔摩大学拉尔斯·斯文森

之间表现出稳定的 S 曲线相关关系，这种情形通常被称作“蜜月效应”（honeymoon effect）。但如果经济基本面朝某一特定方向发生较大变动并表现出长期趋势，交易者可能倾向于认为目标区政策将发生重大变化，比如调整中心汇率，或者中央银行为特定汇率目标而在理论临界点之前就进行外汇市场干预。而随着汇率目标区政策可信度的降低，针对中心汇率即将调整的市场普遍预期导致了大规模投机活动，使均衡汇率越来越偏离以往中心汇率水平，剧烈的汇率变动甚至可能超出浮动汇率制下的正常波动。结果，中央银行更加可能推行目标区内干预政策——事实上，几乎所有目标区货币当局一直如此操作，而且今后还将继续这种行为——从而改变了均衡汇率的变动轨迹。由此可见，汇率目标区理论的基本推理仍然成立，只是均衡汇率与其主要决定因素之间不再可能出现稳定的 S 曲线相关关系，这种情况被称作目标区均衡汇率的“离婚效应”（divorce effect）[①]。

知识注解

蜜月效应，指目标区均衡汇率始终围绕中心汇率上下变动，具有自动回归倾向，宛如热恋中的情侣彼此依赖，即使短暂分别也总是急于重新相聚。

可喜的是，学者们对汇率目标区基本理论框架的修正已经有所进展。比如，美国学者克莱因（Klein）和刘易斯（Lewis）的拓展模型[②]认为，交易者会通过对中央银行市场干预措施的观察，调整自己对目标区汇率实际波动幅度的预期，而这一幅度也正是中央银行愿意并且有能力加以维持的水平。他们运用《卢浮宫协议》后 1987 年 2—10 月德意志联邦银行、日本银行以及美联储对外汇市场进行协调性干预期间的经验数据，验证了上述结论。这似乎在一定程度上可以说明，如果不考虑目标区政策可信度和目标区内干预问题，那么即便是 S 曲线对于解释目标区均衡汇率变动方式也是有益的。当然，如何使理论模型更加接近经济现实，对汇率目标区方案的过去表现和未来运行给予合理说明仍然是经济学家们的研究重点。

专栏 11.4 汇率目标区适合中国吗？

采用“灵活的人民币汇率目标区制度”是中国现阶段较好的选择。其中的“灵活”主要体现在以下三个方面。一是双重目标区，软目标区与硬目标区并存。在硬目标区内汇率由市场关系决定，货币当局一般不进行干预；在硬目标区外、软目标区内，货币当局在必要时可适当进行干预。二是目标区的边界不固定，可以随着中国金融改革和人民币国际化的深化而不断扩展，逐步扩大硬目标区和软目标区，且前者比后者扩大得更快，最终实现二者合一。三是目标区的中心汇率只是相对固定，必要时可根据国际金融体系稳定性和国内通货膨胀等情况调整移动。

建立人民币汇率目标区应采用一篮子中心货币，以便真实地反映中国的对外贸易和国际收支状况，并充分体现人民币的国际购买力水平。在汇率目标区初建阶段，不宜严格采用均衡汇率作为中心汇率；随着目标区的拓展，中心汇率可以根据具体情况向均衡汇率方

---

① 离婚效应，指某些情况下目标区均衡汇率表现出过度波动，甚至远离中心汇率的倾向，正如褪去了爱情冲动又暴露了双方缺点的婚姻生活，琐碎小事也可能激化矛盾，甚至导致离婚。

② Klein, M. and K. Lewis. “Learning about Intervention Target Zones,” *Journal of International Economics*, 1993, 35 (3-4): 275-295.

向缓慢移动，从而带动整个目标区的移动；在目标区合一阶段，中心汇率应当日益接近均衡汇率。成思危指出，在中国资本项目尚未完全开放的条件下，这一灵活的制度设计较参考一篮子货币调节更为主动，不仅可获得人民币汇率基本稳定的好处，也可以有效地发挥汇率机制的作用，兼有固定汇率制与浮动汇率制的优点。

资料来源：成思危．人民币国际化之路．北京：中信出版社，2014.

本章小结

1. 国际货币体系，指由国际资本流动及贸易往来所引起的货币兑换关系，以及相应的国际规则或惯例组成的有机整体。一般包括四个方面的内容：安排国际汇率，确立国际储备货币，解决国际收支不平衡问题，协调各国经济政策。历史上任何一种国际货币体系都是特定历史时期、特定经济发展水平、特定国际政治经济形势下，各成员国讨价还价、相互妥协的客观产物。总结以往国际货币体系的经验与教训，对于展望未来改革方向无疑有着重要意义。

2. 汇率制度指一国货币当局对本国汇率的形成和变动机制所做出的一系列安排或规定。从经济效率、经济稳定和货币政策自主性的角度来看，典型的固定汇率制和浮动汇率制都表现出利弊兼具的特征。

3. 固定汇率制以汇率稳定为基本特征，有利于国际贸易和投资活动的开展，并且在抑制国内通货膨胀和避免滥用汇率政策方面具有优势；但要放弃自主货币政策，也容易输入国外通货膨胀，造成内外均衡冲突。

浮动汇率制通过自由浮动汇率可以自动实现外部均衡，在保持货币政策独立和避免通货膨胀跨国传播方面优势明显；但容易滥用汇率政策，使外汇市场过度动荡，危害国际经济交往。

4. 为了同时实现汇率“稳定性”和“灵活性”，许多国家采取了介于固定汇率制和浮动汇率制之间的居中汇率安排，并做出了许多有益探索。

5. 货币委员会负责将本国货币钉住另一国货币，根据持有的外汇储备数量决定本国货币供给，不具有独立的货币政策。而且，货币委员会也不承担对国内金融体系的最后贷款人职责。这种汇率安排被认为有助于抑制国内较高的通货膨胀水平。

6. 最适货币区理论认为，如果在要素流动、金融交易和商品贸易方面高度一体化，经济高度开放的国家之间组成货币同盟，将会更有效地解决内部均衡和外部均衡的关系，从而降低经济成本，提高经济收益。

7. 经过多年探索，世界上第一个区域共同货币终于在欧洲诞生。欧元正式启动后，不仅对美元地位提出了挑战，也对现行国际货币体系和传统国家主权提出了挑战，更鼓励了其他地区的合作发展，对地区和世界经济的未来发展产生了深远影响。

8. 从 20 世纪 80 年代开始，一些发展中国家在国内高通货膨胀和本币强贬值预期的背景下，选择以美元代替本币充当流通中的法定货币。这些货币当局在放弃自主货币政策、最后救助职责之外，更加放弃了庞大的货币发行收益。

9. 汇率目标区方案指汇率在规定目标区范围内自由浮动，而中央银行有责任在汇率达到目标区上下限时对外汇市场进行干预。如果目标区政策可信度高，中央银行不对目标区内汇率水平进行干预，则目标区均衡汇率的变动轨迹是一条呈S形的平滑曲线。由于实际情况经常与这些假设不符，所以S曲线与大部分经验数据并不吻合。

核心概念

国际货币体系	特里芬难题	布雷顿森林体系	牙买加体系
稳定性投机	汇率错位	通货膨胀跨国传播	管理浮动
爬行钉住	钉住平行幅度制	货币委员会	最适货币区理论
魏尔纳计划	经济先行论	货币先行论	蛇形浮动
超蛇形联合浮动	《德洛尔报告》	《马约》	美元化
汇率目标区方案	硬目标区方案	软目标区方案	S曲线
蜜月效应	离婚效应		

课后习题

1. 回顾国际货币体系的演变过程，尝试总结每一种体系的主要优点与不足。当前的国际货币体系中主要存在哪些问题？

2. 为什么主要国家的汇率安排决定了国际货币体系的核心特征？试从理论和实践两方面予以说明。

3. 试比较固定汇率制与浮动汇率制的利弊。在你看来，一个国家选择固定汇率制还是浮动汇率制，主要应考虑哪些问题？

4. 如何理解牙买加体系下各国在汇率制度选择上表现出的多样化特征？

5. 欧元的启动对现行国际货币体系、欧元区国家本身有何影响？如何理解长期以来欧元与美元之间的汇率走势？

6. 你认为东亚区域合作规划的前景如何？从欧元产生的背景及其过程来看，东亚地区是否已经具备了建立区域共同货币的条件？主要障碍可能在哪些方面？

7. 请简要评述美元化的风险与收益。中国能否选择美元化道路？应当如何理解香港特别行政区所采取的美元联系汇率制度？

8. 结合既有理论与实践，你认为汇率目标区对中国而言是一种理想的汇率制度选择吗？

9. 从世界银行和国际货币基金组织网站上获取各国汇率制度和通货膨胀的相关数据并进行分析。汇率的灵活性与通货膨胀率是否具有相关性？为什么？

即学即测

第 12 章
国际资本流动与金融稳定

学习目标

- 掌握不同期限国际资本流动对相关国家的影响；
- 掌握国际资本流动影响金融稳定的主要机制；
- 掌握如何组合使用宏观经济政策工具以控制国际资本流动的不利影响；
- 掌握解释金融危机发生发展机制的主流理论；
- 理解国际协调平台建设在防范金融风险和提高金融效率方面的作用。

本章导读

2008 年国际金融危机爆发后，国际资本流动规模急剧萎缩。发达经济体经济萎靡，新兴经济体的金融不稳定因素上升，引发全球投资者的避险情绪增强。尽管全球资本流动规模在 2010 年后有所回升，但始终未能追赶上危机前的历史最高值。不仅如此，资本流动规模的波动性加剧，全球经济和政治局势动荡更是增加了外部不确定性，使得全球各国在跨境资本管理上都面临着更加严峻的考验。

在全球经济金融一体化的背景下，我国的经济增长和金融发展也不可避免地受到国际资本流动的影响。党的二十大报告明确提出“强化金融稳定保障体系，依法将各类金融活动全部纳入监管，守住不发生系统性风险底线”。党的二十届三中全会提出“筑牢有效防控系统性风险的金融稳定保障体系”。为应对资本流动风险，我国自 2015 年起探索构建了“宏观审慎十微观监管”两位一体的管理框架。一方面，引入了以宏观审慎监管为核心的跨境资本流动管理工具，主要通过对影响跨境资本流动顺周期波动的因素施加约束，防范跨境资本“大进大出”可能引发的系统性金融风险。另一方面，推进外汇市场微观监管方式转变，强化对系统重要性金融机构和高风险机构的监管，对关联性、期限错配、杠杆水平等风险信号进行及时预警。

国际资本流动是指国家间的投融资活动，也可以理解为资本跨越国界的移动过程。笼统地讲，当一国居民向另一国居民购买了某种资产（包括商品、服务、技术、管理等）的所有权或是发放贷款时，就会发生资本的跨国移动。如果这个过程中还相应伴随有商品、服务的流动，通常就称为实际资本流动（real capital flow）；反之，则属于金融资本流动（financial capital flow）。金融资本流动是占主体地位的国际资本流动。在国际收支平衡表中，国际资本流动的情况主要在“资本和金融账户”中反映。

12.1　国际资本流动的效应

12.1.1　中长期国际资本流动的积极效应

1. 中长期资本流入有利于欠发达国家的资本形成，促进经济长期发展

> **知识注解**
> 资本供给取决于储蓄能力和储蓄愿望，资本需求取决于投资动机。

资本形成不足是阻碍欠发达国家经济发展的主要问题，较低的收入水平使得资本在形成的同时受到来自需求和供给两方面的掣肘，陷入了自我压抑的怪圈。从这层意义上讲，引进外资是促进欠发达国家资本形成的有效途径。一方面，外资注入可以补充欠发达国家的资本供给，为其发展本国经济、增加出口贸易和提高国民收入创造有利条件。另一方面，有效利用引进的外资，可以拉动对本国人力资源与自然资源的需求，在提高资源利用效率的基础上提高生产能力，从而实现国民收入增长，逐渐摆脱贫困约束。

具体而言，FDI 的投资决策由外国投资企业做出，即使并不完全符合本国发展目标，也还是直接作用于国内的资本形成，为资本流入国增添真正的新的生产力。至于国际借款（银行信贷、政府信贷或是债券发行等）和政府间的赠与款项，其使用方向则完全取决于资本流入国自身。① 或者由政府统筹，用于建设公共服务事业和作为社会经营资本，从而奠定长期经济发展的基础；或者由国内企业在利润最大化目标指导下自主决定投资项目，也对本国经济成长具有积极作用。

2. 中长期资本流入有利于平抑国内经济周期的波动

由于获得非居民的 FDI、银行贷款或证券投资资本，国内微观主体的金融活动范围因此超出了本国市场的界限。这使得国内企业和消费者可以在本国经济衰退时借助资本输入而继续从事投资和消费活动，在经济增长时再对外进行清偿。通过这种方式，国际资本流入就在很大程度上发挥了平抑流入国经济周期的作用，从而为本国经济体系提供了更大的稳定性。

与此同时，国内投资者也在一定程度上享受到了在国际范围内进行多样化投资的好处，降低了因为国内经济波动而不得不面对的风险程度。而相对提高的收益水平很可能刺激国内储蓄和投资活动的高涨，使资本流入国的产出效应进一步放大。

3. 资本流出有利于提高本国资源的利用效率

在多数富裕的发达国家，市场成熟度越高，利润平均化作用越是明显，寻找高收益投资项目的难度也就越大。如果资本流动不受阻碍，那么储蓄资源就会流向最具发展潜力、使用效率最高的地方，挖掘更高收益的投资项目，使得资源可以在更大的范围内得到合理而充分的配置。

另外，流入国国民收入的提高必然带动进口增加，如果新增进口的大部分订单落入资本流出国的手中，则意味着流出国的出口将会扩大。在外贸乘数的作用下，这就会引起该

---

① 倘若国际投资或捐赠用于消费，则对流入国的资本形成没有任何裨益。所以欠发达国家往往要全面计划和安排对外资和本国资源的利用，以保证国内外可用资源的配置首先倾向于资本形成。

国国民收入提高，于是储蓄增加，投资增加，收入水平可能进一步提高。由此可见，在一定条件下，资本输出甚至可以推动本国收入水平进入一个螺旋式上升的良性循环。虽然当期的资本外流对国内投资水平具有一定的挤出效应，但是从长远来看，未必导致国内消费与投资的减少。所以，只要资本输出的资金来源选择得当，资本输出国的消费与投资不仅不会减少，反而可以成为推动国民收入增长的有利因素。

专栏 12.1 不同资本输出的影响

如果资本输出的资金来源于政府举借的公债，而且这些公债是私人部门用储蓄购买的，那么这种形式的资本输出不会对国内消费产生不利影响；但如果来源于低收入阶层的税收，则国内消费水平可能下降。同理，如果私人资本输出的资金主要来自私人储蓄或者闲置资金，一般不会对国内消费产生不利影响；但如果来源于收回对国内的其他私人债权，或者出于政治目的、信心丧失等原因引起私人资本抽逃，则总的消费支出将会减少。

如果输出的主要是闲置资金，那么国内投资不会受到任何影响。如果主要是低成本的银行存款或者是流动资金，则对国内固定资产形成的影响不大，但由于这部分资本资源有限，所以最终还是会使输出国的投资下降。如果输出资本是从国内投资领域退出并转移至国外，当然会减少国内投资。

12.1.2 中长期国际资本流动的不利影响

对资本流入国来说，在享受国际资本流动各种积极效应的同时，也不得不面对伴随而来的风险甚至金融不稳定。而一旦处理不当，就很可能陷入危机境地，招致严重的损失。

1. 中长期国际资本流动与汇率稳定

汇率变动是资本跨国流动不可避免的问题，而且期限越长，相应的外汇风险程度可能就越高。从宏观上看，汇率变动可能因为恶化贸易条件或者引起旅游业波动而改变一国的资本流动状况，也可能因为货币当局调整外汇储备规模和结构而影响资本流向和数量，从而对国民收入、国内就业及经济发展等宏观因素不利。从微观上看，汇率波动超出预期水平，会加大企业成本与收益核算的难度，从而影响企业涉外业务，也就影响到私人资本的跨国流动；如果汇率变动加大了企业对外的债务负担，造成企业不能按时偿还到期外债，就会影响进一步的国际资本流入，并最终影响到相关企业的经营战略。

2. 中长期国际资本流动与利率稳定

无论是国际银行贷款、国际债券、国际股票市场还是国际衍生产品市场，都与国际金融市场利率水平联系密切。利率变动使借贷双方都面临遭受损失的可能性，而且期限越长，相应的利率风险程度可能越高。对国际商业银行来说，资金来源往往是吸收存款或发行金融债券，与资金运用之间存在着利率不匹配的问题。这不仅表现为浮动利率与固定利率的不匹配，也表现为利率期限的不匹配。所以，国际金融市场利率的变动可能造成国际商业银行在支付借款利息和收取贷款利息两方面同时蒙受损失，使得其比申请国际银行信贷的涉外企业面对更加复杂的利率风险。

就国际债券而言，债券发行人所面对的利率风险与上述借款企业相似。而对债券投资者来说，如果其购买了固定利率债券，市场利率的上升会导致其承受少收利息的经济损失，以及债券市场价格下跌而造成的差价损失。如果是投资于浮动利率债券，市场利率的下跌也会导致其承受少收利息的经济损失，但是债券市场价格上升可能在转让时产生资本利得，在一定程度上减少了利率风险的损害程度。

3. 中长期国际资本流动与银行稳定

发展中国家的金融体系大多以间接融资为主，所以流入的国际资本中有相当部分会首先进入这些国家的银行体系。20世纪90年代私人资本大规模进入发展中国家，严重冲击了本来就不那么完善的银行体系，为后来的金融危机埋下了祸根。

如果国际资本是以国内银行对外负债的形式流入，就会直接扩大国内商业银行的资产负债规模。当中央银行从这些商业银行处购入外汇资产时，若不采取冲销性货币政策，就将通过信贷扩张而增加本国流通中的货币数量，提高通货膨胀压力。而官方外汇储备增加也容易带来外汇市场本币升值的压力。尽管中央银行可选择的冲销措施有多种，但是各自都存在一些问题。比如，法定存款准备金率的调整效力过于猛烈，不宜频繁使用，且对非存款货币银行不起作用；而公开市场操作和再贴现等还要以发达的金融市场为前提。而且，中央银行采取冲销性货币政策，相当于把国际资本流入的风险从商业银行体系转移到中央银行，从而造成潜在的公共成本。

国际资本流入不仅影响商业银行的资产规模，也会改变银行的资产负债结构。银行对外债务增加如果只造成国外资产增加，即发放对外贷款或投资于外国证券，则扩张效果会比较小。但绝大部分发展中国家商业银行的外币负债要比外币资产增加得更快，同时国内的非政府存款也急剧上升。这表明国际资本流入会直接或间接地导致国内贷款、消费或投资的增加。在此情形下，银行部门是否可靠、银行贷款或投资决策是否科学，将直接影响国际资本流入的效应和效率。事实证明，许多国家银行体系的问题，主要是低劣的贷款决策和对贷款风险管理不当造成的。一旦银行过分地陷入这种风险，很可能要面对巨额亏损。

事实上，无论是外汇风险和利率风险，还是对资本流入国银行体系的冲击，大多是从流入国角度看待国际资本流动的消极影响。而如果从资本流出国的角度出发，中长期国际资本流动的潜在危险主要就是违约。由于资金的使用与偿还之间存在着明显的时间差异，所以中长期国际资本流动内在即蕴含了发生资金偿还困难的可能性，习惯上我们把这种情形称作国际债务危机。历史上最著名的国际债务危机是发生在20世纪80年代的拉美债务危机。

4. 中长期国际资本流动与债务危机

中长期国际资本在资本让渡与偿还之间存在相对较长的期限，因此它既为一国的经济增长创造了相对于封闭经济而言的额外优势，同时又蕴含了发生偿还外部债务困难即债务危机的可能性。随着一国的外债规模越来越大，国际经济环境的突然变化可能导致中长期国际资本外流，影响到债务国的外债偿付能力，造成其陷入严重的债务危机。[①] 当国际经济环境出现不利波动时，全球需求疲弱导致进口需求减少，进而造成了出口主导型经济体的收入大幅下降，大大降低了国际资本市场中主要债务国的外债偿付能力。此时，如果主要西

---

① 国际债务危机（international debt crisis），是指债务国因经济困难或其他原因而不能按期如额地偿还债务本息，致使债权国与债务国之间的债权债务关系不能如期了结，并影响债权国与债务国各自正常经济活动及世界经济的正常发展。

方国家采取紧缩性的货币政策，那么市场利率将大幅度提高，由于债务国的外债通常是外币浮动利率的商业性贷款，快速上升的利息支付成本将导致债务国资金出现大规模的外流。同时，随着债务问题日趋严重，国际银行发放中长期贷款的意愿下降，主要债务国便出现了债务期限不断缩短的趋势。从长期来看，过度依赖外债和“借短还长”不仅无法从根本上摆脱债务偿还困境，反而使得债务风险不断升高，为日后债务危机的发生埋下导火索。

12.1.3 短期资本流动的特点

如果从市场的角度出发，凡是距离到期日不足一年的国际资本都可以称为短期资本。而其中最具代表性的当属国际投机资本，它是短期国际资本流动中所占比重最高的一种类型。国际投机资本通常是以间接投资形式出现，主要流入一国境内的证券市场、衍生产品市场、短期信贷市场，从事高风险、高预期收益的金融交易。

知识注解

所谓国际投机资本，特指那些没有固定投资领域、期限较短、以追逐高额短期利润为目的而在各个金融市场之间移动的资本。

近年来，国际投机资本流动引起各国普遍关注。[①] 一方面，国际投机资本大量流入发展中国家，主要是亚洲和拉美。统计资料显示，仅在 1990—1993 年流入环太平洋国家和地区的短期资本，就比整个 20 世纪 80 年代增加了 5 倍；而同一时期内，仅美国投资者就在亚洲 10 个股票市场、拉美地区 9 个股票市场净购入价值 1 270 亿美元的股票。另一方面，机构投资迅速发展，国际投机资本不再是“散兵游勇”，而是以投资基金等机构投资者身份出现的强大的“集团作战”。作为一种现代集合投资制度，基金公司的资金规模庞大，基金管理人员的专业知识丰富、交易技术先进。国际投机资本的机构化运作方式给各国金融市场带来了深远的影响。

国际投机资本具有规模大、周期短、流动速度快、风险高、影响巨大等典型特点。根据 20 世纪 90 年代后期国际货币基金组织的估计，活跃在全球金融市场上的国际投机资本规模已超过了 7.2 万亿美元，每天有近 2 万亿美元的投机资本在游走中寻找归宿，相当于跨国实物贸易所需的相应流动资本金额的几百倍。[②] 国际投机资本普遍应用杠杆交易，总是以较少的“按金”买卖几十倍甚至上百倍于按金的金融合约，从而使得一家金融机构的少量按金就有可能影响整个金融市场。以此推算，国际投机资本在实际运作中的规模还将更大。而发达的国际金融市场不仅可以容纳规模庞大的国际投机资本，还为其提供了高度流动性，所以快进快出就成为国际投机资本的标志性特征。于是，这就从另一个侧面说明了，国际短期资本流动对于市场内外政治、经济、社会等种种因素的变化极具敏感性，属于明确的短期投机活动。由于投机决策是以预期为基础的，所以国际投机资本流动受到心理因素的影响很大。正是由于超大规模的国际短期资本在各国金融市场之间甚至不需任何理由地频繁快速转移，不仅加大了国际金融市场的波动性，也掠夺式地冲击了广大发展中国家并不完善的金融体系和汇率制度，最终造成了金融危机爆发的严重后果。

---

① 不能否认的是，在几次重大国际金融危机中，国际投机资本都起到推波助澜的作用。很多人认为，国际投机资本炒作就是 1997 年亚洲金融危机的直接原因。

② 因贸易、融资等原因而产生的其他形式的短期跨国资本流动，规模相对有限，这里不做专门讨论。

简单地讲，套利、避险、投机是引起短期资本流动的主要原因。

金融市场的一价定律表明，如果风险相似的两种金融工具有不同的预期收益，资金就会从低收益工具转向高收益工具，直到无风险套利机会消失为止。在国际金融领域，道理也是相似的。如果经过汇率调整后，一国某种金融工具的预期收益率仍高于另一国的相似金融工具，就会发生为把握套利机会而进行的跨国资金移动。所以一般而言，哪个市场的收益更高，巨额国际投机资本就会通过现代化的国际金融交易网络向那里迅速转移。

拓展阅读

国际投机资本的迅速崛起与亚洲金融危机

如果说国际投机资本在短期内迅速进入一国金融市场主要是为了谋利，那么快速撤出某个市场则往往是为了规避风险，或者是为了了结收益。当汇率调整时，原来的套利机会也许很快将会消失，于是一部分投机资本就会了结收益，全身而退。如果预期汇率将朝向不利于自己的方向变动，那么所有国际投机资本都必然竞相逃离该国市场，以规避外汇风险。当然，如果预见到东道国政府有可能实施资本管制，或是在税收等方面出台不利的政策措施，大规模的资本外逃也同样不可避免。

知识注解

前提是金融市场或资本账户开放，并且实行浮动汇率制。

然而，纯粹出于逐利、避险目的而发生国际投机资本流动，还远不是“故事的全部”。更多的情况是，资金实力雄厚的机构投资者们窥视到了一国或某个地区的现行汇率制度、货币政策操作与其宏观经济运行之间已经传递出不和谐的信号，可能面临某些重大调整。于是，这些国际炒家就会携巨额投机资本在相关金融市场上恶意炒作，直到逼迫货币当局做出有利于投机资本的政策调整，使其达到牟取暴利的目的。相对而言，这种情况下的国际投机资本流动所受到的批评和质疑最多。

知识注解

发展中国家为稳定国际贸易与投资，或是为抑制国内的通货膨胀势头，往往倾向于实施固定汇率制。国际投机资本往往频繁冲击发展中国家外汇市场，逼迫该国货币一次性大幅度贬值或者升值，甚至引发货币危机。

12.1.4　短期国际资本流动的积极效应

短期国际资本流动不仅有助于国际金融市场发展，在促进国际贸易发展、为跨国公司进行短期资产负债管理和补充营运资本等创造便捷条件、解决国际收支不平衡方面也具有明显的积极效应。

（1）国际资本流动有助于国际金融市场发展。首先，国际资本流动加速了全球经济和金融一体化进程。特别是国际投机资本在世界各主要金融市场的套汇、套利活动，使国际金融交易中的汇率差异和利率差异明显缩小，呈现出价格一体化趋势。同时，短期国际资本在各个市场之间的游动，也加强了各国之间经济和金融的相关性，为世界经济和金融一体化发展准备了条件。其次，国际资本流动极大地提高了国际金融市场的流动性。利用现代化的通信和交易手段，国际资本可以迅速地从一国流向另一国，从而满足国际金融市场的资金需求，特别是短期资金需求，同时降低国际金融交易成本。而保证金交易、透支交易和衍生工具的广泛运用，使国际资本流动的影响日益扩大，客观上也推动了衍生工具的创造与运用，从而进一步提高了国际金融市场的流动性。虽然大部分短期国际资本带有投机性质，容易冲击市场运行，但也必须看到，投机资本进入，承担并分散了国际金融市场上的价格风险，在为避险需求者提供流动性的同时，更有可能降低市场价格的波动程度，提高国际金融市场的效率和稳定性。

（2）国际资本流动有利于促进国际贸易发展。[①] 应收账款融资、国际保理、信用证融资等短期贸易融资方式，既有利于出口商资本周转，也为进口商解决了支付困难，从而直接推动了国际贸易的扩大。同时，出口信贷等中长期贸易融资方式也为扩大贸易产品范围拓宽了思路。更重要的是，为国际贸易提供融资服务，锻炼培养了发展中国家的金融机构，为其进入国际金融大舞台做好了技术和声誉上的准备。

（3）国际资本流动也为跨国公司短期资产负债管理、补充营运资本等创造了便捷条件。除国际贸易融资外，短期投融资活动也是跨国公司财务管理不可或缺的内容。第2篇已经介绍过，跨国公司短期投融资活动较大程度上依赖于国际金融市场，特别是其中的欧洲货币市场。因此可以认为，国际资本流动间接地拓宽了跨国公司财务主管的视野，有利于提高短期资产负债管理效率。

（4）国际资本流动在一定程度上有利于解决国际收支不平衡问题。国际收支不平衡的国家，因国际金融市场的发展而得到了弥补国际收支赤字或者充分利用国内盈余资金的便捷方式。据世界银行统计，广大非产油的发展中国家、中等发达国家甚至发达国家的暂时性国际收支逆差，绝大部分是通过在国际金融市场筹集短期资金来弥补的；而石油输出国、日本等长期国际收支巨额顺差国家，也是在国际金融市场发展中提高了国内资本的利用效率。

12.1.5 短期国际资本流动的不利影响

外国短期证券投资，尤其是股票投资快速增加，是20世纪90年代以来大多数发展中国家共同的经历。巨额国际资本对这些国家的证券市场有着特殊意义：一方面，可能带动股票市场以外的其他金融资产价格波动；另一方面，有些国家的银行等金融机构以证券投资为主要资金运用方式，于是证券价格波动直接影响到金融机构的收益和资本金。结果，短期国际资本对股票市场的冲击就有可能酿成整个金融体系的灾难。

国际投机资本的高流动性和高投机性，意味着只要某国经济走势有了些许朝不利方向发展的苗头，即使毫无事实依据的谣言或是预言，也会使巨额国际资本加速外逃，导致该国宏观经济迅速恶化，严重时还会引发货币危机和金融危机。危害的具体表现通常有：（1）影响当事国的外债清偿能力，降低国家信用等级；（2）导致市场信心崩溃，从而引起更多的资本撤出，使当事国金融市场陷入极度混乱；（3）造成国际收支失衡；（4）导致当事国货币价值巨幅波动，面对极大的贬值压力。

专栏12.2 国际投机资本危害证券市场

国际投机资本对流入国证券市场的不利影响可能有三个方面：一是降低了市场效率；二是增大了市场波动性；三是在提高国内外证券市场关联性的情况下，可能将国际金融市

---

① 国际贸易基础和环境的改善，对各方相关主体都有帮助。所以，国际资本流动促进国际贸易发展，不仅对资本流入国具有积极效应，也同样有利于资本流出国。

场的波动传入国内。

外国投资者的经济行为要受到其他金融市场的影响，不可能总反映东道国证券市场的经济因素。而且，外国投资者对东道国上市公司的了解有限，或者是由于他们更加注重流动性，导致实际操作过程中会将一些股票排除在资产组合之外。这就容易造成证券市场价格扭曲，进而影响资本配置的效率。

在许多发展中国家，共同基金是国际资本进入本地股票市场的主要途径，甚至是唯一途径。由于外国投资者对共同基金投资新兴市场的信心不足，所以这些市场股票指数的些许下降都有可能引起投资者赎回基金份额，基金管理者也会被迫出售部分当地金融资产，导致股票价格进一步下跌。而且，跨国机构投资者大都秉承快进快出的策略，再加上资金规模庞大，对新兴市场的影响力度不容忽视。

外国投资者会随着国际证券市场的行情变动而调整资金头寸，为了向其他市场提供充足的支付手段，很可能必须出售东道国证券资产，结果引起该国股票市场价格波动。此外，国际证券市场的行情变动也会调整外国投资者的市场预期。比如，某一新兴市场证券行情看跌时，可能使外国投资者对其他新兴市场证券价格也形成下跌的预期，于是大量出售或是沽空该国证券资产，使国际市场的波动性传入国内。

20世纪90年代以来，国际短期资本流动不仅严重冲击着发展中国家尚未成熟的金融市场，也给一些发达国家的汇率制度带来了麻烦，更是频繁地引起国际货币危机和金融危机。这不仅是当前国际资本流动的一个典型特征，也成为金融危机理论关注的焦点。

一般认为，国际货币危机是与对汇率波动采取某种限制的汇率制度相联系的，主要发生在固定汇率制下，表现为外汇市场上单方向的持续操作迫使该国最终放弃固定汇率制，导致外汇市场出现剧烈动荡的带有危机性质的事件。广义的货币危机，也指汇率变动在短期内超过一定幅度（比如15%～20%）的情况。① 不难发现，国际货币危机发生在外汇市场上，而汇率的过度波动往往会诱发国内股票市场和银行体系的全面金融危机；从另一个角度来看，国内政治经济因素所导致的金融危机也有可能触发货币危机。

12.2 国际资本流动影响金融稳定的主要机制

从经验事实来看，在经济和金融开放的背景下，几乎所有的大型金融危机背后都存在着国际资本流动的影响。一般而言，国际资本的大规模流动可能会对金融稳定产生一定的不利影响，其主要机制包括以下几个方面：

（1）国际资本外逃会导致金融市场不稳定。当金融危机发生时，国际资本会大量从东道国撤离，引发东道国资产价格泡沫的破灭。泡沫破灭将会恶化微观经济主体的资产负债表，从而影响其偿还贷款的能力，而这必将导致银行呆账与坏账的大幅度上升。银行为了

① 1992年欧洲货币危机、1994年墨西哥金融危机和1997年亚洲金融危机，被视为20世纪90年代影响最大的三次国际金融危机。三者的共同点在于都与国际短期资本流动有密切关系。广义的货币危机泛指短期内汇率的波动幅度过大，狭义的货币危机特指一国因投机冲击而突然放弃固定汇率平价。

抵御危机对自身的影响，相应地会实行紧缩的信贷政策。而信贷紧缩的直接后果就是以银行为主要资金来源的企业财务状况恶化，面临倒闭和破产的局面，这又进一步导致银行不良贷款的上升，从而形成了“信贷紧缩—不良贷款”的恶性循环。同时，资产价格的下跌也会加速国际资本的外逃，从而导致利率上升、汇率不稳定、国际收支失衡等一系列不良后果。在这一局面下，东道国政府会动用本国的外汇储备去干预外汇市场，以维持本币汇率的稳定。但外汇储备的明显下降会动摇投资者对政府维持汇率稳定能力的信心，从而造成进一步的国际资本外逃。

（2）FDI 撤资会对金融稳定产生负面影响。在传统观点下，FDI 一般被认为是相对稳定的引资方式，但随着经济全球化和金融自由化的发展，很多因素使得 FDI 变得不那么稳定。特别是在金融危机发生时，虽然厂房和设备等不易流动，但投资者可以将其资产作为抵押，向银行取得贷款，再通过资本运作将这部分资金汇往国外，从而实现了 FDI 的实质性撤资，将金融风险转嫁给了东道国银行。同时，新兴市场国家的 FDI 近年来越来越多流向第三产业，但第三产业 FDI 大多是市场需求型的，很难直接赚取外汇，而在设备进口和利润汇回等项目上又会形成对外支付。并且，随着盈利的不断持续，利润汇回的总额将会很快超过 FDI 的初始流入额，从而对东道国国际收支产生负面影响。

（3）国际证券投资会对金融稳定产生负面影响。当国际资本流动表现为证券投资时，由于这一形式的短期资本是波幅最大并且最不稳定的资本，因此往往会加大东道国证券市场的波动。新兴市场国家的证券市场一般发育程度较低，当其开放本国证券市场时，更容易受到外部风险的冲击。特别是在金融危机时，证券投资最容易表现出逆转性。当投资者预期资产价格将会缩水时，便会迅速撤回资本，从而对东道国金融市场产生极大冲击。

（4）大规模国际资本流动的溢出效应会对金融稳定造成不利影响。当金融危机发生时，一国由于其自身市场流动性不足，会迫使金融中介清算其在其他市场上的资产，从而通过国际资本流动的渠道产生溢出效应，对与其具有密切金融关联的国家造成市场流动性不足等不利影响，引发相关国家大规模的资本外逃行为。而这一大规模的资本流动会造成资本流出国资产价格和汇率的波动，又进一步加剧了金融溢出效应。

（5）共同贷款者效应引发的大规模国际资本流动会导致金融危机的传染。跨国银行一般会对多个国家和地区提供贷款，但当其中一个国家发生了金融危机，金融资产价格的下跌和偿债能力的下降使得跨国银行在该国的投资发生损失时，为了提高资产质量、恢复资本资产比率以满足监管要求，作为共同贷款者的跨国银行就会收缩对其他国家的贷款。伴随着这一过程，就会产生大规模的国际资本流动，对这些国家的金融市场产生冲击，引发货币危机和银行危机，从而使得金融危机在国际传递。

（6）国际债务结构不合理会引发金融不稳定。新兴市场国家在面临资本稀缺对经济发展的制约时，往往选择对外举债，但逐步扩大的债务规模最终会带来过度信贷综合征的现象。在国际债务中，大多以短期外债为主，但通过金融机构的运作，这些短期外债被转化为国内的长期贷款，由此就造成了短期外债和国内长期贷款在结构和期限上的错配。同时，在经济过热时，以外币为主的债务会不断增加。而一旦受到外部冲击导致本币贬值时，借款者的偿债能力就会受到极大考验，可能无力偿还贷款，导致银行的不良贷款急剧上升，银行系统的稳定性受到冲击。

专栏 12.3　全球“加息潮”、国际资本流动与新兴市场波动

新冠疫情暴发以来，很多国家采取了相对宽松的货币政策，导致通胀水平居高不下。从 2022 年 3 月起，美联储以遏制通胀为由重启加息政策，2022 年 3 月—2023 年 7 月共加息 11 次，累计加息幅度达 525 个基点，不论是加息幅度还是加息次数，均创下了近 40 年之最。由于美国在国际金融体系中的霸权地位，其他国家总是被迫处在美联储货币政策的外溢风险之中。当美联储采取激进的加息政策时，美元指数上升，吸引美元回流，导致新兴经济体资本的集体出逃。其他国家被迫跟进加息，以减缓资本外流速度，进而在全球掀起新一轮的“加息潮”。从加息频率和幅度上看，新兴经济体的调整记录尤为可观。其中在 2022 年阿根廷累计加息 3 700 个基点；巴西共加息 5 次，累计加息 450 个基点；印度加息 5 次，累计加息 225 个基点。

全球加息潮对新兴经济体的影响

（1）新兴经济体的短期国际资本外流。

新兴经济体如此频繁且大幅的加息未能抵挡强势美元所造成的短期资本流出冲击（以证券投资流出为主），图 12-1 显示，2022 年 3—7 月期间证券投资表现为净流出的状态，创下 2005 年以来净流出时间最长的纪录。近期虽然流动方向有所转向，但流入规模也呈现出显著的下降趋势。

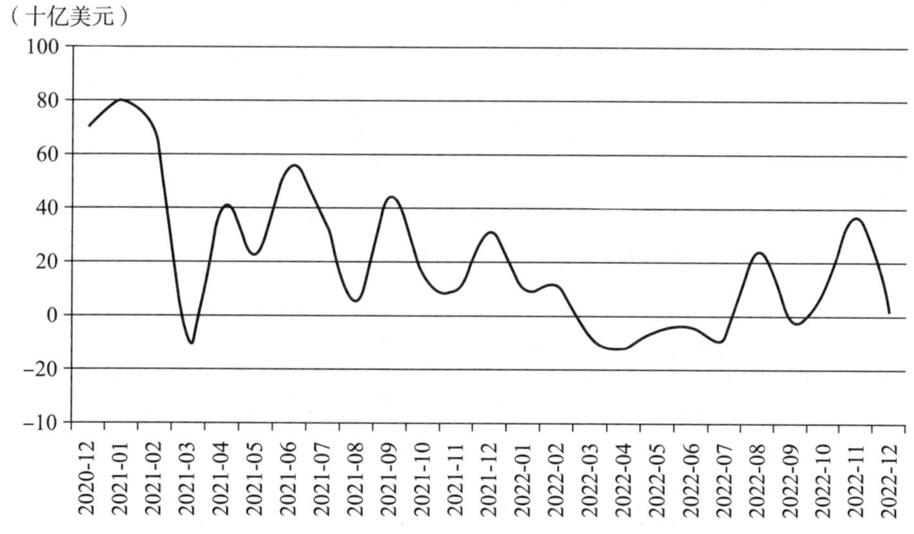

图 12-1　新兴经济体的证券投资流动

资料来源：国际金融协会（IFF）。

（2）新兴经济体的债务风险上升。

主要西方国家长期维持负利率政策，致使全球政府和私人债务上升，美元融资成为新兴经济体的重要融资方式。全球“加息潮”无疑会推高外债利率，导致偿还成本上升，加剧债务负担，债务水平较高的国家发生债务危机的可能性增强。最新数据显示，2022 年土耳其短期外债与外汇储备之比接近 120%，阿根廷接近 110%（见图 12-2），债务风险成为威胁金融安全和经济稳定的重要因素。

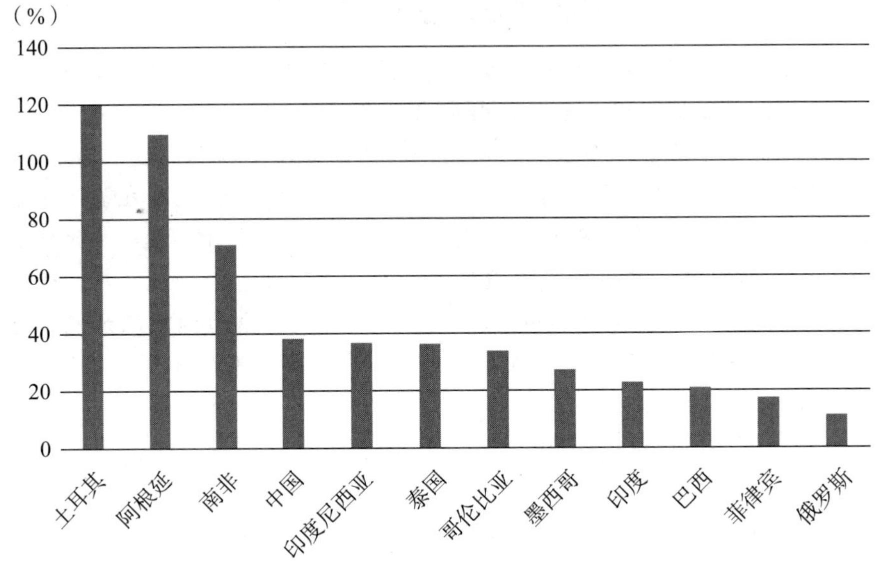

图 12-2　2022 年新兴经济体的短期外债与外汇储备之比

资料来源：世界银行。

(3) 新兴经济体的货币贬值压力增大。

2022 年 3 月开始的美联储加息政策开启了新一轮强势美元周期，美元指数在 2022 年 10 月突破 110 点，最高达到 114.792 60，创下近 20 年的新高，新兴经济体的货币遭受了不同程度的负面影响。图 12-3 展示了截至 2022 年底主要新兴市场国家货币兑美元汇率相对于 2022 年初的最大贬值幅度。其中，阿根廷比索和埃及镑的贬值程度超过了 50%。为了维持汇率的相对稳定，新兴市场国家动用外汇储备进行市场干预。对于一些国家来说，有可能面临储备不足或消耗过快的困境，增加了货币危机发生的概率。

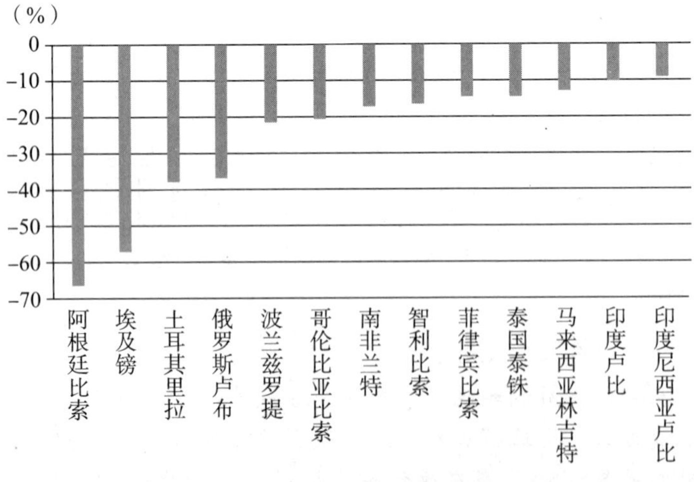

图 12-3　2022 年主要新兴市场国家货币的贬值程度

资料来源：CEIC 数据库。

12.3　控制国际资本流动不利影响的政策工具

由于很多金融危机与国际资本流动都有密切关系，所以如何控制资本跨国流动所产生的不利影响，就成为各国政府特别是新兴市场国家政府关注的焦点问题。对这些国家来说，大规模资本流入可能造成国内通货膨胀，或是使本币出现对外升值压力，从而降低本国的国际竞争力，也可能引起国际收支不平衡、国内金融市场不稳定等后果。一般来说，为控制国际资本流动的不利影响，各国可以选择的政策工具包括货币政策、财政政策和汇率政策。

12.3.1　货币政策

国际资本大量流入，容易导致国内信贷急剧扩张和本币实际汇率上升，并由此产生一系列其他经济问题。一国货币当局往往会采取冲销性货币政策来减轻这种影响，也称为中和操作。具体地，可以考虑调整法定存款准备金率、进行公开市场操作、改变再贴现率或是提前收回对商业银行的贷款等办法。

1. 调整法定存款准备金率

法定存款准备金率提高，可以降低商业银行存款货币派生倍数，降低货币乘数，属于严厉的货币紧缩措施，从而缓解国际资本流入对国内信贷扩张的压力。具体操作中，一种做法是简单调高所有存款类型的法定存款准备金率，另一种做法是只对新增外币存款提高法定存款准备金要求。

有些国家面对巨额资本流入时，不是提高反而降低法定存款准备金率。货币当局如此操作的政策意图是，通过货币扩张行动促使国内利率水平降低，从而减少国际资本流入，特别是针对那些短期的国际投机资本。

然而，调整法定存款准备金率的做法也会受到各种限制。(1) 法定存款准备金率在中央银行一般性货币政策工具中效果最为显著，但也过于猛烈，不宜频繁使用，以此来应对国际资本流动的不利影响似乎存在一定障碍。(2) 提高法定存款准备金率往往导致本国利率上升，必将进一步刺激短期资本流入，从而使中和政策失效。(3) 这一工具无法影响那些经由非银行金融机构或资本市场流入的国际资本；而调高法定存款准备金率必然限制了商业银行的盈利能力，使之在竞争中相对不利。如果这种情况长期存在，有可能会削弱本国银行体系的金融中介作用。

2. 进行公开市场操作

中央银行既可以在外汇市场操作，也可以在国内证券市场操作。前者主要是减轻外资流入对本币升值的压力，后者主要是缓解基础货币增加对国内通货膨胀的压力。

公开市场操作的最大优点是，既能解除本币升值压力，限制信贷扩张，又不会给银行体系造成额

知识注解

外汇市场操作表现为买入外汇、卖出本币。为了消除新增外汇占款所产生的货币扩张效应，中央银行需要在国内证券市场卖出国债，以缓解国内经济的通货膨胀压力。

外负担。但是中央银行大规模抛售国债的行为，很可能由于打压债券价格而抬升了短期市场利率，从而引起更多的短期国际资本流入。

3. 改变再贴现率

中央银行对于再贴现率的调节会带来利率的变动。针对短期国际资本流动，利率是一个比较好的调节手段。如果跨国资本流动程度较高，则小幅度降低利率就可能引起大量的资本外流，从而达到政策目的。但是在跨国资本流动的利率敏感性较低时，利率的作用就不那么有效果了，而且会加大国内的通货膨胀压力。

4. 其他中和政策措施

比如，中央银行可以要求接受政府部门和国有企业等公共部门的存款，或是提前收回对商业银行的贷款。

将公共部门存款从商业银行转移到中央银行，从效果上讲与公开市场操作相似，都减少了市场中的流动性，有利于缓解通货膨胀压力。这种做法的优点是成本较低，中央银行可以不付息或是支付低于市场水平的利息；而且不会直接提高短期利率。但是公共部门存款脱离商业银行体系，会产生存款货币的倍数紧缩效应，商业银行体系将面对流动性降低的挑战。在准公共存款存入中央银行时，其中私人部分存款的持有者会发生利息损失。另外，发展中国家的公共存款数量有限，政策效果往往不尽如人意。

提前收回对商业银行的再贷款，也是以货币紧缩来中和国际资本流入的不利影响。但这种做法会打乱商业银行原来的业务部署，可能造成商业银行资金运用的混乱和紧张，所以必须慎重使用。

专栏 12.4 控制国际资本流入的不利影响：国际经验

20 世纪 90 年代初，智利经济迅速增长，经历了一场国际资本流入的高潮，导致本币升值和通货膨胀等诸多问题。为了降低短期资本流入的影响，智利政府规定，自 1991 年起对所有未带来资本存量的对外债务（只要超过 10 万美元）征收至少 10%的无息存款准备金，在 1992 年和 1995 年将无息存款准备金比例相继上调至 30%和 40%。通过实施无息准备金制度，智利的资本流入速度和短期资本流入占比有所下降，本币升值压力减小。

2008 年国际金融危机后，发达经济体实施极度宽松的货币政策以刺激经济，促使发达经济体的资本短时间内大量流出，而流向发展中国家的国际资本规模显著增大。以土耳其和巴西为例，大量资本涌入国内引发了信贷增长过快和资产价格泡沫等问题。对此，土耳其自 2010 年底推行非对称利率走廊，当短期资本大量流入时降低利率走廊下限，并维持原有上限，以此降低短期流入资本的收益。同时，2011 年以后土耳其央行实施了存款准备金币种多样化选择政策，在资本流入时上调外币准备金缴纳比例，以此减少资本流入对外汇市场的影响。在巴西，政府对金融交易税政策进行调整，逐步上调资本流入金融交易税率和扩大其征税范围，提高了国际资本的投机成本，有效地抑制了本币升值压力。随着发达国家量化宽松政策逐步退出，巴西政府及时取消各类金融税，以此缓解了资本流出压力，使得本币汇率维持在一个相对稳定的水平。

2013 年年末，乌克兰危机爆发，国内经济遭受重创。为了保证经济稳定，乌克兰央行分别出台了针对企业法人外汇业务办理、个人外汇交易和银行外汇业务办理的限制性政策。包括不允许境内企业向境外企业提前还贷、限制每人每月外汇汇出最高额度、在特定时间银行不得办理远期外汇业务等等。在这些政策限制下，乌克兰资本流出压力得到显著缓解。

12.3.2　财政政策

要控制大规模资本流入的不利影响，可以考虑采取紧缩性财政政策，或者直接对国际资本流动征税。

> **知识注解**
>
> 财政紧缩的目的是缓解资本流入对国内通货膨胀的压力，开征资本流动税则是为了提高国际资本流动的交易成本，打击投机资本。

1. 紧缩性财政政策

财政紧缩可以有两个实现途径：一是减少财政支出，二是增加税收。更重要的是，财政紧缩将促使利率下降，对于抑制国际资本流入也是有好处的。

减少财政支出是一个政治上比较敏感的问题，稍有不慎就会激化社会矛盾。而且政策效应存在时滞，产生了不确定性。由于财政政策目标往往联系着国家基础设施建设，所以压缩财政开支对中长期国际资本流动有抑制作用，但对短期资本流动难以奏效。然而，对一国金融安全形成威胁的却主要是短期资本流动，所以减少财政支出不是最理想的政策选择。

提高税率可以降低预期收益，具有抑制投资的作用，从而减少对国内外资本的需求。调整税率有助于引导投资，使其在形成投资决策时配合政府意图。对此，临时性税收的作用非常明显。

2. 资本流动税

美国著名经济学家詹姆斯·托宾（James Tobin）提议对外币兑换活动征税，通过提高交易成本来限制国际资本流动。所以，对外汇交易所开征的这一税种，也被称作托宾税。①

对国际资本流动征税，可以有效地抑制短期资本流入，而对长期资本流入的作用不大。对发展中国家而言，短期资本流入由于对经济指标敏感，逆转性较强，所以更容易造成金融市场动荡。同时，短期国际资本流入往往直接增加国内银行的短期存款，其中相当一部分资金将会流入国内证券市场和房地产市场，从而炒作形成经济泡沫，造成经济繁荣的假象。所以，托宾税在发展中国家受到了广泛欢迎。

对托宾税的批评主要集中在两个方面。一是认为托宾税会增加交易成本，从而降低市场效率。二是强调如果只针对特定资产征收托宾税，会使投资转向未征税资产，造成税收体系扭曲。不过，也有人认为托宾税会更多地抑制那些非稳定投机者，最终反而有利于市场效率的提高。至于开征托宾税引起投资方向转移的问题，如果这种转移恰是政府所希望看到的，那么也就达到了征税的目的。②

12.3.3　汇率政策

大量资本流入会造成本币实际汇率上升，所以汇率政策的作用，就是让名义汇率实现

---

① 詹姆斯·托宾（1918—2002 年），美国耶鲁大学教授，因对金融市场及其与支出、就业、产出决策和物价关系的分析而获得 1981 年诺贝尔经济学奖。托宾税是指为限制国际资本流动而对一切外汇交易开征的固定比例税收。

② 由于托宾税涉及不同国家之间的外汇交易，要想取得普遍的理想效果，需要在税收政策、税收征管以及税款分配方面进行国际协调。

某种变动，减轻资本流入对货币当局的压力。一般而言，允许本币升值有三方面的优点：（1）使货币供给、国内信贷以及国内银行体系免受资本大量流入的不利影响。（2）通过汇率调整国内相对价格，有助于缓解通货膨胀压力。（3）允许汇率波动带来一定的不确定性，可以很好地阻止国际投机资本的流入。而具体实施汇率政策时，可以考虑实行浮动汇率制、货币法定升值或是采取较灵活的汇率制度。

实行浮动汇率制，使汇率可以随资本流入而自动调整，但大量资本流入可能造成本币名义价值和实际价值迅速提升，从而打击出口部门，并有损于一国的经济发展战略。另外，纯粹浮动汇率制带来的外汇风险，也会给发展中国家的国民经济发展带来不利影响。

对于实行固定汇率制的国家来说，法定升值措施往往是在冲销性货币政策之后采取。如果货币中和可以达到预期目标，货币当局就会尽量避免使本币法定升值。

相对而言，采取较灵活的汇率制度可能更有效，也更多见。比如，考虑汇率目标区方案，在资本流入增加时，货币当局可以放宽汇率波动幅度，在此区间内不加干涉，允许汇率自由浮动。这样一来，既有利于调整国际资本流动，又不必面对汇率过度波动的风险。另外，也可以将原来只与美元挂钩的钉住汇率制改为与货币篮子挂钩，等等。不过，由于限制了汇率波动范围，所以对于规模庞大的国际投机资本来说，此类政策的效果非常有限。

要注意的是，在控制国际资本流动的不利影响时，货币政策、财政政策和汇率政策往往是组合使用的。因为不同的政策工具作用于不同对象，表现出不同的作用机制，拥有不同的政策效应，所以组合政策可以在多种政策工具间取长补短，取得事半功倍的效果。这同时也表明，不恰当的政策组合很有可能带来更为不利的后果。比如，20 世纪 90 年代初，墨西哥采取的政策组合为：允许资本跨国流动、维持短期汇率不变和冲销性货币政策。结果，短期资本流入可以享受到短期汇率不变和国内利率较高的双重收益，而长期资本流入反而要面对长期汇率可能变动的风险，导致流入墨西哥的国际资本日益短期化。于是，当国内政治形势发生动荡时，大规模的资本外逃最终造成了著名的 1994 年墨西哥金融危机。

12.4 金融危机的理论解释

金融危机通常难以给出确切的定义，一般认为，全部或大部分金融指标急剧、短暂和超周期的恶化，便意味着金融危机发生。金融危机可以表现为多种形式，比如货币危机、银行危机、股市危机、债务危机等。如果主要金融领域都出现严重的混乱，比如货币危机、银行倒闭、股市崩溃和债务危机等同时或相继发生，往往被称作系统性金融危机，或者全面金融危机。

> **知识注解**
>
> 金融危机，是指利率、汇率、资产价格、企业偿债能力、金融机构倒闭数等金融指标，全部或者大部分出现恶化，致使正常的投融资活动无法继续的情况。

迄今为止，尝试解释金融危机成因的理论模型已经发展到第四代。以下简要介绍第一代到第四代金融危机模型的分析逻辑和主要观点。

12.4.1 第一代金融危机模型

20世纪70年代中期，美联储官员斯蒂芬·沙朗特针对国际经济新秩序中初级产品价格稳定机制，提出了著名的不可再生资源价格机制模型：为保证不可再生初级产品的价格稳定，官方机构有义务建立起巨大的产品库存，承诺在特定价格水平上无限量地买入或者卖出该产品；不过，一旦产品内在价格即将超过官方价格，市场上就会出现疯狂的投机购买，结果不仅可能最终耗尽官方的库存准备，还会使产品的价格稳定机制面临崩溃。换言之，在某些时候，商品内在价格生成机制与官方价格稳定机制之间的矛盾会变得难以调和，从而不可避免地将引起疯狂但却理性的投机购买。

知识注解

布雷顿森林体系下的美元危机就是典型案例。20世纪60年代中期，由于深陷越南战争泥潭，美国财政赤字明显扩大，国内通货膨胀加剧，美元对内不断贬值，致使与黄金的固定比价受到严重怀疑。在外汇市场投机浪潮的冲击下，1968年初不到半个月的时间里，美国就流失了14亿美元的黄金储备，被迫于3月开始实行“黄金双价制”。然而，不触及双挂钩制度安排引起的美元两难境地，也就无法阻止黄金市场价格与其官价之间距离的不断拉大。1969年黄金公开市场被迫关闭，由此拉开了布雷顿森林体系走向崩溃的序幕。

1979年，克鲁格曼率先引进价格稳定机制模型，研究固定汇率制的货币危机问题。后经弗拉德（R. P. Flood）、加伯（P. M. Garber）等人的改进，成功地提出了典型货币危机的理论模型，被称为第一代金融危机模型。

为什么固定汇率制下容易出现投机性货币冲击，进而引发货币危机？典型货币危机模型认为，政府主要经济目标之间的矛盾与冲突将最终导致固定汇率制无法维持，其中以长期巨额财政赤字和货币信贷持续扩张的威胁最大。该理论假定，为弥补财政赤字，货币当局会不加控制地持续发行货币，于是内在地形成本币贬值、外币升值的压力。在无法控制基础货币的国内供给因素时，中央银行只能进入外汇市场干预，通过改变基础货币的国外来源——外汇储备来实现内部均衡目标。这时，央行的外汇储备无疑成为一种不可再生的资源，固定汇率就是其官方价格。当外汇投机者注意到固定汇率水平已经偏离两种货币实际价值的对比时，就会大量增加外币多头头寸。假定货币当局为维持固定汇率将会无限制地抛出外汇，而投机者也能够不受任何阻挠地增持外币资产，那么，随着官方外汇储备数量逐渐接近枯竭，推动外汇这种不可再生资源价格上涨的动力会越来越大，从而在极短时间里迫使外币突破性地升值而结束固定汇率制，货币危机就此爆发。

典型货币危机模型强调，宏观基本因素的不协调是导致危机爆发的内在原因。在一国拥有充足外汇储备的时候，持续性的财政赤字货币化与维持固定汇率制的矛盾往往被掩盖。但是在外汇储备不足时，投机者抛售本币的狂潮便会激化这种内在矛盾，并以危机方式予以解决。由此可见，那些突发性的巨额资金抽逃行为并不代表非理性投机活动或者造市商的险恶用心，而是符合逻辑的理性行为：尽快抛空一种内在价值趋跌的货币是避免风险的最佳选择。不过，模型中僵化的政府行为反而不够理性，与现实情况也相去甚远。事实上，货币当局大多不会盲目地通过印钞来解决财政赤字问题，它可以选择其他紧缩性货币政策或相应的财政政策来改善内部经济运行情况。

12.4.2 第二代金融危机模型

知识注解
第二代金融危机模型的代表人物还有 Gerardo Esquivel 和 Felipe Larrain 等人。20 世纪 20 年代法国放弃金本位制度。法郎遭受投机冲击的主要原因是，人们怀疑法国政府通过人为制造通货膨胀来摆脱第一次世界大战时期欠下的巨额法郎外债；不过也有人猜测，法国有意采取扩张性货币政策来解决工资刚性造成的严重失业，但是必须首先摆脱固定汇率制对货币扩张效力的限制。

鉴于典型货币危机模型对政府行为的分析过于简化，以至在讨论危机是否发生及何时发生时难免脱离实际情况，奥伯斯法尔德等学者对此进行了修正：认为投机性冲击的结果并不是完全可以预期的，外汇投机商与一国货币当局之间的博弈会导致投机冲击下出现多重均衡解。换言之，他们认为宏观经济基本面依然是重要的，但是在一定条件下，公众的主观预期可能成为引起金融危机的导火索。于是，货币当局决定动用多少外汇储备来维持固定汇率制，以及投机商对一国政府储备底线的估计，便可能成为投机性冲击何时发生的关键。

第二代金融危机模型特别强调，政府是否维护固定汇率制，是一种权衡各种利弊可能之后的政策选择结果。① 哪些原因会促使政府放弃固定汇率制？为什么政府有动力去维护固定汇率制？在何种条件下维护固定汇率制的成本与收益对比可能发生根本性的改变？

政府维护固定汇率制或钉住关键货币的成本，也可以理解为放弃固定汇率、允许本币贬值的收益。如果政府承担了大量以本币计价的对外债务，显然会乐于通过本币贬值而减轻债务负担。而且本币贬值也将赋予本国商品以价格优势，从而达到促进出口、改善贸易条件的目的。但固定汇率制却阻碍了上述政府意图的实现。

政府捍卫固定汇率制必然也有正当理由。第一个可能的原因是，相信稳定的汇率水平有助于促进国际贸易和国际投资活动，这也是实践检验得出的共识。第二个可能的原因是，对那些有高通货膨胀历史的国家来说，固定汇率制有助于稳定本币信誉。而且，一国汇率的稳定象征着国家的尊严，或者代表了政府向国际社会做出的郑重承诺，所以必须尽最大努力进行维护。

不过，在遭受货币投机冲击时，上述维护固定汇率制的收益与成本对比必然发生变化，而公众信心的丧失将会危及中央银行的外汇市场干预。也就是说，如果公众开始怀疑政府维护固定汇率制的决心和能力，或者干脆失去了耐心，就会造成维护成本过高，最终导致政府无力或者不想继续捍卫固定汇率制，于是危机提前到来。② 例如，在本币贬值预期下，债权人会索取更高的利息，加重债务人负担，给本币以贬值压力；另外，工会可能要求更高的工资，使本国商品在目前的汇率水平下失去竞争力，并制造成本推动型通货膨胀，同样使本币面临贬值压力。为抵御本币贬值，往往需要提高短期利率，但利率高企会恶化政府或者负债严重企业的现金流，从而抑制国内产出，引发失业，更加快了危机的

---

① 捍卫固定汇率制不是单纯的消耗性抛售外汇储备直到枯竭的过程，或许更适于看作政府权衡利弊的结果。这是第二代金融危机模型对第一代模型的显著修正。

② 第二代金融危机模型也认为货币危机的根本原因是政府宏观政策不协调，金融市场只是提前预演了本该发生的事情。这在发展中国家引起了较大争议，特别是危机亲历国大多强调投机活动的严重冲击，甚至把危机的发生完全归咎于投机商的不道德行为。

爆发。

因此，第二代金融危机模型指出，如果政府在考虑维护还是放弃固定汇率制的时候发现放弃固定汇率制更加有利，政府完全有可能在毫无投机冲击的情况下就宣布本币贬值。投机商则必须竭尽所能在本币贬值前抛空所有头寸，这一行为足以增加政府维护固定汇率制的成本，从而可能激发政府提前宣布本币贬值。于是，投机商在抛售本币过程中争先恐后、相互竞争，最终酿成危机提前的恶果。

12.4.3 第三代金融危机模型

亚洲金融危机引起了众多学者的关注，但第一代和第二代金融危机理论在解释力方面却显得略有不足。首先，危机爆发前，大多数东南亚国家的宏观经济状况相对良好，政府预算基本平衡，没有盲目进行信用扩张，特别是国内通货膨胀水平比较低。其次，虽然1996年开始放慢了经济增长，并出现了生产能力过剩的迹象，但至少在危机发生时这些国家的失业状况并不十分严重。再次，危机发生前，这些国家的股票市场均经历了从急剧膨胀到急剧破灭的变化，并且在危机发生后进一步快速下跌。最后，这些国家多以间接融资为主，所以金融机构的作用非常重要。由此可见，亚洲金融危机既不是由财政赤字货币化造成的，也无法用不恰当的宏观经济政策取向来解释。于是，克鲁格曼、麦金农发展了第三代金融危机模型。

研究者们注意到了银行体系在亚洲国家的重要地位，及其在此次危机中的关键影响。第三代金融危机理论认为，金融上层建筑的过度扩张导致了经济泡沫，泡沫崩溃是爆发危机的直接原因，而泡沫的产生与积聚则在于新兴市场国家金融体系的制度性因素。大体上，可以从以下三个方面加以论证。

1. 过度借款综合征

新兴市场国家普遍存在政府担保或隐含担保借款活动的现象，而且政府官员与各种金融活动之间往往保持千丝万缕的裙带关系。于是银行体系表现出严重的道德风险问题：一方面不断扩大外债规模，另一方面无所顾忌地大量投资于高风险（也可能是高回报）的非生产部门。过度的风险贷款导致了资产价格膨胀，进而粉饰了银行的资产负债表。经济泡沫由此产生，并且日益严重。但脱离实体经济的金融泡沫膨胀不可能永远持续下去，当出现某种外来扰动时，泡沫破灭就会通过支付链条传导到整个金融体系。于是，资产价格急剧下跌，银行不良债权激增。危机发展到一定程度时，政府可能被迫撤销其隐含担保，使得银行对外融资能力进一步下降，于是银行破产并停止运营，金融资产价格再度下跌。这种恶性循环便是金融危机。

> **知识注解**
>
> 过度借款综合征，指新兴市场的商业银行在政府担保或隐含担保下，大量举借外债，同时过度发放风险贷款，导致国内资产价格膨胀。

2. 宏观经济稳健运行“假象说”

通过政府隐含担保和政治家裙带关系而产生的过度借款和过度投资往往具有隐蔽性。这意味着，尽管导致危机的因素早就产生并且已经逐步积累，但是宏观经济运行仍有可能表现得相当稳健。在经济分析中，隐含的政府担保作为一种或有债务（contingent debt），其实是隐蔽的财政预算赤字。所以，银行负债（或者银行的不良债权）实际上代表了政府债务。这样看来，危机前亚洲国家的预算平衡和宏观经济政策稳健不过是表面现象。在表象背后，事实上政府正在从事着风险极高且不可持续的赤字支出，发生危机只是早晚的事情。

3. 金融脆弱性的危机强化效应

金融机构，或者说整个金融体系，是内在脆弱的。这表现在信息不完全且不对称的情况下，任何不利传言都有可能引发恐慌，存款人的挤提行为将迫使金融机构提前清算未到期的长期资产，从而蒙受资产损失。而任何损失都将加剧银行债权人的担心，制造更大的恐慌。所以金融恐慌带有明显的“自我实现”特点。在封闭经济下，中央银行可以通过“最后贷款人”功能来消除恐慌，挽救金融机构；但是在实行固定汇率制的开放经济下，中央银行外汇储备有限，要为大量举借外债的银行提供流动性，就可能与固定汇率目标发生矛盾。结果，很可能是既爆发银行危机，又导致货币危机。所以在宏观经济暗含纰漏、资产价格极度膨胀的情形下，金融体系的内在脆弱性只能使危机发生得更快、影响范围更广、造成的危害更大。

12.4.4 第四代金融危机模型

全球范围对金融危机问题的广泛讨论，并没有让危机与20世纪一起离我们远去。21世纪伊始，土耳其金融危机和阿根廷金融危机相继爆发，在学术界和各国政府间引起了高度关注。

这两个国家都曾经有货币和经济动荡的历史，更重要的是，它们在经济重建安排中都接受了“华盛顿共识”，并被视为成功案例而一度得到普遍赞许。两国都致力于平衡财政收支，推动私有化进程，采取稳定汇率政策，实现贸易和金融自由化。其中，为了平抑国内的恶性通货膨胀，阿根廷采取了以美元为基础的货币委员会制度，土耳其选择了爬行钉住包括美元和当时德国马克在内的货币篮子。

> **知识注解**
>
> 华盛顿共识，指以华盛顿为总部所在地的国际货币基金组织、世界银行等国际金融组织向广大发展中国家及经济转轨国家硬性推出的一套经济改革政策，包括财政紧缩、私有化、固定汇率、自由市场和自由贸易等内容。这种政策建议得到美国财政部和华尔街的大力支持，并于20世纪80年代末首先在拉丁美洲得到推广。

尽管两个国家都经历了稳定后的短暂繁荣，但宏观经济的脆弱性还是非常显著。通过削减公共支出来平衡财政预算，在导致经济紧缩的同时也激发了社会公众的不满情绪。私有化进程导致社会矛盾日益突出，使政府陷入两难境地。通过稳定汇率来制止通货膨胀，难以避免汇率僵化，使两国货币不同程度地存在高估问题，国际竞争力均有所下降。如果为了恢复竞争力而调整汇率，则必然损害政府反通货膨胀承诺的可信度，以及国内银行体系的稳定。由于汇率保持稳定，需要持续的资本流入来弥补经常项目逆差，但是两国内外经济问题都比较突出，所以长期资本流入日益减少，短期外债不断增多。

亚洲金融危机和俄罗斯金融危机使土耳其和阿根廷两国的外部经济环境开始恶化。虽然没有被彻底逐出国际债券市场，但因为都属于新兴市场国家，所以发行成本不断上升。1998年末，巴西雷亚尔对美元贬值严重冲击了阿根廷的国际市场竞争力，而国内地震灾害也沉重打击了土耳其的经济恢复。而国际原油价格暴涨、全球出现经济衰退迹象，以及之后的“9·11”事件等，都给两国的经济重建蒙上了阴影。

2000年11月土耳其银行体系由于流动性困难大量抛售政府债券，致使利率暴涨。由于受汇率制度所限，中央银行无法向银行体系提供流动性，银行危机日益加剧。而当货币当局改变态度提供了额外流动性时，市场对爬行钉住承诺的怀疑空前高涨，不仅刺激了资本外逃，而且引起了大规模的投机性货币攻击。在多方努力无效的情况下，2001年2月21日政府宣布货币贬值，放弃了爬行钉住的汇率制度。

阿根廷国内在宏观经济政策取向方面一直存在严重分歧。一方面是对于要不要走美元化道路的激烈争辩，另一方面是大幅度削减政府非利息支出的计划引起了政治上的强烈反对和普遍的公众不满。[①] 于是，人们对阿根廷对外债务和汇率制度的可持续性普遍信心不足，越来越多的资金选择了逃离银行体系、逃离阿根廷。2001年11月，政府宣布债务重组计划，再一次冲击了市场信心。12月，当局开始限制个人从存款账户提取现金或携带资金出国，以减少储备和存款的损失，结果引起了大规模抗议示威。圣诞节前，在内阁、总统相继辞职后，阿根廷宣布暂停外债偿付。两周后，阿根廷暂停了本币与美元现钞的自由兑换，采取汇率双轨制，作为允许汇率自由浮动前的临时措施。

专栏12.5 金融全球化与宏观经济波动

普拉萨德等学者在《金融全球化对发展中国家的影响：实证研究结果》一书中指出，除促进经济增长外，金融全球化在理论上的益处之一是有助于发展中国家更有效地管理宏观经济波动，特别是缩小消费相对于产出的波动幅度。但事实却与此相反，处于金融一体化初期的国家面临更大的产出和消费波动风险。发展中经济体的金融和货币危机的增多，往往被视为与金融全球化相关的自然的“成长期痛苦”。

实证研究表明，资本流动的构成以及外债偿还期限结构可能与危机发生的概率相关。债务危机更容易发生在外债偿还期较短的国家。而且宏观经济基本条件较弱的国家，大多处于被动接受偿还期较短债务的地位。

尝试保持相对固定汇率制的发展中国家常常面临遭受货币攻击的风险。虽然完全固定或部分固定的各种汇率制度拥有一定优点，但是当经济遭受不利冲击时，如果没有支持性的国内政策，就难免发生此类汇率制度突然崩溃的危机结果。因此，系统政策选择可能直接影响到金融全球化下各个经济体的脆弱性程度。

金融一体化也会使与不审慎财政政策相关的风险恶化。利用国际资本市场可能导致过度举债，并将资金导向生产率低下的政府支出。以硬通货计值的大量短期外债使发展中国家容易遭受外部冲击，或对投资者信心造成负面影响。

在金融监管和监督机制不健全的情况下，过早开放资本账户也可能产生严重的风险。如果银行体系的监管机制薄弱，国内资本市场中存在其他扭曲，则外国资本流入可能导致此类经济体现有的低效率进一步恶化。例如，如果国内金融机构倾向于将资本导入风险过高或基本面很差的企业，金融一体化可能只是导致此类资源配置不合理的情况加剧。反过来，在发生不利的宏观经济震荡时，过早引入的海外资本对政府和企业资产负债表造成的负面影响，也不利于金融机构的健康。

---

① 部分省的工资和养老金被削减了13%。

在危机理论发展方面，克鲁格曼等人在第三代金融危机模型基础上提出了“资产负债表效应假说”，从企业和金融机构资产负债表的期限不匹配、币种不匹配等问题入手，强调开放经济条件下，银行或企业的流动性危机很容易转化为货币危机。也有人基于信息不对称的分析，强调银行体系的脆弱性最终导致银行和货币的双重危机。但 21 世纪之初的这两次危机无疑对危机理论提出了更多挑战，并促使人们重新思考一直以来关于新兴市场经济发展的指导思想是否恰当。

尽管第四代金融危机模型还没有正式提出，但是学术界已经形成了这样的共识：如果一国宏观经济已经出现了某种程度的内外不均衡，那么国际短期资本流动所形成的巨大冲击很容易成为最终引起银行危机、货币危机、金融危机全面爆发的导火索。这也是金融全球化背景下新兴市场国家发生金融危机的一个共性特征。正因为如此，我们对于国际资本流动的认识必须是全面而深刻的。

专栏 12.6 硅谷银行破产事件

2023 年 3 月，美国硅谷银行（SVB）对外公布其资产出售计划和再融资计划，这一消息引发了市场恐慌情绪，硅谷银行股价暴跌，严重的负债挤兑导致其陷入实质上的破产状态。3 月 10 日，硅谷银行关闭并由美国联邦存款保险公司（FDIC）接管，成为美国历史上第二大规模和 2008 年以来最大的银行倒闭事件。

硅谷银行是位于美国加州的一家主要服务于科技公司的地方银行，银行存款也主要来源于风投支持的早期创业企业。在过去 10 年的时间里，在宽松货币环境和长期下行的利率水平的利好下，风投在科技领域的投资热情高涨，科技公司能容易地获得银行贷款并积累了大量的资金。这些资金转化为存款，其中大部分流入了硅谷银行，使其资产规模快速累积。在出事前，硅谷银行已发展成为全美排名第 16 位的中型银行。为了最大化资产收益率，除了继续向科技公司提供贷款，硅谷银行加大了证券类资产的投入力度，将大量资金投入长久期美国国债和抵押贷款支持证券（MBS）。2020 年第三季度至 2021 年末，硅谷银行美国国债的持有量在仅一年半的时间里就飙升了 120 亿美元，与此同时，其对 MBS 的持有量增长至原来的 5 倍，高达 1 000 亿美元。从资产组成上看，截至 2022 年底，硅谷银行的贷款资产占总资产的比例仅为 35%，而 55%的总资产则由美国国债和 MBS 构成，这一水平甚至超过了美国一些大型银行的国债和 MBS 持有量。

与规模飙涨的中长期资产相比，硅谷银行现金资产的涨幅并不明显，甚至出现了收缩迹象。截至 2021 年末，现金和现金等价物规模仅为 130 亿美元，还不如 2020 年中的 140 亿美元，这反映出近年来硅谷银行的资产流动性处于较低水平，硅谷银行对存款挤兑所预留的资金也存在明显不足的问题。在中长期资产中，MBS 的本质是金融机构将流动性较差的金融资产（经由证券化机构担保或信用增级后）转化而成的流动性较强且具有未来现金流入的证券资产。因此，市场利率变化不仅能直接影响 MBS 的资产价值，同时还会导致底层资产价值的波动，加剧 MBS 的利率风险。利率变化所导致的资产价格大幅下降和负债压力增加，是此次硅谷银行倒闭事件的主要导火索。从 2022 年初开始，为了抑制通胀，美联储采取了激进的加息措施，导致科技公司股价下跌，融资困难问题频频出现。为了缓解研发资金压力，科技公司不得不大量取回存放在硅谷银行的存款，导致银行储蓄开始流失。同时，由于美联储加息，国债、MBS 等资产价格大幅下降。资产价格下跌叠加存款流失的影响，硅谷银行资产出现了大幅度的账面亏损，资产流动性风险逐渐暴露。对此，硅谷银行试图通过资产甩卖和再融资来阻止亏损和流动性危机，但此举也向外界表明，其自身已然面临着严重的资产问题，不仅未能降低破产风险，反而引发了储户“逃命式”的挤兑和股价“腰斩式”的暴跌。3月9日硅谷银行当日存款提取规模高达420亿美元，对此硅谷银行只能低价打折出售证券资产，而这又使得账面浮亏转变成了真实亏损，并导致银行账面现金规模急速收缩至－9.6亿美元，最终无法实现对储户的兑付而被迫宣布破产。

硅谷银行在最后时刻出售资产的行为加剧了市场恐慌和大规模挤兑，随后资金枯竭而不得不破产倒闭，进一步提升了全球市场的避险情绪，人们对于硅谷银行的担忧进而转移至其他类似的区域性银行，这进而诱发了其他银行的兑付风险。事实上，在硅谷银行被FDIC接管的48小时后，位于纽约的签名银行（Signature Bank）同样经历了倒闭和接管。3月13日，中小型银行的股价受到重创，其中第一共和银行收盘跌幅接近62%，阿莱恩斯西部银行最大跌幅高达85%，西太平洋合众银行的最大跌幅接近60%。此外，大型银行的股价也受到了一定程度的拖累，出现了较大幅度的波动，其中美国银行跌幅为6%，花旗和富国银行的跌幅超过7%，高盛下跌了近4%。硅谷银行破产事件对美国银行业造成了重创，此次事件也反映出银行业投资组合监管和流动性管理的重要性。

12.5 国际经济政策协调和主要协调平台

2008年国际金融危机爆发以后，国际社会普遍认识到，金融机构个体稳健并不意味着系统稳健，必须从宏观的、逆周期的视角运用审慎政策工具有效防范和化解系统性金融风险，从整体上维护金融稳定。一方面，宏观审慎政策的实施会影响货币政策和财政政策的作用效果，会对国内的货币供应量以及特定行业和产业的发展产生影响，宏观审慎政策和货币政策、财政政策必须协调配合，将物价稳定、宏观经济稳定增长和金融稳定目标统筹起来。另一方面，国内经济变量的变动又会进一步对其他国家产生溢出效应。国际经济政策必须协调起来。

国际金融危机及其引起的全球经济衰退也促使各国对经济结构问题进行反思。一边是发达国家消费和投资长期依赖贸易逆差融资，不断累积的债务水平加剧了其经济风险。另一边是发展中国家的经济增长依赖发达国家的进口需求，外部风险敞口过大；一旦发达国家内部发生问题致使进口需求下降，发展中国家就会出现产能过剩和经济下滑。经济结构转型是各国经济健康发展的必然要求，也是当前较为迫切的任务。经济结构转型可能涉及贸易政策、产业政策、财政和货币政策以及宏观审慎政策等各种支持，并会通过国际贸易、资本流动等渠道对其他国家产生影响。

总之，一个国家的经济政策不仅会影响自身的发展，还会对世界其他经济体产生深远影响。历史经验表明，各自为政、以邻为壑的经济政策是目光短浅的。加强国际经济政策的全面协调，是化解经济政策负面溢出效应、实现经济政策预期效果的一个可行的解决办法。

12.5.1 国际经济政策协调的含义与形式

国际经济政策协调（international economic policy coordination）有狭义和广义两种解释。从狭义上讲，是指各国在制定国内政策的过程中，通过国与国之间磋商等方式，对某些宏观政策进行共同设置。从广义上讲，凡是在国际范围内能够对各国国内宏观政策产生一定程度制约的行为都可以视为国际经济政策协调。

知识注解

国际经济政策协调，指经济相互依存的国家之间，通过调整各自的经济政策以达到多边互惠的目标，并实现全球利益最大化的协调过程。

国际上普遍接受的一种定义是：国际经济政策协调是各国在考虑了国际经济联系后，调整各自的经济政策以达到多边互惠的目标，并实现全球利益最大化的协调过程。由此可见，国际经济政策协调的好处是减少相互间的摩擦与冲突，提高共同利益，避免独立分散决策带来的低效率。但为了实现这种好处，各国之间必然都要有所让步，做出一定的妥协。所以，国际经济政策协调的成本就表现为各国都会丧失一定的政策自主性。

然而，对于政策协调是否有益，迄今并未形成一致的看法，有些学者甚至抱有强烈的怀疑态度。比如认为赋予各经济主体充分的自主权是完美的选择，或是指出，国与国之间在提供有利的经济环境方面相互竞争，才能促进经济发展。

当每一个经济体规模都非常小的时候，各国政策调整及其在资本市场的操作，对其他国家来说没有实质性影响。在这种条件下，“分权化”政策也许是最优选择。然而，当大国越来越多，各国经济逐步走向开放时，每一个国家的政策都会影响到其他国家以及国家之间的经济结构。这时如果再完全否定国际经济政策协调的必要，似乎与实际情况又过分脱节了。如果考虑得更细致一些，情况可能又有不同。假如世界上只有少数几个大国，那么进行政策协调，实现互惠互利，几乎无可置疑。但是当几个大国掺杂在众多中小国家之中时，由于相互间利益、实力、目标等差异极大，国际经济政策协调的收益对不同主体一定不是等同的。换言之，有的国家要做出更多让步，却未必获得更多收益。所以不能简单地认为，国际经济政策协调范围越广、协调力度越大就越好。

知识注解

在肯定国际经济政策协调必要性的同时，也应该对协调机制的当前效应与长远效应做一个全面分析。

专栏 12.7 国际经济政策协调的层次

国际经济政策协调可以由低到高分为六个层次。

第一，信息交换（information exchange），指各国政府相互交流本国为实现经济内外均衡而采取的政策目标范围、政策侧重点、政策工具种类、政策搭配原则等信息。当各国决策仍然是在独立、分散的基础上进行时，通过信息交换，可以避免错误估计其他国家的政策，更好地了解本国与外国经济之间的相互影响。

第二，危机管理（crisis management），指针对世界经济中出现的突发性的、后果特别严重的事件，各国进行共同的政策调整，以缓解、渡过危机的协调行为。这种协调形式属于临时性措施，主要目的是防止各国从自身利益出发，结果使危机更加严重或加速危机的蔓延。

第三，避免共同目标变量冲突（avoiding conflicts over shared targets），指当两国面对同一政策目标时，如果设立了不同的目标值，就会产生直接冲突。比如，对两国货币汇率的意见不同。国家间竞争性货币贬值是共同目标冲突的最典型表现。

第四，合作确定中介目标（cooperation intermediate targeting），指在一国国内经济变量通过一定机制对其他国家形成溢出效应时，有必要对这些中介目标进行合作协调，避免对外产生不良影响。中介目标可能是共同目标变量，也有可能是其他变量，比如固定汇率制下本国的货币供给量。

第五，部分协调（partial coordination），指不同国家就国内经济的某一部分目标或工具进行协调。例如只对各国货币政策进行协调，而由各国独立使用财政政策。

第六，全面协调（full coordination），指将不同国家的所有主要政策目标、政策工具都纳入协调范围，从而最大限度地获取政策协调的收益。

国与国之间进行政策协调主要有两种基本形式：一种是规则协调（rule-based coordination），一种是相机抉择协调（discretion-based coordination）。规则协调是通过制定明确的规则来指导各国采取政策措施进行协调的方式，例如，国际金本位制度、布雷顿森林体系和欧洲货币体系等。相机抉择协调是指当不存在对各国经济和政策行为的明确规定时，根据具体情况，针对某一特定事件，协商确定各国所应采取的政策组合。具体表现为各种经济峰会、国际协定以及国际论坛。比如，著名的七国集团（G7）首脑峰会和部长级会议，世界贸易组织框架下的乌拉圭回合、多哈回合等，以及由 IMF 等国际金融组织牵头举办的各种国际论坛（比如 IMF 成员中央银行行长年会）。

规则协调的决策过程清晰，可信度高，可以在较长时间里稳定运行。国际协定规则作为外部约束，一方面，可以防止各国政府在实施宏观经济政策方面任意而为，保证政策的连贯性与可信度；另一方面，可以使各国政府以国际协定为理由执行国内经济政策，减少政策阻力。规则协调的缺点主要表现在：要保证规则的公正，要求规则可以实现各方主体的权利义务完全对等，照顾各方利益——这几乎是不可能完成的任务。或许这也正是 20 世纪 70 年代滑入牙买加体系这一“没有制度的体系”的重要原因。

相机抉择协调的优点在于可以针对不同经济条件，就更为广泛的问题进行协调，但可行性与可信度往往遭到质疑。从可行性来看，每次政策协调行动都意味着各国政府的讨价还价，势必使协调成本大大增加；而且也很难对各国政府形成有效的约束，容易产生竞相违约和免费搭车行为。从可信度来看，在这种协调方式下，协调措施由各国协商确定，缺乏一致的规则。由于具有较大的不确定性，所以很难通过公众预期来发挥政策竞争力。但如果国际经济关系复杂多变，难以采用理想的规则协调时，则相机抉择协调也可能成为现实的最优选择。比如，出于共同管理世界经济、缓解相互依赖对各国压力等目的而建立起来的七国集团首脑会议，其独特之处在于，它只是一个非制度化的论坛，主要由“具有相同意向的国家”的领导人就重大国际问题交流看法、达成共识。实践表明，七国集团通过对各国国内政策的协调以及对全球经济政策的引导，对全球经济和金融的稳定发展的确发挥了积极作用。

值得关注的是，继欧洲共同货币推出之后，北美、东亚、西非等地都广泛开展了区域经济和金融合作计划。这些区域协调机制或许更可以视为在探索“包括相机抉择的规则”的新道路，从而既汲取不定期多边谈判的灵活性和及时性优点，又为国际金融体系改革提供了一个极具启发意义的备选方案。

专栏 12.8 全球疫情冲击下欧盟的财政政策：相机抉择协调

2020 年突如其来的新冠疫情，对欧洲造成了前所未有的打击，欧洲经济“雪上加霜”。为了避免经济危机的加深和蔓延，欧盟迅速发布了救助措施。欧洲央行宣布将在其职权范围内采取任何必要措施，并公布了总额高达 7 500 亿欧元的紧急购债计划。基于对成员国财政空间的释放，欧盟委员会放松了一系列财政规则的约束，并于 2020 年 5 月 27 日公布了首个财政救助方案。同时，欧盟成员国就加强财政政策协调以应对疫情下的经济社会冲击达成了一致意见，制定并实施了一系列积极的财政刺激计划和救济措施。

（1）德国。

德国所推出的刺激计划规模是欧洲所有国家中规模最大的。在 2020 年 3 月宣布了数额为 6 500 亿美元的经济稳定基金，用于贷款担保、购买陷入困境公司的股权、为企业贷款提供再融资等方面。同时，德国通过了一项 1 680 亿美元的补充预算，暂停了现有的政府债务规定，以帮助企业和个人应对疫情造成的额外支出。同年 6 月，德国政府实施了大范围的减税和补贴政策，总价值为 1 460 亿美元。

（2）法国。

法国政府为困难企业提供了一系列贷款担保，总额高达 3 230 亿美元，并允许企业和个人延期申报纳税。不仅如此，2020 年 3 月 17 日法国财政部宣布了 490 亿美元的一揽子直接救助计划，用于加强医疗保健系统和购买医疗用品、扩大失业救济金、推迟中小企业租金等方面，随后在 4 月 15 日和 6 月 10 日相继将刺激计划的规模扩大至 1 190 亿美元和 1 546 亿美元。9 月 3 日，法国财政部公布了另一项 1 184 亿美元的刺激计划，该计划的颁布主要是为了实现未来两年内的经济增长目标。

（3）意大利。

意大利在 2020 年 3 月 16 日、4 月 6 日、5 月 13 日和 10 月 26 日分别通过了四项独立的刺激计划。其中，3 月 16 日公布的约 270 亿美元的救助方案旨在“治疗意大利”，用于购买医疗用品与升级医疗系统、帮助保护工人、增加企业与家庭的流动性和税收优惠等。随后的三项刺激计划主要从税收和融资担保等渠道，缓解企业与家庭面临的流动性约束，刺激计划的金额高达 4 980 亿美元。

在经济层面，欧盟采取了比处理欧债危机时更加迅速的统一行动，释放出团结应对危机的积极信号，极大程度地降低了债务危机、经济危机和金融危机爆发的可能性。

国际组织是各国政策沟通、经济合作、经验交流的平台，是实现政策协调的主要机制。国际货币基金组织、世界银行、世界贸易组织等全球性国际组织是战后以来世界经济金融秩序的支柱，一直在全球范围的货币政策、财政政策、投资政策、贸易政策等国际协调中扮演重要角色。随着发展中国家经济力量的集体崛起，特别是在 2008 年国际金融危机之后，全球重大问题治理机制逐渐从七国集团转向二十国集团（G20）。此外，还有数量众多、形态各异的全球性或区域性组织、多边或双边合作机制、新兴平台以及民间渠道，秉持各自的宗旨、功能和定位，积极作为，努力创新，已经发展成为传统国际政策协调的有益补充。

以下着重介绍在防范和管理金融危机方面发挥了关键作用的几个主要国际政策协调平台。其中，国际货币基金组织、世界银行和国际清算银行，是现行国际金融体系下最重要的国际金融组织，它们不仅为危机发生国提供资金支持，也通过金融监管、政策磋商等多种方式为广大成员国提供危机防范和危机管理方面的基本要求和政策建议。金融稳定委员会和二十国集团则是在 2008 年国际金融危机后迅速成长起来的重要平台。由于新兴市场经济体和发展中国家的参与，与传统国际协调平台相比，它们更具代表性和影响力，在促进和维持国际金融稳定方面日益发挥引领作用。

1. 国际货币基金组织

国际货币基金组织（International Monetary Fund，IMF）于 1945 年 12 月 27 日成立，总部设在华盛顿。根据 1944 年 7 月布雷顿森林会议签订的《国际货币基金协定》而成立的 IMF，是一个旨在国际合作的基础上协调汇率制度、为出现国际收支困难的成员给予暂时性金融援助的全球性政府间国际金融组织，至今已拥有 190 个成员，在国际货币金融领域拥有不可替代的巨大影响力。作为当今世界最重要的全球经济治理机制之一，IMF 的重要作用主要体现在三个方面。

> **知识注解**
> 中国是 IMF 创始成员之一，于 1980 年 4 月 18 日恢复合法席位。

（1）监控金融体系稳健性。早在亚洲金融危机结束之初，IMF 例行的监督工作中就开始纳入了“金融体系稳健性评估”。1999 年 5 月，IMF 与世界银行实验性地联合开展金融部门评估规划（Financial Sector Assessment Programme，FSAP），对各国金融稳定状况进行判断和评估。① FSAP 的目标是警示各国监管当局重视国内外金融部门的脆弱性因素，鼓励它们采取提高金融稳定性的措施。截至 2022 年，FSAP 已经成为 IMF 和世界银行诊断各国金融体系健康性和稳定性的主要平台。

IMF 根据多年的金融部门监督、技术援助和规划经验，确定了一整套宏观审慎指标体系（见表 12-1）。宏观审慎指标体系总体上包括两类指标：反映单个金融机构健康性的微观审慎指标汇总以及与金融体系稳健性有关的宏观经济变量。微观审慎指标主要是同期或滞后的稳健性指标②；宏观经济变量是可能导致金融体系不平衡的信号，因此是先行指标。当这两类指标都表明脆弱性特征时，也就是说，当金融机构处于脆弱状态并同时面临宏观经济冲击时，通常就会爆发金融危机。

---

① FSAP 的第一层面包括衡量金融体系稳健性及其损失承受能力，以及运用压力测试衡量冲击的影响。第二层面是对支付体系、会计制度、公司治理、金融安全网等金融基础设施进行评估。第三层面是金融监管，涉及银行监管、证券监管、保险监管等多项内容。

② 监测的时滞应当尽量短暂以实现及时监控。对这些指标进行压力测试，可提供脆弱性方面的早期预警。

表 12-1　宏微观审慎指标

微观审慎指标	宏观审慎指标
资本充足率	经济增长率
资本比率（=资本/风险资产）	总增长率
资本比率频率分布	行业萧条
资产质量	国际收支
贷款机构	经常项目赤字
信贷的行业集中程度	外汇储备充足性
以外币计值的贷款	外债（包括期限结构）
不良贷款与准备金	贸易条件
向亏损公共部门的贷款	资本流动结构和期限
关联贷款	通货膨胀
杠杆比率	通货膨胀波动
借款实体	利率和汇率
债务-股权比率	利率和汇率的波动
企业利润率	国内实际利率水平
企业状态的其他指标	汇率的可持续性
家庭债务	汇率担保
管理稳健性	贷款剧增和资产价格暴涨
费用比率	贷款剧增
雇员人均收益	资产价格暴涨
金融机构数量的增长	传染效应
盈利能力	贸易溢出效应
资产收益率	金融市场相关效应
股本收益率	其他因素
收入和支出比率	指令性贷款和投资
结构性盈利能力指标	银行业对政府提供资金
流动性	经济中的债务拖欠
中央银行对金融机构的贷款	
同业利率分割	
存款与货币总量的比率	
贷款与存款的比率	
资产和负债的期限结构（流动资产比率）	
二级市场流动性手段	
对市场风险的敏感度	
外汇风险	
利率风险	
股票价格风险	
商品价格风险	
以市场为基础的指标	
金融工具市场价格	
过高的收益率	
信用评级	
国债收益率利差	

（2）经济监督与危机防范。跟踪世界各地的经济和金融情况，并从国际和国内的角度检查成员国的政策是否适当，警告成员注意即将来临的危险，使政府能够采取必要的防范措施，是 IMF 促进国际金融体系稳定的重要职能之一。具体而言，IMF 的监督工作包括三方面的内容：

一是国别监督。每年与每个成员就其经济政策进行一次磋商，侧重于成员的汇率、财政和货币政策，国际收支和外债发展情况，该成员政策对其对外收支的影响，政策的国际和地区影响，以及该成员经济与金融的潜在脆弱性等问题。在金融市场一体化的客观进程中，IMF 的监督日益注重资本账户、金融和银行部门问题。在新兴市场危机不断和成员经济转型的背景下，金融制度问题（比如中央银行的独立性、金融部门监管、公司治理以及政策透明度和问责制等）在监督工作中的重要性也趋于上升。

二是区域监督。即为了补充国别监督，还检查根据区域性安排而实施的政策，与欧洲联盟和欧洲中央银行等区域性经济机构进行定期讨论。IMF 也参加七国集团、亚太经济合作论坛等集团组织的财政部部长、中央银行行长及其他官员的政策讨论。

三是全球监督。每年出版两期《世界经济展望》（World Economy Outlook）和《全球金融稳定报告》（Global Financial Stability Report）[①]，以及频繁组织的对世界经济和市场发展情况的国际论坛，是 IMF 执行董事会实现全球监督职能的主要依据。报告通过引起人们对全球金融体系中潜在问题的关注，试图在危机预防方面发挥作用，从而对全球金融稳定以及 IMF 成员的持续经济增长做出贡献。

（3）提供金融危机解决方案，帮助危机后经济恢复。当危机到来时，IMF 发挥了重要的“最后贷款人”职能：通过政策建议和资金支持帮助减轻危机的影响，缩短危机持续的时间，并努力防止危机向其他成员扩散。

IMF 向面临国际收支困难的成员提供临时性资金援助，支持它们实施旨在纠正这些问题的政策。在经过执行董事会批准后，IMF 可通过两个主要渠道提供资金：一是通过针对特定国际收支问题的若干政策和机制，按等于或高于 IMF 标准收费率的利率水平，向成员提供非优惠贷款；二是通过减贫与增长贷款信托基金，向面临长期国际收支问题的有资格的低收入成员提供优惠（低息）贷款，帮助它们在解决国际收支问题的同时促进持久的经济增长和减轻贫困。

但 IMF 是“不情愿的贷款人”，贷款发放要以成员满足援助条款的要求为前提（见表 12-2）。所谓贷款条件性（conditionality），是指 IMF 在向成员提供贷款援助时附加了相应条件，目的是保证贷款有助于受援成员的国际收支改善，同时保证偿还，不损害 IMF 资金的流动性。

---

① 《世界经济展望》主要对世界经济、各国和地区的发展前景以及出现的政策问题进行全面分析，同时也探讨热点问题。《全球金融稳定报告》于 2002 年 3 月首次出版，取代之前的《国际资本市场报告》，目标是对全球金融市场动态进行及时和全面的分析，以辨别潜在的系统性缺陷。

表 12-2 IMF 贷款机制和贷款条件

贷款项目	贷款机制	贷款条件
常规贷款项目		
备用安排（1952）	解决短期国际收支困难。通常以 12～18 个月为期，最长 3 年。年度限额：份额的 100%；累计限额：份额的 300%。按季发放。	成员采取相应政策使国际收支困难可以在合理期间内解决。
中期贷款（1974）	用于解决长期性、结构性国际收支失衡。借款期限为 4～10 年。正常贷款限额同上。	成员采纳三年期规划（具有结构性议程）并每年提供详细的政策情况说明。
特别贷款		
补充储备贷款（1997）	向因突然和破坏性地丧失市场信心而面临国际收支困难的成员提供短期援助。只在常规贷款超过年度或累计限额时提供，无限额规定。收附加费。	在常规贷款安排下提供，要求执行相应规划，并实施强化政策恢复市场信心。
应急信贷额度（1999）	对正常时期实施良好政策、表现强劲的成员提供的预防性防线，帮助它们抵御外部金融事件的影响。无明确限额，预期为份额的 300%～500%。收附加费。	承诺标准：承诺时状态良好，得到积极政策评价，在限制外部脆弱性方面进展良好，经济规划令人满意。
补偿融资贷款（1963）	弥补成员暂时的、自身无法控制事件造成的出口收入和服务不足，以及谷物进口成本过高。单个成分限额为份额的 45%，总限额为 55%。	只在成员实施高档信贷条件安排，或除出口不足、进口过量外的国际收支状况令人满意时才提供。
紧急援助		
自然灾害（1962）	对与自然灾害有关的国际收支困难成员提供迅速的中期援助。一般为份额的 25%，特殊情况追加 25%。	采取适当的措施来克服国际收支困难，并侧重于体制和管理能力的培养。贷款是解决战乱后果的综合国际努力的一部分。
战乱后（1996）	对与内乱或国际武装冲突有关的国际收支困难国提供迅速的中期援助。限额同上。	
对低收入成员的贷款		
减贫与增长贷款（1999）	对根深蒂固的结构性国际收支困难提供更长期的援助，旨在实现持久的、有助于减轻贫困的经济增长。一般为份额的 140%，特殊情况下最高可达 185%。优惠利率。	以有关成员在参与过程中制定的减贫战略文件为基础，包括宏观经济、结构调整和减贫政策等内容。

资料来源：IMF Survey.

知识注解

亚洲金融危机后，印度尼西亚和韩国都与 IMF 在贷款条件性问题上产生了严重冲突。

不难看出，IMF 的贷款条件性要求在一定程度上体现着发达国家的意志与利益。然而，广大发展中国家已经从过去的规则接受者逐渐自省、自觉、自立并走向自主，并对西方世界的游戏规则提出了质疑。2002 年 9 月，IMF 对贷款条件进行首次修订。新的指导原则强调，需要使贷款条件侧重于实现 IMF 政策规划所支持的主要宏观经济目标和政策工具，同时也认识到贷款条件的运用必须注意以下几个问题：(1) 要加强成员对政策改革的拥护感；(2) 尽可能少地运用与规划有关的贷款条件；(3) 务必使规划适合成员国的国情；(4) 需要明确地解释与规划有关的贷款条件。

2. 世界银行

世界银行于1945年12月正式宣告成立，目前已有189个成员国，并在130多个地方设有办事处。世界银行集团是一个独特的全球性合作伙伴，也是全球最大的多边开发机构。其使命为“消除极端贫困”，即到2030年将极端贫困人口占全球人口的比例降低到3%；以及“促进共享繁荣”，即提高各国占人口40%的最贫困人群的收入水平。目前，世界银行与各国的合作围绕三个重点：加快可持续和包容性的经济增长；对人投资，建立人力资本；增强应对全球冲击与威胁的能力。但世界银行近年来在发展政策上的领导力和权威性有所下降，主要问题在于融资支持的影响力弱化、推动国家长期发展的效果不佳，以及内部管理效率低下和政策发声不统一等方面。

世界银行集团由以下五个机构组成：国际复兴开发银行（IBRD）、国际开发协会（IDA）、国际金融公司（IFC）、多边投资担保机构（MIGA）和国际投资争端解决中心（ICSID）。其中，国际复兴开发银行主要负责向中等收入国家政府和信誉良好的低收入国家政府提供贷款；国际开发协会主要负责向最贫困国家的政府提供无息贷款和赠款；国际金融公司是专注于私营部门的全球最大发展机构，通过投融资、动员国际金融市场资金以及为企业和政府提供咨询服务，帮助发展中国家实现可持续增长；多边投资担保机构通过向投资者和贷款方提供政治风险担保促进发展中国家的外国直接投资，以支持经济增长、减少贫困和改善人民生活；国际投资争端解决中心提供针对国际投资争端的调解和仲裁机制。

3. 国际清算银行

国际清算银行（BIS）成立于1930年，最初为处理第一次世界大战后德国战争赔款问题而设立，后演变为一家各国中央银行合作的国际金融机构，是世界上历史最悠久的国际金融组织之一，总部设在瑞士巴塞尔。其使命包括：促进各国央行之间的讨论和促进合作；支持与负责促进金融稳定的其他部门的对话；对货币和金融稳定相关问题进行研究和政策分析；作为中央银行在金融交易中的主要交易对手；担任与国际金融业务有关的代理人或受托人；定期发布相关分析以及国际银行和金融统计数据，以支持政策制定、学术研究和公众辩论。

> **知识注解**
>
> 国际清算银行以“促进各国中央银行之间的合作并为国际金融业务提供便利”为宗旨，是中央银行行长和官员的会晤场所，目前共有60家成员中央银行或货币当局。

巴塞尔银行监管委员会（简称“巴塞尔委员会”），是BIS全球金融监管框架下最重要的机构。其主要任务是“制定广泛的监管标准和指导原则，提倡最佳监管做法，期望各国采取措施，根据本国的情况通过具体的立法或其他安排予以实施”。巴塞尔委员会所制定的指导性文件不仅为其成员国监管当局所接受，也往往成为发达国家和众多发展中国家共同遵循的原则。

1988年7月巴塞尔委员会通过《关于统一国际银行的资本计算和资本标准的协议》，简称《巴塞尔资本协议》，包括四部分内容：(1) 资本的分类；(2) 风险权重的计算标准（资本对风险资产的比重为8%，其中核心资本对风险资产的比重不低于4%）；(3) 1992年资本与资产的标准比例和过渡期的实施安排；(4) 各国监管当局自由决定的范围。该协议第一次建立了一套完整的国际通用的、以加权方式衡量表内与表外风险的资本充足率标准，确立了资本监管在审慎银行监管中的核心地位。在自此之后的十多年间，这种风险为本的资本监管制度成为名副其实的国际银行业竞争规则和国际惯例，在提升银行体系稳健性和促进公平竞争方面发挥了重要作用。

随着金融创新和新的风险管理技术的发展，《巴塞尔资本协议》日益显得乏力和过时，尤其是对于1997年爆发的亚洲金融危机没有起到应有的作用。在此背景下，巴塞尔委员会于2001年提出了一个更加全面、具体的新建议，向全世界征求意见。最终，《巴塞尔资本协议Ⅱ》于2006年底开始实施。《巴塞尔资本协议Ⅱ》全面引入了风险计量模型，力求增强资本监管的风险敏感性，为银行改进风险管理提供激励。为有效提高金融体系的安全性和稳定性，不仅强调资本充足率标准的重要性，还构建了资本监管的三大支柱：一是最低资本要求（资本分类和最低充足率要求不变，但对风险加权资本的计算，在原来只考虑信用风险的基础上，进一步考虑市场风险和操作风险）；二是监管当局对资本充足率的监督检查；三是以信息披露为核心的市场纪律。

2008年国际金融危机直接催生了《巴塞尔资本协议Ⅲ》。该协议在广泛征求意见的基础上几易其稿，于2013年1月发布最新规定。《巴塞尔资本协议Ⅲ》确立了宏观审慎监管与微观审慎监管相结合的监管新范式，大幅度提高商业银行资本监管要求，强化风险资本监管，同时引入杠杆比率、流动杠杆比率和净稳定资金来源比率的要求，以降低银行系统的流动性风险，加强抵御金融风险的能力。与以往相比，《巴塞尔资本协议Ⅲ》的关注点发生了调整：从单一银行的资产方扩展到资产负债表所有要素，并对期限匹配提出明确要求；从单一银行的稳健性扩展到整个金融体系的稳定性，对系统重要性机构提出更高的监管要求；从金融体系的稳健性扩展到金融体系与实体经济之间的内在关联，将逆周期因素引入监管框架。

4. 二十国集团

二十国集团（G20）在世界贸易组织第五次部长级会议时首次出现。成员包括：美国、英国、日本、法国、德国、加拿大、意大利、俄罗斯、澳大利亚、中国、巴西、阿根廷、墨西哥、韩国、印度尼西亚、印度、沙特阿拉伯、南非、土耳其以及欧盟。这些国家和地区的GNP约占全世界的85%，人口则占世界总人口的将近2/3。G20的宗旨是推动发达国家和新兴市场国家之间就实质性问题进行讨论和研究，以寻求合作并促进国际金融稳定和经济持续发展。

美国次贷危机爆发并最终演变成为2008年国际金融危机后，为走出困境，发达国家需要发展中国家的政策配合。在此背景下，新兴市场经济体和发展中国家参与的G20部长级会议迅速升级为领导人峰会，采取协调一致的行动，及时挽救了国际金融局势。自此，G20事实上发展成为全球经济金融治理及宏观政策协调的重要平台，在促进世界经济增长、维持国际金融稳定、促进国际金融机构改革、促进国际贸易和投资、应对气候变化和反腐败方面发挥引领作用。

G20逐渐发展成为一个多层次的全球治理的会议协商机制，具体有内外两个体系。内部体系由四个层次的会议机制构成，分别是领导人峰会、协调人会议、6个部长级会议和9个专家工作组会议。① 外围体系指与G20相关的各种组织与论坛，在各自领域为领导人

① 6个部长级会议分别是财长和央行行长会议、劳工和就业部长会议、贸易部长会议、农业部长会议、发展问题部长会议和旅游部长会议。9个专家工作组分别是“强劲、平衡和可持续增长”框架工作组、投资和基础设施建设工作组、就业工作组、发展工作组、能源可持续问题工作组、反腐败工作组、私营部门工作组、金融包容性工作组及贸易工作组。

峰会出谋划策。[①] G20在依赖其成员开展协商与合作的同时，也要加强与各类国际机构的合作并借助其提供智力支持。

在每年G20领导人峰会上，由当年的轮值主席国设置峰会的议题。通过四个层次、内外两个体系协调作用及与国际机构通力合作，保持议题的开放性、灵活性与连续性，并由领导人统筹各项议题，通过议题联系来建立解决问题的共识。

> **知识注解**
>
> G20是一个国际经济合作论坛，1999年9月25日由八国集团的财长在华盛顿宣布成立，属于布雷顿森林体系框架内非正式对话的一种机制，由八国集团和十一个重要新兴工业化国家及欧盟组成。国际货币基金组织与世界银行也列席该组织的会议。

在世界经济步入复苏轨道后，G20亟须从临时性危机解决机制转向全球长效性治理机制。G20不设立投票权、不签订宪章、不达成有法律约束力的国际协议，政策协调遵循协商一致原则，由各成员领导人提供有力的政治支持。这种灵活运行方式可快速达成一致，但议案不具备强制性，执行力显然不够强。G20的非正式制度使其在短期政策的执行上优势明显，但在长期性、战略性及规则变化等问题上却难以统一。此外，G20没有常设的秘书处，难以确保机构经验的传承和体制的连续性。

5. 金融稳定委员会

1999年4月，七国集团与澳大利亚、中国香港、荷兰、新加坡以及若干国际金融组织共同组建"金融稳定论坛"（Financial Stability Forum）。作为一个议题广泛的中央银行论坛，其使命主要集中在三个方面：（1）对全球金融体系的状况进行系统的短期监控，以便找出压力的可能根源；（2）对金融市场所起的作用进行深入、长期的分析研究；（3）明确提出旨在改进市场运作和增强稳健性的政策建议。

在国际金融危机以及中国等新兴市场国家对全球经济增长与金融稳定影响日益显著的背景下，2009年4月伦敦G20峰会决定将金融稳定论坛扩展至所有G20成员，并将其更名为金融稳定委员会（FSB）。作为一个全球的金融监管机制，金融稳定委员会的宗旨是通过协调国家金融当局和国际标准制定机构，制定强有力的监管、监督和其他金融部门政策，促进国际金融稳定；鼓励跨部门和辖区一致实施这些政策，促进形成公平的竞争环境。

金融稳定委员会的具体职能包括：评估影响全球金融系统的脆弱性，并在宏观审慎的视角下，及时和持续地确定和审查这些脆弱性以及它们的结果所需要的监管、监督和相关行动；促进负责金融稳定的部门之间的协调和信息交流；监督和指导市场发展及其对监管政策的影响；在达到监管标准的最佳实践方面进行监督和咨询；对国际标准制定机构进行联合战略审查，并协调各自的政策制定工作，以确保这项工作及时、协调、有所侧重；为建立和支持监管协作机制制定指导方针；支持跨国的危机管理应急计划，特别是对具有系统重要性的公司；与国际货币基金组织合作开展早期预警演习；通过监测执行情况、同行审查和披露，促进成员辖区实施商定的承诺、标准和政策建议等。其下设有三个常设委员会，每个委员会对上述职能承担具体且互补的责任：脆弱性评估常设委员会（SCAV），

---

① 外围体系包括但不限于工商峰会B20、智库峰会T20、公民峰会C20、劳工峰会L20、妇女峰会W20、青年峰会Y20和创新峰会I20。

是金融稳定委员会识别和评估风险的主要机制；监督和监管合作常设委员会（SRC），负责进一步监督分析，或对脆弱性评估常设委员会所确定的脆弱性制定监管或监督政策；标准实施常设委员会（SCSI），负责监督国际标准的实施。

2011 年 11 月，金融稳定委员会根据巴塞尔银行监管委员会开发的评定标准，圈定了最初的 29 家全球系统重要性银行（G-SIBs）。此后全球系统重要性银行名单会根据新数据每年更新一次，并由金融稳定委员会于每年 11 月发布。全球系统重要性银行被分成 4 类，分别被要求拥有超过《巴塞尔资本协议Ⅲ》下限 2.5%、2%、1.5%和 1%的资本缓冲（见表 12－3）。在特定条件下，最具系统重要性的银行在满足最高的附加资本要求之后，还必须额外满足 1%的资本要求，从而可能面临最高 3.5%的附加资本。

表 12－3　2017 年全球系统重要性银行名单及对应的额外资本缓冲要求

<table>
<tr><td>3.5%</td><td>无</td></tr>
<tr><td>2.5%</td><td>摩根大通</td></tr>
<tr><td rowspan="4">2.0%</td><td>美国银行</td></tr>
<tr><td>花旗集团</td></tr>
<tr><td>德意志银行</td></tr>
<tr><td>汇丰银行</td></tr>
<tr><td rowspan="8">1.5%</td><td>中国银行</td></tr>
<tr><td>巴克莱银行</td></tr>
<tr><td>法国巴黎银行</td></tr>
<tr><td>中国建设银行</td></tr>
<tr><td>高盛</td></tr>
<tr><td>中国工商银行</td></tr>
<tr><td>三菱日联银行</td></tr>
<tr><td>富国银行</td></tr>
<tr><td rowspan="12">1.0%</td><td>中国农业银行</td></tr>
<tr><td>纽约梅隆银行</td></tr>
<tr><td>瑞士信贷</td></tr>
<tr><td>法国农业信贷银行集团</td></tr>
<tr><td>荷兰商业银行</td></tr>
<tr><td>瑞穗金融集团</td></tr>
<tr><td>摩根士丹利</td></tr>
<tr><td>北欧联合银行</td></tr>
<tr><td>加拿大皇家银行</td></tr>
<tr><td>苏格兰皇家银行</td></tr>
<tr><td>桑坦德银行</td></tr>
<tr><td>法国兴业银行</td></tr>
</table>

续表

1.0%	渣打银行
	道富银行
	三井住友金融集团
	瑞士联合银行
	联合信贷集团

本章小结

1. 国际资本流动指国家间的投融资活动，一般可以划分为 FDI、国际证券投资、国际信贷等形式。近年来在全球化背景下，国际资本流动表现出两个重要趋势：一是发达国家主导全球 FDI 流动规模与方向，发展中国家的 FDI 流入比重显著提高；二是金融危机前发展中国家受到私人国际资本青睐，不过近十年私人资本大规模撤出新兴市场。

2. 中长期国际资本流入有利于欠发达国家的资本形成，促进经济长期发展；也有助于平抑国内经济周期的波动。对于净资本输出国来说，资本流出有利于提高本国资源的利用效率，甚至有可能带动本国出口，从而推动国民收入增长。

3. 中长期国际资本流动的风险主要表现为外汇风险和利率风险。同时，对流入国银行体系的潜在危害也值得特别关注。国际金融市场上中长期收益率的变化及相应风险状况是影响中长期资本流动的主要因素，对各国宏观经济发展和运行的影响相对稳定。但由于资金的使用与偿还之间存在时间差异，所以此类资本流动内在蕴含了发生资金偿还困难——债务危机——的可能性。比如，20 世纪 80 年代的拉美债务危机。

4. 国际投机资本是短期国际资本流动的主体，特指那些没有固定投资领域、期限较短、以追逐高额短期利润为目的而在各个金融市场之间移动的资本。国际投机资本通常以间接投资形式出现，主要流入一国境内的证券市场、衍生产品市场、短期信贷市场，从事高风险、高预期收益的金融交易。套利、避险、投机是引起此类资本流动的主要原因。

5. 国际短期资本流动对于促进国际贸易和国际金融市场发展以及解决国际收支不平衡等具有一定的积极作用，但对于经济稳定和发展所造成的冲击同样突出，其中对流入国证券市场的影响更应当加以关注。

6. 当前，国际短期资本频繁地引起国际货币危机和金融危机，已经成为当前国际资本流动的又一典型特征。广义的货币危机泛指短期内汇率的波动幅度过大；狭义的货币危机特指一国因投机冲击而突然放弃固定汇率平价，比如，欧洲货币危机。

7. 国际资本流动影响金融稳定，其主要机制表现为国际资本外逃、FDI 撤资、国际证券投资、大规模国际资本流动的溢出效应、共同贷款者效应以及国际债务结构不合理对金融稳定产生的不利影响。近年来全球“加息潮”下国际资本净流出成为影响新兴市场金融安全和经济稳定的重要因素。

8. 国际资本大量流入，容易导致国内信贷急剧扩张和本币实际汇率上升，从而降低本国的国际竞争力，也可能引起国际收支不平衡、国内金融市场不稳定等后果。各国可以选择货币政策、财政政策和汇率政策等政策工具。但要注意不同政策工具之间的搭配，不恰当的政策组合很有可能带来更为不利的后果。

9. 金融危机是指利率、汇率、资产价格、企业偿债能力、金融机构倒闭数等金融指标，全部或者大部分出现恶化，致使正常的投融资活动无法继续的情况。金融危机可以表现为多种形式，比如货币危机、银行危机、股市危机、债务危机等。

10. 迄今为止，尝试解释国际金融危机成因的理论模型已经发展到第四代。第一代金融危机模型认为一国财政、货币政策与固定汇率制的矛盾是引起危机的根本原因。第二代金融危机模型提出危机时刻不恰当的宏观经济政策取向可能导致危机发生。亚洲金融危机促使第三代金融危机模型产生，认为经济泡沫的崩溃是爆发危机的直接原因，而泡沫的产生与积聚则在于银行道德风险、金融体系脆弱性等制度性因素。虽然第四代金融危机模型尚未正式提出，但已经形成的共识认为，若一国宏观经济已经出现某种程度的内外不均衡，则国际短期资本流动所形成的巨大冲击很容易成为最终引起货币危机、金融危机全面爆发的导火索。

11. 维持金融稳定需要在一国内部协调财政政策、货币政策、宏观审慎政策和结构转型政策，也需要在不同国家之间协调各国的经济政策。

12. 国际货币基金组织、国际清算银行和金融稳定委员会是协调金融监管和危机救治的主要全球性组织。世界银行在开放性金融政策的协调方面发挥非常重要的作用。2008年国际金融危机以后二十国集团在国际经济协调中的作用越来越重要。

核心概念

国际资本流动	外商直接投资	跨国兼并与收购	新兴市场
国际投机资本	国际债务危机	国际货币危机	共同贷款者效应
全球加息潮	金融溢出效应	冲销性货币政策	托宾税
金融危机	债务危机	货币危机	自我实现式危机
过度借款综合征	金融脆弱性	华盛顿共识	国际政策协调
国际货币基金组织	国际清算银行	金融稳定委员会	世界银行
二十国集团	《巴塞尔资本协议》		

课后习题

1. 国际资本流动经历过哪些发展阶段？近年来表现出哪些重要趋势？

2. 中长期国际资本流动对相关国家具有怎样的影响？

3. 短期跨国资本流动有哪些特点？形成原因是什么？

4. 除了外债和币值，国际资本流动会如何影响其他宏观指标（如GDP、信贷等）？请结合实际数据进行说明。

5. 历史上有哪些危机与国际资本的频繁流动有关？危机给国际资本流动的管理带来了哪些启示？

6. 国际资本流动影响金融稳定的主要机制包括哪几个方面？

7. 可以选择哪些宏观经济政策来控制国际资本流动的不利影响？为什么要强调政策

的组合使用?

8. 列举历史上发生的主要金融危机。以图示形式对金融危机的阶段性特征和经济影响进行说明。

9. 试述金融危机理论模型的变迁。通过对几代模型的比较,你从中得到了什么启示?

10. 国际货币基金组织、国际清算银行和金融稳定委员会各自的主要职能是什么?它们在协调国际金融危机防范和治理方面有什么异同?

11. 比较国际货币基金组织和世界银行在国际协调方面分工的不同。国际货币基金组织总结的主要宏观审慎监控指标有哪些?

12. 说明规则协调和相机抉择协调的区别与优缺点。举例说明两种协调方式的实践过程。

13.《巴塞尔资本协议》的三个版本在核心内容上有什么主要区别?产生变化的原因是什么?

即学即测

附录　其他国际协调平台(部分)

主要参考文献

1. 艾弗雷·克拉克. 国际金融：第 2 版. 北京：北京大学出版社，2005.

2. 保罗·R. 克鲁格曼，茅瑞斯·奥伯斯法尔德，马克·J. 梅里兹. 国际经济学：理论与政策：第十一版. 北京：中国人民大学出版社，2021.

3. 彼得·S. 罗斯、西尔维娅·C. 赫金斯. 商业银行管理：英文原书第 8 版. 北京：机械工业出版社，2011.

4. 陈宪、韦金鸾、应诚敏. 国际贸易理论与实务. 3 版. 北京：高等教育出版社，2009.

5. 陈雨露，马勇. 大金融论纲. 北京：中国人民大学出版社，2013.

6. 陈雨露，涂永红. 国际收支均衡分析. 北京：中国金融出版社，1998.

7. 陈雨露. 国际金融. 7 版. 北京：中国人民大学出版社，2023.

8. 陈雨露. 国际资本流动的经济分析. 北京：中国金融出版社，1997.

9. 陈雨露. 现代金融. 北京：中国人民大学出版社，2000.

10. 陈雨露. 现代金融理论. 北京：中国金融出版社，2000.

11. 弗雷德里克·S. 米什金. 货币金融学：第十三版. 北京：中国人民大学出版社，2024.

12. 国际货币基金组织. 国际收支手册（第五版）. 北京：中国金融出版社，1994.

13. 国际货币基金组织. 金融体系稳健性的宏观审慎指标. 北京：中国金融出版社，2001.

14. 国际货币基金组织. 全球金融稳定报告：市场发展与问题. 北京：中国金融出版社，2006.

15. 汉克·V. 盖默特，陈雨露，等. 欧元与国际货币竞争. 北京：中国金融出版社，1999.

16. 何青，甘静芸，刘舫舸，等. 逆周期因子决定了人民币汇率走势吗. 经济理论与经济管理，2018（5）：57－70.

17. 黄达，张杰. 金融学. 6 版. 北京：中国人民大学出版社，2024.

18. 江时学. 金融全球化与发展中国家的经济安全：拉美国家的经验教训. 北京：社会科学文献出版社，2004.

19. 姜波克. 国际金融新编. 6 版. 上海：复旦大学出版社，2023.

20. 杰夫·马杜拉. 金融市场与金融机构：第 12 版. 北京：中国人民大学出版

社，2020.

21. 劳伦斯·S. 科普兰. 汇率与国际金融：原书第 5 版. 北京：机械工业出版社，2011.

22. 勒内·M. 斯塔茨. 风险管理与衍生产品. 北京：机械工业出版社，2004.

23. 李良松. 美元 LIBOR 操纵案及对中国的启示. 上海金融，2012 (6)：63-66.

24. 鲁明泓. 国际直接投资区位决定因素. 南京：南京大学出版社，2000.

25. 罗余才，严俊. 国际直接投资与中国现代化. 北京：中国财政经济出版社，2002.

26. 马勇. 金融稳定与宏观审慎：理论框架及在中国的应用. 北京：中国金融出版社，2016.

27. 迈克尔·梅尔文，斯蒂芬·C. 诺尔宾. 国际货币与金融：第八版. 北京：中国人民大学出版社，2016.

28. 庞红，尹继红，沈瑞年. 国际结算. 6 版. 北京：中国人民大学出版社，2019.

29. 彭有轩. 国际直接投资理论与政策研究. 北京：中国财政经济出版社，2003.

30. 普拉萨德，等. 金融全球化对发展中国家的影响：实证研究结果. 北京：中国金融出版社，2004.

31. 钱荣堃. 国际金融. 修订第四版. 成都：四川人民出版社，2006.

32. 秦梓华. 国际资本流动态势变化与新兴市场国家金融稳定. 开发研究，2014 (5)：100-104.

33. 让·梯若尔. 金融危机、流动性与国际货币体制. 北京：中国人民大学出版社，2015.

34. 孙刚，路妍，齐佩金，等. 当代国际金融体系演变及发展趋势. 大连：东北财经大学出版社，2004.

35. 陶湘. 外汇风险管理实务. 北京：中国金融出版社，1995.

36. 田政. 系统的外汇交易解析. 北京：中国建材工业出版社，2004.

37. 涂永红. 外汇风险管理. 北京：中国人民大学出版社，2004.

38. 王元龙. 中国金融安全论. 北京：中国金融出版社，2003.

39. 杨长江，姜波克. 国际金融学. 5 版. 北京：高等教育出版社，2019.

40. 约翰·奥德尔. 美国国际货币政策. 北京：中国金融出版社，1991.

41. 约瑟夫·P. 丹尼尔斯，戴维·D. 范户斯. 国际货币与金融经济学：原书第 2 版. 北京：机械工业出版社，2004.

42. 张礼卿. 资本账户开放与金融不稳定：基于发展中国家（地区）相关经验的研究. 北京：北京大学出版社，2004.

43. 周斌. 国际直接投资教程. 北京：中国对外经济贸易出版社，2003.

44. 庄起善，张广婷. 国际资本流动与金融稳定性研究：基于中东欧和独联体国家的比较. 复旦学报（社会科学版），2013，55 (5)：94-107.

45. Daniels，J. P. and D. D. Van Hoose. *International Monetary and Financial Economics*. 3nd Edition. South-Western Publishing，2005.

46. Dornbusch，R. *Open Economy Macroeconomics*. New York：Basics Books，1980.

47. Fisher，I. *The Theory of Interest*. London：The Macmillan Press Ltd.，1930.

48. Laeven，L. and F. Valencia. Systemic Banking Crises Revisited. IMF Working Paper，2018，No. 206.

49. Levi，M. D. *International Finance：The Markets and Financial Management of Multinational Business*. 4th Edition. New York：Routledge，2005.

50. Kenen，P. B. *Economic and Monetary Union in Europe：Moving beyond Maastricht*. New York：Cambridge University Press，1995.

51. Keynes，J. M. *The General Theory of Employment，Interest and Money*. London：Macmillan and Co. Ltd.，1936.

52. Kindleberger，C. P. *Manias，Panics，and Crashes：A History of Financial Crises*. 6th Edition. Basingstoke：Palgrave Macmillan，2011.

53. Kreinin，M. E. *International Economics：A Policy Approach*. 10th Edition. Mason：Thomson South-Western，2005.

54. Krugman，P. R.，M. Obstfeld and M. J. Melitz. *International Economics—Theory and Policy*. 12th Edition. New York：Pearson，2023.

55. MacDonald，R. *Floating Exchange Rates：Theories and Evidence*. London：Unwin-Hyman，1988.

56. Madura，J. *International Financial Management*. 14th Edition. Boston：Cengage Learning，2020.

57. Melvin，M. *International Money and Finance*. 10th Edition. Amsterdam：Elsevier，2022.

58. Newman，P.，M. Milgate and J. Eatwell. *The New Palgrave Dictionary of Money & Finance*. London：The Macmillan Press Limited，1992.

59. Rivera-Batiz，F. L. and L. A. Rivera-Batiz. *International Finance and Open Economy Macroeconomics*. 2nd Edition. NJ：Pearson，1993.

60. Salvatore，D. *International Economics*. 13th Edition. Hoboken：John Wiley & Sons，Inc.，2019.

61. Snowdon，B.，H. Vane and P. Wynarczyk. *A Modern Guide to Macroeconomics，An Introduction to Competing Schools of Thought*. Northampton：Edward Elgar Publishing Limited，1995.

62. Triffin，R. *Gold and Dollar Crisis*. New Haven：Yale University Press，1960.

图书在版编目（CIP）数据

国际金融：精编版/ 陈雨露主编. -- 7 版.
北京：中国人民大学出版社，2025. 5. --（经济管理类
课程教材）. -- ISBN 978-7-300-33839-2
Ⅰ. F831
中国国家版本馆 CIP 数据核字第 2025AW4780 号

“十二五”普通高等教育本科国家级规划教材
教育部普通高等教育精品教材
经济管理类课程教材·金融系列
国际金融（第七版·精编版）
陈雨露　主编
Guoji Jinrong

出版发行	中国人民大学出版社		
社　　址	北京中关村大街 31 号	**邮政编码**	100080
电　　话	010－62511242（总编室）		010－62511770（质管部）
	010－82501766（邮购部）		010－62514148（门市部）
	010－62511173（发行公司）		010－62515275（盗版举报）
网　　址	http://www. crup. com. cn		
经　　销	新华书店		
印　　刷	北京七色印务有限公司	**版　　次**	2011 年 11 月第 1 版
开　　本	787 mm×1092 mm　1/16		2025 年 5 月第 7 版
印　　张	21	**印　　次**	2025 年 5 月第 1 次印刷
字　　数	496 000	**定　　价**	48.00 元

教学支持说明

1. 教辅资源获取方式

为秉承中国人民大学出版社对教材类产品一贯的教学支持，我们将向采纳本书作为教材的教师免费提供丰富的教辅资源。您可直接到中国人民大学出版社官网的教师服务中心注册下载——http://www.crup.com.cn/Teacher。

如遇到注册、搜索等技术问题，可咨询网页右下角在线 QQ 客服，周一到周五工作时间有专人负责处理。

注册成为我社教师会员后，您可长期根据您所属的课程类别申请纸质样书、电子样书和教辅资源，自行完成免费下载。您也可登录我社官网的“教师服务中心”，我们经常举办赠送纸质样书、赠送电子样书、线上直播、资源下载、全国各专业培训及会议信息共享等网上教材进校园活动，期待您的积极参与！

2. 高校教师可加入下述学科教师 QQ 交流群，获取更多教学服务

经济类教师交流群：809471792

财政金融教师交流群：766895628

国际贸易教师交流群：162921240

税收教师交流群：119667851

3. 购书联系方式

网上书店咨询电话：010－82501766

邮购咨询电话：010－62515351

团购咨询电话：010－62513136

中国人民大学出版社经济分社

地址：北京市海淀区中关村大街甲 59 号文化大厦 1506 室　100872

电话：010－62515803　010－62516948

传真：010－62514775

E-mail：jjfs@crup.com.cn